ヨーロッパ統合とフランス

偉大さを求めた1世紀

L'Intégration Européenne et la France

吉田 徹 編

　　　　　　　　はしがき

　フランスは，創造性に溢れ，人類の普遍的価値を掲げる国としてしばしばイメージされる。反対に，横柄かつ硬直した国として捉えられることも多い。おそらく，どのようなフランス研究でも，この2つの「暗黙の了解」を前提に組み立てられている。しかし，このイメージは，こと欧州統合という文脈に置くと，全く違ったものとして浮かび上がってくる。むしろ，国際社会の中で葛藤し，自問し，恐る恐る足を踏み出しつつ，様々なアイディアと力を駆使して自身の存在を確保しようとする，狡知な国として立ち表れる。詩人ヴァレリーは，フランスを「立ち上がり，よろめき，倒れ，再び立ち上がり，こわばり，自信を持ち，打ち破れ，熱中し，誇りや諦めや不安，激しさを繰り返す」と擬人化し，その歴史が「極端の連続」であったと記している。この書で目指されたのは，フランス「と」欧州統合の関係性を辿りつつ，このような撹拌されるイメージがどのように，なぜ，通底しているのかということを解明することにある。
　もちろん，欧州統合はフランス単独の政治的企図ではない。しかし，フランスを無視して欧州統合を論じることができないのも確かである。そして，欧州統合を抜きにしてフランスを語るのも，もはや不可能になっている。最も古い歴史を引きずってきたフランスという国民国家が，国家の枠組を超える欧州統合という史上稀にみる野心的な政治的企図を，いつ，なぜ，どのようにして実現していったのかを明らかにすることは，フランスとヨーロッパを理解する一助になるだけでなく，共同体の運命を決める政治という営みが持つひとつの可能性について問うことにもつながろう。
　そのために専門分野（ディシプリン）の垣根を越えて，フランスと欧州統合についての第一線の研究者が集い，それぞれの視角からの特徴が本書では活かされている。外交史，国際政治史，政治史，社会経済史，政治経済学などの多様な足場から，それぞれの時代についての統一的なイメージと解説が提供されたが，この多様性が本書の強みでもある。執筆者が一堂に会して論議を交した機会こそ少なかったが，それでも短期間にこれだけのものが出来上がったのには，冒頭に述べた

i

ような問題意識が一定度共有されていたからである。

　本の構想から活字になるまでの間，ほぼ２年以上の月日が経った。それまでに，遠藤乾編『ヨーロッパ統合史』（名古屋大学出版会，2008年），また細谷雄一編『イギリスとヨーロッパ』（勁草書房，2009年）等を始めとして，我が国で欧州統合および関連の各国研究の書物が相次いで出版され，ヨーロッパ・欧州統合史の研究水準は飛躍的に高まることになった。フランスを主語とした同様の書物の存在がまた要求されていたといってもいいだろう。本書で，上記の二冊の執筆にも加わっている研究者がいるのは決して偶然ではない。

　本書が活字になるまで多くの方々のお世話になった。まず，出版の直接的なきっかけを作っていただいた中田晋自先生（愛知県立大学）に感謝の念を表さなければならない。また執筆に加わっていただいた上原良子先生と鈴木一人先生には企画段階から相談にのっていただいたことも記しておきたい。

　さらに，この本にはフランス外交と欧州統合の実際のアクターとして活躍し，現代の国際政治とEU政治について鋭い分析と意欲的な提言をし続けているユベール・ヴェドリーヌ（Hubert Védrine）元外務大臣による終章を収めている。現場のアクターが学術・研究書に文章を寄せることは日本では一般的ではないが，フランスでは決して珍しいことではない。仲介の労を取ってくれたフランソワ・ミッテラン研究所（Institut François Mitterrand）およびジョルジュ・ソニエ（Georges Saunier）氏に厚く御礼申し上げる次第である。

　なお，本書では，「ヨーロッパ」と「欧州」の２つの言葉が混在している。厳密な使い分けはしていないが，前者は理念やアイディアを，後者は実態や制度を指して用いられていることが多いことを念頭に置いていただきたい。

　文化人類学者で後世に多大な影響を与えたレヴィ＝ストロースは「日本は東に向かってアジアの極を示し，フランスは西に向かってヨーロッパの極を示している」と書いた。「ヨーロッパ統合とフランス」というタイトルを持ったこの本が，ユーラシア大陸の東西の結びつきと，欧州統合とフランス史の発展の一助になることが執筆者一同のささやかな願いである。

　　2012年５月

編　者

目　　次　◆　ヨーロッパ統合とフランス——偉大さを求めた1世紀

はしがき

序章　フランスと欧州統合 ———————————— 吉田　徹　1
——偉大さと葛藤と

　はじめに　(1)
　1　ドイツ問題，経済近代化，パワー希求　(4)
　2　欧州統合に対する態度の濃淡　(9)
　3　脆弱な国としてのフランス　(11)
　4　「単一にして不可分な共和国」の困難　(12)
　5　本書の構成とおわりに　(17)

第Ⅰ部　欧州統合構想の歴史

第1章　戦前の欧州統合の系譜Ⅰ ———————— 上原　良子　25
——政治的構想（1920—1930年代）

　はじめに——国家と欧州のあいだ　(25)
　1　さまざまなヨーロッパ像とフランス　(26)
　2　第一次世界大戦の衝撃　(29)
　3　ヴェルサイユ体制とフランス　(32)
　4　ブロックナショナル外交とルール占領の失敗　(35)
　5　フランス外交の盛期——ブリアン外交　(38)
　6　欧州構想の芽生え　(41)
　7　1930年代——ナショナリズムの高揚と欧州統合構想の失速　(44)
　おわりに　(46)

第2章　戦前の欧州統合の系譜 II ── 廣田　功　50
　　　　──経済的構想（19世紀末─第二次世界大戦）

　　はじめに　（50）
　　1　第一次世界大戦と「欧州意識」の成立　（51）
　　2　1920年代の経済統合構想　（55）
　　3　1930年代大不況と統合構想の変化　（65）
　　おわりに　（71）

第3章　フランスの没落と欧州統合構想 ── 宮下　雄一郎　74
　　　　──再興に向けての模索（1940—1946年）

　　はじめに　（74）
　　1　ドイツの「欧州新秩序」の中のフランス　（76）
　　2　国内抵抗運動と欧州統合　（82）
　　3　自由フランス・CFLNと欧州統合　（86）
　　おわりに　（96）

第Ⅱ部　欧州統合の具現化と限界

第4章　戦後復興と欧州統合 ── 上原　良子・廣田　功　105
　　　　──冷戦開始の中での模索と確立（1947—1950年）

　　はじめに　（105）
　　1　戦後復興計画と近代化政策　（105）
　　2　フランス外交の新しい道　（110）
　　3　マーシャル・プランと欧州統合　（113）
　　4　欧州審議会の設置　（117）
　　5　北大西洋条約の締結へ　（120）
　　6　仏独和解とシューマン・プラン　（123）
　　おわりに　（126）

第5章　欧州統合の具現化 ────── 廣田　愛理　129
　　　──転換期におけるフランスの統合政策の進展（1950―1958年）

　　は じ め に　(129)
　　1　欧州防衛共同体と欧州政治共同体　(130)
　　2　EDC構想の挫折　(132)
　　3　欧州農業共同体構想　(134)
　　4　統合の「再活性化」──部門統合か全般的統合か　(136)
　　5　共同市場受諾への転換　(139)
　　6　仏独関係の深化とスエズ危機　(143)
　　7　自由貿易圏構想──イギリス不在の統合の選択　(144)
　　お わ り に　(148)

第6章　フランスのヨーロッパを求めて ────── 川嶋　周一　153
　　　──ド・ゴール政権の10余年と「フランス」の再定義（1958―1969年）

　　は じ め に　(153)
　　1　世界からヨーロッパへ　(154)
　　2　ヨーロッパにおける苦闘　(161)
　　3　再び世界へ　(168)
　　お わ り に　(173)

第Ⅲ部　欧州統合への本格的始動

第7章　経済危機の中のフランス ────── 廣田　功　181
　　　──欧州統合再起動の試み（1969―1979年）

　　は じ め に　(181)
　　1　統合の再起動とフランス　(182)
　　2　経済通貨同盟とフランス　(188)
　　3　拡大ECとフランス　(193)
　　4　1970年代後半の再起動　(200)

おわりに (204)

第8章 「我らの祖国はフランス，我らの未来はヨーロッパ」
―― ミッテランによる再起動とドイツ統一（1981―1992年）
吉田　徹　207

はじめに (207)
1　ミッテラン選出と「社会主義プロジェ」の開始 (208)
2　「社会主義」か「欧州統合」か (211)
3　フォンテンヌブローでの再起動 (214)
4　ドロールと「社会的次元」の登場 (217)
5　単一欧州議定書への結実 (218)
6　フランスの政治と経済の変容 (220)
7　ドイツ統一と「欧州連邦構想」 (223)
8　不可逆的な統合――政治的次元の主張 (227)
おわりに (229)

第9章 フランスらしさの喪失？
浅野　康子　234
―― 冷戦終焉，欧州連合の設立とフランス政治の変容（1992―1999年）

はじめに (234)
1　EU への「小さな Oui」 (235)
2　国民投票の副作用―― EMS 危機 (236)
3　EU の制度と国内経済改革 (238)
4　東方拡大を巡る妥協と CFSP の挫折 (240)
5　EMU と社会保障制度改革 (243)
6　NATO への回帰と東方拡大の受容 (244)
7　1996年 IGC とアムステルダム条約 (246)
8　ジョスパン政権による「社会的欧州」の再稼動 (248)
9　ユーロ導入とフランス経済の回復 (250)
10　コソボ紛争と ESDP の発展 (252)
おわりに (253)

第10章　遠ざかるヨーロッパ ─────── 鈴木　一人　259
　　　　　──フランスの夢の終焉とグローバル化の現実（2000─2012年）

　　はじめに　(259)
　1　ニース条約締結会議──議長国の責務よりも自国の利益　(260)
　2　9.11とアフガン戦争── Nous sommes tous Américains　(262)
　3　イラク戦争──国際的な喝采とヨーロッパの分裂　(264)
　4　欧州憲法条約の否決
　　　──ヨーロッパに背を向けたフランス　(266)
　5　「banlieue（郊外）」の混乱，CPE騒動と経済愛国主義
　　　──フランスの「脱ヨーロッパ化」？　(270)
　6　サルコジとリスボン条約
　　　──空回りする「ワンマンショー」　(274)
　7　「メルコジ」という新たな「独仏タンデム」　(278)
　8　ユーロ危機の影で鳴り響く欧州統合の軋み　(282)
　9　危機と衰退に直面するフランスと欧州
　　　──まとめにかえて　(284)

終章　ヨーロッパ ─── ユベール・ヴェドリーヌ　［吉田　徹　訳］　289
　　　　　──国民国家と連邦主義の狭間で

より詳しく知りたい人のためのブックガイド
人 名 索 引
事 項 索 引

●執筆者紹介 （執筆順，＊は編者）

＊吉田　徹（よしだ　とおる）
　　所属・肩書：北海道大学大学院法学研究科／公共政策大学院准教授
　　専門：フランス政治史・ヨーロッパ政治
　　主要著作：『ミッテラン社会党の転換──社会主義から欧州統合へ』
　　　　　　法政大学出版局，2008年

上原　良子（うえはら　よしこ）
　　所属・肩書：フェリス女学院大学国際交流学部教授
　　専門：フランス国際関係史
　　主要著作：「独仏和解とフランス外交：復讐から和解，そして『ヨーロッパ』へ」
　　　　　　田中孝彦・青木人志編『〈戦争〉のあとに／和解と寛容』勁草書房，
　　　　　　2008年

廣田　功（ひろた　いさお）
　　所属・肩書：帝京大学経済学部教授・東京大学名誉教授
　　専門：現代フランス経済史・欧州統合史
　　主要著作：『現代フランスの史的形成──両大戦間期の経済と社会』
　　　　　　東京大学出版会，1994年

宮下　雄一郎（みやした　ゆういちろう）
　　所属・肩書：北海道大学大学院法学研究科附属高等法政教育研究センター協力研究員
　　専門：国際関係論
　　主要著作：「フランス国際関係史『学派』と理論をめぐる問題」『法学研究（慶應義
　　　　　　塾大学）』第84巻，第1号（2011年1月）

廣田　愛理（ひろた　えり）
　　所属・肩書：獨協大学外国語学部フランス語学科専任講師
　　専門：現代フランス経済史
　　主要著作：「戦後フランスの農業政策とヨーロッパ統合（1945—1957年）」廣田功編
　　　　　　『現代ヨーロッパ社会経済政策の形成と展開』日本経済評論社，2006年

川嶋　周一（かわしま　しゅういち）
　　所属・肩書：明治大学政治経済学部准教授
　　専門：国際関係史
　　主要著作：『独仏関係と戦後ヨーロッパ国際秩序──ド・ゴール外交とヨーロッパ
　　　　　　の構築1958—1969』創文社，2007年

執筆者紹介

浅野　康子（あさの　やすこ）
　所属・肩書：筑波大学大学院人文社会科学研究科博士課程
　専門：国際政治経済学
　主要著作：「国際金融ガヴァナンスにおける EU の規制力――リーマン・ショック
　　　　　　後を中心に」遠藤乾・鈴木一人編『EU の規制力』日本経済評論社，
　　　　　　2012年

鈴木　一人（すずき　かずと）
　所属・肩書：北海道大学大学院法学研究科／公共政策大学院教授
　専門：国際政治経済学
　主要著作：『EU の規制力』日本経済評論社，2012年（共編）

ユベール・ヴェドリーヌ（Hubert　VÉDRINE）
　フランス共和国元外務大臣（1997―2002年）
　　1947年生まれ。パリ政治学院，国立行政学院（ENA）を経て，環境省入省，79年に外務省入省。その後，大統領府対外関係担当補佐官（81―86年），大統領外交政策補佐官（88―91年），大統領府事務総長（91―95年）を務める。
　　邦訳書に『「国家」の復権』（単著，草思社，2009年），『最新 世界情勢地図』
　（共著，ディスカヴァー・トゥエンティワン，2011年）。

序章　フランスと欧州統合——偉大さと葛藤と

吉田　徹

はじめに

　フランスは，欧州大陸の西端という「他の岬」（ジャック・デリダ）に位置する国であり，イギリスと同様，世界史の中で最もはじめに確立した国家のひとつである。その国境線は，幾つかの変更を経つつも，19世紀からほぼ変わることのない，いわば「国民国家の典型」として捉えることができる。

　もっとも，この国家は政治的な安定とは無縁でもあった。1789年のフランス革命以降から現在の第五共和制に至るまで，王政や帝政，共和制を含め17の政治体制の変遷を経験し，その断絶は革命や軍事的支配に彩られた。こうした政治変動の根底には，実際には多様で利害を複雑にするフランス社会の存在があった。ド・ゴール大統領はかつて「246種類もチーズのある国を統治することがどうしてできようか」と嘆いたといわれる。フランスという国が，中央集権に代表されるように強い政府を，なぜゆえ求め続けてきたのかといえば，それはその社会や国民が高度に分裂的だったからでもあった。

　フランス政治では，ナポレオンやナポレオン3世に代表される権威主義的で人民民主主義的な政治と，議会主義的で自由主義的な政治とが交互に立ち表れてきた。この両極の間を行き来するフランス政治の揺れは，当然のように，他の欧州諸国との相互影響のもとにあった。フランス革命の原因は，そもそもイギリスやオーストリアとの戦いによって生じた財政赤字に求めることができるし，その後，フランス革命に対する他国からの介入は，防衛戦争とナポレオンの大陸支配につながり，その後「ウィーン体制」として結実する欧州新秩序によって，フランスは再び君主制を頂くことになった。これが1848年のパリでの二月革命を発端とする市民革命によって覆されると，それは欧州の各地に飛び

火し，いわゆる「諸国民の春」となって結実することになる。また，19世紀に入ってからのイギリスの覇権やドイツ帝国の出現は，これに対抗するための「上からの革命」として，ナポレオン3世が主導した産業革命を生むことにもなった。いうなれば，フランスの歴史とは「ヨーロッパのフランス化，あるいはフランスのヨーロッパ化を求める原理主義的膨張」でもあったのである（谷川，2006）。

「欧州」という言葉はすでにギリシャとローマ時代にみられたし，具体的な構想案としてルネッサンス時代から存在した。公式的な概念としても，800年にローマ皇帝を名乗り，現在の仏独の領地を含むフランク王国国王であるカール大帝（シャルルマーニュ）を「欧州の王，そして父（rex, pater Europae）」と呼んだ時からあった（du Réau, 2008；Wilson and Dussen, 1993）。

欧州概念の命脈はナショナリズムの嵐に見舞われながらも，あるいは見舞われたからこそ，絶えることがなかったのも事実である。ナポレオン戦争後のウィーン体制が始動する直前，カリスマ的な社会主義思想家でもあったサン＝シモンは，その「欧州社会の再編」（1812年）で，フランスとイギリスとの同盟にドイツを加えて共通の議会を創設することを提唱した。また，有名なエルネスト・ルナンの演説「国民とは何か」（1882年）は，「諸国家（ネーション）は永遠に続くものではない（略）欧州連邦（conféderation européenne）が何時の日かこれに取って代わるだろう」と指摘するのを忘れなかった（Renan, 1992 [1882]：28）。現代の欧州統合，そして EU（欧州連合）の起源は独仏を中心とする欧州和解の必要性からもたらされた。長きに渡るフランスと欧州の歴史を見たとき，和解は決して歴史の皮肉ではなく，むしろ必然とさえいえるかもしれない。

欧州統合が本格的なスタートを切ったのは1950年5月9日，フランス外務省での，ある記者会見の時であった。その後「欧州の日」に制定されることになるこの日の午後6時過ぎ，フランスの外相ロベール・シューマンは外務省「時計の間」で，歴史的と回顧される記者会見に臨んだ。

> 「組織化された活気ある欧州が人類の文明になしうる貢献は，平和な国際関係の維持に欠かすことはできない。フランスはこれまで20年以上に渡って統一された欧州の先頭に立ち，平和に貢献することを基本的な目標に据えてきた」。

「フランスとドイツの石炭と鉄鋼の生産をすべて共通の高等機関の管理下におくこと」を呼びかけたこの「シューマン宣言」は，戦後欧州統合の礎となり，翌年に発足する欧州石炭鉄鋼共同体（ECSC）を生む「シューマン・プラン」実施の合図となったのである。

もちろん，ECSC は純粋に平和追及の手段として構想されたわけではなかった。フランスがドイツの経済力と産業力に劣っている事実を踏まえ，さらにその事実から二度に渡る大戦を経験した歴史を克服するために，フランス「と」欧州の利益と理想を，いかに調和させたらよいのかという，政治的意思によって着手された構想だった。欧州統合の過程において，あるいは国際政治の場においても，フランスは独善的で調和を乱す大国だとしばしば指摘されてきた。しかし，欧州統合に原動力と持続性を提供してきたのは，こうした「国益（intérêt national）」と呼称される，各国の利益の実現であったことも確かである。

1948年に政治・経済統合を訴えたハーグ会議（欧州評議会）があったように，欧州統合の創生を，このシューマン宣言のみに求めるのは，必ずしも正しいとはいえない。政府間の構想をだけみても，戦後の米国によるマーシャル・プラン受け入れのための欧州経済協力機構（OEEC）や北大西洋条約機構（NATO），さらにド・ゴール率いる亡命政府による「ヨーロッパ西連合（Fédération de l'Ouest européen）」構想もあったし，あるいは英国との同盟を視野に入れてベネルクス3カ国（ベルギー，オランダ，ルクセンブルグ）との間に結ばれた経済貿易協定（ダンケルク条約，1947年）など，フランス独自のイニシアティヴによるものも存在していた。本書で紹介されるように，フランスと欧州統合の関係は，1950年以前と以後にも，様々な構想や主体のアイディアの複雑で不確かな相互作用の結果として，いわば偶然として結実していったものだった。

それでもシューマン宣言は，①西ドイツをパートナーとし，②平和の追求を目的として，③経済領域から着手されたというものであるという3つの点で，フランス「と」欧州統合を考える上で，重要な象徴的意味を持っていたのは間違いない。

1 ドイツ問題，経済近代化，パワー希求

「シューマン宣言」の意義を考える上でも，まずフランスと欧州統合との全般的な関係を敷衍しておかなければならない。欧州統合の原動力と推進力になってきたのは，大まかにいって，恒久的平和の希求，冷戦下でのソビエト・ブロックとの対抗，経済的競争力の獲得の3つである。そして，それぞれの要因の強弱によってフランスと欧州統合の関係は，9つの局面と時期に分けることができる（Bossuat, 2005）。第1期は，戦前から戦中にかけて，フランスの衰退と敗北が明らかになった時期に萌芽的な欧州統合構想が提起される局面である。この時代には，1929年のブリアン外相による欧州連邦構想や国民解放委員会（CFLN）の戦後欧州構想など，後世に名を知られているものも含まれるが，結局これらは具現化することはなかった。

第2期は1950年のシューマン宣言に始まり，1954年の欧州防衛共同体（EDC）条約挫折に至るまでの局面であり，これは冷戦の中での戦後復興が軌道に載るとともに，フランスが相対的に欧州統合をリードしていく時代にあたる。

第3期は，欧州経済共同体（EEC）設立をみるローマ条約（1957年）以降，フランスの植民地維持政策の失敗が明らかになるとともに，欧州共同体の制度的枠組みに順応していく短期的な局面である。この方向性は，1958年の第五共和制への移行を経験しても継続されることになる。ド・ゴール大統領の登場は，当初，フランスの経済改革が率先して行われたことにより，欧州統合の進展をむしろスムーズなものとしたといえるのである。

しかし第4期となる1962年から，ド・ゴール大統領のイニシアティヴは，フランスの刻印が強く押された欧州統合を実現しようとする方向へと転換する。この時期は，フランスが共同体の枠組みを再びリードしようとする挑戦の時期であり，これは相対的な成功と失敗によって特徴づけられる。

第5期は，リーダーシップの変更もあり，フランスが再び欧州統合と共同体の政策に順応していく，1960年代後半からの穏当な時代である。ポンピドゥー大統領が，ド・ゴールがそれまで頑なに拒否していたイギリス加盟を認めたの

も，この時期である。

　第6期は，欧州理事会や通貨制度といった機構の拡充が実現した1970年代であり，この時期は通常いわれるような「停滞」などではなく，欧州議会の直接選挙などを含め，むしろ次の時代にみる大きな発展を準備したものだった。

　第8期はこのバトンを結果的に引き継いだミッテラン大統領が，1986年の単一欧州議定書（SEA）から1992年の欧州連合条約（TEU）実現に漕ぎ着けるまでの時期である。

　そして第9期は，冷戦構造の崩壊とEUの東方拡大を経験して，フランスの地位とアジェンダが欧州統合の中で迷走する過程に突入する局面となる。本書では，これより細かな局面と時期区分を採用しているが，戦中から戦後までのフランスと欧州統合の関係は，総体として以上のように区切ることができるだろう。こうした歴史的展開は，世界政治の構造的変動や隣国ドイツとの関係，具体的構想とイニシアティヴに対する反応，政治的リーダーシップの成功と失敗，経済状況の変化など，様々な要因によって影響を受けつつ進展してきたものだった。

　冒頭に述べたように，以上のようなフランスと欧州統合の関係は，相互に影響を与える3つの要因によって発展をみてきた。その3つとは，理想主義（アイディアリズム）と現実主義（リアリズム）が綯い交ぜになって表出する，①ドイツ問題，②経済近代化，③パワー追及，である。

① ドイツ問題

　シューマン・プランがそうであったように，また1963年の仏独友好条約（エリゼ条約）から通貨統合にいたるまでの仏独関係で反映されたように，フランスの対欧州政策は，普仏戦争，第一次世界大戦，第二次世界大戦で戦火を交えたドイツに対する政策の独立変数であり，従属変数でもあった。戦後にあって，ドイツにどのように対峙し，これを囲い込んでいくのか。その答えは，戦間期にフランスが試みた「拡張主義的な旧外交」（メイアー, 1983）にはなかった。戦後秩序の中でフランスの突出した対独要求と声高なメッセージは新外交時代に通用するものでもなければ，またそれを担保するだけの力も，フランスは持ち合わせていなかったのである。

しからば，どのような方途が存在するのか。その解は，フランスが主導する欧州統合の枠にドイツを押しとどめるという形式に求められた。こうして実現していくことになる「仏独中軸（axe franco-allemand）」や「仏独協調（l'entente franco-allemande）」は，しばしば両国首脳と政治エリート同士の意識的な戦略として，欧州を取り巻く構造が大きく変容する度に強化されていったのである。エリゼ条約から5年が経った1968年，ド・ゴールはリュプケ西独大統領に「フランスにとってまず何よりも大事なのは，仏独和解と協力関係であって，次に欧州の統一が来る」と言い渡すことを忘れなかった。

　この仏独関係の発展は，しばしばフランスの政治外交をつらぬく「偉大さ（grandeur）」の希求と体現が，フランス一国ではもはや達成することができないという客観的状況の中，ではいかにフランスの国家的な利益を実現するのかという，自律性と影響力のバランス維持という政治的目標から導かれてきた。「ドイツとはフランスにとってのドイツを意味しているのであり，自身と大きく異なるこの国は，またフランス自身の姿でもあった」のである（Shabert, 2002：37）。イギリスとアメリカとの間の「特別な関係」が指摘されるのと同様に，フランスとドイツの間には「政治での物理的法則のようなもの」（西独コール首相）が存在していた。フランスとドイツ両国の国益を等閑視せず，互いに利益を高める共存共栄の枠組みを模索する努力こそが，欧州統合という果実を生むことになったのである（上原, 2008）。

②　経済近代化

　西ドイツを含む主要国大使を務め，その後ド・ゴールのもと外相として10年間に渡って欧州外交を担ったクーヴ・ド・ミュルヴィルが指摘したように，西ドイツとの二国間関係は，フランスにとって新たな「コンプレックス」を植え付けるものだった（Couve de Murville, 1971：237）。それまで国際社会でフランスがそもそもヘゲモニーを獲得できなかったのは，経済面での国力の衰退に起因していた。1944年にフランス本土が解放された直後の生産力は，すでに落ち込み著しかった1930年代の生産力のさらに半分にまで落ち込み，1950年代に入ってからも，その回復は西ドイツの半分程度に過ぎなかった（Eck, 1994）。すなわち，戦後という仕切りなおしの時代において，フランスがいかに自国の経済

力を回復していくか，その方途としても欧州統合は利用されるものでもあった。

ECSCにみる生産資源の共有に始り，その後1950年代に関税同盟としての性格も併せ持つことになる欧州統合は，1950年代半ばから1960年代前半に旧植民地を失って「帝国」としての地位から滑り落ちつつあったフランスにとって，新たな市場の創設を意味した。それも，国内産業の温存と発展戦略に適うものでなければならなかった。したがって，国際競争から相対的に隔離され，90年代まで部門別コーポラティズムによって統治されてきた農業セクターを支援する枠組みとなった共通農業政策（CAP）も，フランスが欧州統合に主体的に関わっていく制度的誘因として機能した。

もちろん，欧州市場の制度的発展は，フランスに富を一方的にもたらしたわけではなく，脆弱な国内産業が統一市場の競争にさらされることも意味した。1950年代から60年代にかけて幾度も閣僚を務め，経済学者でもあったジャヌネイは，著書『フランス経済の弱点と長所』（1956年）で，統合が「フランスの一般利益」を増進させるとは限らず，それゆえ国内政策によってフランス産業の競争力をまず発展させていかなければならない，と主張した（Jeannenay, 1956：52）。そうした意味で，統合の進展と国内経済産業の再編はコインの表裏の関係にあった。欧州統合の内実が資源管理・生産，次いで貿易と関税，そして単一通貨へと主軸を転移させていく過程で，国内の新たな経済産業政策の枠組み（たとえば1958年のリュエフ・プランと1983年のドロール・プラン）が採用されたのも，欧州統合を梃子として国内の経済産業力の強化を図ろうとする政治の結果だった。

③　パワーの追及

こうした戦略は，遡れば19世紀から戦後にかけてフランスで継続した「衰退の恐怖」から派生してきたといえる。国際関係史家ルネ・ジローによる，「フランスのパワー（puissance）に対する認識は，あらゆる意思決定者に共通して見られる深い無力（impuissance）の念をもとにしている」（Girault, 1984：39）という戦前のフランスについての洞察は，そのまま現代にも通用する。戦後，フランスが採用したのは，冷戦の主舞台となった欧州にアメリカを引き込み，西独の封じ込めを託すことで，フランスの戦略的不確実性を低めるような体制を

実現する戦略だった（川嶋，2007）。フランス外交に，反米主義が認められるとするならば，それはアメリカに対する劣等感から来る反発であり，ドイツに対する傲慢な態度があるとすれば，それはドイツに対する恐怖感から来る反射的な行動であるといえるが，そうした行動が導かれる構造的背景にこそ注意は払われなければならない。

　ド・ゴールが定式化したフランスの「偉大さ」から，政治リーダーたちが今も昔も逃れるのが難しいのは，フランスとは，国際政治の場における客体ではなく主体として，そして問題ではなくプレイヤーとしてあり続けなければならないという，ある種の強迫観念が政治エリートのみならず，国民にも共有されているためである（Cerny, 1980 ; Vaïsse, 1998）。確かに，「衰退の恐怖」はフランスだけに認められるものではなく，「西欧の没落」（O. シュペングラー）論にみられたように，とりわけアメリカとソ連の台頭によって，戦間期から多くの国でも共有されていた。しかし，フランス「と」欧州の衰退という，二重の恐怖感が現実のものとなったことで，フランスが欧州統合に積極的にコミットし，主導すべきとの強迫観念がさらに強化されていくことになった。ド・ゴールは1969年，キージンガー西独首相に対して欧州統合の必要性に触れつつ，「フランスにとっての最大の問題は再興することにあり，そうでなければ無秩序と無力が支配することになる」と，フランス人にとっていかに「衰退」が強迫観念であるかを打ち明けている。つまり，仮に欧州統合によってフランスの選択肢が狭まれようとも，世界政治に一国で対峙するよりは，欧州統合を梃子として地位強化を目指す方が有意な選択肢との認識が，フランスが欧州統合にコミットし続ける大きな原動力となったのである。

　19世紀の思想家であり，政治家でもあったトックヴィルは，同胞のことを経済よりも政治的な頭に長けていると評したことがある。同様に，国際政治学者のピエール・アスネールは，フランス外交は「過去の偉大さをその手段を欠いたままに蘇らせる」ことを基調にしてきたと論じた上で，古くはナポレオン3世の時代から，自身が抱える「制約」から逆算した外交・政治戦略が練られてきたことに特徴があると喝破している。つまり，フランスの外交戦略は，国の領土や国富といった伝統的なパワー・リソースに依存することができず，外交力や歴史感覚，道徳的な優位性をリソースに，練られることになる。だからこ

そ,「フランスの指導者は,ド・ゴールからフランソワ・ミッテランまで,政策というよりヴィジョン,功績よりは言葉の専門家として位置づけられる」のである (Hassner, 1987：191)。フランスの対欧州政策が,しばしば空回りとその反動かのような跳躍を繰り返すのは,フランス自身の国家能力の過信と読み誤りから生じているのではなく,むしろフランス政治外交の構造的な負荷から生じているものなのである。

2 欧州統合に対する態度の濃淡

　以上のような特徴は,フランスと欧州統合の関係性を規定するいくつかの重要な問題群についても,多くを示唆しているといえるだろう。
　まずフランスにとって,長いタイムスパンにおいて,原則として欧州統合は目的ではなく,むしろひとつの手段として認識されているということができる。ファシズムを経験し,敗戦国となったドイツと異なり,欧州統合がフランスにとって政治的な規範となることはなかった。またイギリスとも異なって,欧州統合は外部に位置するものとして認識はされず,フランスは常に自身の戦略的必要性からこれを捉えてきた。フランスで「欧州統合 (intégration européenne)」という用語がさほど一般的ではなく,むしろ「欧州建設 (construction européenne)」という用語が定着しているのは,欧州統合が特定の制度的枠組みに回収されるものではなく,自らの意思でもって地域統合が進められているという主意主義的な意味合いが付与されているからである。
　したがって,現実政治の場にあって,手段としての欧州統合は,時代の目的に応じて,様々な形となって表出する。戦後フランスは,自国の経済的衰退を明白に認識しており,かかる状況を挽回する「近代化」の手段として,同時にまた,ドイツと比べた国力の不均衡をいかに是正するのかという,きわめて「現実主義」的な必要性から,欧州統合を希求してきた。シューマン・プランを準備したジャン・モネが,フランス経済の近代化と生産性向上を任務とするフランス計画庁長官でもあったことは,何よりもこの事実を雄弁に物語っている。フランスは,少なくとも60年代まで,強力な共産党の存在と旧植民地領土の維持という,それぞれ冷戦と帝国主義に深く刻印された困難を抱えた国でも

あった。その困難を緩和するために，欧州統合が利用されたという側面は，忘れてはならない。

したがって，欧州統合がフランスによる，フランスのためのプロジェクトである限り，この構図からの逸脱は，国内の政治経済にむしろ大きな負荷がかかることになる。たとえば，EECの設立をみたローマ条約にあっても，その結果として国内市場の自由化や調整が要請され，欧州統合とのトレードオフを生むや否や，国内の官民アクターの戦略や志向の変化が引き起こされることになった。争点となる産業やセクター，関与するアクターの種類は時代によって異なるものの，欧州統合にまつわる争点は，国内政治や政策の論点へと転じることになる。言い換えるならば，欧州統合はフランスの利益と安定を増進させるために求められ，具体化されていくことになるが，これが具体化される過程でフランスは様々な形での葛藤を内的に経験することになるのである。

欧州統合史家ロベール・フランクは，フランスの欧州統合へのコミットメントが「国民的利益」と「国民主権」との間の周期的な対立と調和から規定されてきた，と指摘する（フランク，2003）。時代を問わず，欧州統合はフランスのイニシアティヴから前進するものの，進展した結果としての制度化，あるいは他加盟国の参加などから，フランスは当初の影響力を失うことになる。そのため，今度はそれ以上の欧州統合の進展には消極的になり，自身のそれまでのコミットメントを撤回することになる。そして，このような「躁うつ病」的なサイクル，あるいは「アクセル」を踏んだ後に「ブレーキ」を踏むという濃淡が繰り返されるという。

たとえば，1950年に提案された欧州防衛共同体（EDC）は，もとは朝鮮戦争勃発を受けて，西ドイツの再軍備を要求するアメリカに対して，フランスが実質的な指導権を握る「欧州軍」を創設することで，妥協を引き出そうとする構想（「プレヴァン・プラン」）だった。しかし，EDC条約はフランスの主権喪失とドイツ再軍備に対する恐怖から，政府内でも意見が対立し，1954年8月の議会批准に失敗し，計画は頓挫する。こうした循環的な構図は，1958年に首相，そして大統領としてフランスを戦後に続き再び率いることになったド・ゴールが，NATOの枠組みに代わって欧州の政治連合（「フーシェ・プラン」1961年）を提案し，他加盟国の拒否にあうと，今度は代表団をEECから撤退させると

いう「空席危機」(1965年) を帰結させた事例でも確認できる。2005年の欧州憲法条約案(「欧州のための憲法を制定する条約案」)は、シラク大統領の後押しで加速され、ジスカール＝デスタン元大統領による起草委員会(「コンヴェンション」)による素案が提出されたものの、オランダに次いでフランスが国民投票でこれを否決して、条約そのものが流産することになった。

このように、欧州統合に対する積極性と消極性が交互に立ち現れるのは、フランスの「偉大さ」を実践しようとした結果として、フランスの主権とアイデンティティが揺らぐためである。この二律背反的なベクトルが生じる直接的な理由は、時代によって変化するが、基本的な構図は変わることがない。

1970年代にフランスがイギリス加盟を了承し、仏独タンデムによって欧州通貨制度 (EMS) が整えられたにも係らず、1980年代の社会党政権はここから一時的に距離をとり、その後1980年代半ばからは、欧州統合の「再出発」に積極的となる。この時期、欧州統合はグローバル化に対する防波堤の手段として捉えられるようになった。しかし、欧州通貨同盟 (EMU) が完成した1990年代には、通貨統合はむしろ国内の経済政策を拘束する制度として認識されるようになる。すなわち、欧州統合は、文脈に応じてフランスにとって国力のプラスとなる「機会 (opportunity)」として、反対に国力を阻害する「拘束 (constraint)」として認識される (Cole and Drake, 2000)。今日でも、欧州統合がフランスの利益であるか、あるいは脅威であるかの議論は、立場や党派の異なる政治家やオピニオン・リーダーから繰り返し提起される。その認識の強弱の度合いによって、フランスの欧州統合へのコミットメントは規定されているのである。

3 脆弱な国としてのフランス

こうして、フランス「と」欧州統合を合わせ鏡にすると、フランスの新たなイメージが浮かび上がってくる。現代フランスは、国際舞台では国際連合の常任理事国であると同時に核保有国でもあり、中央集権的な政府と官僚機構を持ち、特に第五共和制 (1958年—) 以降は、強力な政治リーダーシップと執政府を備えた「強い国家」として認識されてきた (Zysman, 1977)。その背景では、フランス革命を端とする民主主義と人権を重んじる「文明国」であること、国

際機関での公用語でもある「リンガ・フランカ」たるフランス語圏の旧宗主国であること，あるいは各産業での高付加価値製品を生み出す国であることが，資源として動員される。

　しかし，このようなイメージでとらえられるフランスは，欧州統合との関係性から捉えると，むしろ自身の困難な運命をどうにかして統御しようともがく，脆弱で混迷した国として映る。欧州統合という枠組みの中で生きるしかないフランスは，自らが発案したECSC（1950年代前半），ここから派生したローマ条約（1950年代後半），これを土台として経済通貨統合を準備したEMS（1970年代），域内市場を具体化したSEA（1980年代），政治統合にまで踏み込んだTEU（1990年代）と，欧州統合が機構として完成度を高め，制度化を進めていく度に，自らのイニシアティヴを発揮する余地を失っていくことになる。その中で，EDCやフーシェ・プランのような，フランスによる余りにも野心的な構想は実現しない。確かにCAPに代表されるように，欧州統合の制度化による利益は存在した。それでも，制度化によって法的・経済的主権に多くの制約を課せられ，さらに冷戦終結以降のEUの東方拡大によって，欧州の重心は東に移り，フランスの政治的・経済的選択の幅はますます狭まることになった（Parsons, 2003）。

　欧州統合史家のジェラール・ボシュアが，1940年代から50年代は「フランス流の欧州の失敗」が決定的なものとなった時期であり，これ以降「共和国を欧州統一という冒険に付き合わせること」が目的になったと指摘しているのは，正鵠を射ている（Bossuat, 1996：20）。

4　「単一にして不可分な共和国」の困難

　フランスと欧州統合との関係を考える際，その歴史的・政治的・経済的次元に加えて重視しなければならないのは，社会的次元が持つ意味である。

　フランスのナショナル・アイデンティティが「共和国（La République）」にあることは，しばしば指摘される（仏語での代表的なものとしてBerstein et Rudelle, 1992；Aghulon, 1999, 2002；邦語ではシュヴェヌマンほか，2009）。この「共和国」には二重の意味が付与されていることが多い。ひとつは，世界史的意味

を持った1789年のフランス革命を経験した国として，デモクラシーと人権の本拠地としての意味である。第三共和制（1875—1940年）に入ってから，共和主義イデオロギーが支配的になったことにより，この共和国概念は強化され，冷戦終結と民主化の波をみた1989年には，フランスが議長国となった先進国首脳会議で，自由と平等の価値が再び世界に向けて宣言された。

　2つめは，フランス革命の原理が個人と国家の間の中間集団を排除したことに由来する，自由な個人と万能の国家の原則が国民国家のモデルとなったことの意味である。フランス憲法第1条に掲げられている「フランスは単一にして不可分な非宗教的，民主的かつ社会的な共和国」の理念は，立憲主義的なリベラリズムを基調とする「トックヴィル＝アメリカ型」の政治社会とは異なる，「ルソー＝ジャコバン型」の国家モデルを掲揚していることの証でもある（樋口，1973）。

　こうした共和主義理念は，属人的な共同体から離れた自由な市民による公共空間を普遍的なものとみなすものの，こうした秩序は飽くまでもヒエラルキカルで非市場的な関係からなる社会関係によってでしか支えられない。これはしかし，欧州統合によって要請される多中心的・多元的・多層的な統治（「マルチレベル・ガバナンス」）と齟齬を来たすものと捉えられることが多い。しかも，欧州統合が経済的次元を中心に制度化されてきたことによって，統合は必然的に市場統合を全面に押し出す「消極的統合」（各国の様々なスタンダードやルールの平均的な収斂）の性格を，徐々にではあるが色濃くしてきた。

　ここから，たとえば共和主義理念の重要な象徴でもある公共サーヴィス（公役務）部門の機能がEC競争法によって制限され，さらに自由選挙によらない代表が占めるEC機構によって自国の経済財政政策が制約されることに対する反発が，とりわけ1990年代以降から左派・右派を問わず，国内に広がっていくことになった。欧州統合にフランス国内政治を照らし合わせた場合，行政がほぼ完全に「ヨーロッパ化」を果たしているのに比して，政党政治を始めとする政治次元は欧州争点を排除し続けているという，不整合性が際立つ（Rozenberg, 2012）。こうした欧州統合を争点とした論争は，国境を越えた社会の流動化やこれに伴う格差や個人的アイデンティティの是認が社会的原理そのものを危機に晒すとする，いわゆる「フランス的例外（exception française）」としての

共和主義に対する自省を促すことにもなった (Furet et al., 1988)。

グローバル化とヨーロッパ化の中で自国アイデンティティへの懐疑と再発見のプロセスは、他の多くの EU 加盟国にも共通してみられる現象だが、1990年代に入って市場統合がほぼ完成すると同時に欧州政治の「民主主義の赤字」が指摘され、さらに EU の東方拡大が実現のものとなると、欧州統合に対する忌避感がフランスでも色濃く表れるようになった（図1参照）。欧州委員会が実施する意識調査であるユーロ・バロメーターをみる限り、他国と比較してフランス人が突出して欧州懐疑的であるわけではない。しかし、1980年代と90年代を比較した場合、フランス世論が欧州統合に対する熱意を急激に失っていったのは事実である (Charpin, 2000)。同様に、知識人サークルや学界をみても、ドイツや北欧諸国にみられるような、欧州の超国家主義や連邦主義を直接的に支持する声は、きわめて少ない。オランダに続きフランスが、2005年5月に欧州憲法条約案を国民投票で否決したことを経済状況だけで説明するのは困難であり、欧州統合プロジェクトのさらなる深化に対して国民が懐疑的であることを印象付けた。現代フランスの知性の1人であるマルセル・ゴーシェの言葉を借りれば、2000年代に入ってから「欧州の内実が具体性を伴えば伴うほど、日々の生活の中でフランス人は自分たちにとって異質で変えることもできない、全く思ってもいなかった欧州に気付いた」のだった (Gauchet, 2005a：8)。

欧州統合に対する熱意の低下は、フランスの国内政策の有効性の低下や、移民問題に象徴される社会の多元化が必ずしも歓迎されていないことにもよる。もちろん、これらの問題は、欧州統合だけに起因するのではなく、グローバル化による国内政治の構造的変化によるところも大きい。しかし、現代における欧州統合の目的がこのグローバル化——過去にはドイツ再軍備や米ソ支配であったところのもの——に対抗するものであると政治エリートが喧伝し、国民がそのように認識する限り、フランスと欧州統合が辿るコースは乖離したままとなる。これは、欧州統合「と」フランスの関係性を考える際に、ポレミカルな争点として存在し続けることになるだろう。

ある論者は、欧州統合に対するフランス知識人・思想家の立場を、「ネオ・トックヴィル主義者」、「ネオ・カント主義者」、「スピノザ主義者」の3つに整理している (Lacroix, 2008)。最初の立場は、欧州統合が明確な政治的共同体の

序章　フランスと欧州統合

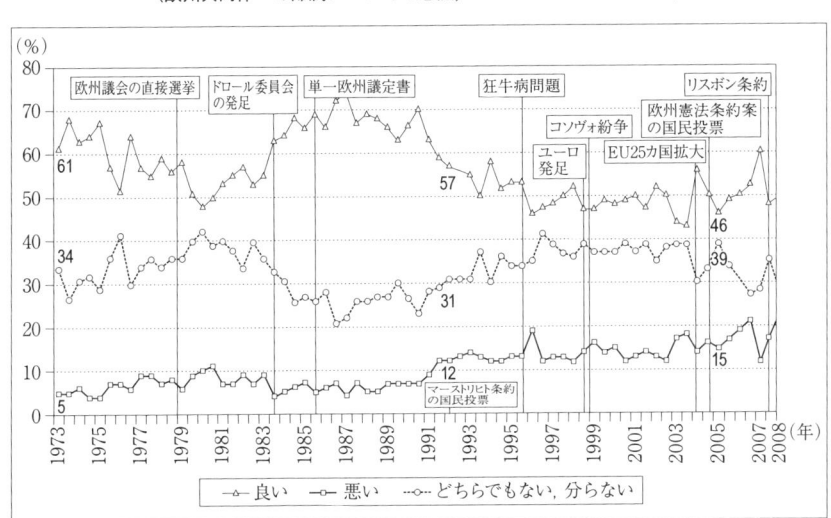

図1　欧州統合とフランス人の意識（1973—2008年）
（欧州共同体への帰属についての意識，ユーロバロメーターより）

出所：*Le Figaro*, 28 Avril, 2009に基づいて著者作成。

輪郭を持たないがゆえに，国家や歴史といった共同体の統合機能が欧州統合がもたらす市場や人権の重視によって，むしろ危機に晒されていると強調する。次の立場は，反対に，欧州統合によって，もはや領域や国境に定義されない普遍的な価値や市民権が生まれているとし，国家意思に左右されない法の支配をより一層貫徹し，そのモデルを対外的にも発信していかなければならないと主張する。最後の立場は，欧州の価値は定立的に存在するものではなく，むしろこれまで国民国家をモデルとしてきた市民権とは異なる，より開放された市民権を政治的意思によって生み出し，さらにラディカルな形で国境そのものの開放を唱える。

　これらの3つの立場は何れも，欧州統合と国家を先験的に対立するものとみなしたり，あるいは国民国家が無条件に超克されるべきというような，単純な解釈を施すものではない。そうではなく，欧州統合という政治的プロジェクトが，もはや不可逆的で後戻りできないものであることを踏まえた上で，このプロジェクトと国家が，どのような関係性を取り結べば，市民により豊かな未来をもたらすことができるのかについての，異なる構想だというべきだろう。

先に紹介したゴーシェによれば，19世紀初頭から，普遍性を体現するとされた文明は，欧州のそれぞれのネーション内部で掲揚されてきた。その後，19世紀後半から20世紀にかけて，この普遍的文明は，帝国主義やナショナリズムによって掲げられ，20世紀後半に入って，今度は「ネーションなき普遍性」が前面に出てきたという（Gauchet, 2005b）。この３つ目の段階に入って，ネーション概念の実践者でもあり，ネーションを常に政治の基準としてきたフランスが，欧州統合の中で葛藤を抱えることになったのには理由があるのである。

　他方，フランス政治史の大家，イギリス人のジャック・ヘイワードは，革命以前からのフランスの政治家や知識人たちの議論を辿りながら，イギリスとアメリカといった「他者」が，フランスの「カウンター・アイデンティティ」としていかに重視されてきたのかを論じている（Hayward, 2007）。そして，イギリスの安定した民主政治やアメリカの独立革命に対する憧憬，そこから秘密裏にフランスに導入された諸制度（第二帝政や第五共和制下の大統領職がアメリカのそれを参考にしたことを忘れてはならない）が，フランスそのものを作り上げてきた事実を強調する。もしフランスに何らかの固有性が認められるとすれば，それは貪欲に他国の制度や思想を取り入れる「開かれた」国であることにあり，それこそが「普遍性」と「特殊性」を併せ持った「パラドキシカル」なフランスの存在様式につながっているのである（*Ibid*：91）。

　欧州統合に込められる「普遍性」はフランスの「偉大さ」となって，逆にフランス政治の「特殊性」は欧州統合との「葛藤」となって，現実政治の場に表われる。欧州統合という未完のプロジェクトが不可逆的なものである以上，フランスはこの２つの極の間で揺れ動き続けるしかない。しかし，もしその振れの幅の大きさこそがフランスの国力の源泉になってきたのだとすれば，フランス「と」欧州統合との結び付きは，より一層強固なものとなるしかない。それが過去60年もの間，フランスが受け入れ，選択し，開拓してきた自らの運命なのだとすれば，なおさらである。「欧州統合の父」の１人であるジャン・モネが回顧するように，欧州統合という褒め称えるべき政治変革には長い時間がかかり，そして，それゆえその過程で生じる困難を，挫折と取り違えてはならないのである。

5　本書の構成とおわりに

　以上，フランスと欧州統合の関係性についての簡単な描写と特徴を抽出してきた。以下に続く章では，その時代での主要な歴史の屈折点や特徴に配慮しながら，具体的な記述が展開されることになる。

　各章は便宜的に3つのパートに分類されている。まず，戦前から戦後までを括る第Ⅰ部として，1920年代から40年代にかけての欧州統合構想が紹介される。1920年代から30年代は，欧州統合史で扱われることは少ないものの，その後に表れる様々なアイディアや構想の多くの要素が出揃う先駆的な時期である。中には，21世紀にも続く，単一通貨の前提となる構想も存在していた。したがって，第一次世界大戦を経たこの時期は戦後フランスによる欧州統合構想の前史であり，また戦後につながる地下水脈としても重要な位置づけを与えられるべきである。本書では，政治的次元と経済的次元とに分けた上で，前者を扱う第1章では，総力戦と続く欧州衰退の危機意識から，フランスがドイツ弱体化政策からの決別を図り，ブリアン首相を中心として外交上の革新を達成したこと，さらに「汎欧州(パン・ヨーロッパ)」運動といった社会からの超国家運動の存在に着目する。経済的次元を扱う第2章は，第一次世界大戦による「欧州衰退」と「アメリカの台頭」が，有名な「ブリアン構想」を始め，欧州統合構想にとっての重要な契機であったことを指摘しつつ，戦前と戦後の断絶と連続性に注目している。

　戦後との関連性を指摘する場合，ド・ゴールが中心となって率いた自由フランス・CFLN以外のアクターの重要性も省みられるべきである。そこで第3章では，デアやロイターといった，戦中期フランスのヴィシー対独協力政権で活躍した知識人などの構想が紹介され，またこの時期に準備された制度が戦後の欧州統合構想の跳躍台となった事実が指摘される。

　1940年代から60年代までをカバーする第Ⅱ部では，これらの構想が実際のトライ・アンド・エラーを通じて，どのような領域において，どのような戦略をもって具体化され，部分的に制度化されていったのかについて詳述している。この時期は，フランスが欧州統合をリードした時期に当たり，両者を主語とし

た場合，比較的前者が優位だった時代といえよう。1947年に発表された米マーシャル・プランを起点とする第4章は，これがどのような形で，フランスの欧州統合政策に刷り合わされていったのかを解説している。冷戦開始の文脈の中で，変更を余儀なくされたフランスの方針は，しかしその後の経済産業政策のみならず，対ドイツ政策をも形付ける決定的なものとなった。

続く第5章は，冷戦構造の中に置かれる，EDCの失敗や植民地の独立といった危機によって欧州統合の基本路線が決定した1950年代の時期を中心に論じる。この時代は，具体的な形でその後の欧州統合の方向性が確定される重要な時期だが，その方向性を受諾するには，フランスは国内の次元でまた多くの論争的な政治的決断を下さなければならなかった。

第6章で扱われる1950年代後半から60年代後半は，フランス戦後史と欧州統合史ともに大きな転機を迎える時代である。この時期はド・ゴールによるフランス第五共和制の基盤作りから始まるものの，フランスが外交でも内政でも選択肢を奪われ，その判断から新たな環境形成が試みられる過程に当たる。その多くは決して成功裏に進んだわけではないが，中でも，仏独によるエリゼ条約が締結されたことは，英国の加盟拒否と合わさって，その後の「独仏タンデム」につながる大きな転換点となる。この時代は，この章が強調するように，欧州とフランスが同時的に「平和と繁栄」へと向かった時代でもあった。

第Ⅲ部は，こうした「平和と繁栄」という前提が大きく崩れ去り，欧州統合の新たな原動力が模索される時代である1970年代から2000年代までを対象としている。様々な構造的な制約を受けつつ，共同体の制度が完成に向かっていくこの時期は，EUが生成し，単一通貨が導入されるなど，我々が今日目にしている欧州統合までの道のりでもある。しかし，他方ではオイル・ショックに始まる低成長時代，グローバル化と通貨危機，冷戦構造の崩壊，東方拡大，憲法条約案の失敗，イラク戦争や金融危機などによって，大きな挑戦を受けた時期でもあった。そして今まで以上に統合過程に組み込まれたフランスは，自らの政治的余地をますます失くし，こうした傾向を逆転するだけの資源は失われた。

第7章では，しばしば「停滞」の時期とされる1970年代に実現した改革を紹介している。そこでは，時代前半にハーグ会議でEECの「完成・進化・拡

大」が謳われ，後半には，政治面では欧州理事会の制度化や欧州議会の直接選挙，経済面ではEMS創設など，むしろその後の躍進を約束する大きな制度的改編が実現した時期であることが明らかにされている。この時代は，東西欧州の各国を含む全欧安全保障協力会議（CSCE）によって，人権の尊重を含む「ヘルシンキ宣言」が採択されるなど，その後の冷戦終結に大きな役割を果たしたことも忘れてはならないだろう。

続く第8章の1980年代は，ミッテラン大統領の誕生とフランス社会党による政権交代という，もうひとつのエポック・メイキングな事件からスタートする。この時期はフランス戦後史と欧州統合史が複雑に絡み合い，相互に強い作用を与えただけでなく，冷戦の終結といった，1950年代前半と同じような国際環境の激変を経験すると同時に，「フランスの欧州」を目指して，次の時代につながる多くの制度や構想が現れることになった。

第9章は，反対に「欧州のフランス」の局面，すなわちEUの東方拡大と制度的深化に直面した1990年代のフランスが，統一を果たしたドイツとの対抗意識もあり，むしろ受身の立場に回り，徐々に統合をグリップする力を失っていく時期となる。その劣勢を挽回するために，欧州の枠によって外交力を回復しようとするものの，かつてのように必ずしもそれは成功しなかった。

最近のフランス政治経済の解説を含む第10章は，フランスが求めた単一市場や単一通貨が実現され，EUの制度的完成をみたがゆえに，フランスのイニシアティヴ発揮の余地が狭まり，そのことで統合のメリットが多くの国民から明示的に感じられなくなるという，逆説的なプロセスを描いている。フランスもまた，他加盟国と同様，さらなる統合に積極的な政治エリートと懐疑的な国民とのギャップに苦しむことになったが，それはそれだけ欧州の影響を直接的・間接的に受けるためでもある。このギャップを埋めようとすればするほど，内政と外政で強引なリーダーシップが求められることになり，欧州統合の不安定さを招くという悪循環が説得的に論じられている。

以上が本書で展開される内容と趣旨の概略である。フランス「と」欧州統合の両者の間の関係性に注意を払いつつ，時代を追って解説と分析を施すことに主眼が置かれているが，決して単なる通史を描くことだけを目的としていない。先に論じたように，欧州統合は時代状況や国際政治の構造によって度々方

向性や政策的力点を変更してきたがゆえに，どのような視角からその時代を観るかも，重要になってくる。欧州統合の制度・機構的な解説だけでなく，どのような歴史的な要因から，加盟国間の複雑な相互戦略と利益追求によってそうした制度・機構が発展することになったのか。それを明らかにするためには，その時代時代の「構造性」とでもいうべき条件を踏まえつつ，プロセスを丁寧に追う以外に手立てはない。本書を構成する各章は，社会経済史，比較政治，国際政治，外交史など，専門を異にする執筆者たちの手によっているが，それは，欧州統合の時代的特徴を過不足なく捉えることを目的としているためである。その上で，欧州統合の歴史的発展を平坦なものではなく，幾つかの偶発性と多くのアクターの意思によって開拓されてきたということを基本認識として，欧州統合を多層的・複合的な相として捉えているのが本書の特徴になっている。

こうした複雑な史的展開を支え，成果としてきたのは，様々なアクターによって模索され，着手され，推進されてきた政治的挑戦の賜物である。

> 「悲惨な状況から生まれた欧州統一というアイディアは，合理的であると同時に逆説的である。なぜなら，復興という共通の目標を持った過去の西欧の諸大国の和解というものほど合理的なものはないからだ。しかし，諸国家の威信から大陸が分裂し，一度も日の目をみることのなかった欧州という名の政治的統一体を作ることほども，逆説的なことはない。(中略) 欧州統一という神話は，今や平凡な日常生活と産業と繁栄だけに支配された欧州の中に溶け去ってしまっている。部分的に完成した欧州を経験した戦後世代の情念も呼び起こさなくなった。既存の体制に反対するか否かはともかく，彼らは西欧の政治的統一よりも自然保護や汚染対策，自主管理に熱心である。確かに，世論はこの統一について受け身ではあっても好意的である。しかし，ここからイニシアティヴが生まれることはない。それを欲し可能せしめるのは，国家指導者たちなのである。(中略) これから先の数年で重要なのは，慢性的なインフレやエネルギー危機，イギリスやイタリアが抱える問題を乗り越えてアキ・コミュノテール（EU 法の総体系——引用者註）を救うことにある。ヨーロッパ合衆国という合理的な企図は続くだろう。ヨーロッパ合衆国はもはや人々の関心にない。控えめな協力と野心的に過ぎる神話との間に道は続いていく」(Aron, 2010[1975])。

この言葉は，1970年代半ばにフランスの知識人のレイモン・アロンが「ロベール・シューマン賞」を受賞した際の記念講演の一節である。このアロンの

指摘は今の時代にも十分通用することだろう。

　欧州における冷戦構造が崩壊し，中東欧諸国が加盟し，新たな「帝国」の時代を迎えた時代に，欧州統合はいつもながらの大きな困難を抱えている。単一通貨が実現し，ヨーロッパ市民権が確立しつつある一方で，統合による利益の実感は薄れ，各国の政治エリートと国民ともに欧州統合そのもの性格や意義をめぐって論争が続いている。

　しかし，フランスは欧州統合を必要とし，フランス抜きの欧州統合もあり得ない。両者の存在は分かちがたい関係性と制度的利益によって結びつけられている。アロンのいう，「控えめな協力」と「野心的に過ぎる神話」との反復の中で，フランスは幾度も自分自身のイメージを欧州に投影し，さらにそこから，自己の利益やあり方を再定義してきた。そのような野心が薄れた時こそ，フランスだけでなく，欧州統合の本当の危機が訪れることになるだろう。

【参考文献】

Archives Nationales (5AG1/676; 5AG1/676)
Aron, Raymond, 1975, «L'Europe, Avenir d'un mythe», Reprinted in Olivier de Lapparent, *Raymond Aron et l'Europe. Itinéraire d'un Européen dans le Siècle*, Peter Lang, 2010.
Agulhon, Maurice, 1999, *La République, tome 1*, Éd. rev. et augmentée, Hachette.
──, 2002, *La République, tome2*, Éd. rev. et augmenté, Hachette.
Berstein, Serge et Odile Rudelle, 1992, *Le Modèle Républicain*, PUF.
Bossuat, Gérard, 1996, *L'Europe des Français*, Publications de la Sorbonne.
──, 1996, *Faire l'Europe sans Défaire la France*, P.I.E. Peter Lang.
Cerny, Philip G., 1980, *The Politics of Grandeur*, Cambridge University Press.
Charpin, Jean-Michel, 2000, *Rapport sur les perspectives de la France*, La Documentation Française.
Cole, A. and Drake, H., 2000, "The Europeanization of the French polity; continuity, change and adaptation," in *Journal of European Public Policy*, vol. 7, no. 1.
Couve de Murville, Maurice, 1971, *Une politique Étrangère (1958-1969)*, Plon.
Du Réau, Elisabeth, 2008, *L'Idée d'Europe au XXᵉ Siècle*, Ed. Complexe.
Eck, Jean-François, 2004, *La France dans la Nouvelle Économie Mondiale, 4ème ed.*, PUF.
Furet, Francois, et al., 1988, *La République du Centre*, Calmann-Levy.

Gauchet, Marcel, 2005a, «Commnent l'Europe divise la France (entretien avec René Rémond)», in *Le Débat*, no. 136.
――, 2005b, «Le Problème Européen», in Do., *La Condition Politique*, Gallimard.
Girault, René, 1984, «Les Décideurs Français et la Puissance Française en 1938-1939», in René Girault et Robert Frank (dir.), *La Puissance en Europe. 1938-1939*, Publications de la Sorbonne.
Hayward, Jack, 2007, *Fragmented France*, Oxford University Press.
Jeannenay, Jean-Marcel, 1956, *Forces et Faiblesses de l'Économie française 1945-1956*, Armand Colin.
Renan, Ernest, 1992, [1882], *Qu'est-ce qu'une Nation?*, Presses-Pocket.
Rozenberg, Olivier, 2012, "France: Genuine Europeanisation or Monnet for Nothing?", in Simon Bulmer and Christian Lequesne, *The Member States of the European Union*. 2nd edition, Oxford University Press.
Schabet, Tilo, 2005, *Mitterrand et la Réunification Allemande*, Paris: Grasset.
Hassner, Pierre, 1987, "The View from Paris," in Lincoln Gordon (ed.), *Eroding Empire*, The Brookings Institution.
Lacroix, Justine, 2008, *La Pensée Française à l'Épreuve de l'Europe*, Grasset.
Parsons, Craig, 2003, *A Certain Idea of Europe*, Cornell University Press.
Vaïsse, Maurice, 1998, *La Grandeur*, Fayard.
Wilson, Kevin and Jan van der Dussen, 1993, *The History of the Idea of Europe*, Open University Press.
Zysman, John, 1977, *Political Strategies for Industrial Order*, University of California Press.
フランク, ロベール, 2003(廣田功訳)『欧州統合史のダイナミズム』日本経済評論社。
メイアー, A. J. 1983(斉藤孝, 木畑洋一訳)『ウィルソン対レーニン(Ⅰ)』岩波書店。
シュヴェヌマン, J.=P., 樋口陽一, 三浦信孝, 2009『〈共和国〉はグローバル化を越えられるか』平凡社新書。
上原良子, 2008「独仏和解とフランス外交――復讐から和解, そして「ヨーロッパ」へ」田中明彦・青木人志編『〈戦争〉のあとに』勁草書房。
川嶋周一, 2007『独仏関係と戦後ヨーロッパ国際秩序』創文社。
谷川稔, 2006「『近代フランスの歴史』が投げかけるもの」谷川稔, 渡辺和行編『近代フランスの歴史』ミネルヴァ書房。
樋口陽一, 1973『近代立憲主義と現代国家』勁草書房。

第Ⅰ部

欧州統合構想の歴史

第1章　戦前の欧州統合の系譜 I
——政治的構想（1920—1930年代）

上原　良子

はじめに——国家と欧州のあいだ

　二度の大戦に挟まれた「危機の20年」と呼ばれる戦間期に欧州統一の思想は育まれた。国際政治学が誕生し平和研究が始まったこの時期に、欧州を統一するという構想は19世紀までのロマン主義的なユートピアから脱皮し、新しい国際関係の可能性を提示したのである。中でもフランスは、欧州統合構想が外交と思想の両面で交錯する場であった。特に1920年代のフランス外交は欧州国際関係に強い影響力をおよぼし、ドイツの弱体化を図る対独強硬策を強行するも、それが失敗した後は一転して国際協調路線に転じ欧州連邦を提案するに至った。またパリは欧州の統一を説く知識人のネットワークの中心でもあった。ではなぜフランスがこの時期に欧州の一体化を模索するようになったのであろうか。その特質とは何か。本章では戦間期の国際関係とフランス外交の交錯の中から、フランスと「ヨーロッパ」との出会いをたどってみたい。

　戦間期フランスにおける欧州統合構想の生成を考えるにあたって、特に3点に注目したい。第1は、フランスの欧州統合構想の特質についてである。地域主義は、欧州であれ、アジアであれ、その国の歴史に根差した地域特有の発想を反映することが多い。フランスの構想は戦間期の時代背景とその経験、そしてフランス特有の歴史・思想に少なからぬ影響を受けている。

　第2に、外交政策における国益と優先順位について考えたい。とりわけフランスは統合政策を通じて、国益を追求する傾向が強い国である。フランス外交は、欧州統一に何を求めていたのか。欧州統合「政策」は、単に理想主義の発露だけではなく、国益を実現し、国民国家を補完することが従来から指摘されている（Milward, 1992）。

第3点は失敗の経験がその後に及ぼした影響である。フランス史の中では，戦間期は失敗の時代であり，克服すべき過去でもある。パリ講和会議やルール占領に象徴される対独強硬策，マジノ線による防衛重視の軍事力，ミュンヘン会談における宥和政策，また第三共和制の議会主義体制といった失敗の経験は，第二次世界大戦後の対外政策，そして第五共和制の政治体制成立の反面教師となっている。とりわけブリアン外交は，第二次世界大戦の勃発を防ぎきれなかったことから，意図的に「忘れられた」存在でもある。しかし，これらの失敗の中にフランスの政策の核心部分，本音，また問題点を見いだすことは，その後のフランスの統合政策の発想法を理解するのに有益であろう。

以下，本章では，フランスにおける欧州統一思想の展開を外交と運動の両面からたどってみよう。

1 さまざまなヨーロッパ像とフランス

統合という言葉がまだ一般的でなかった戦間期のフランスでは，漠然と欧州統一を支持する「ヨーロッパ主義（Européisme）」という言葉がしばしば使われた。そこには20世紀後半の欧州共同体（EC）／欧州連合（EU）のような超国家的な欧州機関の設置から，国家主権の移譲を含まないウィーン会議的な「欧州協調（Concert of Europe）」まで様々な欧州像が共存していた。フランス人の考える欧州とはどのような姿か，またヨーロッパ思想はいかなる意味を持っていたのであろうか。

① 平和としてのヨーロッパ

国際政治学におけるヨーロッパ論のひとつは「安全保障共同体」としての欧州統合像である。欧州においては，戦争を繰り返す諸国家を統一することにより平和を実現する，という構想は古くから存在する。啓蒙主義の聖職者サン・ピエール神父は18世紀初頭に『欧州永久平和論』を記し，のちにカントにも影響を与えた（遠藤，2008a：24-28，31-32）。そして戦間期のフランスでは，平和主義論を媒介として欧州思想に注目が集まった。また第二次世界大戦後においても，欧州統合は独仏対立を克服する処方箋と考えられた（Catala et Jalabert,

2007：54-55；Guieu et al., 2006：201-203)。

② 地域のアポリア——ドイツ問題

　欧州の統合モデルを普遍的な地域主義の枠組みとして他地域へ移植することは困難であろう。なぜならEC・EUの諸制度は，その地域特有のアポリアの中から生まれ，その地域に根差した文化・価値観・発想法を色濃く反映しているからである。20世紀の前半に二度の大戦を経験した欧州の平和にとって，焦点となっていたのはドイツ問題であった。とりわけ戦間期にドイツ問題の克服に失敗したフランスにとっては，ドイツ問題の革新的な解決こそ第二次世界大戦後の喫緊の課題となる。

　ドイツ問題は2つの側面を持つ。ひとつは強力な経済力を背景に欧州市場に輸出攻勢をかけ各国経済に打撃を与える，ドイツの強すぎる経済力という問題。もうひとつは強力な軍事力により近隣諸国に脅威を与え，世界であれ欧州であれ覇権国となることを目指すドイツの侵略性という問題である。経済であれ軍事であれ，フランスのみでドイツと競い勝利を目指すのか，それとも近隣諸国との関係強化によりドイツに対抗するのか。国力の劣るフランスにとって対独政策は，いわば国際関係のヴィジョンと立ち位置にかかわる問題であった。この葛藤の中から欧州統合という国際関係秩序の刷新を促す試みが生まれるのである。

③ 欧州統合構想とヨーロッパ・アイデンティティ

　地域統合の実現には，統一を実現するという強い政治的意思と構想，アイデンティティの共有が不可欠である。欧州の場合，その核となるアイデンティティは多様であるが，主に文化・文明論的な欧州論と，シヴィック（市民的）な民主主義的欧州論，とに大別されよう。欧州の価値を，その歴史に根差した文化や文明，さらに宗教的一体性に求める場合，しばしばその根底には他の文化・文明の否定，差異化が意識されており，これが極まった場合，欧州中心主義となることも少なくない。さらに民主主義という価値を共有しない論者の中には，君主制への憧憬やファシズムと接近する者も存在した（「暗いヨーロッパ」論）（遠藤・板橋，2011：45-116）。

一方の民主主義的ヨーロッパ論は，第二次世界大戦後に顕著となる。EC/EUでは長らく明文化はされなかったものの，欧州統合の参加国が暗に民主主義国に限定されているように，欧州統合は反ファシズムであると同時に冷戦期特有の反共産主義的な性格を併せ持っているのである。民主主義国からなる共同体を実現することにより平和と繁栄を確立する，という議論はカントのデモクラティック・ピース論を現代において実践させた例ともいえる。

しかしながら一定の民主化を実現した欧州諸国において，外交政策を拘束したのは世論の声であり，フランスもまた例外ではない。戦間期のフランス世論は反独感情と反戦感情に突き動かされ，フランスのドイツ政策および欧州政策を制約することとなるのである。

④ 国益のためのヨーロッパ

地域統合は確かに国家主権の一部移譲を伴うが，必ずしも国民国家の消失や国益の喪失をもたらすわけではない。ミルワードが「国民国家のヨーロッパ的救済」(Milward, 1992) と呼んだように，欧州統合は相互依存が深化した時代において国民国家の機能不全を補うための補完的役割も果たしている。

フランスは，ド・ゴールを始めとして欧州を通じて国益を実現する傾向がきわめて強い。しばしば他国の国益を無視し，自国の利益のみを実現する「フランスのためのヨーロッパ」ともいうべき政策も存在する。歴史的にもデュボアやシュリー伯の「大構想」のように，欧州とは平和や経済的繁栄を実現するだけでなく，フランスの覇権の確立を実現するための外交上の手段とみなす思想も少なくない（遠藤，2008a：16-17, 19-22）。

二度の大戦後のドイツ弱体化政策を主軸とするフランスのヨーロッパ構想は，その過度の国益重視の姿勢ゆえに，他国の反発のみならず結果的にドイツ支持を増やすこととなる。フランスの欧州政策の成否は，国益と欧州益との共存にあったともいえよう。

⑤ 行政システムの革新

19世紀にビクトル・ユーゴーがロマン主義的な欧州合衆国論を掲げ国民国家からの脱却を語る一方，サン・シモンはテクノクラシー論ないし機能主義的な

欧州を説いていた（遠藤，2008a：32-37，45-49；2008b：31-37，51-52）。これらの議論は，当時の人々に新しい視点と理想を与えた。

欧州統合構想は確かに夢物語に終わることも多かったが，一方でグローバルな国際交流の増大に適応した新しい行政的枠組みを実現することは，時代の要請でもあった。こうした国民国家の枠を超えた革新性の追求こそ，統合を生みだす原動力であったであろう。

ではどのような状況，条件で革新的な構想が制度として実現しうるのか。そして，なぜ戦間期は失敗したのか，フランスと欧州統合の歴史の中からさぐってみよう。

2　第一次世界大戦の衝撃

人口の喪失とフランスの「弱さ」

フランス人は，「大戦（La Grande Guerre）」とよばれる第一次世界大戦（1914—1918年）において，史上初めての総力戦を経験した。フランスは戦勝国となったものの，勝利の喜びよりも国土の荒廃と精神的打撃を受け，社会は深い傷を負った。死傷者の出身地は戦場となり「死の地帯」と呼ばれた北東部にとどまらず，フランス各地に死を悼むモニュメントが作られた。中でも甚大な数の青年層が失われ，世代を越えて出生率の低下を繰り返すこととなる。また生き残った者も被害に加え戦場での加害体験によりトラウマを抱えた。そのため，戦間期のフランス人は，老若男女，党派を問わず，戦争への強い嫌悪感を記憶した（Becker et Berstein, 1990：155-178；Schirmann, 2006：39-40；Vaïsse, 1993）。また平和主義は愛国主義の裏返しでもあった。長い戦闘と流血を経て勝ち取った平和を否定することは，多くのフランス人にとって受け入れられなかった。こうした平和を求める声は，ミュンヘン会談にいたるまで国民のコンセンサスとして存在し，外交政策をも拘束することになる（Borne et Dubief, 1976：56-59）。

国民の多数は反独感情を増幅させていたが，ドイツは敗戦国とはいえあらゆる面でフランスに対し圧倒的優位にあった。ドイツは，ヴェルサイユ条約により領土の割譲を強いられたにもかかわらず，その人口はフランスをしのいでい

た。ドイツの人口は約6000万人におよぶのに対し，フランス人は約4000万人にすぎず，この差は当然経済力その他をも既定した。すでに19世紀末より出生率がマイナスに転じていたフランスであったが，第一次世界大戦の人的損失は第二次世界大戦をはるかに上回った。フランスの国力そのものの「弱さ」が危惧されたのである (Berstein et Milza, 1999：294-299, 318-319)。

ヨーロッパとフランスの「衰退」

こうした中で，知識人の間ではフランスの停滞に加え，欧州そのものの凋落を憂いる「危機」論が流行した。地理学者のドマンジョンによる『ヨーロッパの衰退』は，工業力や金融力を蓄えつつあるアメリカや日本が勢力を拡大させる一方，19世紀まで世界を支配し文明の優越を誇った欧州が，大戦の荒廃により生産力の減少や負債により弱体化したことを危惧した (Demangeon, 1920)。こうした危機論の代表作でもあるポール・ヴァレリーの『精神の危機』は，欧州が今後「優位性」を保つことができるのか，「アジア大陸の小さな岬の一つ」になってしまうのか，それとも地球という「巨大な体躯の頭脳」としてとどまることができるのか，と問いかける。彼らは経済力や軍事力ではなく，欧州の文化や精神，価値といった欧州文明にその優位性を求めたのであった（ヴァレリー，2010：7-53）。

フランスの戦後構想──領土と資源

第一次世界大戦前のフランスでは，対独復讐論が右翼を中心としてフランス人の愛国心を駆り立てていた。とりわけアルザス・ロレーヌ地方という普仏戦争で失われた領土の「回復」こそ悲願となっていた。

アルザス・ロレーヌは古くはフランク王国の中心に位置し，834年のヴェルダン条約による王国分裂後の短い間には，独立国家「ロタリンギア（ロタール王国）」が現在のベネルクスから独仏国境地帯に存在していた。今日でも「ブルーバナナ」の中心に位置し，EU経済の中軸でもある経済的に豊かなこの地域は，17世紀の三十年戦争以降20世紀まで，独仏両国の係争の地であった。普仏戦争に敗北し，アルザス・ロレーヌ地方のドイツへの割譲を受け入れなければならなかった第三共和制のフランスにとって，アルザス・ロレーヌの「回

復」こそ悲願であり，フランス・ナショナリズムを高揚させた。さらに1890年代以降の急速な工業化とともに，石炭・鉄鉱石を産するこの地は特別の意味を帯びるようになる。しかし国家と国境により構成されるウェストファリア体制の主権国家の枠組みのもとでの平和的な解決は困難であったのである（Bariéty, 1977：123-133）。

　経済的にも軍事的にも優位を誇るドイツに対して，フランスはその「弱さ」を克服することが課題となっていた。官僚や政治家など一部のエリート層は，「大戦」こそ，「弱さ」を克服し，フランスにとってそれまでの国際秩序と序列を変える好機と思われた。とりわけフランスの議会，外務省，商務省等は，大戦中より戦争目的の確定と同時に，単にアルザス・ロレーヌの領土回復だけでなく，野心的な欧州秩序再構築の戦後構想に着手していた。その特徴は，対独安全保障と経済発展という二重の目標の実現を目指し，ドイツ弱体化を軸に欧州秩序の再構築を議論していたことである。というのも将来的にドイツと経済的ミッテル・オイローパともいうべき中欧のドイツ経済圏に対抗するためには，フランスが産業大国となり安全保障を確立し，また戦略的に優位に立つことができるのかが焦点であった。開戦当初は，ドイツを排除した関税同盟・アンタント（カルテル）といった比較的自由主義的な組織化論等が考慮されていた。しかし戦争の進展とともに領土問題に注目が集まり，より過激な対独構想が語られるようになった。とくにフランスは領土から産出される資源が生み出す経済的利益に強い関心を寄せていた。首相クレマンソーはこうした併合には反対していたものの，強硬派は良質の石炭を産出するザールやラインラント等，普仏戦争時の1870年の国境をはるかに越えた領土の獲得さえ選択肢に加えていた。これらの領土から石炭等の資源を獲得すれば，フランスは鉄鋼大国として飛躍しうることが期待されていたのである。さらにこうした領土の経済の移転によるドイツ帝国の解体と同時に，軍事力の弱体化はフランスの安全保障にとっても有益であった。もちろんこうした帝国主義的ともいえる領土への野心は，他の連合国の反対を受け，その目標は後退（独立国や国際管理等へ）せざるをえなかった。しかし経済発展のために，国境線を越えた資源の獲得はいかにあるべきか，という課題は，のちに欧州統合という国際関係の革新的解決策への端緒となるのである（McDougall, 1978：15-32；Soutou, 1989：141-192）。

3　ヴェルサイユ体制とフランス

新外交とその限界

　戦間期は欧州からアメリカへの覇権の交代に加え，旧外交から新外交へという外交秩序の再編期でもあった。1919年のパリ講和会議から誕生したヴェルサイユ体制は，アメリカのウィルソン大統領が1918年1月に提唱した14カ条の講和原則を出発点として，新外交と呼ばれる集団安全保障や自由主義，民族自決等，普遍主義的な国際秩序の確立を目指した。そして鳴り物入りで設置された国際連盟は，集団安全保障を担うと同時に，経済においても多角的な枠組（欧州経済の自由化構想も含まれる）が議論されていた。戦間期の欧州統合思想は，19世紀的な自由主義および「欧州協調」といった旧外交の枠組みを継承しながらも，新外交の多角主義や集団安全保障，外交の民主化，法による平和といった20世紀的な新しい価値を拠り所とし成長することとなる。

　しかしながらヴェルサイユ体制の矛盾と限界は当時より指摘されていた。まずウィルソンが目指した普遍主義的な諸原則が地域の諸事情とはかけ離れており，実現が困難であったこと，またその実施にあたっては不公平が存在した。オーストリア・ハンガリー帝国は解体され，トルコその他の諸国の国境線も変更を強いられた。そしてドイツを包囲し，ボルシェヴィズムを封じ込める「防疫線」として東欧・バルカン諸国に「ヴェルサイユの申し子」と呼ばれる小国が生み出された。しかし諸民族が混住するこれらの諸国において，民族自決の原則にのっとった国境性の確定は不可能であった（斉藤，1978：8-47）。

　また国境を越える経済活動が拡大し，相互依存が進展する時代にもかかわらず，19世紀に成長をとげた欧州の経済・金融のシステムは，新たな国境線により断片化し，国民経済の規模も縮小を余儀なくされ，むしろ停滞を招きかねなかった。(Bariéty, 1977：123-140；Schirmann, 2006：33-34)。

　何よりヴェルサイユ体制は，アメリカが基本原則を提唱したにもかかわらず，上院が条約の批准を拒否し，アメリカ自身が国際連盟に加え，ヨーロッパの国際関係から手を引いた。20世紀の覇権国となるアメリカが孤立主義へと回帰したヴェルサイユ体制は不安定なまま出発を遂げざるをえなかった。ハプス

ブルク帝国は解体され，帝政ロシアは消滅したのち，欧州のみならず，世界のリーダーシップはイギリス・フランスに委ねられたのであった。

ドイツの弱体化とフランス主導のヨーロッパ秩序の試み

1919年1月19日に始まったパリ講和会議の席上で，フランス代表は英国とともにドイツに対し過酷な平和をせまった。フランス代表はパリで開催された交渉だけに，反独感情の強い世論／選挙民を意識し非妥協的な対応をとらざるをえなかった。休戦から間もないこの時期の世論の声は，平和よりもドイツに対する復讐の色を濃くしていた。フランスは安全保障の確立と経済的利益の確保を目標としたが，しばしばこれはドイツにとって「カルタゴ的講和」とも呼ばれる過酷な平和を意味していた。

フランスにとっては安全保障の確立こそ最優先課題であったが，その政策には新外交と旧外交とが混在していた。まず講和会議においては，国際連盟の設置のみならず，これに参謀本部と軍事力を付与し，集団安全保障に制裁力を与えることを求めた。新しく登場した集団安全保障を完全に信用することができなかったフランスは，「タルデュー覚書」を提出し，ドイツの西方国境をライン河とすること，つまりライン左岸（ラインラント）の領土分離と，連合国が右岸の橋頭保を占領する「物理的保障」を求めた。しかしライン河左岸の分離については，民族自決原則に反するとして，イギリス・アメリカが反対したためヴェルサイユ会議では認められず，その見返りとしてライン左岸，右岸50kmの非軍事化に加えイギリス・アメリカによる対仏保障条約の締結が提案された。また参謀本部および義務兵役の廃止，陸軍および海軍の兵員の制限，軍艦10万トン，潜水艦禁止，空軍の禁止等の軍備制限が決定された（斉藤，1978：24-26；McDougall, 1978：33-81）。

フランスがこだわった領土問題には，安全保障上の考慮と同時に経済的な野心が込められていた。ドイツの海外植民地が連合国に「委任統治」として割り振られた他に，分離され他国へと併合された国境近接地域も存在した。ここは鉄鉱石や石炭を産出し，工業地帯も多く含まれていたため，工業力の移転と同時にドイツの生産力の低減を招くことになる。特に独仏関係においては，欧州最大の鉄鋼業を支え，これを中心とする地域経済圏を構成していたロレーヌの

鉄鉱石とルールの石炭が新たな国境により分断された。そのためドイツの鉄鋼業はより遠方から資源を調達するなど新たな対応を迫られ、スウェーデン等の新たな鉄鉱石供給ルートを模索せざるをえなかった。一方フランスは領土の「回復」により鉄鉱石を得たものの、国内では鉄鋼業に最適な石炭は産出していないため、鉄鋼業に最適な石炭の獲得が隠れた目標となっていた。

そこでフランスは、アルザス・ロレーヌ地方の「返還」(ロレーヌは鉄鉱石の生産地)に加え、ザール地域をドイツから分離し15年間連盟管理下に置き、その後に住民投票により帰属を決定することと、炭鉱の所有権および採掘独占権、また賠償として石炭・コークスのフランスへの供給、ロレーヌおよびモーゼルにおけるドイツ系石炭・鉄鋼業の追放などを要求し認められた。加えて、住民投票により帰属が決定されるドイツ東部国境の上シレジアについても、その一部がポーランド領となるよう強引に後押しした。この地域も炭鉱および鉄鋼業を有する工業地帯であり、これらの資源がフランスへと輸出されることも期待されていた。これらの措置により石炭を安定的に確保することが、フランスが鉄鋼大国となる条件でもあった。

その他条約には領土や軍事力以外に、経済・金融条項においてもドイツにとって不平等な条項が含まれており、片務的最恵国待遇、ライン川・エルベ川等の河川の航行自由化、賠償問題等の受け入れが強いられた。フランスの強引な要求は、イギリス・アメリカの反対により緩和されるが、それでもドイツは領土の約7分の1、人口の1割、鉄鋼生産の約3割を喪失した。

これらの政策は大戦中より外務省主導ですすめられており、フランスが大陸において「経済帝国」(Soutou, 1989) となることを目指していた (Bariéty, 1977：26-51, 134-149, 177-187；Berstein et Milza, 1999：302-312；Jeannesson, 1998：23-52；Schirmann, 2006：33-36；Soutou, 2005：302-306)。

その他会議では、英仏一致してドイツが戦費を負担することを要求し、英国が総選挙で主張したドイツ皇帝の訴追も条項に盛り込まれるなど、ドイツに一方的に戦争責任を負わせた。こうした戦勝国による一方的な「書き取らされた平和」は、ドイツ人にヴェルサイユ体制に対するルサンチマンを植え付け、将来に禍根を残すこととなる。

以上のように1920年代の外交上の対立の多くは、経済問題と密接に関連して

いた。そして国際協調よりも自国の利益を優先するフランスの要求に，イギリス・アメリカは反対した。イギリスは賠償の獲得という点ではフランスと一致していたものの，ヴェルサイユ体制を反ドイツブロック化し，フランスが優位に立つ構想に対し，危機感を抱いたのであった (Shirmann, 2006：13-21, 44-60)。

4　ブロックナショナル外交とルール占領の失敗

大陸における覇権の模索

　1919年11月の下院選挙においてブロック・ナショナルが勝利し，右派の強い「軍服議会」が成立した。フランス人の多くはヴェルサイユ条約の結果に失望していた。ラインラントの分離は実現せず，またヴェルサイユ条約提唱国のアメリカ自身が条約を批准せず孤立主義に回帰した結果，英米各々との対仏相互援助条約も発効しなかった。そのため世論のみならず政府も他の連合国に対し不審の念を抱くようになり，条約の見直しや賠償交渉を拒否し，条約全体の執行のみに固執するようになった（執行政策）。この後，1924年5月の下院選挙において左翼カルテルが勝利するまでの時期，フランスは他の連合国とドイツ問題を中心に安全保障，経済復興，賠償問題等について衝突を繰り返した。しかしドイツがヴェルサイユ条約に拘束され，イギリスも過剰な関与を避け仲裁的な役割にあった1920年代前半の大陸の国際関係において，フランスは優越的な立場にあった。それゆえに，フランスの強硬策は欧州全体に混乱をもたらすことになる。

　とはいえフランスは，大国願望とドイツの復活に対する危機感を抱きながらも，軍拡路線に走ることはなかった。財政的な制約もさることながら，大戦において攻撃優先のフォッシュ派の作戦が甚大な犠牲者を出したことから，戦後は，「国土の絶対的不可侵」を掲げ，人命尊重を優先し敵の消耗を促す防衛重視のペタンの戦略が，党派を問わず政治家および軍内部においても支持され続けたからであった。それゆえに，外交交渉を通じた安全保障の確保と経済力の強化が，国力の拡充という意味でもきわめて大きな意味を持っていた (Boyce, 1998：164-172)。

　フランスが試みたのは，フランス主導による大陸，特にドイツの近隣諸国と

の安全保障システムの構築であった。まず1920年7月に仏-ベルギー軍事協定を締結し、ラインラントの軍事占領計画の準備を進めた。ついで力を入れたのは東欧であった。1921年にポーランドと軍事協定を締結したのち、1920年代後半にかけてチェコスロヴァキア、ルーマニア、ユーゴスラヴィアといった東欧との同盟ネットワークの構築を目指した。しかしながら、各国の思惑は必ずしも一致しなかった。フランスはドイツを仮想敵国と考えていたが、ポーランドは対ソ連を想定していた他、東欧諸国相互の敵対関係も連動するなど、きわめて脆い関係であった（Sandu, 1999；Soutou, 2005：311-312；Wandycz, 1988）。

　対独強硬路線とはいえ、ルール占領までの対独政策はたびたび揺れ動いた。安全保障を優先させるのか、それとも賠償を獲得し戦後復興を重視するのか、もしくはドイツおよび他の連合国に条約の完全な執行を迫る「執行政策」か、賠償総額の見直し交渉か。世論の圧力と度重なる内閣の交代により一貫性を欠いていた。1921年に成立したブリアン内閣は、1922年1月のカンヌ会議において、イギリスの経済危機に対応した英独露との新しい復興の枠組みやドイツ侵攻時のイギリスの介入の保障、さらに賠償の減額等の交渉に応じる方針に転じようとしたが、議会および世論の反対を受け、辞任に追い込まれた。後を継いだポアンカレは再度「執行政策」に復帰した（Bariéty, 1977：64-120, 327-342；McDougall, 1978：97-177；Sandu, 1999）。

　フランスが賠償の獲得に固執した理由は、単に国内の復興資金を獲得するためだけではない。戦間期の賠償問題は、戦債問題の解決と連動していた。大戦中フランスは戦費を調達するために国外より多額の戦債を借りていた。しかし復興のため予算不足に苦しむフランス政府にとっては、ドイツからの賠償の支払いなしに、戦債を返済することは不可能であった。しかも賠償額の見直しの前に、まず戦債問題の解決（＝減額）を要求していた。しかしアメリカは債権の減額を拒否し、フランスをいらだたせた。フランスが賠償交渉において強硬な姿勢を続け、ひいてはルール占領を強行した背景には、ドイツに対する野心とともに、戦債問題が横たわっていたのであった（カー, 1968：88-91；Boyce, 1998：89-106；Trachtenberg, 1980）。

ルール占領

　フランス政府は，ラインラント分離の要求に加え，大戦中よりラインラント・ババリア・ハノーファーなどの連邦主義運動・分離主義運動と接触し，支援していた。また1921年には「天文学的数字」と呼ばれたドイツの賠償金1320億金マルクの前払い分が支払われないことから，ブリアン首相はルール地方の占領を視野に入れ，デュッセルドルフ，デュイスブルク等の軍事占領に踏み切った（Bariéty, 1977：64-76；Jeannesson, 1998：41-55；McDougall, 1978：81-96, 113-128, 140-148）。

　そして1923年にはドイツの賠償支払いの滞りを理由に，フランスはベルギーとともに，「生産的担保」を確保すべくルール占領を強行した。この背後には，賠償・戦債問題の行き詰まりに加え，独ソ間でのラパロ条約（1922年）により，ドイツが一定の行動の自由を獲得したことによる衝撃も影響していた。しかしフランスはこの占領により莫大な占領費用を必要とした上，生産物の獲得にも失敗した。ドイツ側が「消極的抵抗」やゼネスト・サボタージュにより生産活動を停止し，これに抵抗したからであった。さらにドイツではこれが引き金となりハイパーインフレーションがおこり，経済と社会は大打撃を被った。何よりフランス政府が支援していた分離主義運動や「ライン共和国」の分離独立支援は，ドイツの極右を刺激し，11月にはヒトラーによるミュンヘン一揆の勃発を招いた。フランスの対独強硬策がむしろドイツのナショナリズムを刺激したのであるが，フランスにとってはドイツの政治が不安定化することこそ脅威であり，ワイマールの民主主義を支援し，政治的安定を確保することが不可欠と考えられるようになった。

　そして，ルール占領に最後の一撃を与えたのは通貨・金融問題であった。1922年にはドイツはすでに戦前水準の鉄鋼生産能力を取戻し，欧州市場での優位を回復し，フランスが経済大国となる道は断たれていた。そしてルール占領によるインフレ収束のためにドイツはレンテンマルクを発行したが，これにより金融投機が始まり，フランは下落を続けた。フランスは，ドイツに対して経済力，国力で劣り，フラン防衛に十分な体力を持ち合わせていなかったためであった。こうして右派により進められてきたドイツ弱体化政策や，「力による外交」は失敗に帰した。フランスが国際的に信頼を喪失し孤立する中で，対外

戦略そのものの再検討が求められていた (Bariéty, 1977：91-120, 193-320；Jeannesson, 1998：71-377；McDougall, 1978：178-359；Schuker, 1976；Berstein et Milza, 1999：320-328)。

5　フランス外交の盛期——ブリアン外交

　ドイツがルール占領による混乱に見舞われる中，フランスの世論は次第に戦争への不安感を抱き始めた。ポワンカレを「戦争屋」と呼び，政府の対独強硬政策に対する批判を強めていた。そして1924年5月の総選挙では社会党・急進社会党からなる左翼カルテルが勝利し，右派にかわり急進社会党を中心とするエドゥアール・エリオ内閣が登場した。そして1925年に外相に就任したアリスティッド・ブリアンが，新しい国際協調路線を確立することになる。

　ブリアン外交の土台を築いたのは，エリオ内閣であった。首相と外相を兼任したエリオは，早々にラインラントおよびルールの分離政策の放棄，賠償額の見直し交渉を受け入れ（ロンドン会議とドーズ案），イギリスとの協調政策，ソ連邦の公式承認，ジュネーブ議定書締結による集団安全保障の強化等に努め，賠償の獲得および国際的な孤立からの脱却を図った。ドーズ案の採択とルール占領の収束にともないアメリカの対独投資が急増し，経済的に安定したドイツは賠償支払いが可能となり，賠償を受け取った連合国はアメリカに戦債を支払う，という好循環が生まれ，欧州は経済成長の局面を迎えることとなる。ドイツ経済の成長に牽引された欧州はつかの間の休息，相対的安定期へと入る (Becker et Berstein, 1990：250-254；Berstein et Milza, 1999：328-334；Schirmann, 2006：134-138；Schuker, 1976)。

　そして1925年4月に外相に就任したブリアンはこうした変化の風を受け，外交の革新ともいえる諸政策に次々と取り組んだ。まずルールからの撤兵のみならず，ロカルノ条約の締結により，ドイツの西方国境を保障する地域的集団安全保障体制を実現し，ドイツの国連加盟を後押しした (Bariéty, 2007；Schirmann, 2006：131-134；牧野，2012)。フランスの安全保障政策については，防衛主義的軍事戦略が継承され，1930年1月には議会においてマジノ線の建設が承認された (Boyce, 1998：164-175)。

ブリアンの「グランドデザイン」ともいえる，独仏和解・国際連盟とロカルノ条約による集団安全保障・防衛主義のパッケージは，左右を問わず政治家，外務省，そして世論からも強固な支持を受けた[1]。世論の平和を強く求める声を反映し，左派の平和思想と愛国者の国家安全保障論とが結合し，信頼感が生まれたのである。そして国際連盟による集団安全保障や貿易自由化，多角的対話による平和主義を尊重する「ジュネーヴ精神」はこの時代を象徴する言葉となった（Bariéty, 2007：200-213, 401-438；Schirmann, 2006：117-148）。

ブリアンの諸提案は国際政治の前で挫折することも多かったが，ウィルソンの新外交を受け継ぎ，「法による平和」といった20世紀後半の国際関係を先取りした革新的な構想であった[2]。1928年のパリ不戦条約は自衛のための戦争が除外されているとはいえ，戦争の違法化にむけて大きく前進した。そして1929年9月5日に，ブリアンは，国際連盟総会において演説し，「ヨーロッパの連邦的秩序」の実現を提案した。軍縮や安全保障に加え，経済的な平和を確立するために「連邦的紐帯的なるもの（Une Sorte de Lien Fédéral）」を確立し，特に経済分野での「連合体（Association）」の実現を訴えた。そして具体化のために，翌年，フランス外務省が準備した「連邦的欧州連合（Union Fédéral Européenne）の設立に関する覚書」が提出された。しかしながら，大恐慌が徐々に欧州に影響を及ぼし始める中，ヨーロッパ協調よりも国益重視の保護主義が主流となろうとしていた。1929年10月には独仏和解をブリアンとともに実現してきたシュトレーゼマンが死去し，ドイツ外交は修正主義へと舵を切ろうとしていた。こうした中で，ブリアン提案は「小協商」諸国の支持を獲得するにすぎなかった。1930年代のファシズムと保護主義の時代において，ブリアンの構想はもはや顧みられることはなかった（Bariéty, 2007：339-368；Fleury, 1998）。

ブリアンの連邦構想をのちのEC/EUの用語法に当てはめ，国家主権の一部以上を伴う超国家主義としての「連邦」としてとらえることには留保を要する。ブリアンにせよ，フランス外務省の覚書にせよ，その欧州像は国家主権にはふれない範囲での組織化に過ぎない。つまり，19世紀の「ヨーロッパ協調」と比較すると欧州の制度化という点では統合に近づいたものの，EC/EUと比較すると国家主権を伴わないという点で一歩及ばず，政府間主義の連合体を想定していたにすぎない（Guieu, et al., 2006：247-249）。

第三共和制とともに政治家人生を歩んだ老練なブリアンは、必ずしも理想主義的平和主義者というわけではなかった。たとえばルール占領についても、1921年のブリアン内閣においてすでに一部占領に踏み切っていた。とはいえフランスの弱い経済と人口では、単独での「力の政策」は困難であることも認識せざるをえなかった。一方ドイツは英米の復興への支援を受け1922年には戦前(1913年)レベルの生産能力を回復し、欧州市場で優位にたっていたためフランスが大陸の鉄鋼業において優位に立つ計画は夢と消えていたのである。こうした国力の弱い状態ではむしろ敵対的であった英国とも協調して民主主義的なドイツの安定化を支援し、またアメリカの資本により経済が復活し、フランスに賠償を支払う。その上で不戦条約を通じて欧州安全保障への関与を促し、広域での復興と平和の枠組みを作りだす方がフランスにとって有益であった。ブリアンはむしろフランスの国力が不十分な状態を考慮し、プラグマティックな判断で和解政策を進めたともいえよう (Bariéty, 1977：163-171；Berstein et Milza, 2006：320-328)。

国際機関とジュネーヴ精神

　国際連盟といえば、従来は安全保障を中心に評価されることが多く、第二次世界大戦の阻止に失敗したことから、その限界が指摘されてきた。しかし近年、その再評価が進められている。1920年代における国際連盟は、グローバルな普遍主義的組織であるにもかかわらず、欧州統合の実験室とでもいうべき役割をも果たした。アメリカは孤立主義に回帰し、植民地の多くもまだ独立に至らなかったため、事実上国際連盟は欧州諸国中心の機関であった。そしてジュネーヴでは国際機関を舞台とした国際協調が進展し、貿易自由化や国際経済の調整等を通じて経済統合への布石が試みられた他、マイノリティ問題、軍縮、社会問題等、実験的ともいえる新しい政策が取り組まれていたのである (篠原, 2010；Schirmann, 200：64-69, 117-131)。

　連盟以外にも、1919年に設立された国際労働機関 (ILO) は欧州支持派の第2の舞台であった。フランスの社会主義者で元軍需相アルベール・トマが初代事務局長として活躍し、国際レベルでの政労使の三者会談の実現などに取り組んだ。その成果は限定的であったとはいえ、これらの作業がのちのソーシャ

ル・ヨーロッパを準備することととなる（Bariéty, 2007：324-338；Guieu, et al., 2006：148-149, 246-247）。また国連教育科学文化機関（UNESCO）の他、恐慌後、賠償支払いの管理のために設立された国際決済銀行（BIS）は、中央銀行間の協調の習慣を生み出し、単一通貨論の起源にもなった（矢後、2010）。

こうした活動は、国家主権を前提とした政府間主義のレベルにとどまってはいたが、戦間期より国際機関を舞台とした国際的な（実際には欧州レベルでの）ネットワークが誕生していた点は、他地域と大きく異なる。とりわけ初期の国際公務員として活躍した人材（たとえばジャン・モネ等）はのちECを牽引する存在となる。ジュネーヴは政治家・官僚の国家を超えた交流の場を提供し、ナショナルな問題を多角的な手法で解決するという新しい国際関係の在り方を育んだのであった（矢後、2010；Guieu, et al., 2006：246-247）。

6 欧州構想の芽生え

ヨーロッパへの誘い——平和主義・デカダンス・独仏和解

ルール占領が行き詰まりを見せた1923—24年ごろより、欧州統一構想が知識人の間で注目を集めるようになっていた。知識人はなぜ欧州に興味を持ったのであろうか。

当時の知識人にとって欧州とは何より平和を実現する手段であった。ロマン・ロランは大戦中に『戦いをこえて』を発表し、「ヨーロッパ人」の視点で反戦・平和を訴え反響を呼んだ。ロマン・ロランやシュテファン・ツヴァイクらヒューマニストは、戦争にひた走る愛国主義や国家主義を越えて、合理的で埋性ある指導者に導かれたヨーロッパ統合の実現を論じた。欧州という枠組みを通じた超国家主義や独仏アンタントの可能性に期待が集まったのであった。そして1923年に創刊されたロマン・ロラン派が集った雑誌『ヨーロッパ』は、平和主義を掲げ、欧州のデカダンスを憂うなかで、これらの克服策として欧州の再構築や独仏和解、民主化の重要性を説くようになった（河原、1998：51-124；山口、2008：81-108；Vaïsse, 1993：51-69）。

またヨーロッパはデカダンスから脱出する手段でもあった。リウの1929年の著作『統一かもしくは死か』も、こうした欧州の切迫感を象徴している。その

他，ジュリアン・ベンダなどがヨーロッパ論を展開するなど，この時期，欧州を説く論考は約600本にのぼった。ヨーロッパ論を多く掲載したフランス語圏の雑誌として，*L'Europe Nouvelle, Monde Nouveau, Pax, L'Européen, La Revue Européenne, La Revue de Genève, La Revue des Vivants, L'Ere nouvelle, Paix par le Droit , Les Cahiers des Droits de l'Homme* 等があり，また法学，経済学系の学術雑誌も欧州論を特集した（Chabot, 2005：16-17, 136-142；Guieu et al., 2006：97-99）。

パンヨーロッパ運動

クーデンホフ・カレルギーが率いる「汎欧州(パン・ヨーロッパ)」運動は戦間期の代表的なヨーロッパ運動としてフランスの政治家・知識人・芸術家に欧州統一構想を伝えた。カレルギーは歴史ある貴族として，各国に強力な人脈を築いた。フランスにおいても積極的に運動を展開しヴァレリー，ポール・クローデル，ジュール・ロマン等，当時の著名な文学者や知識人，さらにブリアン等の政治家，企業家もこの運動に集った。「汎欧州(パン・ヨーロッパ)」の構想は当時の運動の中では先進的な，今日のEUにもつながる提案を出していた。しかしながら，その欧州観は，王室や貴族制を懐かしむ傾向があり，時にファシズムにも近づいた。そのためしばしば反動的とみなされ，共和主義のフランスでは距離を置く者も少なくなかった（戸澤, 2008；du Réau, 1996：81-83；Saint-Gille, 2003；Schirmannn, 2006：74-76）。

国際連盟支持・平和主義・欧州統一

フランスには「汎欧州(パン・ヨーロッパ)」運動以外にも，ブリアン外交と欧州主義を支持する様々な運動が存在した。彼らは欧州構想に加え，ジュネーヴ精神や，国際連盟や集団安全保障といったブリアンが提示した新しい外交政策全般に熱狂し，特にロカルノ条約締結後，運動はさらに活性化した。その多くは，欧州統一を国際連盟の枠組みで実現することを主張していた。

欧州統一を掲げた運動として「国際連盟のためのアソシアシオン国際連合」「議会間連合」「国際人権同盟」「平和のための民主的活動国際委員会」の他，マンデス＝フランスやシュワブ等も参加していた「LAURS/ 共和主義的・社

会主義的大学活動リーグ」等が活動していた（Guieu, et al., 2006：201-203）。その代表的論客として，*L'Europe Nouvelle* の編集に携わり，のち欧州審議会議員となるルイーズ・ヴァイスや，アンリ・ド＝ジュヴネルなどが活躍した（Bariéty, 2007：264-278；Catala et Jalabet, 2007：54-55）。

　特に人気を集めたのは「欧州協調のためのフランス委員会（CFCE）」であった。この運動は1927年に欧州統一運動「欧州アンタントのための連邦」のフランス支部としてエミール・ボレルにより設置され，「パン・ヨーロッパ」と競合しながらヨーロッパ派のネットワーク形成の場を提供した。ブリアンを会長に迎え，エリート中心の活動をすすめ，非共産党系労組の指導者ジュオーやルシュール，またパンルヴェ，ポアンカレ，バルトゥ，エリオなどの党派を超えた閣僚級の大物政治家も関与していた。しかし国際連盟の重視や独仏和解を主張していたものの，国家主権を絶対視し，具体的な欧州構想を欠いていたため，実際には連盟支持者のアソシアシオンであった（Barjo, 2007：78-80；Chabot, 2005：88-95）。CFCE に限らず，ブリアン主義者の欧州論はしばしば連盟の普遍主義とヨーロッパ主義との間の矛盾を抱え，その多くは欧州レベルでの超国家主義の確立や主権の移譲への関心は薄かった。欧州主義という言葉は，実際には連盟を舞台とした欧州レベルでの国際協調という意味で使われることが多かった。

　一方，フランスの社会主義と欧州思想との関係は近いようで遠い。欧州思想にはプルードンの思想や，またアメリカ帝国主義との対抗のためにレーニンやトロツキーが掲げた「欧州社会主義合衆国」構想が存在する。しかし，戦間期のフランス社会党（SFIO）は政党としてヨーロッパ主義に取り組むことはなかった。プルードンについては，のちにフランスの連邦主義者がヨーロッパ思想と結合させることとなる（Chabot, 2005：142-144）。

カトリックとヨーロッパ

　多くのカトリック系の新聞・雑誌もしばしば欧州統一を取り上げた。確かにキリスト教と欧州構想との間には，地理および文化という点で親和性が存在する。しかし政教分離のフランスでは，過去回帰的な視点ではなくカトリックの近代化と社会改革を目指すカトリック左派の社会カトリックの中から，欧州統

一を目指す政治的・思想的リーダーが排出される。

政党レベルでは，1924年にキリスト教民主主義系の中道右派政党人民民主党（PDP）が最も積極的に欧州統一に取り組んだ。*Aube* や *Politique* といった新聞・雑誌と連動するなど，一定の影響力を持ち，フランシスク・ゲヤ，中道左派の運動 *Jeune République* のマルク・サニエらが活躍した。彼らはブリアン主義者として，特に外交における欧州構想（平和主義，国際連盟，独仏和解）を強く支持した。戦後の欧州統合の父であるロベール・シューマンやジョルジュ・ビドーもこうしたミリューの中で育ち，のちに独仏和解の実現に尽力することとなる（Guieu, 2006：142-145, 156-158；Schirmann, 2006：141-144）。

7　1930年代——ナショナリズムの高揚と欧州統合構想の失速

「右でもなく左でもなく」——非順応主義の若者たち

1930年代に入ると，新しい運動が登場した。「議会間連合」は1932年に「ヨーロッパ党」を結成することを決定した。また「ヨーロッパアンタント」および「ヨーロッパ合衆国リーグ」も立ち上げられた（Chabot, 2005：15）。しかしながら，大恐慌とドイツにおけるナチズムの台頭とともに，ヨーロッパの協調を考慮する余裕は失われていく。ドイツの軍事侵略が危惧される状況においては，独仏和解や欧州統一は意味を持たなかった。

こうした中で，第二次世界大戦後の統合構想に影響を与える思想が生まれた。「30年代の非順応主義者たち」や，人格主義者と呼ばれたエリート青年たちは雑誌『エスプリ』や『新秩序』，『青年右翼』などにに集った。彼らは19世紀的な自由主義や個人主義を批判し，また共産主義から極右まで様々な思想の遍歴をとげ，「右でもなく左でもなく」新しい思想の革新を追及した。その特徴は，単なる欧州文明の危機を危惧するだけではなく，自由主義や個人主義，また議会主義，政党といった既存の秩序を否定し，刷新を求めた点にある。マルクス主義ともファシズムとも異なる第三の道を求めた。中でも『エスプリ』は，エマニエル・ムーニエを中心とし，社会カトリック・カトリック左派などの，学生に広く読まれた。また『新秩序』は，1940年代以降の欧州統合運動，特に欧州連邦主義の活動家を数多く輩出した。ドニ・ド・ルージュモン，アレ

クサンドル・マルク、ロベール・アロン、アルノー・ダンデュー、ダニエル＝ロップスなどである。国家と社会との間の直接的な結びつきではなく（また議会主義でもなく），国家に対して自律的な共同体としてのコルポラシオン（中間団体，社団）の活性化を主張しており，ファシズムの国家統制型のコルポラシオン論や，左翼のサンディカリスム（組合主義），カトリシズムとも接点を持った。確かに一部にはファシズムに与するものも存在し，欧州統合の中に「暗い遺産」を残すものも存在する。しかしファシズムの国家による統御を前提とする国家コルポラティスムと異なるのは，あくまで共同体の国家に対する自立性を尊重する点である。人間はアトム化されるのではなく，有機的に結合された共同体や中間団体に自ら参加することによって「人格を備えた人間」として開花すべし，と考えたのであった（Dard et Deschamps, 2005；Loubet del Bayle, 1969；Hellman, 2002；Roemheld, 1990）。

のちこうした人格主義者たちは，ナチスの侵略とともにレジスタンスに参加し，そこで連邦主義と欧州を接合することとなる。そのためフランスの欧州連邦主義論には，単に国家の上位に存在する超国家機関だけでなく，国家の下位に多様な共同体（地域・アソシアシオン・教会等）からなる重層的な社会秩序を構想する傾向が強く，地域主義とも呼応している。彼らが1930年代に構想したのは，欧州統一ではなかったが，その思想はのちに欧州連邦主義に接合されることとなる。

ナショナリストとヨーロッパ

ヒットラーが「欧州新秩序」を掲げたように，フランスの右派，もしくはナショナリストの中にも欧州支持派が存在した。そのヨーロッパ論はあくまでフランスの主権が維持されていることが前提であり，経済的一体性に加え，知的・精神的一体性を重視した。ドリュ・ラ　ロシェルは『すべての祖国に抗してヨーロッパを』を著した他，王党派右翼で「アクション・フランセーズ」を率いたシャルル・モーラスも「欧州合衆国」構想を支持した（ドイツがヘゲモニーを握る欧州統一を恐れ，ドイツの解体を条件としていた）。彼らが欧州に注視することにより民族のデカダンスを忘れ，優越性とナショナリズム超克の手段を求めたとすれば，そのヨーロッパはいかなる秩序を備え，ファシズムとどよ

うに向き合うことになるのであろうか（有田, 2003：140-178；Chabot, 2005：148-150）。

ブリアン的平和の失敗

ブリアンの欧州連邦構想の提案後, 時代は大きく変わろうとしていた。国際関係における国際協調の機運は急速に低迷し, 当然, 欧州構想も顧みられることはなくなっていた。しかしブリアンが1932年に外相を辞した後も, 外交政策としてのブリアン主義に対する信頼は揺るがなかった。欧州を平和へと誘い, 集団安全保障を尊重し, ジュネーヴ精神を広めることは, フランス外交の新しい「文明化の使命」となっていた。

しかしながら, 民主主義という価値を共有せず軍拡にまい進するヒットラーを前にして, ブリアン的な外交・安全保障政策は無力であった。

戦間期のヨーロッパ思想は, 右翼, ファシズムも含む様々な思想と結びついた。ヒットラーの欧州「新秩序」はドイツを支配者とする人種主義的な垂直型の欧州統合であるが, これも欧州統合のひとつの形態である（そして最も中央集権的に統合された態勢でもある）。そのため, 欧州＝ヒットラーというイメージが定着し, 多くの人が反発を抱く言葉となる。ヨーロッパ思想が今一度再生するには, 第二次世界大戦を経験しなければならない（遠藤, 2008b）。

おわりに

大戦による荒廃と凋落の中から, フランスは新しい時代に適した国際環境を模索した。欧州の平和と繁栄のためには, 2つのドイツ問題, ドイツの強すぎる「軍事力」と「経済力」を克服することが不可欠であった。そして相互依存の時代において, 政策協調を模索しなければならなかった。こうして欧州の諸問題の刷新には, 欧州統一という処方箋が最適と考えられたのである。

しかし戦間期の欧州思想は, ドイツ問題のみならず超国家主義的なガヴァナンスの構図を描くには至っていない。世論の多くはナショナリズムが強く, ヨーロッパ論は政界, 財界, また知識人等エリートの一部の関心を集めていたに過ぎない。「文明の危機」論や平和主義, 国際連盟をめぐる考察に付随して

欧州が注目をあびたにすぎない。また国家主権へのこだわりも強い。「連邦」にせよ「連合」にせよ、必ずしも20世紀後半の厳密な用語法とは異なり、欧州の統一をイメージさせる程度であった。何よりヒトラーの登場により、欧州の形成も民主主義という価値を共有しない国の間では無意味となった。

　こうして戦間期の外交の失敗の経験はその後の政策に大きな示唆を与えることとなる。そして相互依存時代の領土と資源の安定供給という課題は次世代に委ねられたのである。欧州統合構想のさらなる昇華のためには、第二次世界大戦を経なければならない。

注
1) ロカルノ条約では不十分であった東部国境を補完するために、フランスは引き続き東欧の「小協商」諸国との同盟関係の深化に努めた。これは対独包囲網であると同時に、フランスが経済・金融分野で進出することが意図されていた。しかし、防衛重視で攻撃力を持たないフランスがはたして東欧諸国にどれほどの保障を与えることができるのか。この矛盾と危惧は、ヒトラーの領土併合を認め、小国を見捨てることとなった融和政策において現実のものとなる。
2) ヴェルサイユ体制には参加せず、経済的にヨーロッパへの関係を深めていたアメリカを、間接的にヨーロッパ安全保障へ関与を促すことが意図された。

【参考文献】

Barjot, Dominique (dir.), 2008, *Penser et construire l'Europe (1919-1992)*, Sedes/Cned.

Bariéty, Jacques, 1977, *Les relations franco-allemandes après la Première Guerre mondiale*, Pédone.

―― (dir.), *Aristide Briand*, 2007, *la Société des Nations et l'Europe, 1919-1932*, Presses universitaires de Strasbourg.

Becker, Jean-Jacques et Berstein, Serge, 1990, *Victoire et frustrations, 1914-1929*, Nouvelle histoire de la France contemporaine-12, Seuil.

Berstein, Serge et Milza, Pierre, 1999, *Histoire de la France au XXe siecle, 1900 1930*, Complexe.

Borne, Dominique et Dubief, Henri, 1976[1989], *La crise des années 30. 1929-1938*, Nouvelle histoire de la France contemporaine-13, Seuil.

Bossuat, Gérard, 2001, *Les fondateurs de l'Europe unie*, Belin.

Boyce, Robert (ed.), 1998, *French Foreign and Defence policy, 1918-1940, The*

Decline and Fall of a Great Power, Routledge.

Carlier, Claude et Soutou, Georges-Henri (dir.), 2001, *1918–1925 Comment faire la paix?*, Economica.

Catala, Michel et Jalabert, Laurent, 2007, *Penser et construire l'Europe (1919-1992)*, Bréal.

Chabot, Jean-Luc, 2005, Aux origines intellectuelles de l'Union Européenne, L'idée d'Europe unie de 1919 à 1939, PUG.

――, 2002, *Le rendez-vous manqué des relèves des années 30*, PUF.

Dard, Olivier et Deschamps, Etienne (dir.), 2005, *Les relèves en Europe d'un après-guerre à l'autre, Racines, réseaux, projets et postérités*, P. I. E.-Peter Lang.

Demangeon, Albert, 1920, *Le Déclin de l'Europe*, Payot & Cie.

Fleury, Antoine (éd.), 1998, *Le Plan Briand d'Union fédérale européenne, Perspectives nationales et transnationales, avec documents*, Peterlang.

Guieu, Jean-Michel, Le Dréau, Christophe, Raflik, Jenny et Warlouzet, Laurent, 2006, *Penser et construire l'Europe au XXe siècle*, Belin (Guieu et al., 2006と略記).

Jeannesson, Stanislas, 1998, *Poincaré, la France et la Ruhr (1922–1924) Histoire d'une occupation*, Presses universitaires de Strasbourg.

Loubet del Bayle, Jean-Louis, 1969, *Les non-conformistes des années 30, Une tentative de renouvellement de la pensée politique frnçaise*, Seuil.

McDougall, Walter A., 1978, *France's Rhineland Diplomacy, 1914-1924, The Last Bid for a Balance of Power in Europe*, Princeton University Press.

Milward, Alan S., 1992, *The European Rescue of the Nation-State*, Routledge.

Mouton, Marie-Renée, 1995, *La Société des Nations et les intérêts de la France (1920-1924)*, Peter Lang.

Réau, Elisabeth du, 1996, *L'idée d'Europe au XXe siècle*, Complexe.

Reconstructions et modérnisation, 1991, *La France après les ruines 1918... 1945...*, Archives nationales.

Roemheld, Lutz, 1990, *Integral Federalism, Model for Europe–a way towards a personal group society, Historical development, Philosophy, State, Economy, Society*, Peter Lang.

Saint-Gille, Anne-Marie, 2003, *La «Paneurope», Un débat d'idées dans l'entre-deux-guerres*, Presses de l'Université de Paris-Sorbonne.

Sandu, Traian, 1999, *Le système de sécurité français en Europe centre-orientale, L'exemple roumain, 1919-1933*, L'Harmattan.

Schirmann, Sylvain, 2006, *Quel ordre européen?, De Versailles à la chute du IIIe Reich*, Armand Colin.

Schuker, Stephan A., 1976, *The End of French Predominance in Europe: The Financial Crisis of 1924 and the Adoption of the Dawes Plan,* The University of North Carolina Press.

Soutou, Georges-Henri, «Le Deuil de la puissance (1914-1958)», in Jean-Claude Allain, Pierre Guillen, Georges-Henri Soutou, Laurent Theis, Vaïsse, Maurice, 2005, *Histoire de la diplomatie française, II. De 1815 à nos jours,* Perrin.

―― *L'or et le sang,* 1989, *Les buts de guerre économiques de la Premières Guerre mondiale,* Fayard.

Trachtenberg, Marc, 1980, *Reparation in World Politics, France and European Economic Diplomacy, 1916-1923,* Columbia University Press.

Vaïsse, Maurice (dir.), 1993, *Le pacifisme en Europe des années 1920 aux années 1950,* Bruylant.

Wandycz, Piotre Stefan, 1988, *The Twilight of the French Eastern Alliances, 1929-1936: French-Czechoslovak-Polish Relations from Locarno to the Remilitarization of the Rhineland,* Princeton University Press.

有田英也, 2003『政治的ロマン主義の運命――ドリュ・ラ・ロシェルとフランス・ファシズム』名古屋大学出版会.

ヴァレリー, ポール, 2010（恒川邦夫訳）『精神の危機, 他十五篇』岩波文庫.

内田日出海, 2009『物語 ストラスブールの歴史, 国家の辺境, ヨーロッパの中核』中公新書.

遠藤乾編, 2008a『原典 ヨーロッパ統合史』名古屋大学出版会.

――, 2008b『ヨーロッパ統合史』名古屋大学出版会.

――, 板橋拓己編, 2011『複数のヨーロッパ, 欧州統合史のフロンティア』北海道大学出版会.

カー, E. H. 1968（衛藤瀋吉, 斎藤孝訳）『両大戦間における国際関係史』清水弘文堂.

河原忠彦, 1998『シュテファン・ツヴァイク, ヨーロッパ統一幻想を生きた伝記作家』中公新書.

戸澤英典, 2008「戦間期ヨーロッパの「和解」と「寛容」――パン・ヨーロッパ運動とその影響を中心に」田中孝彦, 青木人志編『〈戦争〉のあとに――ヨーロッパの和解と寛容』勁草書房.

斉藤孝, 1978『戦間期国際政治史』岩波全書.

篠原初枝, 2010『国際連盟, 世界平和への夢と挫折』中公新書.

牧野雅彦, 2012『ロカルノ条約, シュトレーゼマンとヨーロッパの再建』中公叢書.

矢後和彦, 2010『国際決済銀行の20世紀』蒼天社出版.

山口俊章, 2008「戦間期ヨーロッパの国際的文学・思想運動」田中孝彦, 青木人志編『〈戦争〉のあとに――ヨーロッパの和解と寛容』勁草書房.

第2章　戦前の欧州統合の系譜 II
―― 経済的構想（19世紀末―第二次世界大戦）

廣田　功

はじめに

　欧州統合の実現は1950年代初頭に開始されるが，統合の思想や構想自体の起源は古い。欧州内部に平和を確立する手段として，統合構想がすでに中世末期以来表明されてきたことは，よく知られている。それらの構想の中では，「自由貿易が国家間の経済的依存関係の緊密化を通じて平和に寄与する」という論理が見られたが，固有の経済統合構想の出現は世紀転換期を待たねばならない。しかしこの時期に経済統合を提唱した人は，ごく少数であった。経済統合が社会的関心の的となり，その実現を目指す団体や運動が誕生するには，第一次世界大戦が欧州とフランスの経済に与えた変化や衝撃が必要であった。

　第一次世界大戦を契機に欧州統合の必要が社会的に認められ，後述するように「欧州意識」が誕生する。それをうけて様々な政治統合の構想が登場するが，それと緊密に結びついて経済統合の構想も展開された。政治統合と経済統合の関係が関心を惹き，1920年代後半，次第に経済統合優先の考えが支配的となっていった。本章では，まず，世紀転換期以後の経済統合構想の歴史的背景と内容について検討する。

　しかし戦間期といっても，1920年代と30年代では時代の様相は大きく異なる。1930年代には，政治統合と経済統合の関係の捉え方は変化し，経済統合の具体的内容にも重要な変化が見られた。この経緯は，統合構想がそれぞれ時代の特徴や支配的な思想の影響を受けて変化したことを意味している。大戦後の統合構想は1920年代末に頂点に達するが，30年代には大不況とナショナリズム高揚の影響を受け，統合を取り巻く状況は一変した。歴史的現実の変化に直面して，1920年代に展開された統合構想は重要な変化を示す。

通説では，1930年代は大不況の影響で国際協調の気運が弱まり，欧州統合の構想・運動も衰え，統合が新たな関心を惹くのは第二次世界大戦期のことと考えられている。この理解に立てば，1930年代は統合史において積極的意義を持たない。しかしこれは，1920年代の統合構想を基準にした場合に成り立つ理解にすぎない。

欧州統合史を「目的論的歴史観」に立つ単線的な発展史ではなく，様々な理念，構想，運動，政策の出現と挫折，対抗と妥協が織りなすダイナミックな歴史として捉えるならば（フランク，2003），1930年代は統合史において新たな位置を与えられねばならない。実際，この時期，統合構想は時代の変化を反映して新たな展開を示した。この変化は，第二次世界大戦後に引き継がれたので，1930年代の統合構想の変化を正確に把握しなければ，第二次世界大戦後の欧州統合の実現も正しく捉えられない。

1　第一次世界大戦と「欧州意識」の成立

経済統合構想の胚胎

19世紀末，フランスの一部知識人の間で，欧州経済統合の必要性が考えられ始めた。国際法学者のド・コンスタンは，19世紀末に発表した論文の中で，アメリカ経済の台頭に伴う欧州経済の地位低下に警鐘をならした。この動きに対して，彼は保護主義政策による消極的対応ではなく，アメリカに倣って「欧州大市場」を創出するという積極的対応を説いた。1900年の「政治学大会」は，「欧州合衆国」をテーマに取り上げ，経済統合から着手して政治統合に至る道の可能性を検討した。「欧州諸国家の市場は狭すぎる。欧州諸国民は，欧州関税同盟に結集することができなければ，遅かれ早かれアメリカとアングロサクソン世界に対して不利な条件に立たされる。」このように大会で総括報告を担当したルロワ＝ボリューが指摘したように，大陸欧州関税同盟の結成が，欧州大市場を創出するための具体的方法と考えられた（Bussière, 2005）。

この訴えに関して，次の2点を確認しておこう。第1に，欧州関税同盟は大陸欧州の関税同盟として構想され，帝国経済の存在を理由にイギリスは対象から除外されていた。第2に，政治同盟に関税同盟・経済同盟を先行させるとい

う主張は,「経済的利害関心が政治的利害関心を支配している」状況において,関税同盟が諸国民の間に「連帯感覚」を発展させることができるという認識に基づいている。ここには当時流行した「連帯主義」思想の影響が窺われる (Bussière, Dumoulin, Shirmann, 2006)。

このように,すでに世紀転換期,アメリカの台頭に危機感を抱いた人々は,大陸欧州関税同盟を結成し,関税障壁を撤廃した自由貿易の欧州大市場の創出によって対応することを考え始めていた。ここに経済統合構想の萌芽を見出すことができる。しかしこの構想はごく少数の知識人に限られ,社会的影響を持ちえなかった。欧州文明の優越感がなお揺らいでいなかったことがその根本原因である(フランク,2003)。また,後の「仏独協調」のように,統合の推進力となるパートナー関係はまだ見られない。フランスの国民経済的利益と結び付けて欧州統合の必要性を考える視点も出現していない。

第一次世界大戦と欧州衰退の自覚

大量の死者を生んだ第一次世界大戦は,世界大戦と呼ばれながら,「欧州の内戦」を本質とする。欧州を舞台に大量殺戮という野蛮な行為が行われたことは,「文明対野蛮」の図式によって帝国主義の植民地支配をも正当化してきた欧州の優越感を根底から覆した。この結果,大戦前まで統合構想の普及を妨げてきた重要な要因のひとつが消滅した。

また,第一次世界大戦は,世界経済におけるアメリカの台頭と欧州の相対的衰退を加速し,欧州衰退が広く意識される契機となった。戦争中,欧州向けの軍需物資の供給や戦時金融に協力したアメリカ合衆国は,工業生産力を飛躍的に発展させ,一挙に債務国から債権国に転換した。逆に,イギリスを筆頭に欧州諸国が世界の工業生産や貿易に占める比率は低下した。戦争中,英仏両国がアメリカの援助に依存しなければならなかったことは,多くの人に,欧米間の力関係の変化を痛感させた。第一次世界大戦前の時代を特徴づけた「パックス・ブリタニカ」と欧州優位の時代は,確実に転換しつつあった。いまや欧州衰退が広く意識され始め,欧州文明の優越感が衰えるにつれて,統合の必要が痛感され始めた。

大戦後に様々な形で表明された「欧州衰退」・「欧州崩壊」を説く言説におい

て，欧州経済の相対的衰退や欧米間の経済的力関係の逆転は，最も重要な要因とみなされた。欧州衰退を阻止するために欧州統合の必要を訴える構想の中で，「欧州合衆国」建設による政治的統一と並んで，経済統合は衰退阻止の重要な手段と位置づけられた。大戦は，欧州衰退の意識を浸透させ，多くの人々に統合の必要性を意識させた。大戦を経て初めて「欧州意識」が成立したのである（フランク，2003；Frank, 2004）。経済統合は衰退阻止の不可避な手段とみなされ，戦前少数の人物が夢見た経済統合の構想は，多くの人に受け入れられて現実性を帯び始めた。

アメリカ台頭の要因

「欧州意識」成立の基礎には，欧米間の経済的力関係の逆転と欧州衰退に対する危機意識があった。しかしこの危機意識が何故，経済統合の必要性に結びつくのだろうか。そこにはアメリカ経済台頭と欧州経済衰退の要因に関する統合論者の独自の診断が存在した。

彼らによれば，問題の鍵は彼我の市場状態の違いにある。彼らは，アメリカ経済の強さの鍵を大量生産体制に求め，さらにそれを可能にした条件として，「統一された大きな内部市場」の存在に着目した（廣田，1993；1994a；Bussière, 2005）。アメリカ台頭の要因を「大市場」に求める見解はすでに19世紀末から見られたが，この市場状態を生産合理化や大量生産体制の条件と把握した点に議論の発展が見られる。

彼らはアメリカ市場を「大市場」と特徴づけ，さらにこれを基準として欧州市場の特徴を描いた。第一次世界大戦後のヴェルサイユ体制は，「民族自決」の原則をもとに欧州に多数の新国家を生みだした。新国家は，経済ナショナリズムに基づいて国民経済発展のために国内産業と国内市場を保護する政策をとった。その結果，欧州の関税圏は戦前の26から38に，また通貨圏は14から27に増加し，欧州市場は「分断された小さな市場」としての性格を強めた。欧州では，国家単位の多数の小さな市場が存在し，しかもそれらが高い保護関税障壁によって分断されていた。このような市場状態は大量生産体制の確立と生産合理化に不利と認識され，欧州市場の分断を克服し，アメリカ並みの統一的大市場を作り出すことが経済統合の目的となった。

フランス経済の相対的遅れの意識

第一次世界大戦は，欧州衰退，さらに衰退阻止の手段としての統合の必要を痛感させただけではない。同時に，フランス経済の「相対的遅れ」が意識されるにいたった。商工大臣クレマンテルのように，多くの指導者は，重化学工業の生産力と経済の組織化の点でフランスがドイツに著しく遅れていることを自覚した。相対的遅れを克服するために，クレマンテルは経済組織化のための体系的プランを構想し，その一環として，大戦中の連合国経済・金融協力を戦後も引き継ぎ，原料管理を主目的とする英仏中軸の「連合国経済同盟」を結成することを提案した。この構想は，戦後，米英両国の反対で実現されなかったが，一種の経済統合構想とみなすことができる（廣田，1994b）。

この構想では，経済的遅れの意識をもとに経済統合構想が展開されたことが注目に値する。大戦前の統合構想には，国益の観点と経済統合を結びつける視点は見られなかった。1950年代に実現される欧州統合の本質は，ミルワードが強調するように，国民国家の「救済」にある。クレマンテルの構想は，国民経済的利益と経済統合を結びつけた視点の出現として注目に値する（Badel, 2001）。

さらに，クレマンテルはフランスの伝統的な保護関税政策と無条件最恵国待遇を伴うイギリスの伝統的な自由貿易政策をともに批判し，「最恵国待遇」を多角的通商協定の枠内における協定国相互の互恵的関係にとどめ，さらにこれを梃子としてフランスの保護関税を引き下げる方向を打ち出した。この新たな関税政策理念は，1920年代後半の統合論者の関税政策思想を根本的に規定するものとなる（Bussière, 2005）。この理念は，国民経済的利益を基礎として，保護貿易と自由貿易のそれぞれの功罪を認識し，両者のバランスを目指した。この視点は，第二次世界大戦後のフランスの統合政策に引き継がれる。

統合の核としての仏独関係

大戦中発表されたクレマンテルの構想は反ドイツ的であったが，彼はドイツの経済組織化，とくにそこにおけるカルテルの役割に注目し，アメリカの大量生産モデルとともに，ドイツのカルテルに倣う組織化モデルを導入することによって，生産合理化を進めることを考えた。このような考えは，1920年代半ば

に著名な統合論者として活躍するルシュールにも見られた。

　大戦末期に軍需相，さらに戦後，復興相，商工相などを歴任した大物政治家のルシュールは，戦後の対外経済政策の重心を大陸欧州に移すことを考えていた。そのために彼は，1921年のヴィースバーデン協定によって，講和条約に基づく現物賠償引き渡しに関してカルテル協定を活用し，仏独産業家の間で利害紐帯を発展させようと試みた。ルシュールは典型的な「雇用主の中の近代化論者」であり，クレマンテルと同じく，産業・経済の近代化の必要を説いた。仏独経済関係の強化は，彼にとって，近代化の最も重要な手段であった（廣田，1994a）。

　その後仏独関係は悪化したが，ドーズ案による賠償問題の解決，講和条約の対独通商差別条項の終結，ロカルノ条約交渉など，一連の仏独緊張緩和の動きをうけて，1925年9月，ルシュールは国際連盟総会に国際経済会議の開催を提案した。後述のように，この提案でも仏独協調は基軸的役割を占めていた。このように1920年代半ばから，経済統合構想の本格的論議が始まる頃，仏独協調を中軸とする大陸欧州の経済統合が統合の枠組みとして登場した。統合構想の中に仏独協調の核が出現したことは，統合構想の新たな段階を画した。

2　1920年代の経済統合構想

経済統合の方法

　前述の政治学大会は，欧州統合に関する難問のひとつが，統合の方法にあると指摘していた。1920年代の統合論者は，統合の具体的方法・形態をどのように考えていたのだろうか。まず，戦前の議論を引き継ぎ，「関税同盟」の結成によって自由貿易を実現することが考えられた。この方法は，当時の世界の支配的潮流に合致していた。大戦後の世界は「正常状態への復帰」をスローガンに掲げ，大戦前の世界経済の拡大を支えた金本位制と自由貿易の再建を目指していた。しかし現実の世界経済はこの目標とはほど遠かった。金本位制が，「金為替本位制」の形態で1920年代半ばに再建されたのに対して，自由貿易の再建は難航した。自由貿易が世界共通の目標である限り，統合論者の欧州関税同盟の構想は，欧州独自の立場を意味するわけではない。それは世界的自由貿

易の再建という目標に合致し，普遍主義に対立するものではなかった。実際，当初の欧州関税同盟の構想は，域外に対する保護主義的色合いを薄め，世界的・普遍的な自由貿易の考え方に同調していた。

「欧州関税同盟」の構想

ロカルノ条約締結という新しい状況をうけて，1925年10月デパート業界を中核とし，輸出業界や奢侈品業界の支持を得て，「経済関税行動委員会 (Comité d'Action Économique et Douanière, CAED)」が結成された。これは経済統合を目的とする戦間期の最初の組織であった。CAEDは，フランスの自由貿易政策への転換の兆候と欧州・世界の自由貿易再建の動きに力を得て，欧州における自由貿易の確立を目指し，国際連盟を後ろ盾とする関税引き下げ運動に積極的にコミットした。しかし次に述べる「欧州関税同盟 (Union Douanière Européenne, UDE)」とは違って，欧州統合に政治的枠組みを与えることには慎重であった。CAEDの目標は，自由貿易的欧州であり，クーデンホフ・カレルギーの「政治的欧州」，UDEの「経済的欧州」に対比すれば，「貿易の欧州」であった。また，CAEDは，UDEとは違って，生産者のカルテルに対して反対の立場を貫いた (Badel, 1999)。

CAEDの設立より少し前，UDEに帰結する動きが生まれた。1925年3月12日，統合による欧州の経済的安定と平和の確立を目指し，シャルル・ジードを含む世界の著名な10人の経済学者らが，国際連盟に向けて「欧州人へのアピール」を発表した。彼らは，後に「欧州関税同盟国際委員会」の創設者となる。アピールは，「欧州の平和」の前提として「経済的平和」の必要を説き，その手段として「欧州関税同盟」の結成を提案した。

UDEは，1926年以後国内委員会の組織化に取り組み，ドイツ，ベルギー，オランダ，ハンガリー，フランス等に相次いで委員会が設立された。UDEは，国際委員会と国内委員会から構成され，国際委員会は国内委員会の活動を調整する機関と位置づけられ，フランスの元公共事業大臣ル・トロケが会長に就任した。フランス国内委員会は，経済学者のジードを会長，外相ブリアンを名誉会長として，1927年1月に設立された。UDEのメンバーは，19世紀末に輸出振興に関心を持つ商工業者によって設立され，戦間期にはクレマンテルが

議長を務めた「全国貿易顧問会議 (Comité National des Conseillers du Commerce Extérieur de la France)」が最大の供給源であった。これは1920年代の経済統合の構想が，輸出拡大を最大の目標としていたことを物語っている (Badel, 1999)。

UDE は，フランス委員会が設立される頃まで，関税同盟の具体的構想を持っていなかった。しかしこの頃になると，フランシス・ドゥレジの「欧州経済同盟」の構想が事実上 UDE の構想となった。この構想は，1926年10月にウィーンで開催された「汎欧州（パン・ヨーロッパ）」運動の第1回大会にフランス代表として参加したドゥレジが大会に提出した報告書の中で表明された。「欧州合衆国の経済的基礎」と題する報告書において，彼は通貨安定＝金本位制復帰と並んで，関税引き下げと UDE を提案し，とくに UDE を経済的平和の保障と位置付けた。重要なことは，ドゥレジが「あらゆる通商協定の中で最恵国条項が，すべての国とすべての商品に無差別かつ自動的に認められねばならない」と指摘し，イギリス的な自由貿易論を受け入れていたことである。UDE は，当時の国際機関に浸透していた自由貿易論に沿い，世界的自由貿易体制の一環として位置付けられた (Morselli, 2001)。当初の UDE の構想は，最恵国条項の自動的適用に反対するクレマンテルや仏独産業界の連携を重視するルシュールらの地域主義的構想とは異質であったことになる。

ドゥレジの経済統合構想

ここで UDE に影響を与えたドゥレジの構想について，補足的な説明をしておこう。左翼系エコノミストのドゥレジは，1925年に刊行した『現代世界の矛盾』の中で，依存関係を深めていく「経済的土台」と「国民的幻想」に支配された「政治的上部構造」の間の対立を指摘し，自由貿易による経済的平和の再建を政治的平和の条件とみなし，欧州経済統一の必要を訴えた。「汎欧州（パン・ヨーロッパ）」運動に提出した報告を契機に彼の構想は統合論者の間で有名となり，「汎欧州（パン・ヨーロッパ）」運動フランス委員会事務局長，さらに一時，UDE フランス委員会の事務局長を務めた。また，彼は，UDE が1927年の国際経済会議に提出した覚書の執筆者でもあった。

1927年以後，欧州統合運動に参加する中で欧州各地を訪問したドゥレジは，

この体験をもとに1929年『2つの欧州』を出版し、異質な経済構造を持つ「2つの欧州」の存在を指摘した。西欧・北欧諸国のように、経済発展が進んだ「工業的欧州」と東欧・南欧諸国のように、発展の遅れた後進的な「農業的欧州」の2つである。その上で、この2つの欧州の間で工業製品と農産物を交換する自由貿易、いわゆる農工間の垂直分業を実現することに、単一の欧州関税同盟の成立の基礎を求めた。また、欧州域内の農工間分業の発展によって「欧州への回帰」が実現され、欧州の経済発展の基礎が海外植民地から欧州域内に転換することができると考えた。

ドゥレジのきわめて図式的な欧州経済観は、シンプルさゆえに多くの人を惹きつける一方、批判を招いた。とくに、同じく欧州経済統合の必要性を説く地理学者や一部の経済学者は、西欧諸国の経済、とくにフランス経済を単純に「工業的」と規定することを批判し、その特徴を農業経済と工業経済が並存する「複合経済」と規定した。この立場から見れば、ドゥレジが説く欧州関税同盟の根拠は薄弱であった。「複合経済」論によれば、農工間分業のような垂直的な産業間分業ではなく、同種の産業内部における水平的な産業内分業こそ、欧州経済統合における域内分業のあるべき姿であった（廣田, 2006）。周知のように、第二次世界大戦後の経済統合の現実は、後者の分業観に合致する。

ルシュールの統合構想

一方、ルシュールはドゥレジ＝UDEの自由主義的構想とは異なる独自の構想を展開した。それは仏独中軸の周りに大陸の西欧諸国を結びつける構想であり、政府間の関税引き下げ交渉と産業アンタントの2つの方法の併用が考えられた。後者の意味は、まず、産業単位で経済的利害の「事実上の連帯」を創出し、関税引き下げの条件整備を行うことである。これはイギリス流の自由主義とフランス流のディリジズム（国家による経済の指導・方向づけ）の間の中間的手法であり、大戦中の産業動員体制における官民協調体制の教訓に依拠していた（Fleury, 1998）。ルシュールは、アメリカ・モデルに対抗し、自由競争＝反カルテルのアメリカ的経済合理性とは異なって、産業アンタント（カルテルを含む同一産業の企業間の協定）による「組織された市場」の合理性に期待した。

しかし産業アンタントの意味は、関税引き下げの地ならしにとどまらない。

それは産業合理化を欧州全体に広げる手段であった。彼が大戦末期以来フランス産業の合理化に関心を持っていたことは前述したが、彼にとって、産業合理化は一国で完結する課題ではなかった。産業アンタントを欧州レベルで締結することは、産業合理化を欧州全体に拡大することを意味し、それはフランス産業の合理化を進める上で必要とみなされた。

さらに彼は産業アンタントにもうひとつの役割を期待した。彼は、欧州諸国が輸出拡大のために生産コストの引き下げを追求し、その結果、賃金・労働条件が引き下げられることを懸念した。関税引き下げ交渉が妥結し自由貿易が進めば、生産コスト引き下げの競争が激化し、賃金・労働条件が悪化する恐れがある。これに対して、アンタントは「関税障壁撤廃に並行した賃金引き上げの可能性を与える」手段とみなされた。この点で、ルシュールは、国際労働機関（ILO）のトマと関心を共有していた。ILO初代事務局長のトマは、経済統合に並行して、8時間労働、有給休暇制度など、欧州レベルの労働基準が締結されることを追求し、統合が労働者に犠牲を強いることを阻止しようとした。経済統合の構想は単なる自由貿易圏の構想ではなく、当初から一種の「社会的欧州」の構想を伴っていた（Guerin, 1998）。

ルシュールの構想の起源は、1926年、仏独、ルクセンブルグ、ザールの鉄鋼業者によって「国際鋼協定（Entente International de l'Acier, EIA）」が締結されたことにあった。彼は、この方式を他の産業に拡大することを考えたのである。彼の構想に沿って、1920年代末には、大陸の生産者を中心に、ガラス、羊毛、化学などの産業に国際協定が締結され、アルミニュウム、セメントでも締結の動きが見られた。政府間交渉による関税引き下げ交渉が難航する中で、この統合構想は次第に関心を集め、国際連盟もルシュール・モデルの検討に着手するにいたった。

しかしこのモデルも、急速に限界を露呈する。最大の理由は、加盟国の当該産業の構造の違いから、一般に協定の対象が外国市場に限定され、国内市場保護の壁を崩せなかったことにある。結局、協定は関税率の統一・撤廃に寄与しえなかった。1920年代末に、世界的に国内市場保護の動きが強まったことも不利に働き、1929年末、このモデルは袋小路に陥った（Fleury, 1998）。

地域主義と世界主義の対立

前述のように，当初の経済統合構想は，伝統的自由貿易論と親和的であった。しかし1920年代末にかけて，UDEや統合論者の中で，伝統的な普遍主義的自由貿易論とは異質な地域主義的な自由貿易論が次第に強まっていった。これはルシュールを先頭とするフランスのイニシアティヴによるものであった。

フランスの地域主義的構想は，大戦期のクレマンテル構想に端を発する。この構想は戦後復興の過程では米英主導の普遍的自由貿易論に敗北した。しかし1920年代半ばの仏独和解の進展以後，フランスの巻き返しが始まる。ルシュールの国際経済会議開催の提案は，国際連盟を舞台とする巻き返しの試みでもあった。その基本的意図は，世界的な自由貿易運動に仏独中軸の地域主義の枠組みを与えることであった。こうして1920年代後半，自由貿易の方向をめぐって英仏の主導権争いが展開された。

ルシュールの構想は，暗黙のうちにイギリスを排除していた。イギリスでは，産業アンタントは大陸ほど発展していなかった。また，ルシュールはアンタントによる「自由競争の管理」を関税引き下げ協定の地ならしと考えたが，このような発想はアングロサクソン流の自由競争観とは相いれない。また，彼は最恵国条項の適用を互恵的な通商協定の調印国に限定したが，この立場は，「最恵国条項の自動的適用」というイギリスの通商協定観と対立した。

ルシュール提案に代表されるフランスの地域主義の構想は，国際連盟や国際商業会議所で次第に多数派を獲得していった。1920年代半ばまでイギリス流の自由貿易観を共有してきた国際商業会議所は，1929年4月のアムステルダム大会で，「通商協定に到達する手段」として，「最恵国条項に対する例外」を有効と宣言した。同じ頃，国際連盟経済委員会も，多角的通商協定に最恵国条項の例外を認めた (Bussière, 1993; Carlier et Soutou, 2001)。これは大陸諸国がフランスの地域主義の構想に同調したことの表れである。

「仏独情報資料委員会」

ベルギーの大手鉄鋼企業ARBED社の社長マイリッシュもルシュールの方法の支持者であった。彼は，ルシュール以上に政府間交渉による関税引き下げの可能性に懐疑的であり，早くから仏独，ベルギー，ルクセンブルグの産業家

のカルテルを考えていた。そのために1926年5月，仏独の産業家を結集して「仏独情報資料委員会（Comité Franco-Allemand d'Information et de Documentation, CFAID）」が結成された。設立の目的は，両国の共通利益に関する議論を阻害する「相互不信」を除去することであった。

UDEとの基本的な相違点は，伝統的な自由貿易論を継承して欧州レベルの単一関税同盟を志向するのではなく，仏独協調に重点を置いたことにある。CFAID設立直前，UDE国際委員会のアンケートに答えて，この関税同盟が直面する困難を強調し，マイリッシュは準備活動の必要を説いた。

> 「（UDEに伴い―引用者）各国において産業構造と社会生活の避けがたい変化がもたらすかもしれない恐るべき経済的社会的帰結を出来るだけ和らげ，なくす方向に絶えずゆっくり進んでいくために，忍耐強く目立たない活動が国と国の間や産業グループ間で取り組まれ，存在する困難の原因と最も適切な方法を探求しなければならない。この方向でなされることは，すべて有意義で有益であり，UDEにとって不可欠な準備活動となろう。この活動が達成されるまで，UDEは危険なしには思索の域から脱しえないであろう。」（Chabot, 2005：97）

CFAIDは，UDEに伴う「変化」の帰結を和らげる方法のひとつとして考えられた。それはルシュールと同様，大陸諸国の経済に共通の産業アンタントの文化を活用して，「連帯」と「利益共同体」を作り出す試みであった。ここでも欧州経済統合の構想が，アメリカ・モデルに倣って自由競争＝自由貿易の拡大を追求しながらも，欧州大陸独自の経済思想の圏域の中に根を下ろしていたことが看取されよう。CFAIDの構想は，まず1926年5月に締結されたEIAに具体化された。それはルシュールに力を与え，国際経済会議における彼の報告を支えた。しかし1928年のマイリッシュの死は委員会の活動を弱め，さらに1930年代には不況の影響で活動は大幅に後退する。

UDEの変化のきざし

1920年代末，関税同盟の結成が困難な現実を前に，UDEの構想も変化し始めた。1927年の国際経済会議にUDEが提出した覚書は，単一関税同盟の即時結成を断念し，関税の段階的引き下げをめざし，「数カ国だけの間で締結される協定」を出発点とすることを掲げた。段階的引き下げの理由は，「危機」を

引き起こさないために毎年の引き下げ幅を低く制限し，加盟国の産業が「衝撃なしに適応」できるようにすることであった（Chabot, 2005：80）。自由貿易による競争が各国産業に与える不安に配慮して，当初の楽観的な自由貿易構想が変化を余儀なくされた様子がうかがわれよう。

この変化は，その後さらに強まる。1928年10月，プラハ国際経済会議に提出されたUDEの新しい覚書は，仏独，ベルギー，ルクセンブルグを「中核」とし，その周りに諸国家を徐々に結集し，段階的に同盟を結成することを提案した。1929年6月，UDE関税引き下げ委員会のトゥルシー委員長は，かつてドゥレジが提案した「関税の自動的引き下げ」の方針を放棄することを決定した。これと並行して，UDEはル・トロケを議長として産業アンタントに関する委員会を設置し，伝統的自由貿易観からますます離れ，地域主義的な構想に接近した。後述のように，1930年7月にパリで開催されるUDEの第1回世界大会における方針転換は，この方向での変化をさらに強める。

2つの統合構想

これまで見てきたように，1920年代には2つの経済統合の構想が並存していた。ひとつはUDEに代表される立場であり，その構想の具体的形態は大陸欧州関税同盟による自由貿易の実現である。この立場は，研究史上「自由主義的方法」と呼ばれてきた。これに対して，もうひとつの立場はルシュール・マイリッシュに代表される立場であり，UDEの「自由主義的方法」を補完するために産業アンタントの形成を提案した。これは研究史上「契約による方法」と呼ばれてきた。ただし，両者は対立的というよりも相互補完的であった。

2つの統合構想は，いずれも1920年代末に困難に逢着した。「関税休戦」を掲げて政府間交渉による関税引き下げを追求したUDEの「自由主義的方法」は，保護主義的風潮の高まりの前に進展を阻まれた。前述のように，「契約による方法」もまた袋小路に陥った。このような状況の下で，1929年，UDEは前述のような重要な転換を示し始めたが，この時，1920年代の統合構想・運動は，「ブリアン構想」によって絶頂期を迎えていた。

ブリアン構想と国際連盟

クーデンホフ・カレルギーの「汎欧州(パン・ヨーロッパ)」運動によって開始された1920年代の統合構想は，1929年9月5日，フランス外相のブリアンが国際連盟総会で提唱した構想で頂点を迎える。それまで民間団体を担い手として展開されてきた統合構想は政府レベルに到達した。ブリアンは，欧州平和のために「一種の連邦の絆」を作る必要を訴えるとともに，経済統合と政治統合の関係について，経済統合の優位を説いた。「欧州の経済組織化が土俵を準備し，連帯の絆を創出する前に政治的組織を形成することは不可能であると思う。」ここには，ルシュールらの「経済的利害の連帯」という思想の影響が見られる。同時に，経済統合優先の主張は，UDEの立場を支持するように見えた。

しかしブリアンが1930年5月に国際連盟に提出したフランス政府覚書は，経済統合と政治統合の関係を逆転させ，「経済問題の政治問題への従属」を打出した。「経済同盟」は安全保障問題の解決や政治同盟の進展にかかっていること，「経済同盟」は小国に対する経済大国の政治的支配の道具となる恐れがあることが，理由として挙げられた（小島，2007）。

ブリアン構想が提案された時期は，アメリカの大恐慌の勃発とそれに続く大不況の開始と重なっていた。大不況は経済的ナショナリズムを強め，単一の欧州関税同盟に対する東欧諸国からの懸念に加えて，1920年代後半に追求された自由貿易再建の気運を急激に萎縮させた。後述するように，1929年半ばから取り組まれた「関税休戦」の試みが挫折したことも，ブリアンの政治重視への転換の一因であった（Fleury, 1998）。

単一欧州関税同盟に対する批判を受けて，統合論者の一部は，単一同盟を当面実現不可能とみなし，数個の「地域関税同盟」をまず結成することを考え始めた。この場合もドゥレジの「2つの欧州」の議論が援用された。しかし今度は「工業的欧州」と「農業的欧州」がそれぞれ別個に地域関税同盟を結成することが考えられた。1920年代末に現れたこの変化は，1930年代にさらに強まる。

ブリアン構想は，従来のUDEの構想と比べて重要な変化を示した。関税同盟に対して，「経済同盟」が提唱され，「共同市場」の形成が目標に挙げられた。自由な移動の対象は商品から人と資本にまで拡大された。こうしてブリア

ン構想とともに，経済統合の具体的形態は，経済同盟と共同市場に変化した。この変化は，自由貿易運動の行き詰まりを示すと同時に統合構想の新たな発展の可能性を示した。「経済統合優先から政治統合優先へ」，「単一同盟から複数地域同盟へ」，「関税同盟から経済同盟へ」，経済統合構想の具体的内容が変化したことは，1920年代から30年代への時代状況の大転換を反映していた。

国際連盟と欧州経済統合

　ブリアンが提案したフランス政府覚書をうけて，国際連盟は加盟国の覚書に対する態度を調査する一方，「欧州連合研究小委員会」を設置し，その対応を協議した。小委員会は，政府間の通商協定交渉と産業アンタントの結成という2つの道の総合を提案した。これはルシュールに代表されるフランス的な欧州経済統合の構想が，国際連盟に浸透したことを示している。

　1920年代末まで，国際連盟事務局経済部では，地域主義的アプローチに基づいた新しい多角的通商協定の締結を求めるフランスの立場に対して，「無条件最恵国待遇条項」を伴う普遍主義的な通商協定を主張するイギリスの伝統的自由貿易の立場が対峙していた。フランスの立場は，「最恵国待遇」の適用を通商協定の締結国に限定するものであるが，1920年代後半，世界的に保護主義が強まる傾向の中で，次第に貿易拡大の現実的手段とみなされ，ベルギー・オランダなどの自由貿易国に支持を拡大していた。こうして1930年代，経済統合の構想は，大勢として地域主義に転換した。

　イギリスは，1931年9月のポンド切り下げ・金本位制離脱に続いて，1932年「一般関税法」を導入して保護貿易主義に移行し，同時にオタワ会議（英連邦会議）を開催して「帝国特恵体制」を採用した。これはイギリスを欧州に繋ぎとめようというベネルクス諸国の期待を最終的に裏切った。世界貿易の縮小とイギリス市場の閉鎖をうけて，ベネルクス3国は，1932年6月，ウーシー協定を締結した。これは協定国の間で関税を漸進的に引き下げ，貿易拡大を目指す地域主義的通商協定のモデルであった。出発点の参加国は少数であるが，徐々に周辺諸国に拡大することが想定されていた。しかし普遍主義の原則に固執するイギリスの反対で協定の拡大は挫折した。

　一方，国際連盟内部のイギリスの普遍主義とフランス等の地域主義の対立は

続き，国際連盟はブリアン構想に対してまとまった方向を採択できなかった。1929年のシュトレーゼマンに続いて，1932年，ブリアンの死が重なり，結局，ブリアン構想は棚上げにされた。

3　1930年代大不況と統合構想の変化

UDE の変化

1930年代には，保護主義の強化によって単一の欧州関税同盟・自由貿易の実現はますます困難となり，経済統合の「自由主義的方法」の可能性は遠のいた。他方，カルテルを活用する「契約による方法」は，すでに1920年代末に袋小路に陥っていた。しかしこれは経済統合の可能性自体が消滅したことを意味しない。

統合構想の新たな展開は，UDE 自身の変化にも見られる。1930年代，大不況の影響を受けて UDE の目標は，2つの点で変化した。まず，単一欧州関税同盟に代わり，当面，いくつかの「地域同盟」が追求されることになった。

1930年2―3月，国際連盟の枠内で「関税休戦会議」が開催された。会議は，1927年のジュネーブ経済会議の方向にそって欧州域内の自由貿易への復帰を目指す最後の試みとなった。ブリアン構想にかきたてられた欧州統合に対する情熱が背景にあった。

会議の発端となったベルギーの構想は，仏独との三国協定を中核とし，さらにイギリスを含む全欧州規模での自由貿易協定の締結をめざした。この構想は，ブリアン構想に合致し，外務省の支持を得たが，域内諸国への国内市場開放に反対の産業界，議会，商務省の保護主義と衝突した。結局，会議はフランスの保護主義政策の厚い壁の前に合意を見いだすことができず，ここに欧州域内の自由貿易再建の動きは潰えた（Bussière, 1992）。

UDE の中でフランス委員会は，当初から欧州関税同盟にいたる現実的方法として，「地域関税同盟」を提案していた。大不況の影響で保護主義と経済ナショナリズムの風潮が強まり，自由貿易の可能性が遠のくにつれて，UDE 全体の方向も変化した。1933年，UDE は「地域同盟を通じた欧州組織化」を掲げ，その具体的形態として，「西欧同盟」，「ドナウ同盟」，「バルチック同盟」

を提案した。UDE フランス委員会の理論家トゥルシーは,「大陸欧州全体を巨大な自由市場にするという同盟の原則」が,「経済ナショナリズムとアウタルキー化の傾向」という現実と衝突し,同盟の思想の失敗が「確かな事実」となったことを確認する。即時「完全な関税同盟」を実現することは,「明白に空想」となった(廣田, 2005)。

　もうひとつの変化は,経済統合の具体的形態が関税同盟から「経済同盟」ないし「経済関税同盟」に変化したことである。いうまでもなく,関税同盟が商品の移動の自由を意味するのに対して,後者は資本と人の移動の自由も含んでいる。この変化は,大不況に対して欧州レベルで景気対策,失業対策をとる必要が生じたことが一因である。ドゥレジは,1931年,農業恐慌による小麦価格の下落に対する解決策を考察する中で,交通網の改善によって欧州農業諸国の農産物の販路を欧州工業諸国に拡大するために,後者の資金を公共投資に動員し,大規模な公共土木事業を行うことを提案した。また,彼は1920年代末に賠償問題解決のために設立された国際決済銀行(BIS)を発展させ,欧州中央銀行を創設する構想を抱いた。

　ドゥレジの欧州レベルの公共事業の提案は,ILO のトマの支持を得た。欧州の労働界は,労働力の移動の自由をもとに欧州レベルの職業紹介の制度化を実現することを提案していた。ドゥレジ提案は,欧州レベルの失業対策として労働界の評価を得た。

1930年代の時代状況と統合構想

　統合構想の内容は,時代の状況と密接に関連して変化した。1920年代の構想が自由貿易の確立を統合の具体的内容と考えたことは,戦後,大戦前の国際経済秩序への復帰が提唱され,金本位制の再建と自由貿易への復帰が目指されたことに対応していた。

　しかしこの構想は,1930年代の経済状況の転換とともに変化する。大不況は,経済ナショナリズムの高揚と保護主義の強化をもたらし,自由貿易の理想と衝突した。1920年代の統合論者は,自由貿易の理想の下に経済ナショナリズムと保護主義を否定した。しかし1930年代に入ると,一部の統合論者はナショナリズムと保護主義を否定的にのみ捉えるのではなく,統合と親和的なナショ

ナリズ・保護主義を模索し始めた。ナチズムに典型的に見られる排外的な愛国主義的ナショナリズムではなく、他国のナショナリズムを許容する「和解的ナショナリズム」が彼らの追求するところとなった。彼らは、「絶対的自由貿易」と「絶対的保護主義」を否定し、自由貿易と保護貿易の両立を追求した（廣田、2006；Muet, 1997）。「地域関税同盟」の構想は、この新しい着想の具体化であった。

大不況期のフランスではイギリスに倣い、「帝国への退却」が進行し、実態として帝国内諸国との貿易が急増した。自由貿易の理想が現実との乖離を拡大していく中で、帝国路線と大陸関税同盟に代わる「第三の道」として地域同盟が登場する。この地域同盟構想の優位を決定づけた理由は、逆説的ながら、大不況下の保護主義の強化がかえって「計画された近隣関係」の中に自由貿易の新たな可能性を追求させたことにあった（Badel, 1999）。

統合構想が「欧州衰退」阻止を目的に出現したことからも分かるように、1920年代には統合論者が守る目標は欧州全体の利害であり、決して個々の国民的利益ではなかった。ナショナリズムの台頭は、国益と欧州全体の利益（いわば欧州益）を調和させる形で統合を考える新たな立場を生みだした。

不況の長期化は、19世紀に確立した自由競争・経済的自由主義に対する信頼を揺るがし、代わって政府の経済社会に対する介入や経済計画の必要が指摘された。当初、不況対策の必要から提唱された政府介入の必要は、ケインズによる理論的正当化を得て大きな影響力を持つにいたった。19世紀の「自由放任」に代わって、「自由主義の終焉」や「自由主義の崩壊」が時代の風潮となった。ケインズは、経済の自律的均衡の回復の可能性を否定し、政府の有効需要創出政策による景気回復を訴えた。この結果、経済を政治から独立した自律的世界とみなす考え方に代わって、経済への政治権力の介入の必要性が認められた。このような時代の変化は、統合構想にも反映せざるをえなかった。

統合史における1930年代の位置

一般に、1930年代は統合史における暗い時代とみなされている。1920年代末、ブリアン構想によって高揚を迎えた統合の動きは、ナチズムに象徴される排外的ナショナリズムの跋扈に蹂躙され、欧州諸国の協調の可能性は消滅し、

統合の動きも潰え去った。それが再び息を吹き返すのは、第二次世界大戦末期のレジスタンス運動の中で、排外主義の基礎にある国民国家体制に代わって、欧州連邦の構想が提唱されてからのことである。欧州統合の本質は、欧州における平和の確立を目標として、国民国家・ナショナリズムを否定することにある。このような理解は、長い間、欧州統合の理解を規定してきた。

これに対して、イギリスの統合史家ミルワードは、国民国家体制に代わる欧州連邦建設に欧州統合の本質を求める見解を「神話」と批判し、逆にその本質を「国民国家の救済」に求める新しい見解を提示した。この結果、ナショナリズム・国益と統合・欧州益を相反的に捉える見方は否定され、各国の国益に則った「統合政策」の重要性が指摘されるにいたった。

ここからひとつの問題が生じる。前述のように、欧州統合の構想は、第一次世界大戦を契機とする「欧州衰退」の阻止を目的として確立した。そこでは優先的関心は欧州全体の利益であり、各国の国益ではなかった。それ故、1920年代においては、国益の観点に基づいた「統合政策」について語ることは時期尚早であり、「統合政策」の策定を任務とする政府機関も存在しない。しかし第二次世界大戦後、統合が現実に制度として発足する段階に移ると、「欧州益」と同時に国益の観点が明確に表明され、「統合政策」を立案・調整する機関も出現する。

ここでわれわれは、統合史における1930年代の意義を再検討する必要に直面する。この時代、ナショナリズムが影響力を強めたが、その影響は統合構想にも波及し、「欧州益」の観点に基づいて構想されてきた統合思想に「国益」の観点を持ちこむ契機となった。この観点に立てば、第二次世界大戦後の統合政策との関連で、1930年代は新たな様相と意義をもって現れることになる。

「管理経済」論の影響

1930年代の重要性は、統合構想に国益の観点を持ちこんだ点に限らない。第二次世界大戦後の統合の制度化を展望する時、もうひとつ重要な事実を指摘する必要がある。欧州石炭鉄鋼共同体（ECSC）の最高機関やその後の欧州委員会の活動が示すように、欧州統合は市場経済に介入し、それを規制する制度を伴っている。また共通農業政策を始めとして、様々な共通政策が発展してき

た。しかし1920年代の統合構想は伝統的な経済的自由主義に依拠し，関税同盟の枠内における自由貿易の実現を統合の基本的目標としていた。

　もちろん自由貿易の限界が看過されていたわけではない。前述のように，ルシュール等のカルテル活用の構想は，カルテルの「市場の組織化」機能に市場経済の自由な働きを補完する役割を期待した。これは自由貿易の限界に対するひとつの対応であった。しかし問題は，彼らが「市場経済の補完」をカルテルに託した理由にある。1920年代には経済的自由主義がなお信奉され，政府・政治権力の経済への介入を容認する議論は自由主義者の間に浸透していない。また，大陸の自由主義者にとって，カルテルは経済的自由主義と原則的に対立するものではなかった。産業界の統合論者の一部にとって，カルテルは国家介入に対する防波堤の意味を与えられていた。

　しかし1930年代になると，状況は一変する。大不況の影響で自由主義と市場経済に対する信頼が崩壊し，市場経済に対する政府の介入や経済計画の必要が広く指摘されると，それは統合論者の一部にも影響を与えた。彼らは，「市場の組織化」や市場経済を補完する担い手を政府・政治的機関に託するようになる。その結果，1930年代半ば，一部の統合論者は国際的な「政治的権威」（政治的機関）による市場規制や共通政策の実施を構想し始める。1930年代は，景気対策との関連で政府の経済に対する介入の必要を説く「管理経済」の思想が世界的に大きな影響を持った。「管理経済」論の影響は一国の経済政策だけでなく，統合構想にも及んだ。先に見たドゥレジの欧州公共事業の提案は，「管理経済論」の影響を示している。彼は，1930年代の欧州で流行した「計画主義（Planisme）」のフランスにおける代表的な担い手の1人であった（廣田，1994）。彼の場合，「管理経済」の思想は，国内の景気対策と欧州経済統合を繋ぐ共通の思想であった。

　経済統合史家のビュシエールは，戦間期と第二次世界大戦後の統合構想の間に見られる重要な変化として，「公的機関の役割が増大し」，それが「カルテルのような私的に組織された構造と置き換わり始めた」ことを指摘している（Bussière, 2009）。この変化は，第二次世界大戦後に突如生じたわけではなく，1930年の管理経済論の延長線上に位置する。この意味では，1930年代は戦後の変化の準備期であった。

「自由主義革新」運動と統合構想

とはいえ，1930年代を自由主義崩壊＝管理経済流行の時代と描くことは，一面的である。1930年代末，欧州レベルで独裁体制が広がり，フランス国内では戦争経済の必要から経済や社会への国家の介入が強まっていった。独裁と管理経済の傾向に危機感を抱く人々は，「自由主義の革新」を目標に掲げて結集した。

1938年8月末，パリで開催された「リップマン集会」は，自由主義の革新をめざす「新自由主義(ネオ・リベラリズム)」の旗揚げの機会となった。翌年，パリに「自由主義革新国際研究センター」が設立され，運動は国際的ネットワークをもった。この自由主義革新の運動は，自由放任型自由主義と社会主義に対抗して「第三の道」を目指したが，自由競争や国家介入の役割など，本質的な点で意見の違いがあり，同質的とはいえなかった。「フランス学派」が国家の介入やカルテルの存在に寛容であったのに対して，ドイツの「オルド自由主義者」は国家介入の基本的役割を自由競争秩序の再建に限定した（権上，2006；Denord, 2007；雨宮，2005）。

無論，この運動は固有の経済統合運動でもないし，経済統合の体系的構想を展開してもいない。しかし自由主義の革新という主張は，第二次世界大戦後の統合の制度化を考える際に重要である。リュエフのように，一部の新自由主義者は，1920年代の関税同盟＝自由貿易運動の目標を引き継ぎ，欧州自由貿易を再建する方向で経済統合を構想していた。欧州の地理的範囲に関して，彼らは地域同盟の「小欧州」ではなく，できるだけ広範囲の「大欧州」の構想を支持していた。

統合の範囲に関して，一般に，管理経済論者と「小欧州」，新自由主義者と「大欧州」の対応関係を指摘できる。また，国家介入の必要を認める場合でも，新自由主義者は，介入の方法や役割についてはきわめて限定的であった。国有化や経済計画はいうに及ばず，価格メカニズムへの介入やケインズ政策に対しても否定的であった。したがって，2つの統合構想の間の選択において，新自由主義者は自由主義的欧州により親和的であった。

いずれにせよ，1930年代の統合論者がケインズ主義を後ろ楯とする管理経済論の立場に一斉に転換したわけではない。「自由主義的欧州」と「契約による

欧州」という欧州統合の「2つの道」の並存は，この時代にも依然として存在していたのである。

フランスの衰退と統合構想

前述のように，第一次世界大戦期にフランス経済の相対的遅れが意識され，統合構想が生まれる土壌のひとつとなった。しかし「遅れ」と「衰退」は同義ではない。1920年代半ばから，目覚ましい経済成長，輸出の増加，海外投資の回復などを背景として，「偉大さ」が取り戻されたかに見えた。大不況が始まる1930年代初頭，フランスは「繁栄の島」と呼ばれ，強い国力が意識されていた（Frank, 1994）。

1930年代が進むにつれて，状況は徐々に変化していった。不況の長期化に伴い，経済的衰退が論じられ，さらには国力の衰退が指摘され始めた。1938年のミュンヘン会談は，それを意識させる最初のショックとなった。続いて，1940年の対独戦敗北が，衰退の意識を決定的にした。第二次世界大戦中，ヴィシー派とレジスタンス派の双方において，衰退を阻止するための手段が検討される中で，経済近代化が衰退阻止の最も重要な手段とみなされた。さらに戦争末期になると，次章で見るように，戦後再建構想の一環として，フランス経済近代化は欧州統合構想と結びつけられるようになる。

1940年の敗北とともに，植民地領有を国力の証しとみなす伝統的な国力観の再検討がなされ，代わって強い経済を国力の基礎とみなす国力観の転換が生じた。この転換に対応して，経済近代化のために欧州統合が模索され始めた。この意味でも，1930年代と第二次世界大戦期は，戦後の統合政策の前史として正当な位置付けを与えられねばならない。

おわりに

これまで見たように，統合の形態，範囲，方法について，各時代の経済状況の変化に対応して，戦前の統合論者の考えは変化した。しかし自由主義的＝自由貿易的欧州と契約による欧州・管理された欧州という統合の「2つの道」は，両者の間の優劣の変化を含みながら存続した。この「2つの道」の並存

は，第二次世界大戦後の欧州統合の実現過程でもふたたび見られる。この点で，戦前と戦後は連続していた。

他方，この２つの時期は，断絶の側面も持っている。冷戦の存在は，戦前の統合論者にとって予想しえない事件であった。この新しい状況は，欧州経済統合に対するアメリカの態度の転換を始め，統合の方向に重大な影響を与えた。また，アメリカの圧倒的な経済的優位のもとで，多角的自由貿易と通貨安定を２大原則として進められた戦後の国際経済秩序の再建は，戦前の統合構想・運動を取り囲んだ状況とは大きく異なっていた。統合構想の連続性にもかかわらず，構想が実現される舞台の客観的状況は大きく変化していた。戦前と戦後の関係については，連続と断絶の複雑な関係を捉える視点が重要である。

【参考文献】

Badel, Laurence 1999, *Un milieu libéral et européen, Le grand commerce français 1925-1948*, Comité pour l'histoire économique et financière de la France.

Bussière, Eric, 1993, "L'Organisation économique de la SDN et la naissance du régionalisme économique en Europe", *Relations Internationales*, No. 75.

――, 2005, «Premiers schémas européens et économie internationale durant l'entre-deux-guerres», *Relations Internationales*, No. 123.

――, 2009, The Development of Economic Integration, in Loth, Wilfried (ed.), *Experiencing Europe, 50 years of European Construction 1957-2007*, Nomos.

Bussière, Eric, Dumoulin, Michel, Schirmann, Sylvain (dir.), 2006, *Europe organisée, Europe du libre-échange? Fin XIXe-Années 1960*, Peter Lang.

Carlier, Claude et Soutou, Georges-Henri, 2001, *1918-1925, Comment faire la paix*, Economica.

Chabot, Jean-Luc, 2005, *Aux origines intellectuelles de l'Union européenne, L'idée d'Europe unie de 1919 à 1939*, PUG.

Delaisi, Francis, 1929, *Les Deux Europes*, Payot.

Denord, François, 2007, *Néo-libéralisme version française, histoire d'une idéologie politique*, Editions Demopolis.

Fleury, Antoine, 1998, *Le Plan Briand d'Union fédérale européenne*, Peter Lang.

Frank, Robert, 1994, *La hantise du déclin*, Belin, Publications de la Sorbonne.

――, (dir.), 2004, *Les identités européennes au XXe siècle*, Belin.

Guerin, Daniel, 1998, «Albert Thomas, inlassable promoteur de l'intégration européenne», in Bussière et Dumoulin (dir.), *Milieux économiques et intégration europée-

nne en Europe occidentale au XXE siècle, Artois Presse Université.
Morselli, Lorenzo, 2001, *Francis Delaisi et l'Europe, Mémoire de maîtrise,* Université de Paris 1.
Muet, Yannick, 1997, *Le débat européen dans l'entre-deux-guerres,* Economica.
Schirmann, Sylvain, 2000, *Crise, coopération économique et financière entre Etats européens 1929-1933,* Comité pour l'histoire économique et financière de la France.
雨宮昭彦，2005『競争秩序のポリティクス』東京大学出版会。
遠藤乾編，2008『ヨーロッパ統合史』名古屋大学出版会。
――，2008『原典ヨーロッパ統合史――史料と解説』名古屋大学出版会。
カー，E. H. 1996（井上茂訳）『危機の20年　1919-1939』岩波文庫。
小島健，2007『欧州建設とベルギー』日本経済評論社。
権上康男編，2006『新自由主義と戦後資本主義』日本経済評論社。
廣田功，1993「戦間期フランスのヨーロッパ統合構想」秋元英一・廣田功・藤井隆至編『市場と地域――歴史の視点から』日本経済評論社。
――，1994a「両大戦間期フランス資本主義とアメリカニズムへの対応」『土地制度史学』143号。
――，1994b『現代フランスの史的形成――両大戦間の経済と社会』東京大学出版会。
――，2006「ヨーロッパ統合構想の展開とフランス経済学」廣田功編『現代ヨーロッパの社会経済政策――その形成と展開』日本経済評論社。
藤瀬浩司編，1994『世界大不況と国際連盟』名古屋大学出版会。
フランク，ロベール，2003（廣田功訳）『欧州統合のダイナミズム』日本経済評論社。

第3章　フランスの没落と欧州統合構想
―― 再興に向けての模索（1940―1946年）

宮下雄一郎

はじめに

　1940年6月の下旬，フランス政府は独伊両政府と休戦協定を締結し，大国としては真っ先に第二次世界大戦から脱落した。既に，世界のメディアはドイツの快進撃とフランスの敗色が濃厚であることを伝えていたが，欧州に君臨してきた大国のあっけない没落は，やはり驚きを以って受け止められた。フランスは，この事件で「偉大さ」を喪失し，その反動で，戦後は一貫して「偉大さ」をより一層意識した外交を展開するようになったのである。

　フランスの敗北は，国際社会に与えた衝撃もさることながら，国内の政治社会に与えた影響も甚大であった。たとえば，第三共和制の解体と通称ヴィシー政府の名で知られているフランス国家（Etat Français）の誕生，休戦協定の事実を受け入れない自由フランス（France Libre）運動のロンドンでの旗揚げ，あるいはアメリカへの亡命など，政治エリートは各々の利益と主義主張に基づいて行動し，この1940年の敗北は，フランスが政治的に分裂する直接的契機となったのである。こうした政治的な混乱は，社会的・経済的な混乱の原因となり，1941年に入ると抵抗運動が活発化し，政治アクターはますます多様化した。そして，敗北という屈辱的な現実を受けて，多くの政治エリートは，戦後フランスと戦後国際秩序に対する強い思いを抱くようになったのである。

　こうした強い思いは，戦後国際秩序構想として具現化された。本章の目的は，様々なアクターの様々な構想を紹介していくことである。最も知られているのは，国内抵抗運動の構想であろう[1]。抵抗運動というと，鉄道など交通網の破壊，占領軍に対する攻撃など，敵に対する妨害活動や武力闘争を思い浮かべがちであるが，実際には政治的な抗議活動の側面も強く，とりわけ草創期は知

的な抵抗が主流であった。フランスの各地に点在していた運動は，各々のパンフレットを作成し，それを密かに国民に配布し，組織の政治的メッセージを宣伝した。その中身には，ドイツ占領軍，ヴィシー政府，対独協力者に対する批判だけではなく，理想的な戦後国際秩序に関する記述も含まれていたのである。たとえば，「コンバ (Combat, 訳すと闘争)」という組織を率いたアンリ・フルネの例を挙げることができる。フルネは，ヴィシー政府の軍の諜報機関に籍を置く陸軍大尉であった。しかし，抵抗の指揮をとると期待していた国家首席のフィリップ・ペタン元帥に，その意志がないことが分かると絶望し，自らその役割を担おうと決意したのである。軍を去ったフルネは，戦後国際秩序の構想に取り組み，そのひとつに欧州統合の模索が含まれていた。

ヴィシー政府の周辺でも欧州統合は論じられた。政府の中枢でそうした構想が省みられることは皆無に等しかったとはいえ，政府管轄下の機関や政府を支持するメディアでは時として話題となった。それは，欧州統合に好意的なものから冷淡なものまで存在した。政府がエリート養成機関として設立し，グルノーブル付近のユリアージュ城に設置された南部区域青少年事務局国立幹部学院 (École Nationale des Cadres de la Jeunesse de Zone Sud, 通称「ユリアージュ」) の指導教官として赴任していたのが，エックス・アン・プロヴァンス大学の国際法講座担当のポール・ロイター教授であった。戦後のロイターは，シューマン宣言の草案起草に際してジャン・モネを補佐し，欧州統合の影の立役者として，その名を知られることとなった。戦時中，将来のフランスを担う若者の教育を任されたロイターが，戦後問題について何を語ったのかを見ていくことは大変興味深い。

ヴィシー政府との関連でいえば，右翼の政治団体アクシオン・フランセーズ (Action Française) とその指導者のシャルル・モーラスも欠かせない。モーラスは「欧州」単位での思考枠組みそのものを批判した。そのモーラスの批判の矛先となったのが，パリに拠点を置き，対独協力を推進する政治活動を行なっていたマルセル・デアである。社会党の右派に属し，閣僚経験もあるデアは，新社会主義を標榜するようになり，1930年代初頭に同党を脱し，左翼の理念に後ろ髪を引かれつつも，徐々に国家社会主義に傾倒していった。このように錯綜した思想のデアは，戦時期に「欧州」を論じ，その連邦化を提唱した。それ

は，フランスがいかにしてドイツの「欧州新秩序」構想を受け入れ，そのなかでアクターとして存続していくかという方策を探った構想であった。デアは，国家主権にかじりつくモーラス，そして大胆な秩序構想を明らかにしないヴィシー政府を批判していくこととなった。いわば，同じ陣営内で欧州統合と国家主権の意義をめぐる問題で，思想的な対立が起きていたのである。

国内抵抗運動には政治権力がなく，それに対し政治権力を有したヴィシー政府の首脳部は欧州統合に関心を示さず，結果的にフランス国内で出現した構想は理想の段階にとどまっていた。シャルル・ド・ゴール将軍率いる自由フランスでは状況が異なっていた。戦後のド・ゴールには，国家主権擁護の権化のようなイメージがつきまとっている。しかし，その「権化」の下で戦時期フランスでは唯一，地域統合が他国との間で模索すべき戦後国際秩序として，外交案件の対象となったのである。

戦時期フランスは，どのような「欧州」を構想し，それがフランスの「偉大さ」とどう調和し，あるいは衝突したのであろうか。こうした点を念頭に置きながら見ていきたい。

1　ドイツの「欧州新秩序」の中のフランス

デアと「欧州新秩序」

戦争が始まると，ドイツの政治指導者は先陣を切って欧州の秩序構想を発表した。中でもフランスで反響があったのが，ヴァルター・フンク経済相の「欧州新秩序」構想である。これは，ドイツの欧州での覇権を正当化させることが最大の目的であり，域内の経済活動をドイツの指導下に置くためのプロパガンダであった。

敗北後の空虚感に包まれていたフランスで，「欧州新秩序」構想に反応を示したのがデアである。もっとも，デアは戦前から既に地域統合について論じていた。戦間期，アリスティード・ブリアン外相の「欧州合衆国」構想が欧州外交を賑わし，デアはそうした風潮に触発された一人である。デアは，ヴェルサイユ条約の見直しによる対独宥和政策を支持し，ドイツも加入する欧州の経済機構を創設し，それによって国境見直しの要求を緩和できるのではないかと考

えたのである。それは、典型的な欧州統合による平和論であった（Burrin, 2003：54-55）。

　デアの国際政治思想は、多国間協調主義と平和主義に基づくものであった。1933年11月、社会党を脱し、新党を立ち上げたデアは、フランスの外交政策を論じ、国際環境を整えてこそドイツ問題は解決すると主張した。それによると、解決のためには独仏関係の狭い枠組みで外交を展開するのではなく、イギリスの参加が必要不可欠であり、イタリアを宥和することも必要であった。さらに、デアは東欧諸国の思惑も重視し、ポーランドとチェコスロヴァキアへの配慮が重要であると論じた。にもかかわらず、フランス政府がダンツィヒを守るために軍事介入するつもりはないということ、つまり、ドイツに侵略された場合であっても支援できない旨を、ポーランド政府に対し明示すべきと論じたのである。そして、デアは仏ソ関係のより一層の改善を主張した。このような条件を整えて初めてドイツとの対話が可能になると論じたのである。ようするに、対独宥和政策はフランス単独で行なうのではなく、「欧州」の枠組みで実施し、「全方位的」な友好外交によって実施すべきことを主張していたのである。さらに、各国の植民地を一括して国際連盟の管轄下に置くことまで提唱していた。

　もっとも、デアはドイツの人種差別主義と軍国主義には強い反感を持ち、決してイデオロギー的な親近感から対独宥和を主張していたわけではない。あくまでも外交と経済関係の強化によって平和が訪れることを期待していたのである（Burrin, 2003：162-164）。デアの外交思想は、ドイツの攻撃的な外交とは程遠い平和主義に基盤を置いていた。植民地の帰趨に関する言動からも分かるように、その国際政治思想はきわめてリベラルなものであった。

　しかし、こうした平和主義は時として徹底した反戦思想に結びつき、現状追認と表裏一体の考えに陥る可能性があった。1940年6月、デアは持ち前の平和主義に加え、長らく遠ざかっていた権力の中枢に近付けるという思惑から対独協力主義に走った。平和主義者であることは、権力政治の放棄を意味するわけではなかったのである。

　戦争中のデアは、自らが政治部長を務める『ルーヴル（L' Œuvre）』という機関紙に、ドイツの勝利が欧州の安定につながると主張し続けた。デアの提唱

する「欧州」は，ドイツの「欧州新秩序」構想への迎合であるとはいえ，戦前から論じてきた統合構想との連続性のなかで理解する必要もある。なぜならば，戦前と同様，デアは経済面を軸に統合を論じたからだ。そして，「欧州新秩序」のなかでは，ドイツが主導権を握りつつも，フランスもそこから利益を得られると主張した。経済圏のなかでは，ドイツが工業製品を製造，輸出する一方で，フランスのような農業国家は食糧などの生活必需品をドイツへと輸出する。こうした構造を前提に，域内各国が主要産業を発展させることによってバランスが保たれ，ひとつの秩序として成立するという論旨であった[2]。そして国境の廃止，人とモノの自由移動，国家別の軍の廃止とそれに代わる合同軍の創設など，戦後欧州統合にも出てくるような構想を提案した。デアは，敗れたフランスの活路を地域統合の実現に見出そうとしたのである。デアは，こうした「新秩序」を体現する政治体に「連邦」という言葉をあてはめた。しかし，それは大戦期の統合構想に頻繁に見られたように，決して政治的に練って利用したものではなかった。欧州統合は，あくまでも構想の段階にとどまり，曖昧なものに終始した。占領下のパリに拠点を置き，ヴィシー政府と距離を置いていたデアは，構想の実現に向けて外交を展開するような影響力を持つことはなかった。デアの構想は，プロパガンダの域を出ることはなかったのである。

　デアの議論に対するヴィシー政府首脳の反応は，ないに等しかった。デアがヴィシーで頼りにしていた数少ない指導者は，副首相のピエール・ラヴァルであったが，状況対応型の政治手法を用いる政治家で，戦後国際秩序について真剣に考えることはなかったようである[3]。そして，ペタンを支持する言論人はデアを批判した。モーラスなどは，「欧州」にこだわるデアを痛烈に批判し，そもそもフランスにそのようなことを実現する力もなく，中身のない空虚な議論として退けたのである。モーラスは，現実に存在している国家こそが重要な政治アクターであり，理想を立てるにしても，それはフランスの長い歴史のなかで存在してきたものから探さなければならないと主張した。それが旧体制であり，革命前のフランスであった。こうした思考枠組みから統合などというものは生じようがなかった。戦時期のモーラスは，「反地域統合」の旗手として振る舞い，徹底したフランス中心主義者として活動し，自主的に国際政治思想を放棄したのである（宮下，2011：51-52，60）。

「ユリアージュ」での統合論

　ヴィシー政府は，マクロな視点から戦後を見据えることを怠ってきた[4]。だが，政府管轄下の公的機関にまで目を拡げると，色々と構想が出てくる。たとえば「ユリアージュ」を挙げることができる[5]。

　「ユリアージュ」とは，フランスの未来を担う青年に寄宿生活をさせたうえで，教育を施すエリート養成機関であった。その学校長を務めたのは，ピエール・デュノワイエ・ド・セゴンザックという同養成機関の創設に深く関与した反独的な陸軍将校であった。それゆえ，ヴィシー政府の管轄下にありながら，抵抗運動の養成所の役割も果たしていた。こうした体質の学校であったことから，政府の肝煎りで創設されたにもかかわらず，ラヴァルは廃校を命じ，1943年には対独協力の急先鋒となる民兵組織「ミリス（Milice）」の養成所に姿を変えた。そうした一方で，「ユリアージュ」を去ったデュノワイエ・ド・セゴンザック，指導にあたっていた教員等の関係者，あるいは研修生などは，抵抗運動に身を投じたのである。

　ロイターも典型的な「ユリアージュ」の人間であり，1941年の段階で，マルセイユに拠点を置く大学教員を主体としたキリスト教民主主義系の抵抗運動「リベルテ（Liberté，訳すと自由）」に協力していた。「リベルテ」の機関紙は，1940年にはペタンに好意的であったものの，1941年，政府の対独協力の方向性が鮮明になるに連れて批判的な姿勢に転じた。当初は，抵抗運動に所属することと，ヴィシー政府やペタンに期待を寄せることは，必ずしも矛盾した行動ではなかったのである。ロイターもまたそうした一人であり，抵抗運動とペタンの双方に理解を示していたといえる。

　「ユリアージュ」の教育内容は，ペタンの「国民革命」論の要のひとつである「共同体」思想を忠実に反映したものであった[6]。ペタンはコーポラティズム的なフランス社会の形成，そして権威主義的な政治体制の確立を目指していた。ロイターは，こうした考え方を踏まえて，文明・共同体と欧州の政治に関する講座を担当し，欧州の国際政治と連邦化をめぐる問題を講義したのである。

　ロイターは，「ユリアージュ」の機関紙のなかで，政府の対独協力政策に拘束されることなく，自由に国際政治を論じた。たとえば，勢力均衡論と覇権論

に基づく秩序を批判し，「ロシア〔ソ連〕による覇権は破壊的な性質」を帯び たものであり，「ドイツの覇権は欧州を植民地化するものである」と論じ，い かなる全体主義体制とも距離を置くことを明らかにしたのである。ロイター は，ドイツが覇権を握った場合の欧州を悲観的に描いた。それによると，ド イツが主要な軍事力を掌握する一方で，その他の国は「パレード用」程度の軍隊 に甘んじなければならなかった。さらに，域内の法制度は人種差別主義的なも のを基盤とするようになり，経済活動で得た利益はドイツが独占し，各国固有 の文化も消滅するであろうと論じ，「欧州新秩序」構想に対し強い拒否反応を 示したのである（Bruneteau, 2003：199-200）。

　では，ロイターはどのような文脈で欧州統合を論じたのであろうか。それ は，政治・経済・社会の各分野にまたがり，最大の特徴は国境を超えた巨大企 業に対する危機感が問題関心の発端にあったことである。ロイターは，戦間期 に急速に成長した「トラスト」が産業界のみならず社会構造そのものに影響を 及ぼすと考え，人間性を奪い，拝金主義を蔓延させると考えていた。[7] そうした 考えの背景には，過剰な自由競争は小企業の淘汰をもたらし，結果的に社会を 不安定化し，無秩序をもたらすのではないかという素朴な危機感があった。よ り簡単にいえば，ロイターは社会から「人間らしさ」が失われることに反発を 覚えていたのである。むろん，「トラスト」の形成と「人間らしさ」の喪失と の間に，実際の相関関係があったかどうかは疑問だが，重要なのはロイターが 産業社会に反発を覚え，田園風景的な社会に憧憬を抱いていたという点であ る。

　それゆえ，ロイターはペタンの唱える「国民革命」論に賛辞を惜しまなかっ た。ロイターは，理想的な社会として，個人経営の職人社会を経済基盤とした ものを描き，それに対し，生産性にのみ注意を払う過剰な競争重視の資本主義 は非人間的であり，本来あるべき社会の姿ではないと考えていた。個人経営の 職人は，専門化された労働者よりも，はるかに人間的な幸福を得ることができ るであろうとすら論じたのである。そこには，急速に進んだ工業化に対する批 判が含まれており，産業革命以前の社会に対する憧憬すら見受けられる。ロイ ターは国際法の専門家であり，社会科学の研究者であったが，その論調にはき わめて精神論的な側面もあったのだ。

第 3 章　フランスの没落と欧州統合構想

　このように，ロイターは「国民革命」論を基にした社会変革によって「非人間性」からの脱却を期待し，国内政治，国際政治の両方の観点から改革の必要性を訴えた。ただ，細かい政策を論じるというよりは総論的な議論にとどまっていた。国内政治的には「強い国家」を求め，政府の介入の必要性を主張した。そのために必要なのが「高度な知識を持った高級官僚団」であり，とりわけ経済問題に通じた専門的な官僚であった。ロイターは，フランスのエリートの質に疑問を持ち，行政のみならず企業経営にも通じた官僚を理想の姿として描いていた。ようするに，国内政治の刷新は，国家による社会の一層のコントロールと，それを担う官僚の育成によって実現されるのであった。こうした議論の根底には，「トラスト」という企業利益を追求する集団の存在が「人間らしさ」を奪ったのであり，それに対する歯止めが必要であるとの思いがあり，「刷新された官僚」に対する強い期待が込められていた。

　そして，「トラスト」を抑制するための国際政治上の対策が，「政治的連邦の萌芽」をつくることであった。「トラスト」という経済アクターに関する道義的分析のなかで「連邦」という政治用語が登場したのである。国境をまたいで活動する「トラスト」の動きを一国の政府で制御するには無理があり，とりわけ欧州の国家は小規模すぎる。そこから，国家という枠組みは「トラスト」を抑えるための政治的空間としては不十分であり，経済統合が必要不可欠であるという論理が導かれた。さらに，ロイターはここでも「人間性」というキーワードを用い，統合が人間的であるためには「政治的連邦」が必要であるという議論を展開した。

　ロイターの統合論は，反「トラスト」論の文脈だけではなく，その独特の国際政治観も反映されたものであった。というのも，ロイターは植民地に関する論稿も発表した。そして，この植民地論の文脈でも，若干ながら「連邦」に関する言及を行ったからだ。植民地化が進んだ原因は「優位な立場のものは自ずと拡張する傾向がある」からで，この論理を基に国際政治アクターの肥大化が進むと予測していたようである。そして，「政治的集合体が真の独立を得るには，それまでの国家という枠組みをはるかに超越した空間を形成しなければならない」のは「公然たる事実である」と記したのだ（Cohen, 1999 : 80-87）。ようするに，国家を内包するような「超越した空間」の構築を自明のものと考え

ていたのである。ロイターは，国際レベル，国内レベルを問わず，政治的問題解決の空間としての国家を脆弱すぎると考え，統合することによって，より強いアクターの誕生を期待していたといえよう。

ロイターの統合論は抽象的であり，「トラスト」という実体的なアクターの制御をその目的としつつも精神論に傾斜し，実効性のある構想であったかどうかは疑問である。しかし，敗戦によってフランスの目指すべき国際秩序が不明確となる中で，何らかの指針を出そうとした姿勢が垣間見える。戦時期のロイターが，こうした提言を行った背景には，フランスの行く末に対する大きな不安があったと思われる。たとえば，ロイターは教育について論じる中で，通常の学校教育の枠外では論理的思考の育成よりも「詩的センス」の育成や工作などの手作業に重点を置くべきであると主張し，青少年教育に関し，合理的精神の育成だけでは不十分であると主張した（Cohen, 1999：92）。つまり，合理主義の牙城である学校教育を保持しつつも，学外活動である青年運動の充実の必要性を訴えたのである。[8]

ロイターの反「トラスト」論から教育論まで多岐にわたる議論を見ていくと，その独特のエリート観と同時に，戦前のフランス社会に対し強い不信感を持ち，国内政治，国際政治の両面で大きな変革を求めていたことがうかがえる。戦後欧州統合の草創期を裏方で支えたロイターの，あまり知られていない一面であり，不安に満ちた時代状況の中で，安定した戦後秩序を希求していたことを示す一例であった。

「ユリアージュ」の教育はヴィシー政府内の対独協力派の意向に沿うものではなく，1943年1月1日，ラヴァル率いる政府は廃校に追いやった。こうして戦時期のロイターも「教育者」としての役目を終えた。既に，デュノワイエ・ド・セゴンザックは，1942年の秋頃から，友人であり抵抗運動の一大組織である「コンバ」を率いていたフルネと連絡をとっていた。このフルネこそ第二次世界大戦期のフランスで最も積極的に欧州統合について論じた人物である。

2 国内抵抗運動と欧州統合

第二次世界大戦史の中で，フルネは，しばしばフランス国内抵抗運動の象徴

的な存在として取り上げられた。なぜならば，理想主義的な戦後国際秩序構想を描き，ド・ゴールら自由フランス系との距離感を終始保ち続けた，国内抵抗運動家の典型例であったからだ。

　フランス抵抗運動の特徴は，国外で活動した自由フランスが圧倒的な政治権力を握り，対外関係の場面でフランスを代表するようになったことである。それゆえ，戦後を見据えた構想と，その実現をめぐる政治は，国外抵抗運動の根拠地であるロンドン，そしてアルジェで行なわれた。つまり，フルネのような「国内組」が自らの構想を実現するには，自由フランスに近付く必要があったのだ。アルジェで欧州の戦後国際秩序に関する議論が活発化し，そのなかから「西欧統合」の構想が出始めたのは1943年7月頃からであった。そして，フルネが，国外抵抗運動の結集組織である国民解放フランス委員会（CFLN：Comité Français de la Libération Nationale）の委員として，閣僚級のメンバーで迎えられたのは，11月であった。既に，国際秩序構想に関する議論は開始されており，フルネはその流れに乗ることはできなかったといえよう。

　とはいえ，フルネの構想は自由フランスの政治エリートには注目されなかったものの，後世の研究者は，これに高い関心を持った。1941年に，イタリア人のアルティエーロ・スピネッリらによって発表された「ヴェントテーネ宣言」にもいえることだが，実現可能かどうかは別として，欧州統合構想は「抵抗の精神」を表現するものとして注目されたのである[9]。それは，主権国家の林立に紛争の原因を求め，民衆による連邦主義運動に重きを置く構想であった（戸澤・上原，2008：82）。このような思想は，ド・ゴールやアルジェで構想に携わった面々に受け入れられるようなものではなかった。

　フルネは，スピネッリほど革新的な思想の持ち主ではないものの，「ヴェントテーネ宣言」に見られるような主権概念を戦争と結びつける議論を展開した。両者には，主権を問題視した点で，相通じるところがあった。その後，フルネとスピネッリは連邦主義的な欧州統合論の代表的な支持者となるが，「同志」であると同時にライバルでもあったようだ。スピネッリは，自分こそが戦争中最初に欧州統合論を唱えたと主張したかった模様である（Belot, 2003：496）。

　フルネは「抵抗運動家とは革命家である」と頻繁に主張していた（Belot,

2003：466)。なお，対独協力者のデアも戦争を革命としてとらえていた（宮下，2011：58-61)。フランス政治において，1789年の革命が正統性の根拠として位置付けられていたことを示唆している。異なる陣営に属しながらも，デアとフルネは革命の延長線上に自らの構想があると示したかったのではなかろうか。1941年11月，フルネは抵抗の基本理念を策定する中で，革命的な欧州統合論を展開した。欧州統合の先には「世界の統一」という途方もなく壮大な目標が掲げられ，地域統合はそのための重要な一里塚であったのだ（Belot, 2003：249)。こうした考え方は珍しいことではなく，戦時期に地下に潜んでいた社会党でも，欧州統合と「世界の統一」とを結びつける思想が普及していた（Bossuat, 1996：25)。

フルネが1942年にロンドンを訪れたことは，自らの抵抗運動に知的な衝撃をもたらす機会となり，自分の描いた構想を11月8日付でド・ゴールに送った。それは，同盟に基づく国際システムとハード・パワー重視の国際政治観に対する否定的な見解を前面に押し出したものであった。1943年に，モネも同盟概念を批判したが，国際政治の権力政治的側面を否定するようなことはなかった。フルネは，戦後国際政治が権力政治そのものから解放されることを期待していたのである。これは，ド・ゴールの国際政治観とは全く相容れない思想であった。

フルネがド・ゴールに宛てた手紙のなかで行った議論の骨子は，国際秩序構想を提案するというよりも，国外抵抗運動の政治エリートたちの抱いている国際政治観に反発するという面が強かった。ロンドンで，フルネはド・ゴールとその側近たちと議論する機会があり，彼らの対独復讐主義とドイツ分断に基づく安全保障論に辟易していた。そうした一方で，フルネは西欧や東欧の亡命政府の指導者と会い，国際政治について議論する機会にも恵まれた。そこでは，ドイツ問題を解決するための地域統合の必要性が語られていた。フルネは，こうした統合論に大いに啓蒙され，11月8日付の手紙を書いたわけである（Belot, 2003：304)。フルネは持ち前の理想主義的な思想から，自由フランスの多くの政治エリートが共有していた強硬なドイツ観に強く反発し，主権概念にとらわれないことの重要性をド・ゴールに訴えたのである。

実は，フルネはドイツ問題に対して特別の思いがあった。なぜならば，1937

年11月4日から翌年6月30日にかけて、ストラスブールのドイツ文化圏研究所に若手の優秀な軍人として派遣され、そこで学ぶ機会を与えられたからである。そこは、感情的な反独主義とは無縁の教育機関であった。ナチス研究のほかにも、ドイツの言語、歴史、思想のみならず、政治経済学、国際法、地理学など幅広い分野を体系的に学び、習得することを要求されたのである。また、二人の教員による個別指導体制もとられ、フルネを担当した一人が国際法の大家ルネ・カピタン教授であった（Belot, 2003：55-59）。フランスはドイツを最大の脅威としていたからこそ、国防を担う優秀な軍人に、心情論に左右されないドイツ理解を求めたのである。地域研究は、敵を理解するために必要不可欠な学問分野であった。この時の縁で、1942年にカピタンら多数の大学教員がフルネ率いる「コンバ」に加わった（Belot, 2003：85-86）。

　しかし、フルネの考えは西欧や東欧の亡命政府が検討していた連邦構想とは本質的に異なるものであった。11月8日付の手紙にも色濃く出ているように、フルネの議論は徹底した平和主義に依拠していた。欧州の抱える問題をドイツ問題に収斂させる言説に疑問を呈し、そもそも「ヴェルサイユ体制」が問題の根源であると論じた。それゆえ、主権への執着が時代遅れだとしつつも、ドイツが統一を望み、分断を拒むのは当然の権利であると論じた。これと関連し、フルネは主権の適用範囲が広がるであろうと論じた。ようするに、国民国家のみが主権を保有するのではなく、より広い地理的枠組みのなかに国民国家を入れることによって、その大きな枠組みも政治アクターとしての役割を担うと考えたのだ。これは「ユリアージュ」でロイターが行った議論に通じるものがある。フルネは、その大きな枠組みを「欧州連邦」と呼んだ。なぜならば、フルネの念頭にはアメリカやスイスの例があり、アクターの地理的枠組みが拡張すれば戦争も不可能になるという論理で思索していたからである。「カリフォルニア州がウィスコンシン州に宣戦布告するというようなことが考えられるであろうか」というような極端な例にも、そうしたフルネの考えが鮮明に出ていた。また、異なる人種の共存が容易であることの例としてアメリカを挙げる一方で、ソ連の例が決定的であると論じ、各国の事情を過剰なまでに単純化していた。

　フルネは、自分の見解を戦後国際秩序に関する「国内抵抗運動の総意」とし

てド・ゴールに紹介したが、当然、こうした考えが本当に国内抵抗運動内で共有されていたかどうかは甚だ疑問視されている。そのうえ、手紙の作成日が連合軍の北アフリカ上陸作戦の開始日と重なっていたことからも分かるように、ド・ゴールにとっては戦後国際秩序どころではなく、「欧州連邦」について考える余裕などなかった（Belot, 2003：469-477）。

1943年、フルネはアルジェに拠点を築いたCFLNの捕虜・抑留者問題担当の委員に国内抵抗運動の代表として「入閣」した。ただ、その活発な戦後構想に関する主張にもかかわらず、CFLNでの実質的な戦後国際秩序に関する政策立案に参加することはなかった。外務委員であったルネ・マシグリは、回顧録のなかでフルネなどの国内抵抗運動出身の委員の名を挙げ、「その理想主義は現実主義を欠落させる域にまで達していた」と痛烈に批判した（Massigli, 1978：33）。また、1944年5月には、スピネッリら欧州9カ国の抵抗運動の指導者がジュネーヴに集まり、「ヨーロッパ・レジスタンス宣言草案」を採択した（戸澤・上原、2008：82）。これに対しても、マシグリは「アルジェでは現実を踏まえた議論をする必要があった」と回顧し、その理想主義を厳しく批判したのである（Massigli, 1978：46）。

3　自由フランス・CFLNと欧州統合[10]

フランスの経済復興と地域統合

では、その自由フランスやCFLNは、いかなる戦後国際秩序構想を描いていたのか。マシグリが重んじた現実を踏まえたうえで、CFLNがとった行動は何であったのか。たしかに、自由フランスやCFLNの構想のなかに「世界の統一」を論じたようなものはなく、現実的な戦後国際秩序を模索しようとした気配がうかがえる。

戦争はフランス経済を著しく弱体化させた。それゆえ、政治エリートが戦後の国際・国内秩序に目を向けた時、多くの場合、それは経済を軸とした視点となった。フランスの財政赤字は1945年には1939年と比較して3.5倍にも膨らみ、対外債務は約5倍に膨れ上がった。鉄道、港湾設備などのインフラも破壊され、産業は打撃を受け、生産力も落ちた。フランス経済は戦間期から下降気

味であったが，戦争が決定的な打撃を与えたのである（Lynch, 1997：7-9）。

　ロンドンの自由フランスに詳しい国内経済状況は伝わっていなかったとしても，戦後は経済復興が必要となるであろうことは，誰の目にも明らかであった。自由フランスは，1941年12月に戦後問題に取り組むための研究委員会を創設し，翌年からその一部が機能し始めた。その経済問題を担当したのがエルヴェ・アルファンであった。アルファンは，財務監督官というフランス官僚機構のなかでは屈指の経済エリートで，さらには在外公館での勤務経験もあり，国際感覚も備えた逸材であった。

　1942年7月，そのアルファン率いる委員会が作成した「戦後経済問題──フランスの視点」と題する報告書ができあがった。同年3月には，ベルギー亡命政府のポール・アンリ・スパーク外相が自由フランスの戦後に対する見解を聞くなど，戦後国際秩序への対応を求める動きは高まっていた。というのも，枢軸陣営の「欧州新秩序」構想は連合軍に脅威を以て受け止められ，決して軽視されていたわけではなかったからである。報告書からも枢軸陣営への対抗意識が見え，「［アドルフ・］ヒットラーの最も好むプロパガンダが新経済秩序」構想であるという文言にも，自由フランスが対抗秩序構想を必要としていたことがうかがえる。ドイツは「新秩序」内での生産分担により効率を上げ，生産物の販路を確保できると主張していた。報告書は，こうした合理性は表向きのものに過ぎないとはいえ，プロパガンダとして一定の効果はあると評した。アルファンらは，英米が発表した大西洋憲章も「欧州新秩序」への対抗策としてとらえ，フランスとしても何らかのヴィジョンを示す必要性を痛感していたのである。

　報告書は国際秩序をテーマとしつつも，その目的は，フランスを大国として復興させ，協調的な対外関係を推進しながら，フランス国民の生活レベルを向上させることであり，国内政治と国際政治が密接に絡んだものであった。それゆえ，フランス経済の再建策が多く論じられ，人口減少，富の再分配，独占禁止，生産力の向上などの問題が取り上げられた。社会保障政策も取り上げられ，直接税の課税強化の必要性，地域ごとの最低賃金の設定，公教育・医療費・学校給食・スポーツ団体・良質な住居環境などの恩恵を受けられるための諸手当の必要性について論じられた。

国際レベルの次元では，必要不可欠な資源の確保に向けて，資源供給国と消費国との連携強化による効率性の向上，政府間合意の下での国際カルテルの形成，中国やインドなど途上国などに対し，将来の投資環境を整えるためのインフラ整備などの支援実施，関係国でダンピング阻止を目的とした労働時間の調和の必要性などを提案した。

　こうしたことが長々と論じられたあとに，「地域経済連合」に関する項目が設けられた。地域統合の目的は，市場規模を拡大させることにより，域内での原価低減を実現し，それによって世界レベルでの欧州産業界の競争力向上をはかることであった。つまり，世界に通用する「欧州産業」を育てようというわけだ。その実現のため，第1に，域内関税と数量制限の撤廃，域内でのモノの自由移動，第2に，単一通貨の導入，連邦銀行の創設，あるいは各国通貨を残す場合には固定相場制の導入，第3に，共通財政政策の採用，第4に，税制の調和，第5に，共通の運輸・交通政策の実施などを列挙した。アルファンらは，こうした取極を西欧諸国と締結することが，フランスの国益に貢献するものであると論じた。同時に，連合を構築するということは，国家規模での「孤立主義」を統合によって地域規模での「孤立主義」に拡張させることを意味せず，保護主義的な性質を帯びたものではないことを強調した[11]。

　ようするに，この報告書の特徴は，フランスが「偉大さ」を追求しつつも，それを近隣諸国との協調関係の中で実現していこうという穏健な大国化構想であった。もっとも，1942年7月の段階では，自由フランスの首脳陣に，こうした構想を実現するための外交を展開する余裕はなかった。自由フランスが，国際政治の正統なアクターであることを連合軍の主要国家に周知徹底させない限り，外交の舞台で壮大な構想の実現を目標とした交渉の主導権をとることなど無理な話であった。こうした脆弱な基盤こそ，フランスが後の戦後国際秩序構想をめぐる外交で遅れをとるようになった原因である。

　それから約1年後の1943年7月，スパークは，CFLNの外務委員に就任して間もないマシグリに対し，再び地域統合の重要性を訴えた。この時期，自由フランス系と北アフリカに集結していた非自由フランス系のアンリ・ジロー将軍を筆頭とする軍部を中心とした勢力との間で統治機関に関する合意が成立し，CFLNが誕生した。こうして，フランス共和国臨時政府へと連なる道筋が整

第3章　フランスの没落と欧州統合構想

い，フランスは，戦後を見据えた動きがとりやすくなったのである。

　CFLNでは，スパークの要請，そして運動から安定した政府的機構へと成長したことが手伝い，1943年の夏から，それまでとは打って変わって幾つかの戦後国際秩序構想が出てくるようになった。閣僚に相当する委員に就任していたモネやルネ・マイエルに加え，外交当局の経済部門の責任者となっていたアルファンが引き続き戦後問題に携わった。

　軍備・復興問題を担当したモネの構想は「8月5日付のメモ」として知られている。これは，戦局が連合軍にとってますます有利となるなかで，フランスを対外的に代表するCFLNが，外交方針を早急に定めることが喫緊の課題であるということを訴えたものだ。モネは，フランスが戦後の枠組みをめぐる外交から取り残され，主要なアクターとして脱落したままでいることに危機感を感じていた。当時，多く論じられたように，モネも戦間期のブロック経済化に大戦の原因を求め，戦後に向けて，その再現を防ぐことの重要性を説いた。その一方で，米英ソがそれぞれ勢力圏を築くであろうという見方も示したのである。

　モネによる「欧州」創設の提言は，こうした勢力圏分割の予兆を抜きにしては理解できない。「欧州」とは「第四勢力」であり，フランスは国家として長い歴史を持ち，民主主義の伝統も持っていることから，その構築に向けた動きの主導権を握るのに相応しいと論じ，「フランスからのみ欧州新秩序の概念は誕生するであろう」と記した。モネは，フランスの「偉大さ」を唱えるような思想の持ち主ではない。ただ，徹底したプラグマティストであったことから，地域統合にはパワーを持った国家の牽引が必要であると考えていたのだ。モネは，「欧州」を市場としてだけではなく，共通の政治思想を基盤とした共同体としても見ていた。それは，言論の自由と自由選挙が確保された民主主義の共同体でもあった。モネは国家主権と同盟を軸にした秩序を批判した。なぜならば，それらは経済的には保護主義の原因であり，政治的には紛争の原因であると考えたからである。もっとも，モネは勢力均衡論的な発想を退けていたわけでもなく，フルネのような理想主義者とは区別する必要がある。

　モネは，「欧州」実現に至る過程を2期に区分した。第1期の目標は，政治面では域内での民主主義体制の確立，経済面では関税障壁と数量制限を撤廃

89

し，域内復興に要する物資の流通を促進させることであった。その後，枢軸国との講和条約締結に向けた動きを開始するとのことだ。第2期の目標は，「欧州」の成立だが，かなり大雑把な内容であった。その一部を紹介すると，おそらくは鉄鋼産業の地域をまとめたと思われる「欧州国家」，航空機，航路を管理するための欧州機構，欧州が参加する「世界評議会（Conseil Mondial）」などの創設を目指すということであった。

これが頻繁に引用されるモネの構想だが，当事は後に続くアルファンとマイエルの構想の方が注目された。なぜならば，モネではなく，後者2名のメモが，政策立案のための基本文書として戦後問題を研究するために設置されたロンドンの委員会に送られたからである。

アルファンは，9月17日付で構想を発表し，関税同盟を軸とした経済連合の創設を提唱した。その実現により，国民レベルを超えた大市場を築き，その中で国際的な労働分業体制を確立できると考えたのである。この関税同盟には，フランスのほか，既に経済連合を組んでいたベルギーとルクセンブルグの両国，そしてオランダが参加候補国として挙げられた。この4カ国を挙げた根拠は，産業構造が相互補完的であり，住民の生活水準，文化，慣習などが類似し，大きな市場を形成するのに適していたからである。アルファンは，こうした地域統合はフランスに利益をもたらすと論じた。なぜならば，第1に，フランスの農産物，工業製品にとっては，新たな市場を開拓するチャンスとなるからであった。第2に，フランスはベルギーとオランダ両国との域外輸出競争を強いられることになる。それゆえ，原価低減を実現するための生産方法の近代化に向けた努力を強いられ，結果的にフランス経済の発展につながると分析したからである。しかし，アルファンも，実際に自分で描いたとおりの構図になるかどうかは分からなかった。フランスの国内産業に相当の犠牲をもたらす可能性も無視できなかったからだ。それゆえ，アルファンは地域経済統合の最終的な決断は，解放後のフランス国民に求めるべきだと論じたのである。[12]

続けて，運輸・交通担当のマイエル委員が，9月30日付でド・ゴールに対し「西欧経済連合」に関する報告書を提出した。マイエルは，モネと同じく政治と経済の両面からバランスよく地域統合について論じた。そして，モネと同じく戦後の「ブロック」化の可能性について言及した。たとえば，マイエルは，

アメリカとイギリスが戦時同盟の延長線上で「アングロサクソン・ブロック」を形成するであろうと論じ，フランスは，こうした「ブロック」と良好な関係を保ちつつ，西欧では連邦を形成する必要があるのではないかと提案したのである。この統合は，フランス，ベルギー，ルクセンブルグ，そしてオランダを軸にしたものであった。そして，さらなる拡大の可能性にも触れ，ルール地方の重工業地帯を含めた「ライン国家」を創造したうえで連邦に参加させ，南欧のイタリアとスペイン両国の加入も検討すべき対象として挙げた。

　この「ライン国家」創設は，ドイツの分断と，同国の保有する石炭や鉄鋼へのアクセスを目的としたものであった。それでも，西欧の重工業地帯はゲルマン文化圏に集中していた。そのことから，マイエルは，経済力を基盤にしたゲルマン主義の台頭を招くのではないかと危惧した。つまり，「ライン国家」をつくり，ドイツを分断しても，ドイツの影響力を抑制する決定的な手段としては不十分なのではないかと懸念していたのである。そこで，ラテン文化圏のイタリアとスペインを加入させることにより，ゲルマン主義の台頭を抑制できるのではないかと考えたわけだ。とはいえ，マイエルは問題の多い両国の加盟を楽観視していたわけではない。

　これは，フランスの実際の経済状況を把握したうえでの研究ではなかった。それゆえ，マイエルもアルファンと同様に慎重な姿勢を示した。そもそも，西欧の最大の工業地帯であるルール地方を関税同盟に含めた場合，フランス中部の工業地帯が競争に晒され，衰退する可能性もあった。さらに，マイエル自身も連邦という政治体の曖昧さを認識していた。それゆえ，フランスが目指すべき最終的な地域統合の形態に関しては，よく研究すべきであること，そしてアルジェではなく，より資料の揃ったロンドンで「西欧連邦」に関する研究委員会を立ち上げるべきだと提言したのである。

戦時期欧州統合構想の末路

　こうして1943年の夏のアルジェで，戦後フランスを見据えた構想が練られた。秋には，これらの構想を基に，CFLNとしていかなる国際秩序構想を立てるのかを議論する段階に入った。統合それ自体は目的ではなく，あくまでもフランスが，いかなる戦後国際秩序を描き，どのような国際環境の中で活動しよ

うとしているのかを明らかにすることが目的であった。モネが論じたように，それはフランスとしての外交方針を明確にする作業でもあった。

　そのようなわけで，10月12日，CFLNの委員たちは一同に会し，フランス外交について議論した。マシグリが基調報告を行い，地域統合に関する見解を述べた。その内容は，モネ，マイエル，あるいはアルファンらの主張と比較して格段に慎重なものであった。マシグリは，第1に，地域統合を推進した場合の連合国の反応に注意を払った。その懸念どおり，構想が明らかになると，ソ連は西欧に巨大な勢力圏が出現することに猛反発し，ポーランドは東欧が地域統合の動きから取り残されることに懸念を表明し，アメリカは普遍的な国際機構の創設を軸とした国際秩序を描いていたことから地域統合に冷淡な態度をとった。フランスは地域統合に，勢力圏的な思惑だけではなく，国際経済上の思惑も込めていたのだが，西欧の外から見た場合，それは勢力圏にしか映らなかった。マシグリの懸念は当たったことになる。マシグリの第2の論点は，「西欧統合」の問題とドイツ問題とを切り離して考えたことである。実現可能かどうか分からない「西欧統合」の話よりも，ドイツの処理という喫緊の課題に取り組むべきであると主張した。この問題に関し，マシグリは，ドイツから重工業地帯のラインラントを分離させることに懐疑的な意見を表明した。さらに，関税同盟に関しても明らかに慎重であった。マイエルと同じように，関税を撤廃した場合，成長する産業がある一方で，衰退する産業も出てくる可能性を懸念したのである。

　この報告を聞いた他の委員たちは悲観的すぎるとして批判した。各委員は自由闊達に意見を述べたが，そこから現実的な外交方針が出てくるような状況には程遠かった。そして，10月17日，今度はド・ゴールが自らの「西欧連邦」構想に対する考えを明らかにした。この地域統合構想はドイツ問題への対処が主要目的であり，フランスの安全保障に寄与するものとして考案された。フランスは，西欧で対独均衡を保つために，ベルギー，オランダ，ルクセンブルグ，場合によってはイギリスも加え，「西欧連邦」を築こうという案であった。軍人であるド・ゴールの議論は，軍事的安全保障を重視する立場からの地域統合論であった。それゆえ，専門外である統合の経済的側面に関しては，マシグリに対し，政治・経済の両面から連邦構築の可能性について研究するよう指示し

たのである。

　その研究を任されたのが，ロンドンのランベール・ブルム・ピカールであった。戦前のブルム・ピカールは，建設省の鉱山局長を務め，官僚のなかでも権威ある鉱山関係の技官であった。このブルム・ピカールを長とする委員会が結成され，12月1日付けの報告書を完成させた。国境の撤廃が域内住民の生活レベル向上につながるのであろうか。国民レベルを上回る市場の形成は，フランスに利益をもたらすのであろうか。報告書は，以上のような問題意識に沿って執筆された。その論調は，総じて地域統合に悲観的な立場のものであった。

　そもそも，ブルム・ピカールは，西欧のみならず南欧や東欧諸国の加入にも言及し，必ずしもマシグリらの意向に沿ったとはいえない研究を行っていた。人の自由移動の実現には，共同体内の生活レベルが概ね均質なものにならないと，貧しい地域から豊かな地域へと人口が流出してしまうと論じた。そして，ポーランド人がフランスに来た場合の例を挙げ，両国の生活レベルの差を知ったポーランドの労働者は帰国したがらないであろうと論じた。あるいは，ハンガリーの安価な小麦がフランス市場に流入した場合，フランスの農家は大打撃を受けるであろうと論じた。とはいえ，CFLNは東欧諸国の加入を実際には検討しておらず，むしろ，この地域をソ連の勢力圏の範囲として認め，ポーランドなどとは戦前のような密接な関係を築かないことを前提にしていたのである。この報告書には，そうしたCFLN内の議論が反映されていなかった。

　ブルム・ピカールは，そのほかにも問題点を挙げ，野心的な目標を立てず，関税同盟ではなく，緩やかな地域協定にとどめるべきだと提言した。その協定の内容は，特定のセクターを対象にした巨大なカルテル構想であった。石炭産業を例に，フランス，ベルギー，オランダ，そしてザール地方などで「西欧連合」という地域経済グループを創設し，さらに，その連合を，イギリス，ドイツ，チェコスロヴァキア，あるいはポーランドと共同で，巨大な石炭カルテルに発展させることを提案した。鉄鋼業についても類似の提案を行い，これはアメリカも含めた，さらに巨大なものであった。

　ド・ゴールは，こうしたブルム・ピカールの提案に不満であり，フランスの安全保障を重視する立場から，地域統合の実現可能性について検討する必要を感じ続けていた。1944年2月24日，ド・ゴールはマシグリに対し，ラインの左

右両岸地域をドイツから分離させ、「西欧ブロック」に組み込むことが可能かどうか検討するよう指示した。この「西欧ブロック」も連邦制を基盤にしたものであった。さらに、西欧諸国とイギリスによる「戦略的・経済的連邦」の形成が望ましいのではないかと論じた。ド・ゴールのいう「戦略的連邦」とは地域の安全を保障する機能への期待を込めた表現であり、「経済的連邦」とはアルファンらの意見を取り入れた経済統合の側面であったと思われる。

これを受け、マシグリらはベルギーやオランダとの交渉に臨んだ。しかし、地域統合の行きつく先、関税同盟の地理的範囲、連邦制の問題を含め、将来の具体像が明確ではない中、当然のことながら交渉は行き詰った。そもそも、各国の思惑には相当の温度差があった。ベルギーがフランスとの接近に熱心であったのに対し、オランダはベルギーとの関税同盟締結には前向きに取り組む一方で、CFLNとの関係については政治・経済の全ての面で消極的であった。ド・ゴールの権力基盤が強化されたとはいえ、1944年初頭のCFLNは、国際政治アクターとして相変わらず脆弱な存在であり、連合国陣営では、その正統性を疑う声は依然として存在していた。CFLNが臨時政府を名乗るのは6月3日のことであり、それが三大国によって承認されるのは10月に入ってからであった。消極的なオランダを横目に、フランスとベルギーはアルジェとロンドンで幾多もの会合を行なったが、具体案の策定には至らず、地域統合の青写真は見えないままであった。[13]

西欧の亡命アクターの逡巡とは裏腹に、アメリカは大西洋憲章の理念に沿った国際機構の創設に向けて着実に成果を積んでいた。8月のダンバートン・オークス会談が、その流れを決定的なものにした。フランスは、この重要な会談に参加できず、ド・ゴールにとっては苦い経験となった。しかし、連合国陣営で戦後国際秩序の方向性が出てきた以上、それと歩調を合わせる必要があり、普遍的な国際機構の存在は考慮に入れなければならない現実となった。アメリカの地域主義に対する警戒感から、安全保障に力点を置いた地域統合は非常に実現の難しい厄介な構想となり、既に、フランスのみならずベルギーも意欲を失っていた。フランス外交は、12月のド・ゴールの訪ソと仏ソ条約の締結に見られるように、再び勢力均衡論的発想に基づく「お家芸」にシフトしていた。モスクワで、ド・ゴールは「西欧ブロック構想など存在しない」と発言

し，ソ連の対仏不信感払拭に神経を注いだのである。

　フランスは，地域統合よりも二国間条約網の構築によるドイツ牽制策に当面の外交の力点を置き，関税同盟などは脇に追いやられた。それを明確に現したのが，フランスの1945年のサンフランシスコ会議に向けての準備であった。準備を担当していた委員の一人が，連邦構想はひとまず凍結すべきであろうと発言したのである。

　フランスが国際連盟の後継機構に多大な期待を寄せていたわけではなかった。フランスにとってそれは，安全保障理事会の常任理事国に連なることで「偉大さ」の裏付けを与えてもらうための場であった。そして，地域取極に対する制約にならないよう，憲章の条文をフランスの国益に合致させることに外交努力を払った。フランスが守ろうとしたのは仏ソ条約であった。この仏ソ条約の次に目指していたのがイギリスとの間での類似の条約締結であった。同時に，これは西欧において，英仏が盟主となって地域の平和を維持しようという構想でもあった（Bossuat, 1996：38）。しかし，イギリスにそうした考えはなく，英仏主導型の地域秩序はフランスの一方的な思いであった。1947年に締結されるダンケルク条約も国際秩序を生成する基盤となるようなものではなかった。

　終戦後のフランスは，ドイツの資源に引き続き執着した。しかし，その資源が「欧州」誕生に向けての手段としてとらえられることはあまりなく，あくまでもフランス復興に要する材料でしかなかった。1946年1月，モネを長官とする計画庁が誕生し，フランス復興と近代化に向けた動きが本格化した。そうした中，ライン河の渓谷やルール地方に，アメリカのニューディール政策の象徴であったテネシー渓谷開発公社（Tennessee Valley Authority, TVA）をモデルとした地域機構の創設を模索する試みがあった（Bossuat, 1996：47）。実際，モネは欧州石炭鉄鋼共同体（European Coal and Steel Community, ECSC）の執行機関を創設する際に，このTVAから多くを学んだ（遠藤，2009：159）。モネに限らず，TVAをモデルにして，ルール地方の石炭・鉄鋼の管理問題を考える傾向は社会党の多くの領袖が抱いていた構想でもあった（Bossuat, 1996：48）。

　しかし，戦争末期から終戦直後のフランス政府は，国際秩序の創造に関する外交の場で主導的な役割を担えなかった。1946年1月に，ド・ゴールが政治の

表舞台から去っても，社会党の構想がフランス外交の主流の思想を占めることはなかった。むしろ，ジョルジュ・ビドーに代表されるような旧来型のドイツ抑制策が影響力を持っていたのである。その当のビドーなどが態度の変更を余儀なくされ，欧州統合を模索するようになるのはこの後のことであった[14]。

そうした一方で，アメリカでは欧州統合運動に冷淡であったフランクリン・ローズヴェルト大統領と異なり，後継のハリー・トルーマンは運動に理解を示し，1946年からは欧州諸国がイニシアティヴをとることを条件に，アメリカが支援していく姿勢を示していた。アメリカで，統合に関する活発な「啓蒙活動」を展開していたリヒャルト・クーデンホフ・カレルギーもようやく注目され始めていたのである[15]。大戦が終焉を迎え，アメリカは欧州統合の問題を，戦略的な観点から検討し，推進するようになったのだ。

しかし，フランス外交史のなかで，大戦の余韻の残る1946年は，冷戦が構造化するまでの暗中模索の時期であったといえよう。

おわりに

こうして第二次世界大戦期フランスの統合構想は全て未完に終わった。中には最初から実現が限りなく困難なものもあった。とはいえ，なぜフランスの政治エリートは連合軍の陣営，枢軸陣営寄りを問わず，欧州，あるいは西欧を対象にした地域統合を構想したのであろうか。

構想の契機となったのは，やはり1940年6月の敗北であった。この時，フランスの政治エリートは自国の将来について考えた。フランスの「偉大さ」を回復させようというような単純な目標では，再興がもはや困難であることは多くの人にとって明らかであった。この敗北を境に，フランスは国際秩序観に対するパラダイム転換を求められた。つまり，多くの政治エリートにとって，敗戦は構想を練るための出発点となったのである。そうした取り組みは，過去の「偉大さ」の記憶との知的葛藤であり，主権国家中心の国際政治観に対する問題提起でもあった。デアは，フランスが「欧州新秩序」に早急に順応することによって欧州の平和が訪れると考えていた。そうした秩序の中で，ドイツの覇権的な態度は緩和され，連邦制がフランスの地位を保証すると期待していた。

それとは逆に，モーラスは「国際的」なるものを拒否し，フランス中心主義思想を徹底させた。しかし，フランスが分断され，国土の多くが占領された状況下での国際感覚の欠如は，国益に利する構想の源となるわけがなかった。

ヴィシー政府は，「国民革命」という名のフランス社会の本質的な変革を模索し，次世代のエリートに「偉大さ」の回復に向けた政治を託そうとした。「ユリアージュ」は，そうしたエリート育成の場となるはずであった。しかし，その試みは失敗し，抵抗運動の闘士を多く輩出した。そこで教育にあたっていたロイターは，ペタンの「共同体」論を国際政治に適用し，精神論的な地域統合論を展開した。ロイターは，合理主義的な思考に支配された社会観を批判し，とりわけ国境を超えた経済活動が，拝金主義に陥ることなく，「人間的」であるために「政治的連邦」が必要であると論じた。こうした抽象的な統合論を述べていたロイターが，戦後になるとモネを助け，欧州統合の金字塔を築く立役者の一人となったことは特筆に値する。

抵抗運動の指導者では，フルネが理想主義的な欧州統合論のお手本のような構想を立案した。これは，地域統合の先に世界レベルでの統合を見据えた「進歩主義的統合論」であった。

デア，ロイター，そしてフルネは，それぞれ立場も，描いた構想の内容も，その目的も全く異なっていたが，地域統合による「欧州」を理想的な秩序と考えていた点では共通していた。この傾向の底流には，大国としてのフランスに対する自信の喪失と理想主義があった。戦時フランスの政治エリートの抱えた苦悩から，主権国家中心主義では「偉大さ」は回復できない一方で，現実性のある地域統合構想を描くことがいかに難しいか，ということが垣間見えてくる。

こうした敗北に伴う苦境に置かれつつも，ド・ゴールは国外抵抗運動の制度化に成功した。そして，正統なアクターとしての地位を得つつあったCFLNの構想は，連合国陣営の中で注目を浴びるようになった。しかし，構想の実現に向けてイニシアティヴを発揮することは容易なことではなく，ド・ゴールは，戦後国際秩序構想をめぐる外交で大きな成果を残すことはできなかった。ド・ゴールの戦時外交の目的は，フランス敗北の汚点を払拭することによって国家の名誉を回復させ，「偉大さ」を取り戻すことであった。この目的に沿っ

て,「西欧連邦」はドイツの相対的地位を低下させ,フランスの「偉大さ」を回復するための手段として考えられた。しかし,戦時期から終戦直後のフランスに,それを実現するためのパワーはなかった。戦時において,戦後国際秩序形成に向けてのイニシアティヴを握るためには,外交力では足りず,軍事力を背景としたハード・パワーによる裏付けが必要であった。そもそも,ド・ゴールの考える国家の「偉大さ」も軍事力に大きく依存したものであった。その軍事力が不足していた以上,フランスが地域統合の構想を立てても,その実現に向けてイニシアティヴを発揮することは,到底なしえない,無理な話であった。

注

1) 国内抵抗運動に関する体系的な研究として次のものがある。古内博行「第二次大戦期におけるレジスタンス運動の戦後統合構想——ヨーロッパ統合への本格的端緒」秋元英一,廣田功,藤井隆至編『市場と地域——歴史の始点から』(日本経済評論社,1993年)。

2) もっとも,デアは各国の自給自足体制確立にも触れ,必ずしも一貫した議論を行っていたわけではない。

3) ラヴァルは一時的に権力の座を追われたりしたものの,1942年4月には政府首席となり,終始,ヴィシー政府の権力構造の「台風の目」のような存在であった。ラヴァルは1942年の段階では戦争の帰趨を楽観的に考え,ドイツの勝利に終わり,連合国との妥協により,「欧州は連邦化する」と考えていたようである。ただ,その「連邦」の具体的な中身は不明である。また,ラヴァルはフランスの枢軸側での参戦には反対であった。Jean-Baptiste Duroselle, *Politique étrangère de la France, L'abîme, 1939-1944*, Imprimerie nationale, 1986, pp. 435-436.

4) だが,ヴィシー政府内でも,計画主義的な,中途で挫折した経済改革構想はあった。Philippe Mioche, *Le Plan Monnet, Genèse et élaboration*, Publications de la Sorbonne, 1987, pp. 15-33.

5) 「ユリアージュ」に関する代表的な研究として次のものを挙げておく。Bernard Comte, *Une utopie combattante, L'école des cadres d'Uriage, 1940-1942*, Fayard, 1991.

6) ペタンは「労働・家族・祖国」をスローガンに掲げ,その実現のための「国民革命」という,保守的で,相当曖昧な性質の運動を推進した。川上勉『ヴィシー政府と「国民革命」——ドイツ占領下フランスのナショナル・アイデンティティ』(藤原書店,2001年)を参照のこと。

7) ロイターは,次の小冊子の中で反トラスト論を展開した。トラストへの対抗策としての「政治的連邦」については,結論の中で言及が行われた。Paul Reuter, *Les Trusts*, Ecole Nationale des Cadres d'Uriage, s.d., pp. 75-77.

8) Paul Reuter, "Les pédagogies collectives extra-scolaires," in *Jeunesses et Communauté*

nationale, Les Éditions de l'Abeille, 1941, pp. 28-30.
9) 第二次世界大戦期のスピネッリの活動については，次の研究を参照。八十田博人「アルティエーロ・スピネッリ——欧州連邦主義運動の指導者」『日伊文化研究』第41号（2003年3月）46-48頁。
10) 本節は筆者の博士論文を土台にしている。宮下雄一郎「第二次世界大戦期フランスと戦後国際秩序構想——主権と統合をめぐる政治 1940—1945」（慶應義塾大学大学院法学研究科博士論文，2007年）。また，以下，2つの優れた先行研究を挙げておく。Pierre Guillen, "La France Libre et le projet de fédération ouest-européenne 1943-1944," in Michel Dumoulin (Sous la direction de), *Plans des temps de guerre pour l'Europe d'après-guerre 1940-1947*, Bruylant, 1995. 上原良子「フランスの欧州連邦構想とドイツ問題——大戦中からモネ・プラン成立期までを中心として」『史論』第46集（1993年3月）。
11) Archives Nationales 382 AP 57 (René Cassin), [Dossier sans titre], [Note sur les] Problèmes économiques d'après-guerre: un point de vue français, juillet 1942.
12) Ministère des Affaires étrangères Guerre 1939-1945, Londres-Alger, Vol. 728, Note [de Hervé Alphand], 17 septembre 1943.
13) 交渉の詳細な経緯，並びに連合国陣営内での反応に関しては，宮下「第二次世界大戦期フランスと戦後国際秩序構想」146-164頁を参照。
14) フランスにおいて，ドイツ問題を欧州統合によって解決しようとする風潮が広がるのは1948年の春からであった。ビドーも6月に，「フランスにとって安全保障問題とはドイツ問題である」としたうえで，その解決のためには「欧州を構築し，その中にドイツの居場所を提供する必要がある」と論じたのである。Cyril Buffet, *Mourir pour Berlin, La France et l'Allemagne, 1945-1949*, Armand Colin, 1991, pp. 139-140 et p. 146.
15) Veronika Heyde, *De l'esprit de la Résistance jusqu'à l'idée de l'Europe : Projets européens et américains pour l'Europe de l'après-guerre*（1940-1950）, P.I.E. Peter Lang, 2010, p. 361.

【一次史料】

Archives Nationales 382 AP 57（René Cassin）.

Ministère dess Affaires étrangères Guerre 1939-1945, Londres-Alger, Vol. 728.

【参考文献】

Belot, Robert, 2003, *Henri Frenay : De la Résistance à l'Europe*, Seuil.

Bossuat, Gérard, 1996, *L'Europe des Français : La IVe République aux sources de l'Europe communautaire*, Publications de la Sorbonne.

Burrin, Philippe, 2003 [1986], *La dérive fasciste : Doriot, Déat, Bergery 1933-1945*, Seuil.

Bruneteau, Bernard, 2003, *«L'Europe nouvelle» de Hitler: Une illusion des intellectuels de la France de Vichy*, Editions du Rocher.

Buffet, Cyril, 1991, *Mourir pour Berlin, La France et l'Allemagne, 1945-1949*, Ar-

mand Colin.
Cohen, Antonin, 1999, *Histoire d'un groupe dans l'institution d'une «communauté» européenne (1940-1950)*, Thèse de doctorat en science politique sous la direction de Claude Émeri, Université Paris I.
Comte, Bernard, 1991, *Une utopie combattante, L'école des cadres d'Uriage, 1940-1942*, Fayard.
Duroselle, Jean-Baptiste, 1986, *Politique étrangère de la France, L'abîme, 1939-1944*, Imprimerie nationale.
Guillen, Pierre, 1995, «La France Libre et le projet de fédération ouest-européenne 1943-1944», in Dumoulin, Michel (Sous la direction de), *Plans des temps de guerre pour l'Europe d'après-guerre 1940-1947*, Bruylant.
Heyde, Veronika, 2010, *De l'esprit de la Résistance jusqu'à l'idée de l'Europe : Projets européens et américains pour l'Europe de l'après-guerre (1940-1950)*, P.I.E. Peter Lang.
Kuisel, Richard F., 1981, *Capitalism and the state in modern France : Renovation and economic management in the twentieth century*, Cambridge University Press.
Lynch, Frances M.B., 1997, *France and the International Economy : From Vichy to the Treaty of Rome*, Routledge.
Massigli, René, 1978, *Une comédie des erreurs 1943-1956, Souvenirs et réflexions sur une étape de la construction européenne*, Plon.
Mioche, Philippe, 1987, *Le Plan Monnet, Genèse et élaboration*, Publications de la Sorbonne.
Reuter, Paul, 1941, «Les pédagogies collectives extra-scolaires», in *Jeunesses et Communauté nationale*, Les Éditions de l'Abeille.
―― , *Les Trusts*, s.d., Ecole Nationale des Cadres d'Uriage.
上原良子，1993「フランスの欧州連邦構想とドイツ問題――大戦中からモネ・プラン成立期までを中心として」『史論』第46集。
遠藤乾，2009「帝国を抱きしめて――『ヨーロッパ統合の父』＝ジャン・モネのアメリカン・コネクション」『思想』第1020号（2009年第4号）。
川上勉，2001『ヴィシー政府と「国民革命」――ドイツ占領下フランスのナショナル・アイデンティティ』藤原書店。
戸澤英典，上原良子，2008「ヨーロッパ統合の胎動――戦間期広域秩序論から戦後構想へ」遠藤乾編『ヨーロッパ統合史』名古屋大学出版会。
古内博行，1993「第二次大戦期におけるレジスタンス運動の戦後統合構想――ヨーロッパ統合への本格的端緒」秋元英一，廣田功，藤井隆至編『市場と地域―歴史の始点から』日本経済評論社。

宮下雄一郎，2007「第二次世界大戦期フランスと戦後国際秩序構想——主権と統合をめぐる政治 1940—1945」慶應義塾大学大学院法学研究科博士論文。
――，2011「戦争のなかの統一『ヨーロッパ』，1940—1945年」遠藤乾，板橋拓己編著『複数のヨーロッパ——欧州統合史のフロンティア』北海道大学出版会。
八十田博人，2003「アルティエーロ・スピネッリ——欧州連邦主義運動の指導者」『日伊文化研究』第41号。

第Ⅱ部

欧州統合の具現化と限界

第4章　戦後復興と欧州統合
——冷戦開始の中での模索と確立（1947—1950年）

上原　良子・廣田　功

はじめに

　1947年から1950年は，戦後復興期であると同時に戦後国際秩序の生成期であった。フランス外交はこの新たな時代におけるフランスの国際的役割を模索する中で，欧州統合を外交戦略の柱に据えた。両大戦間期以来，理想論の段階から抜け出ることができなかった欧州統合構想は，戦後，復興政策と国際秩序生成をめぐる試行錯誤の中から大きく飛躍を遂げ，欧州石炭鉄鋼共同体の実現に至った。しかしそのプロセスは単純ではない。冷戦の進展とドイツ問題をめぐる議論，さらに戦後復興と経済近代化をめぐる思惑が交錯する中で，統合の是非，そして様々な統合の方法・形態が追求されたのである。フランスはなぜ欧州統合に取り組んだのであろうか，そしてその特徴はどのようなものであろうか。

1　戦後復興計画と近代化政策

マーシャル・プランの背景と構想

　1947年6月，アメリカ国務長官マーシャルは，欧州諸国向けに「欧州復興援助計画」，いわゆるマーシャル・プランを行うことを発表した。それは冷戦勃発に対応した共産主義封じ込め政策の一環として打ち出されたが，重要なことは，それが当時実施途上にあったフランス経済の復興＝近代化政策，いわゆるモネ・プランと欧州統合政策にどのような影響を及ぼしたかである。

　この点を明らかにするためには，まず，マーシャル・プラン立案者の社会観について確認する必要がある。彼らによれば，国民の貧困を培養土壌としては

びこる共産主義に対する有効な防御策は，アメリカのように大量生産＝大量消費に基づいて「豊かな社会」を築くことであった (Hogan, 1987 ; Maier, 1987 ; Mier and Bischof, 1991)。第二次世界大戦中から，アメリカは自国の経済社会モデルを世界に普及させる戦略を抱いていたが (Berghahn, 1986)，戦後欧米間の生産力・生産性の格差が広がり，欧州経済が一段と衰退の様相を呈したために，この意図は強まった。その結果，マーシャル・プランは欧州の技術・設備や人々の「精神」を近代化し，「豊かな社会」を実現するという目標に支えられることになった。

　この特徴は，1946年末に完成し，47年1月から実施された第一次経済計画，いわゆるモネ・プラン（正確な名称は「近代化・設備計画」）の着想に通ずるものがあった (Barjot, 2007：131)。モネ・プランは，1940年の対独戦敗北を契機として広まったフランス経済の「相対的遅れ」の認識を基礎として，石炭・鉄鋼・電力・セメント・輸送・農業機械の基礎的6部門において，大規模な公共投資を梃子に設備投資・技術革新を推進することによって，「マルサス主義的体質」（フランスの生産制限的・守旧的経済体質を指す）からの転換，とりわけ重化学工業力の発展を打出し，また，「近代化か衰退か」の選択を提示することによって，近代化が国際的役割を保持するための重要な手段であると位置づけていた (Mioche, 1987)。

　マーシャル・プラン立案者は，欧米間の経済格差拡大の理由とそれを縮小する方法について検討した。彼らは欧州経済衰退の原因として，市場規模が小さい多数の国が関税や数量制限などの貿易制限措置によって市場を分断されたために，大量生産＝大量消費体制の出現に適した市場状態が欠如していることを強調した。また，この状態を克服する道として，経済統合によって「大市場」を創出する必要が指摘された。彼らにとって，大量生産体制は，欧州に豊かな社会を実現する近代化の具体的目標のひとつであったから，欧州経済統合に対する支持は，欧州の近代化に対する支持の必然的な帰結であった。

マーシャル・プランとモネ・プラン

　モネ・プランの作成を主導したジャン・モネは，19世紀末以来続いてきたフランスの保護主義体制をマルサス主義的体質の培養土壌とみなし，自由貿易体

制への移行によって競争的環境を作り出し，競争の刺激によって効率と国際競争力を高めることをねらった。プランの実施に当たり，モネは2つの重要な問題を自覚していた。ひとつは，プラン遂行が事実上アメリカの援助への依存を条件とすることである。重化学工業発展のための最新設備の導入はアメリカからの輸入に頼らざるをえないが，当時，フランスは深刻なドル不足（「ドル・ギャップ」と呼ばれていた）の状態にあったからである。もうひとつの問題は，ルールの石炭・コークスを確保する枠組みを築くことである。重工業力強化の鍵となる鉄鋼業を発展させるには，国内に十分な石炭資源を持たないフランスにとって輸入炭の安定供給体制を確立することが不可欠となるからである。こうした二重の意味で，モネ・プランとマーシャル・プランは緊密に結合していた（Bossuat, 1992）。

　マーシャル援助は，外貨不足と投資資金の不足から危機に陥っていたモネ・プランを救うと同時に，その修正・転換をもたらした。マーシャル援助による現物援助が投資財輸入を可能にし，その金額に合わせて国内にフランで設定された「見返り資金」が重点部門への公共投資を可能にすることによって，近代化計画は救われたからある。しかしこの過程は，国内政治面では「3党体制」からのフランス共産党の離脱と反資本主義的改革の後退をもたらし，モネ・プランに対する国民的コンセンサスを破壊した（中木，1975：72-184）。

　対外的には，マーシャル・プランが打ち出すドイツを軸とする新しい欧州経済の枠組みの中におけるフランス経済の位置に対応して，モネ・プランの修正が生じた。モネ・プランは，もともと欧州域内諸国との貿易の発展ではなく，1930年代以来続いてきたフランス帝国内諸国との貿易の発展を重視していた。しかしマーシャル・プランの受け入れを契機として，1948年，モネ・プランは修正され，フランスは欧州域内諸国向けに農産物輸出を拡大する方針を採用した。フランスの国際収支不均衡を是正するとともに，域内諸国が農産物輸入先をアメリカからフランスに転換することによって，ドル不足（ドル・ギャップ）を緩和することが期待されたからである。これはマーシャル援助が欧州諸国のドル不足対策として，欧州域内貿易の発展を奨励したことへの対応であった。マーシャル・プランと接合された結果，モネ・プランによるフランスの近代化政策は欧州的枠組みの中にはめ込まれたのである（Bossuat, 1996）。

ドイツ政策転換の模索

　また，マーシャル・プランは，ルール資源の確保に関する新しい解決策に道を開き，フランスのドイツ政策の転換を促した。マーシャル・プランは欧州経済の速やかな復興を期待し，そのためにドイツ経済の復興を優先し，それを牽引力として欧州経済全体の復興を実現することを考えた。その結果，アメリカは援助受け入れ国にドイツの復興を認めることを要求した。フランスと大陸諸国の経済発展に優先的にドイツの資源を活用することをもくろんだフランスのドイツ政策は，ますます実現不可能となった。

　マーシャル・プラン受諾を契機にフランスの対独政策は転換を余儀なくされた。ルール資源の優先的確保によってフランスがドイツに代わり欧州最大の重化学工業大国になるというモネ・プランの夢は，根本的に打ち砕かれることになった。マーシャル・プランは，フランスの対独政策を対独復讐＝ドイツ弱体化から対独和解＝ドイツ復興容認へと転換させる起点となった。しかし転換の過程は，一直線で実現されたわけではない。

　ドイツ政策の転換は，まず，「ルール国際化政策」として具体化された。フランスは1947年8月，ルールの産業の管理と生産物の配分を担当し，米英仏3国とベネルクスの代表から成る国際機関の設置を提案した。しかしフランスの提案はドイツの国内消費を制限し，ドイツ鉄鋼業に対するフランス鉄鋼業の優位を確保する意図を依然として保持しており，ドイツの優先的復興を考えるアメリカの立場とは本質的に異質であった。アメリカは，フランスがドイツの工業生産制限の緩和と英米占領地区へのフランス占領地区の合体を受け入れることを条件に国際機関の設置を認めた。この結果，1948年12月，「ルール国際機関（IAR）」の設置が正式に決まり，翌年4月から活動を開始した（Wilkens, 2004；Bossuat, 1996）。

　しかしIARは，フランスが要求したルール地域の産業の所有と管理の国際化の権限を持たず，生産物（石炭・コークス・鉄鋼）の配分機能を持ったにすぎない。そのためIARを通じてルール重工業とドイツ工業の発展を支配・抑制するというフランスの意図は実現を阻まれた。アメリカはフランスの安全保障上の不安には理解を示したが，ドイツ工業との競争に対する恐れから，生産のコントロールによって競争を抑えようとしたフランスの主張に対しては，自由

競争と自由貿易の理念に反するものとして同意しなかった。また，アメリカにとって欧州経済の中心はあくまでドイツであり，ドイツに代わる重化学工業大国をめざすフランスの野望は容認できないことであった。

フランスによる IAR 設立協定の受諾は，対等な関係に基づく新しい対独関係ではなく，ドイツにおける利益確保という伝統政策になお立脚していた。その意味では，IAR は伝統的な対独強硬政策の部分的成功を意味していた（Bossuat, 1996：124）。

しかし IAR 設立の動きと前後して，別方向でドイツ政策の転換を模索する動きが始まっていた。それは対等な国家間の関係に基づいた欧州統合の構想であった。たとえばビドー首相は，1948年7月，欧州運動のハーグ大会の場で「欧州連合」の構想を提唱し，欧州統合の枠内でドイツ問題を解決することを訴えていた。対等な仏独関係を前提とした統合構想の出現は，ドイツに対する経済的勝利という当初の期待が裏切られた結果，不利な条件の中で近代化の遂行と国力の再建を達成する賭けをおこなうことを意味する。この頃になると，計画庁や外務省の一部では，欧州鉄鋼市場でドイツと交替するという目的のむなしさが自覚され，仏独対立を解決するために対等なドイツとの経済的政治的連合や「西欧鉱山地帯の統合」などの提案が出されていた。モネとそのブレーンたちも，1948年秋には，新しい条件の下での統合問題の深い検討に着手した（Bossuat, 1996：126）。その場合，対独協調への転換に際して避けるべきリスクは，強力なドイツとの「二国間だけの関係」の形成であった。欧州統合の枠内における対独協調政策の追求は，このリスクを回避する道であった。

こうした状況の中で，1950年5月に公表されることになる石炭鉄鋼共同体の構想は，モネの頭の中にすでに1948年秋に生まれていた（Bossuat, 1996：127）。しかし復興達成後のドイツ経済の力は産業界を中心にフランス人を怯えさせており，自由貿易・自由競争を原理とする欧州統合の枠組みの中にドイツを入れることは容易なことではなかった。ドイツ弱体化政策と IAR を介したルール産業のコントロールという対独不信に基づく政策が不可能なことは明白となったが，ドイツ経済に対する恐怖心の前では，対独協調政策への転換もドイツの生産を制限し，ルール資源を確保するという年来の目的を容易に放棄することはできない。新しいドイツ政策は，このジレンマを克服する難問を抱え込んで

いた。

2　フランス外交の新しい道

外交戦略をめぐる隘路

　解放後，フランスがまず取り組むべき課題は戦後復興であったが，その成否は国際関係と外交政策の方向性に大きく影響されていた。第四共和制のフランスは，解放直後の臨時政府首班時代にド・ゴールが提示した，米ソ間における「中立」とフランスの「自立」という外交方針を継承していた。しかしフランスの自立を実現する手段はド・ゴールが求めたような軍事力の近代化によるものではなく，戦後復興を通した経済の近代化により達成されると再解釈が施され，第四共和制の政治家・官僚共通のコンセンサスとなっていた（Frank, 1994 : 423-424）。とはいえフランスの戦後復興と外交戦略をめぐる選択には，新しい時代の国際政治の圧力の中で，様々な難問と制約が突きつけられていた。

　第1点は，フランスの国力の基盤は「帝国」にあるべきか，それとも「欧州」か，という問題である。自立と近代化の実現を左右する，戦後フランスの方向性をめぐる国家戦略の選択は容易ではなかった。ひとつの選択肢は第三共和制同様，「帝国」への依存である。この場合，植民地との関係を万難を排して維持する必要がある。逆に「文明化の使命」を掲げてきたフランスにとって，植民地の独立を容認することは困難を極める。のちに政治的な選択を迫られる与党人民共和運動（MRP）および社会党は，アルジェリアの独立に至るまで，理念と現実との間で苦しみ，やがて疲弊していく。

　もうひとつの選択肢は，「欧州」である。植民地への貿易依存度も低下し，その独立が叫ばれ，民族主義が高揚する新しい時代においては，むしろ軸足を欧州に移すことは，フランスに新たな可能性を切り開くであろう。もし「欧州」を選択するのであれば，外交政策を駆使し，欧州統合，とりわけ経済統合を実現する必要があった。アルジェの自由フランスの官僚たちが構想した「欧州」路線は，いわば戦後フランスの長期的な土台を欧州に求めた戦略であった。欧州に広域市場を設置し，近代化したフランス経済はこの市場で優位に立

つ。この「欧州」路線の成否はドイツ問題の解決いかんにかかっていた。

　第２点はドイツ問題である。普仏戦争以来，三度におよぶドイツの侵攻を受けたフランスにとって，ドイツの民主化と平和的な欧州国際関係の確立こそ最優先の課題であった。しかも第一次世界大戦と異なり，第二次世界大戦のナチスドイツには明白な侵略の意図が存在していた。では対独安全保障のためにはどのような戦後欧州秩序が好ましいのであろうか。第１章でみたように，ヴェルサイユ体制において，フランスは帝国主義的ともいえる外交を繰り広げたものの，失敗に終わった。しかし戦間期同様経済復興と近代化にはドイツの資源（とりわけ石炭）の獲得が不可欠であるため，第二次世界大戦直後に再度復讐主義的なドイツ弱体化政策をとったフランスであるが，マーシャル・プランとともにその政策は頓挫した。ドイツとの共存と，欧州レベルでの経済発展および安全保障を確保する革新的な解決策が求められていたのである（上原，1994）。

　そして第３点は冷戦の開始である。政権の中核に位置する社会党は，中立路線と英国との協調を中核とする第三勢力論にこだわり，アメリカとの協力関係がソ連を刺激することを危惧していた。1947年３月に英仏間で締結されたダンケルク条約も，ドイツのみを仮想敵国とする相互防衛条約であり，フランスはアメリカと距離を置き，中立的な第三勢力を目指していた。しかし1946年後半以降，軍部，ビドー外相を中心とする外務省，さらに与党のMRPは，米ソ関係の悪化から，ドイツよりもソ連の脅威を重視するようになっていた。もしフランスが中立を捨て西側陣営に組するとすれば，親米的であることが求められるであろうが，対米従属もまた望むところではない。そのためフランスの対外政策は，反米感情および反独感情の強い世論と，東西対立が激化する国際環境との間の乖離に悩まされることとなる（Soutou, 1996：27-28）。

冷戦の始まり

　1947年の春以降，東欧問題のみならず，ドイツ問題や戦後復興の在りかたをめぐって，ソ連とアメリカ・西欧諸国との間の対立は深まるばかりであった。フランスの国内政治では，５月に連立政権を構成していた共産党閣僚が離脱し，12月には労働総同盟（CGT）は分裂，非共産党系のCGT-FOが成立していた。国際関係においても，亀裂は明らかとなっていた。ソ連は当初アメリカの

マーシャル・プランを通じた大規模援助の受け入れに関心を示していた。しかしアメリカが援助の条件として要求した経済統合を実現するためには，国内経済の情報開示が求められることに対し，ソ連外相モロトフは「内政干渉」であるとして猛反発した。7月の英仏ソパリ会談でのソ連の退席に続き，ソ連の圧力により東欧諸国もマーシャル・プラン不参加を余儀なくされたことは，東西欧州の分断を一層加速させた。ソ連と東欧諸国がコミンフォルムを結成し，1948年2月のチェコスロヴァキアの政変に至り，冷戦は不可避であることは衆目の一致するところであり，ようやくフランスも安全保障政策の転換を考慮するようになった（細谷，2001；Soutou, 1996：30-32）。

特に冷戦の進展に敏感であったのは軍部だった。すでに1947年秋以降，軍部は政府に対しアメリカとの同盟さえ強く進言するようになっていた。軍部は，戦争により壊滅的打撃を受けた軍事力では，独力でのソ連の侵攻への対抗は不可能と認識し，アメリカの軍事的支援，特に地上兵力の常駐を強く望むものが多数であった。しかしこの時期の米軍は，核の抑止力を前提とし，ソ連侵攻の際には大陸から一時撤退し，周辺部の基地からの戦略爆撃を行う作戦（ペリフェリー作戦）を採用していた。これにより大陸における地上兵力の大規模な駐留削減が可能で，その分の予算を西欧の経済復興に充当する，という枠組みであった。しかしフランスにとってこの戦略は，ソ連により再度占領状態に置かれる可能性を意味し，おそらく再度の占領を受ければ，二度と国土を開放することは不可能であろうと考えられた。特にフランスにとっては，ドイツとソ連との結託によるフランス攻撃が最悪の構図であった（Guillen：77-78；Soutou, 1996：34-35）。

共産主義の蔓延を防ぐ冷戦戦略としても，フランスが早期に経済復興をとげ，脆弱な西欧諸国が経済統合により一体化することは好ましかった。マーシャル・プランの受け入れと冷戦の進展により，フランスは否応なく西側陣営へと組み入れられようとしていた。

3 マーシャル・プランと欧州統合

OEECと欧州統合

マーシャル・プランを契機とする欧州側の統合への動きは,まず,「欧州経済協力機構 (OEEC)」を舞台として展開された。フランスはそのイニシアティヴを発揮したが,それは仏独和解の枠組みを前提としたものではなかった。

前述のように,アメリカはマーシャル・プランを欧州統合実現の契機とみなし,援助受け入れ国に対して,統合に乗り出すように働きかけた。アメリカは援助交渉に際し,欧州側がまとまって復興に必要な物資・金額を算定することとともに,統合に向けた長期計画を作成することを要求した。これに対して,欧州側16カ国は,1947年7月,フランスの提案に基づき,パリに「欧州経済協力会議」を設置し,アメリカの要求を検討した。しかし欧州側は,ワシントンに援助品のリストを送ることだけを考え,結局,会議はアメリカの期待とはほど遠い結果に終わった。

しかしマーシャル・プランを契機にアメリカが欧州統合を要求し始めたことは,欧州内部の統合の動きを刺激した。フランス外務省は,1947年9月,「仏伊関税同盟」の検討に着手し,1948年3月,両国外相の間で具体的交渉に入るための「協定書」が調印された。一方,援助受け入れ国は,1948年4月,「欧州経済協力のための協定」に調印し,OEECを設立した。それはアメリカの要求に対応して,共通計画に基づく生産の合理化によって欧州を単一の経済に変えること,貿易自由化のために安定的な為替レートを確立すること,関税同盟結成を目指して関税障壁を撤廃すること,という3つの重要な目標を掲げた (Bossuat, 2001)。

アメリカは,英仏両国のイニシアティヴの下にOEECを舞台として欧州統合の動きが開始することを期待した。フランスは,1948年,OEECを舞台に英仏主導の欧州統合を実現するための活動に乗り出した。その際,ドイツの経済復興を監視するという狙いがあったことも看過してはならない (Bossuat, 2001:237)。つまり,この段階では,フランスの欧州統合戦略は,まだ仏独和解に基づく仏独主導の統合路線に完全に転換していなかった。

第Ⅱ部　欧州統合の具現化と限界

　フランス政府は，1948年4月から49年4月までの1年間，英仏主導の欧州統合を軌道に乗せるべく，イギリス政府に働きかけた。しかしフランスの立場は，欧州統合に向けて首尾一貫していたわけではない。前述のように，当初，モネ・プランは，欧州諸国間の経済協力よりもフランス帝国内諸国（フラン圏）向けの輸出拡大を想定していた。プランの目標はあくまでフランスの近代化であり，それ故にまず各国の計画を実施し，その上で協力を開始することが，OEEC発足段階のモネの立場であった（Bossuat, 2001：237）。戦時中，モネがルール資源の活用に関連して西欧同盟の構想を提唱していたとしても，モネ・プランの作成を契機に欧州統合に対する彼の立場は変化していた。彼の立場は，OEECにおいてドイツの優先的回復を阻止しつつ，フランスの近代化を追求するという政府内の立場に合致していた。

　欧州側の鈍い動きに対して，アメリカは4年間にわたる共通の長期復興計画の作成を欧州側に要求した。モネは，アメリカの意向を受けて，欧州諸国向け農産物輸出の拡大，外貨節約のための帝国内領土の開発など，モネ・プランを修正する一方，近代化推進の目標を堅持しつつOEEC枠内へのフランス経済の編入を内容とする長期計画を作成した。しかしOEECのための長期計画と改称されたフランスの近代化計画に対し，イギリスはインフレの危険を懸念する一方，欧州域内協力に消極的姿勢を示した。

　長期計画をめぐる英仏の対立によって，OEECを舞台とする共通の復興計画作成の試みは挫折した。しかし1948年秋以後，フランス政府内には英仏中軸を基礎に，真に欧州的な長期計画を追求する動きが現れ，2つの路線が対峙する状況となった。ひとつはモネに代表される路線で，近代化政策を欧州域内貿易の枠内に適応させようとするものであった。これに対して，新たな立場は，欧州共同市場の中に近代化政策を位置づけようとするものであった。後者は，長期計画をめぐる英仏対立を解決し，ドイツ問題に関する長期政策を決定することを考え，さらに1949年2月，イギリスに対して，欧州経済の専門化，域内貿易の自由化，投資の方向付けに関する提案を行った。しかし英仏交渉の帰結はフランスに幻滅をもたらした。イギリスは欧州経済の専門化や投資の方向付けに反対した。結局，OEECは，欧州経済統合の機関とはなりえず，フランスは再び単独でドイツ復興の前に立たされた（Lynch, 1997；Bossuat, 2001：240-242）。

OEECの枠内の協力政策

　モネと計画庁を筆頭に仏独中軸の統合の構想が登場し始めた頃，外務省と大蔵省の高級官僚の一部は，モネに対抗して，貿易自由化を軸にOEECにおける協力を追求し続けていた。彼らにとって，OEECは全面的に貿易を自由化し，アメリカの援助を利用する最良の手段に見えた。そこでは欧州経済の協調的組織化と貿易自由化という2つの統合のロジックが考えられていた。OEECを舞台に追求されたフランスの統合政策は，この2つのロジックの妥協に基づいていた。

　フランス流の市場の組織化は，経済の意図的調和を意味した。この立場から，1949年2―3月，フランスはイギリスに各国の適性に応じた生産の配分と共同の投資を提案した。同時に，それはドイツの産業をコントロールする手段でもあった。さらに一部では経済通貨同盟の可能性さえ議論されていた。

　イギリスとの立場の違いから経済の調和の提案は実現されなかったが，貿易自由化は徐々に進んだ。しかしそれは私的取引だけを対象とし，国有企業は除外された。フランスが要求する貿易自由化は，自由化対象リストに記載された品目を対象とし，自由化品目を徐々に拡大していくものであった。しかし誰が自由化の対象となる品目を決めるのか。また，フランスが考える自由化は関税障壁の撤廃ではなく，数量制限の廃止を意味した。調停役は，欧州審議会か欧州投資銀行に期待された。

　官庁内部には貿易自由化反対派と支持派が並存していたが，後者が勝利し，「交渉された自由主義的欧州」を提唱した。それはOEECを舞台とする欧州16カ国の協力の中に経済の近代化・発展のチャンスを見出そうとする立場であった。市場を信頼する自由主義的立場とはいえ，それは経済の調和を重視したために，その手段として欧州投資銀行の設立が提案された。これに対して，イギリスはあらゆる市場の管理を嫌悪した。結局，フランスの立場はフランスの利害を反映しすぎており，他方，イギリスの立場は欧州統合を進めるものではなかった。その結果，1950年に入ってもなお，OEECの活動は数量制限撤廃による域内貿易の自由化と欧州域内の通貨交換性の回復を目的とする「欧州決済同盟（EPU）」の結成に限定され，経済統合と関税同盟は具体的進展を見なかった。しかしOEECの貿易自由化は，ドイツとの競争に関してフランスに

問題を提起した。1949年4月,ドイツが公式にOEECに加盟したことは,ドイツの競争力に対する不安を掻き立てた。OEEC主導の自由化の進展は,フランスに比べて,低価格,低賃金,豊富なドルを有するドイツに有利に働くと考えられたからである(Bossuat, 2001：250-252)。

対独政策の最終的転換

　OEECの枠内における統合が進展しないことから,1949年9月,アメリカはイギリスを含む単一の欧州統合の構想を諦め,英米ブロックとフランス主導の大陸欧州という二重の統一を提唱した。このアメリカの提案は,大陸欧州を見捨てる「ペリフェリー戦略」とみなされ,ドイツとの直接対峙を恐れるフランスにとって受け入れ難いものであった。イギリスの統合への不参加は,安全保障上の危険はもとより,ドイツの競争の脅威を考えれば経済的にも大きな不安を与えた。しかし統一欧州の形成を断念するアメリカの提案は,結果として,フランスが反ドイツの夢から最終的に抜け出る契機となった。

　アメリカの提案に先立ち,フランス外務省国際金融局周辺ではベネルクス・イタリアとの経済通貨同盟(Finebelと呼ばれる)が提唱された。しかしこの構想の運命は政治状況に翻弄された。OEECの枠内における欧州経済組織化へのイギリスの参加の可能性が生じる時,この提案は忘れられ,逆に,米英間の特別の関係が重要性を帯びる時,カウンター・バランスとしてFinebelが考慮された。Finebelは,米英両国の大陸からの離反に対するフランスの抵抗という意味を持ったのである。アメリカは対英協調を強める一方,Finebelに対してドイツの参加を条件に容認する姿勢を見せ,北欧諸国の参加も視野に入れてフランス主導の大陸欧州の統合を期待した。こうした状況をうけて,フランス政府内ではドイツ政策の転換が加速され,Finebelへのドイツの参加が容認され始めた。その意味では,1949年11月に対独協調政策への転換は事実上生じていた。しかしそれはまだ公表されなかった。結局,ドイツの不参加,EPUの発足,6カ国の「小欧州」に対するイギリスの反対等の理由から,Finebel構想は消滅した(Bossuat, 2001：252-256)。OEECを基盤とする経済協力は,貿易自由化＝数量制限の段階的撤廃とEPU創設による域内通貨の交換性の回復をもたらした点では成果を生んだ。しかしこれらの経済協力は「単なる自由貿易

圏」の形成を意味する「自由主義的欧州」に他ならず，経済近代化の推進とドイツの競争に対する防衛というフランスの関心に応えられるものではなかった。

4　欧州審議会の設置

ドイツの政治的復活

　イギリスのベヴィン外相は，1948年初頭に「西欧同盟」を打ち出し，西欧統合に前向きな姿勢が期待されていた。しかしベヴィンは48年の春以降，むしろ冷戦の進展を警戒し，アメリカとの関係強化に重点を移しているように思われた。同年3月にドイツに対する集団安全保障体制を構築するためのブリュッセル条約は締結されたものの，フランスが期待した西欧統合の受け皿としての機能が議論されることはなかった。さらに統合のイメージについても英仏間で大きな隔たりが存在した。イギリスが語る西欧同盟は，西欧諸国間の関係強化を目指すものの，その形態は会議等，従来の外交枠組みの域を出ていなかった。フランスはむしろ国家主権の移譲も含めた制度的な統合の可能性を考慮し始めていたため，英仏間の溝は深まる一方であった（細谷，2001）。

　フランス外交にとって衝撃であったのは，1948年春から初夏にかけて開催されたドイツの将来を議論するロンドン会議において，ドイツ西部の政府成立が決定されたことであった。ドイツの弱体化政策はもはや実現不可能であるものの，米英仏の西側占領地区のみとはいえ，ドイツが再び国際関係に復活することは脅威である。そこで，ドイツ西部の政府が成立する前に，フランスにとって好ましい欧州国際秩序を構築することが不可欠と考えられた。

　また4月にドイツのフランス占領地区がバイゾーン（英米占領地区）と結合し，6月には西側3占領地区において共通の通貨が導入（「通貨改革」）されたことにより，経済・行政の実態においてドイツの東西分裂が決定的となっていた。これに対しスターリンは，ベルリンの西側占領地区を封鎖（「ベルリン封鎖」）し，東西関係は一挙に緊張度を高めた。東西間での自立を目指してきた与党の社会党やMRPも，東西対立の緊張が第三次世界大戦を招きかねないレベルに達しており，フランスが西側陣営に与することに共産党以外は異論はな

かった。フランスが西側陣営に与し、さらにドイツが東西に分裂した場合、両国の役割は変わらざるをえない。西部ドイツはもはや侵略国ではなく、占領により民主化され、経済的に復活し、共産主義に対峙する最前線という新しい役割を担うことになる。一方のフランスはドイツの弱体化に失敗し、また欧州国際関係におけるリーダーシップも確立できなくなる恐れがあった。こうした状況のなかで、フランス外交の行き詰まりを克服するカギとして欧州統合という選択肢がより重要性を増していた。つまりドイツの復活以前に欧州を制度的に建設し、これにドイツが参加することにより暴走を防ぎ、さらに後述のように米軍の駐留が継続されるのであれば、ドイツ封じ込めの手段としてより好ましいと考えられた（Buffet, 1991；Young, 1990）。

欧州の春：統合運動の活性化とハーグ会議

解放後の混乱の中、欧州統一構想は下火となっていたものの、1947年にアメリカがマーシャル・プランを通じて経済統合の実現を欧州に要求するころから、フランスでは様々な欧州統合運動が活動を始めていた。1947年ごろより連邦主義的な欧州構想を掲げる欧州連邦主義同盟（UEF）や、社会主義を土台とした欧州連邦を目指す欧州社会主義合衆国運動（MEUSE）が活動を開始し、またキリスト教民主主義諸政党の連携組織 NEI（新国際エキップ）も1948年には欧州連邦構想に力を入れるようになった。また欧州経済協力リーグ（LECE）も経済的自由主義を掲げ自由競争を重視する経済統合を主張していた。

1948年5月7日、欧州統合を支持する諸団体が初めて一堂に会し、ハーグ・欧州会議を開催した。欧州諸国からチャーチルやブルムを始めとして、欧州統合を支持する政治家、活動家、経営者、知識人といったエリートが参集し、欧州統合をめぐって議論を重ねた（フランスでも影響力を持っていたクーデンホフ・カレルギーの欧州議員同盟は参加を見送った）。会議では、政治、経済、文化におよぶ多面的な決議を採択し、将来の統合の姿を提示し、メディアの注目も集めた。そして欧州議会構想が本格化する秋には、ハーグ・欧州会議に集った統合運動が連合する欧州運動が発足した。欧州運動は、チャーチル、ブルム、デ・ガスペリ等閣僚級の大物政治家や各界のエリートを擁し、西欧各国および欧州審議会に影響を与えることになる（上原, 2002a；2002b）。

政治家たちの欧州審議会の設置

　ドイツ西部の政府の成立が決定されるや，国民の反独感情は爆発し，怒りは外相ビドーに向けられた。ビドーは，ソ連に対し敵対的でドイツの復活を促す国際社会と，東西間での自立を望み反米・反独感情の根強いフランスの国内世論との間で板挟みにあっていた。アトランティスト（大西洋主義者＝対米協調派）として米国との関係を重視するビドーであったが，ドイツ問題については復讐主義的な弱体化政策ではなく，国際社会の容認可能な「ドイツ問題の欧州的解決」を1948年春ごろから提案していた。ドイツ政策への批判から辞任に追い込まれることになったビドーであったが，その辞任直前の7月19日のブリュッセル条約常設諮問理事会において，突如欧州議会と欧州経済・関税同盟の設置を提案した。アメリカが求める経済統合が遅々として進まないことに加え，ドイツ西部の主権回復が政治日程に上る中で，ドイツ西部の政府が成立する前に欧州議会を実現し，ドイツを欧州に封じ込めることを狙ったのであった。これに敏感に反応したのは，欧州統合支持派よりもフランス外務省であった。フランス外交が欧州統合路線へと転じることにより，統合を早期に制度化し，ドイツを封じ込め，フランスが再び欧州国際関係の主導権を握ることが新たな外交目標となったのである（上原，2002b）。

　またこの欧州議会構想の浮上と同時に，社会党，MRPといった与党内部でも欧州運動派の有力政治家が影響力を持ち始めた。以後両党は欧州統合への関与を強め，統合推進への重要な支持基盤となる（上原，1998：2000）。

　とはいえ，欧州議会を設置するという構想は，イギリスと鋭く対立した。イギリスは冷戦の進展とともに，欧州協調の必要性は認めながらも，従来型の会議形式を主張し，フランスの主張する議会の設置には強く反対した。結局，妥協策として英仏双方の案を併存させ，制度化は行うが超国家主義はとらず諮問機関にとどまる欧州審議会（Conseil de l'Europe）が設置された。1949年5月に欧州審議会規約が採択され，諮問議会と閣僚理事会が併存する欧州統合特有の制度となった（細谷，2001）。

　この欧州審議会は欧州統合の進展という意味では，超国家性が欠如し，諮問的な役割にとどまるため，OEEC同様失敗とも評価できる。しかしながら，諮問議会に選出された議員の多くは，欧州運動に参加する統合支持派の議員で

あり，彼らの目標は必ずしも超国家性，国家主権の移譲のみにあるわけではなかった。議会という形式に固執したのは，OEEC等の経済統合が官僚主導の組織であるのに対し，欧州統合に議員が参加するメカニズムを構築し，政治統合を実現して欧州統合を牽引するためであった。またOEECは援助の受け皿という性質上，欧州経済統合を目指すとはいえ，対米依存とならざるをえない。そこで対外政策の選択肢として，アメリカに左右されない欧州の自律的な統合体が望まれていた。

また審議会はハーグ会議でも採択された欧州人権条約・欧州人権裁判所といった欧州レベルでの人権レジームの確立に力を注ぎ，成立後の最初の取り組みとして1950年に欧州人権条約を採択した。というのも欧州審議会規約でも明記されているように，加盟国が欧州審議会加盟を通じて，法の支配，人権，基本的自由といった民主主義の諸原則を遵守し，共有することが審議会の目標のひとつであったからである。欧州統合の参加資格として，暗にこうした民主主義的規定を課し，ナチズムとファシズムの徹底的克服を試みた。そしてこれを新たに誕生する西ドイツにも遵守を求めることにより，ドイツ人の価値・規範というレベルでナチズムのより徹底した克服を目指したといえよう（上原，2002b；2008）。

5　北大西洋条約の締結へ

1948年3月に締結されたブリュッセル条約は，英仏に加えベネルクス3カ国も参加する「小欧州」による集団安全保障条約であり，ドイツだけでなく，ソ連をも仮想敵国としていた。またこの条約は，この5カ国が安全保障のみならず，経済統合，社会・文化分野において協調関係を確立することも明記しており，とくにフランスは西欧統合への一歩となることを期待していた。しかし，安全保障の面では，調印直後よりその有効性に疑問が投げかけられていた。フランスの軍部からは西欧諸国の軍備が不十分な状態では，「小欧州」だけでの防衛では何ら意味をなさないことが指摘され，またイギリスの影響力拡大を懸念する声もあった。主流派のジュアン将軍を中心に，本土だけでなく，「植民地帝国」を基盤としたフランスのグローバルな役割を考慮すべきであり，その

ためには，西欧のみの条約では不十分であり，より広域の枠組みが必要であるという声が強かった。すでに立案中の米国との条約こそフランスの利益に合致するとして期待が高まっていた (Guillen, 1996 : 78-79 ; Soutou, 1996 : 34-35)。

　経済的（マーシャル・プラン）および軍事的（北大西洋条約）にフランスを支配するアメリカ，という「アメリカ帝国主義論」の構図は，確かに第二次世界大戦後の仏米関係を考える上でひとつのカギとなる図式である。しかしながら，こうしたフランス人好みの世論とは別に，政策レベルではアメリカとの関係強化が議論されていた。二度の大戦とも，米軍の参入によりようやく自国の戦闘のみならず占領状態に終止符を打つことができたフランスにとって，むしろ次の大戦が勃発した際に，アメリカは「迅速に」フランスを助けてくれるのか，が争点であった。そのため，アメリカとの軍事同盟の是非は問題ではなく，積極的に米軍の駐留を望んでいた。まさに米国は「招かれた帝国」であった。

　こうして中立路線が消えた1948年春ごろより，フランスでは新しい安全保障政策をめぐる議論が活発化した。アメリカはバンデンバーグ決議を採択し，欧州の安全保障への関与を議決した。フランスでも共産党以外の政治および軍事指導者の間では，ベルリン封鎖が続けられる中で，もはや脅威の源泉はドイツではなくソ連にあり，フランスは好むと好まざるとにかかわらず，西側陣営を選択せざるをえないと考えられるようになっていた。しかし政権にあった社会党の指導者の多くは，新しい安全保障政策がソ連を過度に刺激することからこれに躊躇した。

　軍部の中では新しい安全保障政策の方向性をめぐって2つの潮流が対立していた。一方のジュアン将軍を中心とする軍の多数派は，アメリカとの二国間同盟の実現を重視し，ブリュッセル条約のような実効力の乏しい欧州の枠組みを疑問視していた。このグループは，装備を欠いた状態のフランスの軍事力の状況では本土の防衛は困難であるため，アメリカの「ペリフェリー戦略」の受け入れは不可避であることを認識していた。何より，「ペリフェリー戦略」の基地のひとつでもある北アフリカこそ戦後フランスの力の基盤，「戦略的深部」とみなし，その存在を絶対視していた。仮に戦争が直近にせまっているとすれば，ジュアンらの議論は軍事的妥当性を有していよう。

121

しかし一方のド＝ラトル＝ド＝タッシーニ将軍（以下，ド＝ラトルと略記）は，ベルリン危機後，欧州戦略の政治的重要性を説き，大統領オリオールやモネ，シューマンや外務省の多数の欧州派の支持を獲得していた。ド＝ラトルは，核の抑止力に疑問を抱き，フランス本土を絶対死守するために，防衛線をライン河よりもできる限り東に設定することにこだわった。またアメリカへの一方的依存はフランスの政治的自立性を損なうことも恐れた。彼らは近い時期におけるソ連との戦争の可能性は低いとみなし，その間に欧州の建設に取り組むことにより自立性を獲得することが有益と考えた。アメリカとの軍事同盟と同時に，自立的な軍事戦略，大陸の経済統合，そして議会制民主主義の強化とが一体化した欧州戦略によってのみ，フランスは共産主義の脅威に対抗しうるという構想であった。1949年初頭には大統領オリオール，国防相ラマディエ，外相シューマンらはより政治的含意の強いド＝ラトルの戦略を採用し，アメリカとの軍事同盟と同時に，ライン防衛，欧州の組織化を追求することが決定された。(Guillen, 1996：78-79；Soutou, 1996：37-41；Vial, 2000：138-142)。

1949年4月9日，西欧諸国とアメリカ，カナダとの間で北大西洋条約が締結された。これは集団的自衛権に基づく軍事介入を約した条約であった。この交渉の中で，フランスはペリフェリー戦略の見直しと，米英と同等のランクおよび発言権，地中海・北アフリカへの任務の拡大を求め，しばしばアメリカと衝突した。単なる「同盟の歩兵」ではなく，一定の発言権を要求していたからであった（Soutou, 1996：44-46；Guillen, 1996：78-90)。

しかしながら，この同盟が真の抑止力を持つためには軍事機構NATOの発足を待たねばならない。また政府首脳の間では，西欧の再軍備とライン河以東の防衛ラインを実現するには，アメリカの財政支援による軍事力の近代化のみならず，西ドイツの再軍備は当然不可避であることも認識されていた。以後経済復興同様，西ドイツの軍事的復活とフランスの安全保障との間のジレンマに再度直面することになる。

6　仏独和解とシューマン・プラン

統合史の中のシューマン・プラン

　OEEC は，欧州経済の復興と依存関係の強化には寄与したが，欧州統合を実現することはできなかった。そうした状況の中で，モネとその取り巻き（ユリ，イルシュ，ロイター等）は，新たな発想に基づいた統合の構想を追求した。それは1940年代末に現れた様々な統合構想を基礎としつつ，とりわけ冷戦激化の中でフランスの安全保障を確保するとともに，対独競争に対する不安をしずめながら経済近代化を促進するという二重の課題を解決しなければならなかった。1950年5月9日に発表されたシューマン・プラン（シューマン宣言とも呼ぶ）は，この複雑な期待に応えた提案であった。それは外相シューマンによって公表されたが，モネと取り巻きによって作成されたものである。

　「フランスは，基本的に平和のために行動してきた。平和を真に追求することができるためには，まずひとつの欧州が存在しなければならない。ドイツの無条件降伏から5年にして，フランスは欧州統合のための最初の決定的行為を行い，それにドイツを協力させる。この結果，欧州の条件は根本的に変化するに違いない。この変化は今日まで不可能であった他の共同行動を可能にするであろう。──中略──世界平和は，それを脅かす危険に見合った創造的努力を傾けない限り維持することは出来ない。平和的な国際関係にとって，組織されたいきいきとしたひとつの欧州が人類の文明にもたらしうる貢献が欠かせない。フランスはこれまで20年以上にわたって欧州統合の先頭に立つという役割を自らに課し，平和への貢献を常に基本的目標に掲げてきた。しかし欧州統合は実現せず，我々は戦火を交えた。（統合）欧州は1日にしてならず，また全体的構造体の下に作られるものでもない。まず事実上の連帯を生み出すという具体的な実績の積み上げによって作られるものである。欧州の国々が連合するためには，仏独の積年の敵対的関係が解消されねばならない。いかなる行動がとられるにせよ，先ずこの両国が関わらねばならない。この目標を念頭に置いて，フランス政府は，限定的であるがきわめて重要なひとつの分野で直ちに行動がとられるよう提案する。欧州の他の国々が自由に参加できるひとつの機構の枠内で，仏独の石炭と鉄鋼の生産全体を共同の最高機関の管理の下に置くことを提案する。石炭と鉄鋼の生産を共同のものにすることによって，欧州連邦に向けた第一歩となる経済発展の共通基盤が築かれるはずであり，ひいては長年武器・弾薬の製造に躍起になり，絶えず自らその犠牲者となって来た地域の運命を変える

123

ことになるであろう。このようにして生産の連帯を確立することは，仏独間のいかなる戦争も想像できなくなり，また物理的にも不可能となることを意味するであろう」(遠藤，2008b：231-232。ただし訳文は一部変更)。

上に骨格部分を示したシューマン・プランは，仏独和解＝協調を実現したこと，政治的目的を持つ経済統合という新しい方法の第一段階となったこと，主権国家間の伝統的協力に代わる超国家的制度の下での共通政策を提案した点において，欧州統合史における重要な転換であった(Gerbet, 1999)。

シューマン・プランの背景と起源

イルシュによれば，OEECにおける英仏中軸の統合が不可能なことを示した1949年4月のイギリスとの交渉とともに，「すべてが始まった」(Bossuat and Wilkens, 1999：300)。したがってシューマン・プランは，OEEC基盤の英仏中軸の統合に対する代替案として提案されたものであった。

1949年4月に「欧州運動」のウェストミンスター会議で採択された仏社会党議員フィリップの提案に代表されるように，1940年代末までに様々な「部門統合」の構想が提案されていた。フィリップの提案は，石炭，鉄鋼，電力，交通の4部門について，投資，生産量，価格に関する政策を決定する「欧州公的機関」の創設を提案していた。「国連欧州経済委員会」は，鉄鋼の過剰生産を予想し，鉄鋼カルテルの再形成を回避するために，同様の国際機関の設置を訴えていた。モネも同様に，欧州統合に際して，国家主権を制限する必要を指摘した。

シューマン・プランの背景として，国際情勢の展開が重要な意味を持っていた。冷戦の激化に対応して，英米両国は軍事目的を含めて，ドイツの工業生産力の発展に期待を寄せ始めていた。その結果，両国がドイツの鉄鋼生産の制限高を増やすことが予想された。これはフランスの不安を掻き立てるであろう。実際，シューマン・プラン発表直後の1950年5月10に開催されるロンドン外相会議では，ドイツの鉄鋼生産高は1100万トンから1400万トンに引き上げられることが予想されていた。またルール国際機関の廃止さえ予想されていた。これらの事態は，フランス鉄鋼業，ひいては経済全体の近代化に不可欠なルール資源の安定的確保を危うくする恐れがあった(Wilkens, 2004：13-18)。

シューマン・プランは，平和の維持，共同市場形成による石炭・鉄鋼業の近代化と合理化，輸出の発展，労働者の生活水準の向上を目的として掲げた。また，これらの目的は特定国向けではなく，欧州全体とアフリカ大陸の発展に寄与することが指摘されている。しかしこうした「欧州の利益」は，動機のすべてを説明するものではない。国民国家・国益の救済に欧州統合の本質を見るミルワードが指摘するように，実際には，シューマン・プランはフランスの国益に強く規定されていた（Milward, 1994）。これはプラン発表直前にモネが首相ビドーと外相シューマンに宛てた極秘メモに確認することができる。

>「ドイツの工業生産とその競争力の問題が速やかに解決されないならば，フランスの復興の持続は止められてしまうだろう。フランスの産業家が伝統的にドイツの優位の基礎と認めているものは，フランスが競争できない価格での安価な鋼の生産である。そこから，フランスの産業家は，フランスの生産全体が不利な立場にあるという結論を引き出す。
>　既に，ドイツは鋼の生産を1100万トンから1400万トンに増やすことを要求している。われわれは拒否するが，アメリカは要求するだろう。最終的に，われわれは留保するが，譲歩するだろう。同時に，フランスの生産高は限界に突き当たり，低下する。――中略―― 提案される解決（石炭・鉄鋼の共同管理）によって，ドイツ産業の支配という問題は消滅する。ドイツ産業の支配という問題の存在は，欧州に恐怖と持続的な混乱の原因を生み出し，最終的に欧州連合を妨げ，再びドイツ自身の損失を引き起こす。逆に，提案された解決は，支配を伴わない競争の中で，ドイツとフランスならびに欧州の産業に共同の拡大の条件を作り出す。フランスから見るならば，このような解決は，フランスの産業をドイツの産業と同じ出発点に置き，ドイツ鉄鋼業の輸出ダンピングを無くし，ダンピングに対する不安とカルテルの誘惑無しに，フランスの鉄鋼業を欧州の拡大に参加させるものとなる。マルサス主義と貿易自由化の停止，さらに最終的に過去の因習（保護主義）を導くフランスの産業家の恐怖心は，これによって除去されよう。フランスの産業発展の持続に対する最大の障害は回避される」（Bossuat, 2005：288-289）。

この資料が示すように，シューマン・プランは，ドイツの鉄鋼業・産業の競争力に対する不安からフランスの鉄鋼業界・産業界がふたたび保護主義とマルサス主義に回帰することがないように，ドイツ産業の支配の基礎を崩すことに動機のひとつがあった。また，それはドイツの競争によってモネ・プランの近代化計画が危機に晒されることを回避することを狙っていた（Bitsch, 1994：66）。「シューマン・プランはモネ・プランを救うために考案された」（Milward,

1984：395）との評価が生ずる所以である。シューマン・プランを具体化するためのパリ条約起草のための交渉において，モネが反トラスト法の伝統を有するアメリカの支持を得て，反カルテル条項の挿入を追求したことは，国内鉄鋼業における自由競争体制の確立と同時に，ドイツ鉄鋼業の競争力をそぐことに狙いがあった（石山，2009）。

シューマン・プランには，平和の確立という欧州の理想の追求，冷戦の文脈の中で欧州統合を要求するアメリカの圧力に加えて，安全保障上ならびに経済的なフランスの国益が深く絡んでいたのである。

おわりに

シューマン・プランは，ドイツ，イタリア，ベネルクスの賛同を得て交渉が行われ，1951年4月調印のパリ条約を経て，1952年7月，石炭と鉄鋼の共同市場である欧州石炭鉄鋼共同体（ECSC）が発足した。ECSCは，マーシャル・プラン受け入れを契機として始まった対独政策の転換の終結点に位置し，少なくとも国家間レベルでは仏独和解が定着した（フランク，2003：96-99；永岑・廣田，2004）。また，シューマン・プランに示されたように，政治統合を視野に入れながら，それに向けた第一段階として共同市場が位置づけられた。さらに，ECSCは超国家的性格の最高機関に大きな権限を与え，そこに共同市場の管理運営を委ねた。そのためECSCは，欧州経済共同体（EEC）以後の欧州統合の制度に比べて，超国家性が強く，かつ自由競争的市場に対する管理・規制の性格も強い。そこからECSCを欧州統合の本流からの逸脱とみなす見解（Gillingham, 2001）も登場することになる。

ECSCは，戦間期から1940年代末までの欧州統合の構想・運動の中に登場した2つの方法，すなわち部門統合の方法と自由主義的な共同市場の方法を結合した。シューマン・プラン＝ECSCの二重性は，それが戦前以来の統合史の伝統の中に位置する証左である。しかし戦前の部門統合の方法においては，生産者のカルテルが自由競争を規制・管理する役割を期待された。これに対して，ECSCの場合，カルテルに代わって最高機関という公的機関がその役割を担った。ここにはフランスの経済計画を典型とする戦後の混合経済体制の影響

が表れている (Loth, 2009：51-52)。その点で, ECSC はフランスの経済計画の理念を6カ国に拡大し, フランス流の「指導された資本主義」を制度化したとの評価が成り立つことになる (Reboutte, 2008：140)。

【参考文献】

Barjot, Dominique, 2007, *Penser et construire l'Europe (1919-1992)*, Sedes/Cned.
Berghahn, Volker, 1986, *The Americanisation of West German Industry 1945-1973*, Berg.
Bitsch, Marie-Thérèse, 1994, *Histoire de la construction européenne*, Complexe.
Bossuat, Gérard, 1992, *L'Europe occidentale à l'heure américaine, 1945-1952*, Complexe.
――, 1992, *La France, l'aide américaine et la construction européenne, 1944-1954*, Comité pour l'histoire économique et financière de la France.
――, 1996, *L'Europe des français*, Publications de la Sorbonne.
――, 2001, *Les aides américaines économiques et militaires à la France, 1938-1960*, Comité pour l'histoire économique et financière de la France.
――, 2005, *Faire l'Europe sans défaire la France*, Peter Lang.
Frank, Robert, 1994, *La hantise du déclin, la rang de la France en Europe, 1920-1960 : finances, défense et identité nationale*, Belin.
Buffet, Cyril, 1991, *Mourir pour Berlin, La France et l'Allemagne 1945-1949*, Armand Colin.
Gerbet, Pierre, 1999, *La construction de l'Europe*, 3ᵉ édition, Imprimerie Nationale.
Guillen, Pierre, 1996, «Les militaires français et la création de l'OTAN», in (dir.) Vaïsse, Maurice, Mélandri, Pierre, et Bozo, Frédéric, *La France et l'OTAN, 1949-1996*, Complexe.
Gillingham, John, 2003, *European Integration 1950-2003, Superstate or New Market Economy?*, Cambridge University Press.
Hogan, Michael Jr., 1987, *The Marshall Plan. America, Britain and the Reconstruction of Western Europe 1947-1952*, Cambridge University Press.
Leboutte, René, 2008, *Histoire économique et sociale de la construction européenne*, Peter Lang.
Loth, Wilfried, 2009, *Experiencing Europe, 50 Years of European Construction 1957-2007*, Nomos.
Lynch, Frances M. B., 1997, *France and the International Economy. From Vichy to the Treaty of Rome*, Routledge.
Maier, Charles, 1991, *In Search of Stability*, Cambridge University Press, 1987.

—— et Bischof, G. (dir.), *The Marshall Plan and Germany*, Berg.

Milward, Alan S., 1984, *The Reconstruction of Western Europe, 1945-1951*, Methen.

——, 1994 [1992] *The European Rescue of the Nation-State*, Routledge.

Mioche, Philippe, 1987, *Le Plan Monnet, Genèse et élaboration, 1941-1947*, Publications de la Sorbonne.

Soutou, 1996, Sécurité de la France dans l'après-guerre, in (dir.) Vaïsse, Maurice, Mélandri, Pierre, et Bozo, Frédéric, *La France et l'OTAN, 1949-1996*, Complexe.

Vial, P., 2000, «Le Militaire et le politique: le maréchal Juin et le général Ely face à la CED», in Dumoulin, Michel (éd.), *La Communauté Européenne de Défense, leçons pour demain?*, Peter Lang.

Wilkens, Andreas (dir.), 2004, *Le Plan Schuman dans l'histoire, Intérêts nationaux et projet européen*, Bruyant.

Young, J. W., 1990, *France, the Cold War and the Western Alliance, 1944-49: French foreign policy and post-war Europe*, Leicester University press.

石山幸彦，2009『欧州統合とフランス鉄鋼業』日本経済評論社。

上原良子，1994「フランスのドイツ政策——ドイツ弱体化政策から独仏和解へ」油井大三郎，中村政則，豊下楢彦編『占領改革の国際比較——日本・アジア・ヨーロッパ』三省堂。

——，1998「フランスのキリスト教民主主義勢力と欧州統合：MRP（人民共和運動），1947年から50年」『現代史研究』第44号。

——，2000「フランス社会党の欧州統合構想と欧州審議会」『西洋史学』第198号。

——，2002a「欧州審議会の成立とフランス——欧州統合政策への転換と『欧州運動』のネットワーク」『史論』東京女子大学，第55集。

——，2002b「『ヨーロッパ文化』と欧州審議会の成立」『国際政治』第129号。

——，2008「独仏和解とフランス外交——復讐から和解，そして「欧州」へ」田中孝彦，青木人志編『〈戦争〉のあとに／和解と寛容』勁草書房。

遠藤乾編，2008a『ヨーロッパ統合史』名古屋大学出版会。

——，2008b『【原典】ヨーロッパ統合史——史料と解説』名古屋大学出版会。

中木康夫，1975『フランス政治史　中』未来社。

永岑三千輝，廣田功編，2005『ヨーロッパ統合の社会史——背景・論理・歴史』日本経済評論社。

廣田功，森建資編，1998『戦後再建期のヨーロッパ経済——復興から統合へ』日本経済評論社。

フランク，ロベール，2003（廣田功訳）『欧州統合史のダイナミズム——フランスとパートナー国』日本経済評論社。

細谷雄一，2001『戦後国際秩序とイギリス外交』創文社。

第5章　欧州統合の具現化
―― 転換期におけるフランスの統合政策の進展（1950―1958年）

廣田　愛理

はじめに

　1950年代はフランス主導で欧州統合がスタートした時代であった。1950年5月のシューマン・プランの発表を契機とした欧州石炭鉄鋼共同体（ECSC）設立条約は，1951年4月に調印され，1953年2月には加盟国間での石炭・鉄鋼の自由移動が開始した。ECSCは超国家的性格を持つ最初の欧州共同体機関となり，その象徴たる執行機関の「最高機関」初代委員長にはジャン・モネが就任した。しかしながら，1954年8月に欧州防衛共同体（EDC）構想が挫折すると，フランスは統合に対して消極姿勢をとるようになる。

　さらに1950年代は，植民地というフランスの国力の基礎が崩壊した時代でもある。1954年5月のディエン・ビエン・フーでの敗北の結果，インドシナを失い，同年11月にはアルジェリア戦争が勃発した。このような状況下において，いかに国力の低下を抑え，自国の国際的な影響力を確保するかが政府の優先課題であり，欧州統合ではなく植民地問題がフランス国民の最大の関心事であった。

　それゆえ，1955年4月にベネルクスのイニシアチブで統合の「再活性化」が提案された際，統合を進展させる上での最大の問題は，統合に消極的なフランスをいかに参加させるかであった。しかるに，2年後の1957年3月に，ローマにおいて欧州経済共同体（EEC）および欧州原子力共同体（ユーラトム）設立条約（通称「ローマ条約」）が締結されると，以降，フランスは再び統合のリーダーに返り咲くのである。

　EDCの失敗という統合史上最初の大きな危機を経験したこの時代は，その後の欧州統合の方向性が決定される重要な時期でもあった。EDCや欧州農業

共同体構想など，1950年代前半に追求された「部門統合」路線は破綻し，農業も含めた経済全体を対象とする「全般的共同市場」路線へと舵が取られると同時に，統合の「超国家的」性格も弱められていった。また，統合の進展の過程で，欧州経済協力機構（OEEC）が度々欧州問題解決の舞台として登場したが，OEEC17カ国による「大欧州」ではなく，最終的にECSC 6カ国による「小欧州」で統合を追求することが選択された。

このように内政上も統合史上も大きな転換点であった時期に，フランスの欧州政策はどのように変化していったのだろうか。フランスはなぜ1950年代半ばに統合に対する熱意を一度は失いながらも，その後，当初は拒否していた共同市場を受け入れ，再び統合に積極的に参加することになったのだろうか。それを探ることが本章の課題となる。

1　欧州防衛共同体と欧州政治共同体

シューマン・プランの発表を契機にECSC創設への道筋が示され始めた頃，アジアにおいて統合の進展に影響を及ぼす事件が起きた。1950年6月25日の朝鮮戦争勃発である。この戦争は，欧州の安全保障とそのための西ドイツ（以下ドイツ）再軍備に関する議論を活発化させ，とりわけアメリカ政府がドイツ再軍備を急ぐ契機となった。普仏戦争と二度にわたる世界大戦を経験したフランスにとって，ドイツの再軍備もNATO加盟も受け入れ難かった。しかし，アメリカ政府の圧力を前に，フランス政府は，1950年10月末のNATOの会議までに，ドイツ単独の再軍備案に対する代替策を提案せざるをえなくなった（Bossuat, 1997：185-191）。

そこでモネは，首相ルネ・プレヴァンにシューマン・プランを防衛問題に拡大する構想を提案した。それは防衛問題における部門統合という形を取り，超国家的な「欧州軍」の中にドイツ人部隊を組み込むことで，ドイツ再軍備問題を欧州統合構想の枠内で解決し，ドイツ再軍備の不安を緩和すると同時に，アメリカの要求にも応える策であった。かくして同構想は，プレヴァン首相によって1950年10月の国民議会において提案され（通称プレヴァン・プラン）（遠藤，2008：253-256），1951年2月には，この構想を基にEDC交渉がスタートし

た。もっとも，当時，ECSC 交渉に専心していたモネにとっての不安は，ドイツが再軍備によって完全に主権を回復し，その結果 ECSC に関心を示さなくなることにあった。それゆえ，周到に準備されたシューマン・プランとは異なり，この構想は，アメリカによる一方的なドイツ再軍備を阻止し，仏独関係を軸とした ECSC を守るべく，モネを中心にわずか数日で作成されたにわか仕込みのものであった（Bossuat, 1997：187-192）。

このように，ドイツ再軍備の検討はフランスの意に反して強いられたものであったため，当然，フランスは EDC 構想に対して消極的で，とりわけフランス代表として交渉に参加した反独派の国防相ジュール・モックは交渉を遅らせようと画策した。だが，ECSC 条約調印後，交渉に積極的に関与したモネは，アメリカ政府，スパーク，アデナウアー，デ・ガスペリらの支持を取り付けることに成功し，1952年5月27日に条約の調印に漕ぎ着けた[1]。

ECSC をモデルとしていたものの，最終的な EDC は，ECSC とは異なり，欧州による自立的な機構ではなく，NATO の指揮下に統合された共同体となった。ドイツに対するフランスの優越を維持するために，ドイツ再軍備を NATO の枠外で解決することがフランスの意図であったが，EDC に対して他の ECSC 諸国の賛同を得るためには，EDC が NATO と結びついた共同体の形を取る必要があった（Guieu, 2007：221）。

EDC と欧州軍創設の問題は，加盟国の外交政策の調整と欧州軍の利用のための共通政策策定という問題を生じさせ，そこから ECSC と EDC をひとつの政治機構に統括する構想が持ち上がることになる。イタリア首相デ・ガスペリの要求で，「将来の EDC 議会に連邦主義的な政治機構創設の任務が与えられること」が EDC 条約38条に記載されていた。また，フランス国民議会においても，EDC 条約調印直前の1952年2月に，欧州軍が超国家的な政治機関の下に置かれることが条件として提示されていた。

他方でイギリスは，1952年3月に欧州審議会においてイーデン・プランを発表した（遠藤，2008：270-272）。それは欧州審議会に ECSC と EDC との機構的つながりを持たせる構想であり，欧州審議会をあらゆる欧州機構の統制機関にするものであった。フランス国内には同構想をイギリスと大陸ヨーロッパの関係を強化するものとして歓迎する声もあったが，連邦主義的な統合の試みが損

なわれることを危惧する連邦主義者たちはこれを拒否し，欧州統合の進展を加速させるために，EDC 条約38条の政治機構創設の任務を ECSC の議会に委ねることを要求した。この結果，1952年9月には ECSC 特別議会が欧州政治共同体（EPC）草案の準備を開始し，翌年3月に草案が6カ国政府に提出されることになる。同草案によれば，EPC は立法権を持つ議会と，議会に対して責任を持つ超国家機関の「執行理事会」を備えた連邦主義的な機関であった。さらに，EPC は，1952年末のオランダ外相ベイエンの提案によって，関税・数量制限撤廃を通じて貿易自由化を目指す「共同市場」を伴うことになった。この共同市場構想は工業製品のみならず農産物をも対象としていた。

EPC 構想に対して，フランス政府内では以下のような不安が生じた。EPC の超国家性によって外交政策における自主性が失われることや，EPC が海外領土に対して権限を持ちうることによりフランス連合（本国と海外領土による連合体）が解体すること。さらに，ベイエンの共同市場案によって自国経済が自由競争に晒されることである。しかしながら，EDC の挫折により，EPC 構想は本格的な議論に入る前に消滅することになる（Bossuat, 2005：52-53）。

2　EDC 構想の挫折

フランス国内においてプレヴァン・プランと EDC に対する批判は当初から見られた。しかし，外相シューマンは，時間とともに EDC に対する批判が弱まるだろうとの考えから，条約批准の問題をすぐには議会に提出しなかった。この間，1953年3月のスターリン死去と，1953年7月の朝鮮戦争休戦協定の結果，ドイツ再軍備は差し迫った問題ではなくなった。

EDC 問題は，これまでのヨーロッパ問題以上にフランス国民の関心を集めた。共産党や国家主権を重視するド・ゴール派が EDC に対して批判的であったのはもちろんのこと，国民の多くも欧州におけるフランスの勢力の喪失や，軍事部門における主権の放棄を心配した。1946年に開始したインドシナ戦争に[2]
多大な兵力を投入しているフランスにとって，EDC での義務が生じれば，植民地への介入が手薄になることや，逆に，植民地に兵力を投入していることにより，欧州においてフランスが劣勢になり，欧州軍がドイツによって支配され

第 5 章　欧州統合の具現化

ることが危惧された。また，EDC 設立よりもフランスが NATO において米英とともに指導的立場にあるべきとの主張も見られた（Bitsch, 1999：91-92）。

　これに対して EDC 支持派は，欧州の枠組みの中でドイツを管理しつつも，ドイツとの協力を続行すべきであると主張した。なぜなら EDC は西欧の安全を保証し，アメリカとの協力関係を強めると。他方で，統一された欧州が大西洋同盟においてアメリカに対抗しうる勢力を持つことができ，フランスは欧州の中でリーダーシップを維持できるとの考えもあった。

　このように，国内の意見は EDC 問題をめぐって二分されていたが，EDC 反対派が次第に勢力を増していった。それを象徴するかのように，1953 年 1 月にはシューマンよりも相対的に欧州軍創設に消極的なジョルジュ・ビドーが外相に就任する。このような状況下で，米国務長官ダレスは，フランスが EDC を批准しない場合に自国軍を欧州から撤退させると迫り，フランス国民の中に反米感情と反 EDC 感情を強める結果となった（Bitsch, 1999：92；Bossuat, 2009：184-185）。

　国内における意見対立ゆえに，フランス政府は議会での批准の期日を遅らせ続けるとともに，批准を容易にするための追加の保証の獲得を試みた。すなわち，すでに調印された EDC 条約に，主としてフランスが自由に兵員を配置することを目的とした議定書の添付を求めた。さらに，イギリスに対して，同国が EDC に積極的に関与するよう，大陸駐留兵力の維持や EDC への常駐代表派遣を要請したのである。かくして 1954 年 4 月には，一方でイギリスと EDC との協力協定が調印され，他方でアメリカが欧州大陸において兵力を駐留し続けることを約束した協定が調印された。フランスの求める議定書も他の ECSC 諸国によってかろうじて受け入れられた。しかしながら国内の EDC 反対の強まりを前に，もはやこのような保証だけでは条約の批准を成功させるには不十分となっていた。

　1954 年 6 月に政権に就いた急進党のピエール・マンデス＝フランスにとって，優先課題は EDC 問題よりもインドシナ戦争の終結であった。他方で彼は，EDC に統合されるフランス兵の数を制限することや，国家主権を 8 年間維持することを盛り込んだ EDC 条約修正のための新たな議定書を他国に要求した。結果的にこの修正案は受け入れられなかったので，彼は，条約が国民議

133

会で拒否されると確信した。もっとも彼は，個人的にもイギリス不在の機関創設には否定的であったため，EDC問題に積極的に関与することなく国民議会にこの問題の判断を仰いだ。かくして1954年8月30日，EDC条約の批准は国民議会において拒否され，これと連動するEPC構想も放棄される結果となった（Bitsch, 1999：93-94）。

フランス議会によるEDC拒否の結果，ドイツの再軍備と主権回復の代替策を早急に検討する必要が生じた。イギリスは解決策として，ドイツのNATO加盟と1948年のブリュッセル条約のドイツ・イタリアへの拡大を提案した。同様の解決策はフランス政府内においても構想されていたが，EDCの失敗に責任があるフランスは，もはやイニシアチブをとれる状態になかった。かくして，イギリスの提案に基づき，イギリス，フランス，ベネルクス，ドイツ，イタリアによる西欧同盟（WEU）創設のためのパリ条約が1954年10月に締結された。WEUは，イギリスを大陸ヨーロッパにコミットさせる最良の策であり，超国家性の問題にも抵触しなかった。しかも，イギリスが大陸への兵力駐留を約束し，ドイツもABC兵器の放棄などを約束したため，ドイツ再軍備の不安は緩和された。それゆえフランスにおいて連邦主義的な統合に反対する人々は，イギリスの提案に基づくこの政府間協力機関に満足した。もっともWEUは，NATOの陰で，欧州の防衛問題に関して行動が制約された組織であった。したがって，連邦主義者側の反発も強く，パリ条約はフランス国民議会では辛うじて僅差による批准となった。

3　欧州農業共同体構想

EDCが国際情勢の変化によってやむなく作成された構想だったのに対して，共同体ブームともいえる統合機運の高まりの中で，シューマン・プランの発表に刺激され，自発的に持ち上がった部門統合構想があった。1950年に提案された欧州農業共同体構想と欧州運輸機関構想，そして1952年の欧州保険共同体構想である。これらの構想もEDC同様に実現には至らなかったとはいえ，中でも農業共同体構想は，後に欧州統合における最初の共通政策となる「共通農業政策」の起源として注目に値する。

その発端は，ドイツへの農産物輸出の可能性を模索する農業界の声にあった。1950年7月に農相に復帰したピエール・フリムランを中心に，フランス政府は農業界の意見を考慮して，自国が輸出可能な主要農産物（小麦，砂糖，乳製品，ワインなど）の市場をヨーロッパレベルで組織化するECSC型の農業共同体構想を検討し始めた。

　もっとも，フリムランが超国家機関によって管理された農業共同市場を構想していたからといって，農業分野でECSC型の統合を目指すことについてフランス国内でコンセンサスが得られていたわけではない。モネは将来的には6カ国に限定されたECSC型の農業共同体の実現を望んではいたものの，同構想を時期尚早と考えていた。また，欧州審議会担当国務大臣ギ・モレはイギリスの参加を望み，蔵相モーリス・ペッチュも6カ国ではなくOEEC加盟国による農業交渉の実施を主張した。他方で，外務省や農業界は超国家機関の存在するECSC型の農業共同体に反対であった。このような意見の相違を残したまま，フランスは，1951年3月に欧州審議会加盟国とオーストリア，スイス，ポルトガルに対して農業会議の開催を呼びかけた（Bossuat, 1997：212-213；Noël, 1995：98）。

　1951年には，ECSC型の農業共同体に否定的な農民政党出身のポール・アンティエとカミーユ・ロランスがそれぞれ8月と11月に農相に就任した。それゆえ，1952年3月に開始した15カ国による準備会議では，フランスは農業保護の考えに基づく農産物ごとの市場の調和を主張する一方で，共同体機関の権限を制限することを求めた。これに対して，オランダは自由貿易に基づく農業部門全体の統合と超国家機関の設立を主張した[3]。また，イギリスは超国家機関と欧州の特恵への反対から農業共同体への不参加を表明し，OEEC型の政府間協力によって各国の農業政策を調整させることを唱えた。このような意見の鼎立の結果，欧州農業会議の開催は1953年3月にずれ込んだ。さらに，1954年に入るとEDC構想の危機によりECSC6カ国の連帯が弱まり，欧州諸国間で農業問題について協力するという意思も薄れていった。同年7月には，OEECに農業市場組織化の検討作業を移管するというイギリス案が採用され，農業共同体構想は放棄される。その後，OEECでは1955年まで議論が続けられるものの，OEECにおいて農業市場の組織化が実現されることはなかった（Noël,

1988：241-386）。

　農業共同体構想の挫折の原因は，ECSC 6 カ国，とりわけフランス政府に構想を実現させるという意志が欠如していたことにある（Bossuat, 1997：212-214；Noël, 1988：361-363）。加えて1952年に浮上したEPC構想は，農業共同体構想に対するフランス政府の態度に大きな影響を与えた。すなわち，ベイエンが農業を含む共同市場設立を提案したことを受け，オランダ農相マンスホルトは，ECSC 6 カ国による農業共同体設立のために，欧州農業会議開催に先駆けて，6 カ国の共通見解を定めるための予備会議開催を求めた。その結果，OEEC加盟国による「大欧州」的農業構想に並行する形で，ベイエンの共同市場案に連動した「小欧州」的農業構想が検討されることになった。それゆえ，フランス政府は，農業共同体と海外領土の関係を考慮するにあたり，将来的な共同市場設立の可能性をも視野に入れる必要に迫られた。だが，これは農業の枠内で結論が出る問題ではなかったため，フランス政府は，海外領土問題に対する結論を留保するために本国と海外領土の関係を損なうリスクのない「大欧州」における単純な農産物の通商協定という方法を選択した（川嶋，2011：187-189；廣田，2006：161-162）。かくして，フランス農相ロランスは，当初はマンスホルトの構想に否定的ではなかったものの，1953年 2 月末にこれを拒否し，「大欧州」による農産物協定システムの確立を提案することになる。こうしたフランスの態度変化ゆえに，同年 3 月に開催されたECSC 6 カ国による予備会議は不毛に終わった。

　農業構想についてフランスが最終的に「大欧州」路線を選んだことは，この問題に関しても，「小欧州」や「超国家機関」に対する不信感が存在したことを示している。それと同時に，この時期，海外領土の処遇が未決であったことがフランスの欧州統合政策の大きな障害となっていた。

4　統合の「再活性化」——部門統合か全般的統合か

　EDC挫折のショックの後，1950年の欧州統合立役者たちの間から統合続行の動きが生じた。真っ先に考えられたのは，唯一存在するECSCからの出発であり，その権限を運輸とエネルギーに拡大することであった。モネはECSC

の拡大議論に賛成しつつも，とりわけ原子力を統合推進の原動力として重視しており，原子力については個別の機関を設ける必要があると考えた。原子力エネルギーの発展は産業のエネルギー需要の増大に応えるとともに，当該分野での膨大な投資に伴う欧州共同の行動を不可欠にするとの認識がその背景にはあった。

　1954年11月，モネは統合推進における行動の自由を得るためにECSC最高機関議長の職を辞任する意向を表明した[4]。彼は自らの案が政府間レベルで検討されることを期待していたが，EDCの批准を拒否したフランスの信用はすでに失墜していたため，ベルギー外相スパークに自らの意志を託した。部門統合による統合再活性化に賛成であったスパークは，1955年4月初頭に運輸・エネルギー部門へのECSCの権限の拡大という欧州構想の「再活性化」案を他のECSC諸国に宛てて送る。

　他方で，スパークの提案と同月に，統合の「再活性化」に積極的なベネルクスからもうひとつの提案がなされた。オランダ外相ベイエンによる，関税同盟から経済統合の実現を目指す「全般的共同市場」創設の提案である。これは，1952年末の彼自身の提案に基づいていた。

　モネは，全般的共同市場が時期尚早であり，とりわけ長年保護主義に甘んじてきたフランス経済にとって受け入れ難いと考えていた。しかし，ドイツの意向を打診した結果，全般的共同市場を伴わない限り，ドイツは原子力エネルギー分野での協力に関心を持たないだろうと理解し，部門統合のみを押し進めることはできないと判断した (Uri, 1967)。そこでモネは，協力者のユリに対して，部門統合の続行と全般的市場統合の創設を同時に予定する宣言案の作成を委ねた。こうして1955年5月にECSC6カ国宛てに提出された「ベネルクス覚書」は，ベイエンとユリの案を考慮した結果，「エネルギー・運輸・原子力の分野における部門統合」と「関税・数量制限の段階的な撤廃によって共同市場を設立する全般的経済統合」という2つの路線を含む内容となった。EDC構想の失敗により政治分野での統合が挫折した今，統合は再び経済の領域において進められることになった。

　ベネルクスによる統合「再活性化」提案を受けて，1955年6月にはECSC加盟国外相会議がイタリアのメッシーナで開催されたが，フランス政府は自国

の立場を明確にできないまま会議に臨んだ。フランス政府内では共同市場を警戒する声が強く，とりわけ外務省は自由化による競争の激化やフランス連合に対する影響を懸念し，共同市場は「フランスにとって重大な困難を引き起こす」と批判していた（DDF, 1955-I, no. 308）。首相エドガー・フォール（急進社会党）は統合に対して好意的な態度を示したいと考えていたものの，それは統合を追求したいという意思からではなく，EDC を失敗に追いやったフランスの汚名を返上するという対外的な理由のためであった（Bossuat, 1997：266）。[5]それゆえメッシーナ会議に出席した外相アントワーヌ・ピネーは，共同市場提案に対する自国政府の躊躇を表明した上で，統合路線の検討の基礎という条件でメッシーナ決議を受け入れるのである。

メッシーナ決議は統合の方法を明確にしてはおらず，曖昧なものであった。「ベネルクス覚書」と同様に，共同市場という全般的市場統合路線と原子力エネルギーなどの部門統合路線が想起されていた。同決議を統合方法の検討の一環ととらえ，とりあえず原子力分野での部門統合に賛意を示したフランスに対し，これを国家間交渉の第一歩だと考える他国との間に温度差もあった。とはいえメッシーナ会議は停滞していた6カ国間の統合ムードを盛り上げ，統合を前進させる重要な契機となった。また，メッシーナ決議が曖昧な解釈の余地を与えていたがゆえに，統合に消極的なフランスを交渉の場に引っ張り出すことに成功したともいえよう。

メッシーナ決議に沿って，条約の準備作業のために，専門家と各国政府代表による「政府間委員会」が設置された（通称「スパーク委員会」）。スパーク委員会において6カ国の意見をまとめることは困難であった。フランスは，他の5カ国が共同市場に関する議論を進めようとする中で，共同市場の実現を確定的なものにする期限の設定に反対の立場を固持し，原子力エネルギー部門での統合推進を主張することで共同市場についての議論を先送りしようと画策した。とはいえ共同市場に対する消極的態度は交渉相手にマイナスのイメージを与えかねなかったため，フランス政府は，共同市場についても理解を示すべきとの指示を自国代表に出した。その際，社会保険や有給休暇，労災手当，家族手当など，賃金に付随する社会福祉的性格を有する企業負担，いわゆる「社会的負担」の加盟国間における調和に関していかなる条件が獲得されるかがフランス

にとって重要であると伝えられた。なぜなら，フランスでは社会的負担や税負担が他国より重く，フランス産業は競争上不利な立場にあるとの考えが国内において流布していた（廣田，2002：7-8）。

　自国産業の競争力に対する不安を持ち，共同市場の開設による自由化の拡大を恐れるフランスにとって，「社会的負担の調和」＝「企業の生産コストの調和」であり，それは関税・数量制限撤廃の代償措置として，共同市場の完成に先行して実施されるべきと考えられた。1955年10月にフランス代表は覚書を提出するが，そこでも同国は社会的負担の調和措置，セーフガード条項，企業の合理化や専門化を支援する投資基金の設置といった保護措置付きでしか共同市場を受け入れる用意を見せなかった。加盟国間における生産条件の調和を共同市場に求めるフランスの考えは，自由貿易を志向するベネルクスやドイツとの対立の原因となった。

　しかし，スパーク委員会における議論はフランスの意に反して全般的市場統合に力点を置く形で進められるようになっていた。ベルギーはウラン供給地として期待されていたコンゴのウランをアメリカに供給する協定を締結しており，ドイツは原子力エネルギーの平和利用には関心があったものの，技術的に進んだ米英との協力を望んでいた（黒田，2008：135-136）。したがって，外務省が認識していたように，「今や共同市場問題において合意にいたらなければ原子力エネルギー部門での統合を彼らに納得させることは困難」な状況にあった（DDF, 1955-Ⅱ：no. 364）。しかも，社会的負担の調和は，共同市場が機能する過程で徐々に実現するものであり，事前の調和を義務付けることは不可能だとするドイツの主張がスパーク委員会で採用された（廣田，2002：9）。

5　共同市場受諾への転換

　スパーク委員会における作業の結果は，ユリとドイツのフォン＝デア＝グレーベンを中心に「外相に対する首席代表報告」（通称「スパーク報告」）としてまとめられ，1956年4月に公表された（遠藤，2008：304-310）。同報告は，これまで同様に「部門統合」としての原子力エネルギー部門における統合と，「全般的統合」としての共同市場という2つの路線をセットにしていたが，共同市

場が交渉の中心になるよう巧みに力点を移し，その性質を明確に定義していた。すなわち，目指されるのはOEECのような単純な貿易自由化による市場開放ではなく，市場の融合と規制に基づく経済統合であると。他方で交渉進展の妨げにならぬよう，超国家性について明言することは避けられた。

　この間，1956年1月にフランスでは，総選挙の結果，ギ・モレ（SFIO）を首相とする中道左派政府が発足していた。モレは積極的な欧州主義者であり，外相クリスチャン・ピノーと欧州問題担当閣外相モーリス・フォールも統合の再活性化に前向きであった。新内閣は，発足早々に条約交渉のスタート地点に立たされ，対応如何ではEDC同様にフランスが再び統合構想を頓挫させる可能性もあったが，彼らのような親欧派が政権のトップに就いたことは，「共同市場」の検討を前進させる上で重要な要素となった。もっとも選挙の結果，統合反対派のド・ゴール派の大幅な議席喪失に代わって，植民地放棄反対のプジャード派が共産党とともに議席数を伸ばし，新たに統合反対派を構成していた。さらに反ド・ゴール派の左派連合である共和戦線内部にも共同市場反対の立場ととるマンデス＝フランス派が存在した。一部の共同市場推進派の高級官僚は，共同市場による競争の導入がフランス経済の近代化と発展にとって有用であると確信していたが，市場開放がフランス経済にとって危険であるとして反対する高級官僚は多かった。それゆえフランス政府は統合推進に対して相変わらず慎重にならざるをえなかったものの，モレらはスパーク報告受け入れのために自らの権限を最大限に活用し，フランス政府の態度を共同市場受諾の方向へと徐々に変化させて行った。

　しかしながら，スパーク報告の完成が共同市場の実現の可能性を高めたことにより，フランス政府はこれまで保留していた海外領土問題の検討を迫られることになる。それと同時に，スパーク報告から海外領土問題が欠落していることが重大な問題として認識された。

　フランスにとって，海外領土が戦後もフランスの立場を強化するような経済基盤たりうるかは大きな関心事であった。フランス産業にとって，海外領土は世界市場よりも高価格での輸出を可能にする有益な市場であったが，海外領土の側は，高いフランス製品を購入させられている現状に不満を抱いていた。他方で，フランス国内においては，海外領土の財政赤字を本国がカバーしなけれ

ばならないことや，海外領土からの農産物との競争の高まりに対する不満が見られた。それゆえ，すでに1955年初頭には，フランス連合を欧州共同市場に統合させることが，大市場・原料供給・投資機会というメリットを欧州諸国にもたらし，海外領土諸国に対しては輸入価格の低下と輸出の拡大という利点をもたらすと指摘された。フランス本国が海外領土への輸出に関する特恵を失い，フランス帝国が崩壊するリスクはあるものの，フランス一国で海外領土における投資を負担できないことも主張されていた（Lynch, 1997 : 198-201）。

綿工業や製糖業など，これまで植民地との特恵システムの恩恵に浴してきた産業は，植民地市場の開放による他国との競争の不安を表明していたが，1956年3月にはチュニジアとモロッコが独立を果たし，植民地解放の動きが加速した。このような状況下で，海外領土相ガストン・ドゥフェールは海外領土問題を俎上に載せるべく，1956年5月に海外領土の共同市場参加は不可欠であるとの主張を行った（藤田，2004 : 57-59）。欧州の枠組みの中でフランスとアフリカの連携を維持するドゥフェールの「ユーラフリク共同市場」構想は，海外領土に対するフランスの政治的影響力を弱める可能性を有していたが，海外領土の独立という時代の潮流に沿った提案であり，海外領土を国力維持の手段として重視する主張や，フランスと植民地の特恵的経済関係の消滅を危惧する見解に配慮した結果，最良の解決策だと考えられた。それは同時に，海外領土に対する投資に欧州諸国の協力を求めることで，フランスの負担を軽減する策でもあった。さらに，国際的にも第三勢力を実現し，アフリカに対する米ソの影響力を退ける利点もあった（遠藤，2008 : 311-314 ; Bossuat, 1997 : 321-323 ; Montarsolo, 2010 : 197-206 ; 菊池，1998 : 265-270）。

政府内ではドゥフェールの提案への積極的な支持が形成され，1956年5月末に開催されたヴェネチア会議において，外相ピノーはフランスがスパーク報告を政府間交渉の基礎として受け入れることを表明すると同時に，以下の要求を提示した。すなわち，域内の貿易自由化を補完する措置としてセーフガード条項や社会的負担の調和を伴うこと。加えて，フランスは海外領土抜きでは共同市場に参加することはできないため，海外領土についても考慮すること。かくしてスパーク報告は6カ国外相によって承認され，1956年6月に政府間交渉が開始すると，再びスパークを委員長とする委員会（第二次スパーク委員会）に共

同市場とユーラトムの２つの条約作成が託された。

　以上のように新内閣発足以来，一部の親欧派が統合に積極的に取り組んだものの，1956年の夏になっても政府内の共同市場反対は根強く，フランスは共同市場受諾を決断できずにいた。この間，共同市場がフランス経済に与える影響の検討が進められたが，フランス産業の価格競争力の有無は産業部門によってばらつきがあり，社会的負担の高さゆえにフランス産業が他国よりもハンデを負っていると断言するに足る明確な証拠は得られなかった（廣田，2002：9-10）。さらに，綿工業や金属工業が自由化の進展を恐れているのに対して，国内最大の経営者団体であるフランス経営者全国評議会（CNPF）は相対的に共同市場に乗り気であった。それゆえモレは，1956年９月の省間会議において，躊躇する閣僚らを説得し，共同市場の受諾が国益となることを納得させた[9]。こうして，フランス政府は交渉の場での要求を現実的な内容に限定することになった。すなわち，社会的負担の調和については男女賃金・時間外労働・有給休暇の３点に絞ること。加えて，輸出奨励金・輸入特別税の維持と国際収支が悪化した際のセーフガード条項の適用が認められること。北アフリカ問題の解決まで共同市場の実施を遅らせること（Warlouzet, 2011：43-60）。

　他方，農業問題についてもスパーク報告の提出以降，国内における検討が進められたが，フランス政府は，交渉の場で，保護のための介入の重要性を強調するにとどまっていた。しかしこの間，農工間の所得格差の拡大に対する農業従事者の不満の声は高まっており，フランス国内において農業問題は重大な社会問題となっていた。それゆえ，1956年９月の省間会議において共同市場受諾を決断するや否や，フランス政府は農業問題の検討を本格的に開始した。議会における条約の批准を見据えた場合，農業族議員の合意を得るためにも，農業界のコンセンサスの獲得が必要であった。かくして10月に農業問題の協議に入ったブリュッセルにおいて，フランス政府は，農業従事者に十分な生活水準を保証する共通の市場規制の策定，農業保証基金の設立，最低価格の設定，域内農産物に対する優遇措置といった要求を提示する。このようなフランスの要求は，農業従事者の所得上昇に配慮する一方で，国内の財政を圧迫している現状の農業保護システムに代わり，欧州共同体による保護システムの確立を期待するものであった（廣田，2006：165-169）。

しかしながら，農業市場の組織化による規制と保護を求めるフランスは，農業部門についても自由化の導入を主張するオランダと対立し，この問題は，すでに交渉の障害となっていた社会的負担の調和問題とともに共同市場交渉の進展を妨げることになった。それゆえフランス政府は共同市場受け入れの方針を固めたものの，6カ国による交渉は困難を極めた。最終的に経済的な意見の食い違いの克服を可能にせしめたのはフランスとドイツによる政治的合意であった。

6　仏独関係の深化とスエズ危機

フランスとドイツの関係は1950年のシューマン宣言以降明らかに良好になった。ドイツの主権回復の前提となっていたEDCの挫折により，両国の協調ムードは一旦雲行きが怪しくなったものの，とりわけ1954年10月のパリ協定によるドイツ再軍備とNATO加盟の決定，さらには1956年10月のザールのドイツへの返還に関する協定調印により，両国の対立の要因の大部分が解消された。しかしながら，両国の経済的志向に関する意見の相違は克服されなかった。ドイツが自由貿易を強く志向していたのに対して，フランスはそれを警戒していた。このような意見の相違ゆえに6カ国の交渉は，とりわけ社会的負担の調和問題をめぐって1956年10月に停滞することになる。

こうした状況を打開すべく，アデナウアーがモレとの会談のために訪仏した1956年11月6日に「スエズ危機」が起こった（遠藤，2008：318-322）。フランスとイギリスは，スエズ運河で軍事攻撃を開始したが，米ソの圧力によりその中止を余儀なくされた。このようなアメリカの圧力による屈辱的な退却の結果，自国の弱さを自覚したフランスは，アメリカの影響力を退けつつ国際政治での影響力を維持する上で，6カ国との協力のメリットを強く認識することになる。かくしてスエズ危機は，米ソによる支配を危惧する仏独首脳に協調を促し，共同市場問題について合意する助けとなった。[10]

仏独の合意形成の結果，交渉は進展し，ローマ条約はフランスにとって受け入れ可能な内容となった。まず，制度面に関しては，ユーラトムとEECの委員会権限はECSCの最高機関よりも弱められた。欧州委員会には提案と執行

の権限が与えられたものの,決定権は政府間の協議の場としての閣僚理事会に付与された。すなわち超国家機関と政府間協力機関の双方の性格をバランスよく兼ね備えた機関となった。また,経済面では,EECは,フランス経済が貿易自由化の流れに適応する上で不可欠な競争条件の調和措置やセーフガード条項などの「保証」を備えた。農業についても,フランスの要求が大部分において受け入れられる形で,保護措置が共同体レベルで取られることになった (Warlouzet, 2011：98-99)。すなわち,EECによる市場開放は,純粋な自由貿易よりもフランス経済にとって危険性が少ないものになった。海外領土については,他国は開発援助を行うことを望まず,植民地解放の問題に巻き込まれることを嫌ったものの,アデナウアーの譲歩で,1957年2月に妥協が成立した。この結果,5年間の連合協定によって海外領土に対する開発基金の創設が定められ,フランス経済の負担となっていた海外領土への投資に他国の協力を得られることになった。そして,ユーラトムについても,ドイツの譲歩により,フランスの希望通り原子力エネルギーの平和利用のみが管理され,加盟国の軍事利用は制限されないことが決定した (Bitsch, 1999：115-117)。

　ローマ条約は1957年3月25日に調印され,7月にはフランスにおける批准が行われた。議会ではマンデス＝フランスのようにフランスの自由が条約によって制約されることに反対する者もいたが,フランス政府にはEDCの轍を踏みたくないという意志があった。かくしてEECとユーラトムは1958年1月に始動した。

7　自由貿易圏構想——イギリス不在の統合の選択

　ECSC6カ国によってローマ条約交渉が進められる一方で,1956年7月のOEEC閣僚理事会では,6カ国の共同市場とOEECの多角的協力関係の構築というイギリス提案に基づき,自由貿易圏（FTA）創設の検討が開始された。このようなイギリスの動きに対して,フランスでは,イギリスに共同市場妨害の意図があるとの疑念や,FTAでは共同市場よりも経済競争が激化するという不安が生じた。ローマ条約交渉でフランスが要求している生産条件の調和措置がFTAにおいては認められないだろうとの懸念もあった。

しかし，フランスは全体としてFTA構想に反対だったわけではない。イギリスとの密接な協力関係の構築という観点から，とりわけ外務省を中心に同構想に対する好意的な意見が見られた。さらに1957年1月の国民議会においても，共同市場に関するフランスの要求と同等の「保証」を伴うことが条件にされてはいたものの，FTAに賛同する決議が採択された。このことは，ドイツとの協調路線を選択した後も，依然としてフランス国内には英仏主導の統合を望む声が強かったことを示している。すなわちFTA構想は，イギリスが統合に参加する契機をもたらすものであり，ドイツの優越を防ぐためにもイギリスの参加は期待されていた。

しかしながら，FTA構想に関して英仏間には大きな違いがあった。フランスは，FTAが共同市場同様に自国の要求に沿ったものになることを前提としていた。これに対してイギリスは，農産物を除外し，工業製品に限定された貿易障壁撤廃による自由貿易の枠組みを創設することを構想していた。つまり，フランスにとって，イギリスの統合への参加は歓迎されることではあったが，フランスの望むFTAは，いわば6カ国の共同市場をOEEC17カ国に拡大した統合のようなものであり，いわゆる一般的なFTAではなかった[11]。さらに，共同市場構想がイギリス流の経済自由主義に基づくFTAに取って代わられることはなんとしても回避せねばならなかった。それゆえフランスは，1957年2月に開始したFTA交渉をローマ条約批准後まで延期することを要求し，最終的に交渉は同年10月に再開されることになる（廣田，2004：75-77）。

この間，フランス政府内ではFTAに関する議論が進められたが，その過程で共同市場と同等の内容を備えたFTAが必ずしもフランスにとって好ましくないことが明らかになった。たとえば，フランスの産業界は，FTAが競争条件の調和という考えを除外していると非難していたが，外務省の指摘では，FTAに関して「社会的負担の調和」を要求した場合，北欧諸国の社会立法はフランスよりも進んでいるため，フランスの負担を重くする可能性があった。すなわち，社会的負担ゆえにフランス企業が競争上不利な状況にあるという主張は，「小欧州」においてのみ有効であった。また，海外領土問題については，これをFTAから除外すればイギリスがコモンウェルス市場の独占によって有利になるという問題があったものの，FTAに海外領土を含めた場合に

は，共同市場交渉で獲得した仏領海外領土に対する優遇措置が失われることが危惧された。それゆえフランス政府は，1957年5月のイギリスとの会談において，海外領土をFTAから除外するという非公式の合意を形成するのである（廣田，2004：78-83）。

すなわちフランスは，単純なFTAではなく共同市場に似たFTAが望ましいと考えてはいたものの，構想の中身は漠然としており，政府内でも意見の一致は見られなかった。さらに1957年9月のモーリス・ブルジェ＝モーヌリ内閣崩壊から11月のフェリックス・ガイヤール内閣成立まで，内閣危機によって政府内でのFTAの議論は進まなかった。この間，OEEC閣僚理事会では，英大蔵省主計長官モードリングを議長とする政府間委員会の創設が決定し，11月半ばよりFTA条約作成の検討が開始されることになる。

とはいえ，フランスは，自らがOEECを舞台としたFTA交渉を失敗に導くことも回避したかった。それはヨーロッパの分裂やフランスの孤立を招くという政治的理由にとどまらない。この間フランスは，1956年から急激に悪化した貿易収支赤字に対処するため，1957年6月に再び自由化を中断し，輸入特別税を引き上げざるをえない状況にあり，OEECにおける自由化の流れから完全に脱落していた。それゆえ，来る1959年1月にローマ条約が施行されれば，フランスはセーフガード条項を利用せざるをえないだろうと予想されていた（Couve de Murville, 1971：38-39）。このような状況下で，EPUの債務国であるフランスには，新たな信用機関が創設されるまで，可能な限りEPUの上部機関であるOEECを存続させたいという財政上の理由があった（Lynch, 2000：113-115；工藤，2004：78-89）。

かくして1958年2月，ガイヤール政府のもとで，ようやくFTAに関するフランスの公式な立場が「欧州経済協力連合」案としてまとめられる（DDF, 1958-I, no. 218）。それは単純な自由貿易の枠組みではなく，社会政策の調和や共通農業政策の策定といったEEC共同市場と同様の性格を持つ構想であり，加えてFTAの実施をEECの開始よりも3年遅らせること（時間差）も要求された。同案はEEC諸国を落胆させたが，イギリスとの協力を求める他のEEC諸国は，FTA交渉続行のため，フランスの意見を考慮に入れつつFTAに関して妥協点を探り，6カ国の共通見解を定める努力をした。また，EEC委員

会の意見は，フランス政府の政策調和の考えや農業包摂の要求に相対的に好意的であった。しかしながら4月のガイヤール内閣崩壊から翌月のフリムラン内閣の成立まで，再びフランスの内閣危機が生じたことで，EEC6カ国での共通見解を定める試みが中座することになる。

　FTAの議論は，1958年6月に政権復帰したド・ゴールのもとでも継続され，交渉を中断させないという方針に基づき，フランスは7月に自国の要求をセーフガード条項の一方的な利用や全会一致の決定など，最低限なものに絞った。他方で，イギリスから厳しく非難されていた時間差要求を断念するなどの譲歩を行ったため，EEC諸国から大きな進歩として歓迎された。

　この間，当初の懸案だったFTAへの農業の包摂は，フランスにとって不可欠ではなくなっていた。イギリスは依然としてコモンウェルスの農産物に対する特恵を縮小することは拒否していたが，イギリスの譲歩が得られたとしても，フランスにとってメリットはないと判断されていた。今やフランスの農業的関心は，FTA交渉がEEC共通農業政策の作成を阻害しないことだけであった（廣田，2004：85-86）。

　このような状況下で，FTA交渉妥結の可能性はあるかに見えた。しかし，1958年10月以降，フランス政府内で交渉の中断が検討され始め，11月14日には情報相スーステルを通じて「イギリスが望むようなFTAの創設は不可能であることがフランスにとって明らかになった」との宣言がなされることになる（DDF, 1858-II, no. 337）。これを受けてモードリングはすぐさまFTA交渉の延期を決定し，事実上，交渉は終わりを告げた。

　フランスがFTAを拒否したのは，自国経済にとってのEECの有用性を確信した今，欧州における特恵システムの構築を頑なに拒否し，グローバルな自由貿易を志向するイギリスの態度がローマ条約の崩壊をもたらすと判断したからであった。交渉の中断後，イギリスによるEEC批判を回避するために，ド・ゴールはEECが関税及び貿易に関する一般協定（GATT）加盟国に対して関税を10％削減し，OEEC諸国に対してEECと同様に輸入数量割当を拡大することを提案した。また，11月28日にアデナウアー首相と会見し，同提案に対するドイツの支持を取り付けることにも成功する。こうしてフランスは，危機的な経済状態にありながら，国際社会における自国の権威失墜を防ぐために，

FTAを拒否した代償として，貿易自由化の促進を自ら提案することになった。だが，この間政府内ではフランス経済を共同市場に適応させるための財政健全化計画（リュエフ・プラン）が準備されていた（第6章参照）。かくしてド・ゴールは，フランスがセーフガード条項を利用することなくローマ条約の義務を完全に履行することを宣言し，EECにおける自由化の第一段階は1959年1月に予定通り開始された。

おわりに

　フランスにとってEDC構想は望ましいものではなかったが，ドイツ再軍備問題が浮上する中で，それは同国の軍国主義を封じ込める唯一の手段と見なされた。しかし同時に，EDCは，国家主権のシンボルともいうべき軍隊を対象とした部門統合であったため，植民地独立への対応の中で，行動の自由を制限されたくないフランスにとっては受け入れ難い構想でもあった。さらに，EDC構想からEPC構想が派生すると，フランスは，政治的のみならず経済的にも，欧州統合によって自国のプレゼンスが低下することを危惧した。それゆえ，国際情勢の変化によってドイツ再軍備の緊急性が薄れると，EDCとEPCはフランスにとって不利益しか与えない共同体と見なされ，拒否された。

　他方で，農業共同体構想というもうひとつの部門統合は，フランスの輸出市場獲得という農業利害に端を発していたが，「小欧州」や超国家機関に対する国内の反対に加えて，本国と海外領土の経済関係を考慮した結果，断念された。このことは，海外領土問題の解決なしには欧州統合の進展が期待できないことを意味していた。

　1953年11月の国民議会において，マンデス＝フランスは，欧州統合の問題を解決するには，まずインドシナ問題を片付け，国内の経済状況を立て直す必要があると主張した（Bossuat, 1997：216）。1955年に統合再活性化の動きが生じたときも状況は変わらなかった。インドシナ戦争に替わりアルジェリア戦争が経済を逼迫させている状況下において，共同市場での競争に耐えられないとの理由で，統合の前にフランスの国力を強化すべきとの考え方が支配的であった。それゆえフランス政府は統合に消極的で，相対的に受け入れやすいユーラトム

を支持する一方で，共同市場問題を先送りしようとした。

　しかし，親欧派の努力とスエズ危機のインパクトにより，最終的に，統合こそがフランスの国力を強める手段であると広く国民に認識されるに至った。実際，ローマ条約はフランスの要望を大幅に満たしていた。とりわけ当初危惧されたEEC共同市場は，価格競争力が低いフランス農業にとっては市場と保護を提供する枠組みとなり，工業に対しては，ある程度の保護と経済近代化に必要な競争の導入を両立する枠組みとなった。かくしてEECは，フランス産業が保護主義を脱し，国際的な自由化の流れに乗り出す後押しをした。すなわち，フランスがEEC共同市場を受け入れたのは，農業の保護と経済近代化，さらには海外領土問題の解決といった自国が直面する主要な課題を不足なく満たす枠組みだったからである。

　さらに，政権に復帰したド・ゴールが，フランスの再興のためにEECの自由化を遵守したことは，第五共和制の開始とともにフランスの体質が大きく変化しようとしていたことを示している。フランス帝国崩壊の時期にあった第四共和制期後半のフランスは，植民地支配に基づく過去の栄光を忘れられず，ユーラフリク構想によって統合の枠組み内でフランスと海外領土の関係を維持しようとした。だが実際には，EECの開始以降，保護主義から脱したフランス経済にとって海外領土よりも欧州の重要性が高まっていくことになるのである。

　他方で，当初より統合へのイギリスの参加を切望し続けてきたフランスは，EECの受諾を決断して以降，イギリスをパートナーとする統合を放棄した。それはFTAがEEC同様の「保証」を伴っていなかったからではなく，むしろそこにおいてEECと同様の「保証」が保護の機能を果たさないことが原因であった。このことは，FTAが保護なき自由貿易の枠組みとなることを意味していた。すなわち，FTAが拒否されたのは，それがフランスの国力強化の枠組みとならないばかりか，この枠組みを提供するEECを崩壊させると判断されたからである。

注

1) オランダは当初オブザーバーとして参加していたが，1951年12月に正式に交渉に加わった。
2) 1952年9月には国民の48％がEDCを支持し，反対は30％であった。1954年7月にな

ると，支持は31％に減少し，反対が36％に上昇する（Rabier, 1989：573-574）。
3) 1950年11月にオランダ農相マンスホルトは，農産物の関税引き下げと価格の固定化実施のための組織を欧州レベルで創設することを欧州審議会に提案した。
4) モネは「再活性化」の指揮を執るために1955年3月末に辞意撤回を考えるが，首相エドガー・フォールはド・ゴール派の反対を考慮してモネの復帰を支援しなかった（Bossuat, 1994：320-321）。ECSC最高機関を離れて以降，モネは，EDC失敗の経験から，条約の批准を見据えて，より広く政界に働きかける必要性を認識し，統合の進展に影響力を持ち得る人々を募って「欧州合衆国のための行動委員会」を1955年10月に創設する。かくしてモネは，統合の動きに対して外部から個人的人脈を通じて働きかけを行う道を選んだ。彼はメッシーナ決議の実現を目的としており，とりわけ原子力分野での統合を「再活性化」の中心とするようフランス政府に働きかけを行った（Bossuat, 2009：201-202）。
5) 前首相マンデス＝フランス失脚の直接的要因が統合推進に積極的なMRPと決裂したことにあったため（中木，1975：252-256），MRPの支持を強固にするためには欧州政策が必要だという内政上の理由もあった。
6) OEECの自由化は数量制限の削減のみを対象としていたが，6カ国の共同市場は数量制限と関税の削減を実施し，対外共通関税を伴う関税同盟の実現を基礎としながら，共通政策などの規制を伴う経済統合である。
7) たとえば経済財務省対外経済局長ベルナール・クラピエは，OEECの自由化がフランスの貿易を発展させたと主張し，共同市場による自由化を積極的に支持した（廣田，2002：10-11）。
8) もっとも，スパーク報告作成の際，海外領土問題について触れぬようユリに求めたのはフランス主席代表ガイヤールであった（Serra, 1989：189-190, Uri, 1991）。
9) 以上のようにモレ，ピノー，フォールといったフランス政府首脳部はフランスの共同市場受諾に際して重要な役割を果たした。しかしながら，彼らは必ずしも「6カ国」による欧州共同体を望んでいたわけではない。とりわけモレとピノーは共同体にイギリスが参加する必要性を確信していた。それゆえ彼らは，1956年夏にイギリスが自由貿易圏構想を提案すると，同構想を共同市場を補完するものとみなし，フランスを交渉に参加させた。
10) スエズ危機の影響をめぐっては，従来，モレがこの時点で英仏協調よりも仏独関係を重視するようになったことが強調された。しかしながら，近年の研究により，フランス政府がスエズ危機以降に見せた妥協点は，1956年9月の時点ですでに決定していたことが明らかにされている。すなわち，スエズ危機はいくつかの確執を解消し，交渉の進展を可能にしたが，フランスにおいては，そのインパクトは政策決定者に対してよりもフランスの世論に対して強く作用し，共同市場受諾に関する国民的コンセンサスの形成に役立ったといえる。
11) EEC共同市場の基礎となっている関税同盟と，FTAは，ともに関税・数量制限等の貿易障壁の撤廃を目的としているが，FTAには対外共通関税がなく，加盟国は域外からの輸入関税を設定する権限を有する。

【参考文献】

Documents Diplomatiques Français (DDF)

Bitsch, Marie-Thérèse, 1999, *Histoire de la construction européenne*, Editions Complexe.

Bossuat, Gérard, 2009, *Histoire de l'Union européenne : Fondations, élargissements, avenir*, Belin.

───, 2005 *Faire l'Europe sans défaire la France*, Peter Lang.

───, 1997 *L'Europe des Français*, Publications de la Sorbonne.

───, 1994 "Jean Monnet, le Département d'Etat et l'intégration européenne (1952-1959)", R. Girault / G. Bossuat (dir.), *Europe brisée, Europe retrouvée*, Publications de Sorbonne.

Couve de Murville, Maurice, 1971, *Une politique étrangère 1958-1969*, Plon.

Gieu, Jean-Michel, Le Dréau, Christophe, Raflik, Jenny, Warlouzet, Laurent, 2007, *Penser et construire l'Europe au XXe siècle*, Belin.

Lynch, Frances, 2000, "De Gaulle's First Veto: France, the Rueff Plan and the Free Trade Area", *Contemporary European History*, vol. 9, I.

───, 1997 *France and the International Economy: from Vichy to the Treaty of Rome*, Routledge.

Montarsolo, Yves, 2010, *L'Eurafrique, contrepoint de l'idée d'Europe : Le cas français de la fin de la deuxième guerre mondiale aux négociations des Traités de Rome*, Publications de l'université de Provence.

Nöel, Gilbert, 1988, *Du pool vert à la politique agricole commune : les tentatives de Communauté agricole européenne entre 1945 et 1955*, Economica.

───, 1995 *France, Allemagne et «Europe verte»*, Peter Lang.

Rabier, Jacques-René, 1989, "L'opinion publique et l'intégration de l'Europe dans les années 50", E. Serra, (dir.), *La relance européenne et les traités de Rome*, Bruyant.

Serra, Enrico (dir.), 1989, *La relance européenne et les traités de Rome*, Bruyant.

Uri, Pierre, 1967, "De la Communauté européenne du charbon et de l'acier au Marché Commun", in *Revue du Marché Commun*, No. 10.

Warlouzet, Laurent, 2011, *Le choix de la CEE par la France : L'Europe économique en débat de Mendès France à de Gaulle (1955-1969)*, Comité pour l'histoire économique et financière de la France.

遠藤乾編、2008『原典　ヨーロッパ統合史』名古屋大学出版会。

川嶋周一、2011「もう一つの『正史』——農業統合の系譜とプールヴェール交渉、1948—1954年」遠藤、板橋編著『複数のヨーロッパ—欧州統合史のフロンティア』

北海道大学出版会。
——，2009「ヨーロッパ構築過程における共通農業政策の起源と成立　1950-1962」『政經論叢』，第77巻第3・4号，明治大学。
菊池孝美，1998「フランスの近代化計画と植民地」，廣田功，森建資編『戦後再建期のヨーロッパ経済』日本経済評論社。
工藤芽衣，2004「1950年代における英仏対立と欧州統合の進展——自由貿易地域（FTA）交渉から欧州主要通貨交換性回復を中心に——」津田塾大学『国際関係学研究』No. 30。
黒田友哉，2008「フランスとユーラトム（欧州原子力共同体）——海外領土の加入を中心に（1955—1958年）」『日本 EU 学会年報』第28号，日本 EU 学会。
中木康夫，1975『フランス政治史　中』未来社。
廣田愛理，2002「フランスのローマ条約受諾——対独競争の視点から」，『歴史と経済』，第177号，政治経済学経済史学会。
——，2004「EEC 成立期における自由貿易圏構想へのフランスの対応」『社会経済史学』第70巻1号，社会経済史学会。
——，2006「戦後フランスの農業政策とヨーロッパ統合（1945—1957年）」廣田功編『現代ヨーロッパ社会経済政策の形成と展開』日本経済評論社。
藤田憲，2004「欧州経済共同体設立過程におけるユーラフリカ「統合」構想とフランス‐ベルギー会談——本国海外領土間経済関係に関する共同研究をめぐって」，『アジア・アフリカ研究』Vol. 44 No. 2，アジア・アフリカ研究所。
渡邊啓貴，1998『フランス現代史——英雄の時代から保革共存へ』中央公論社。

第6章　フランスのヨーロッパを求めて
—— ド・ゴール政権の10余年と「フランス」の再定義（1958—1969年）

川嶋　周一

はじめに

　フランスが偉大さをどれほど求めようとしても，1958年におけるフランスは確実に偉大さから程遠い所にいた。そして偉大さはますますフランスから離れていくかのように思われた。1950年代中盤から始まったアルジェリア独立闘争は泥沼に陥り，第四共和制政府はアルジェリア問題を解決する道筋を見つけることができなくなっていた。政治的安定を欠いたフランスにテロの嵐が吹き荒れ，特にフランス軍部が独立派に加えた非人道的行為は長い間歴史のタブーとなった。1958年2月以降，第四共和制は政府さえ組閣できず，アルジェリアの現地では本国政府の統制を離れた公安委員会が設置された。アルジェリア問題をめぐる混乱はこれがピークではない。しかし，フランスが安寧も平和も失っていたことはもはや覆い隠しようがなかった。

　1950年代末，フランスでは，政治的暴力が幅を利かせるばかりか，自国の政治的な安定すら確保できない国家へと転落したのである。このような状況に誇りを持つことができるだろうか。「フランスについての考え」を持っていた救国の英雄シャルル・ド・ゴールが，どん底に落ちたフランスを救うために，クーデターすれすれの荒業で1958年6月にフランスの政権に復帰したのは，ある意味で当然の成り行きだった。このような状況の中から出てきたド・ゴール政権は，フランス史におけるひとつの画期となる。それは，政治的にみれば直接選挙で選出される大統領に多大な権力が集中する第五共和制が成立したこと，植民地との関係でいえばアルジェリア問題の解決によって脱植民地化の山を越すこと，経済的にみれば近代化に伴う国内経済構造が変容し，国際経済との協調とフランスが欧州に不可逆的に埋め込まれたこと，そして社会文化的に

は大衆社会の本格的に出現したことに現れている。

　他方で欧州統合の領域においては，ド・ゴール政権の時代とは，欧州経済共同体（EEC）が発足しつつも，その基本的な方向性をめぐって共同体内で対立が高まり，政治連合の失敗や空席危機といった大きな危機が起こった一方で，農業を中心とする経済統合とそれを支える政治システムが制度化された時代だった（遠藤，2008）。政治的な対立が絶え間なく続きフランスと他国が喧々諤々の議論を戦わせる一方で，経済統合上の着実な実績と後のヨーロッパ連合（EU）にまで受け継がれる政治制度の確立がこの時代の欧州統合の大きな特徴だといってよい。[1]

　しかし，「ヨーロッパ」によって代表されるものは，欧州統合だけではない。[2]と同時に，戦後初期の欧州統合は冷戦，西ドイツ（以下ドイツ）問題そして加盟国間の国家間交渉といった国際的な次元によって決定的に性格づけられていた（第4章・第5章参照）。他方で，EUという名の欧州統合が深化する1980年代以降（第8章以降）のフランスと欧州との関係を描くためには，欧州統合におけるフランスの関わりを検討するだけでなく，統合の国内への影響を描き出すことが必要なる。

　したがって，2つの時代の移行期に位置するド・ゴール政権期の1958年から69年までの10余年を扱う本章において，欧州統合上の進展にフランスがどのように関わったかということもさることながら，この時期におけるフランスの政治的・経済的・社会的変動を把握するのと同時に，[3]欧州統合に代表される，しかしそれだけに限られない国際環境の進展（脱植民地，米欧関係，対ソ関係）と，このフランス国内変動がどのような関係にあるのかを描き出す必要がある。本章が，やや唐突にフランス国内の変化を述べているのはそのためである。欧州統合の進展と，その進展とフランスの変容の繋がりがどのようなものだったのかを解き明かすことで，この時代におけるフランスと欧州との関係を探っていこう。

1　世界からヨーロッパへ

　1960年代における欧州とフランスとの関係は，ド・ゴールという傑出した政

治家によって決定的に規定されてはいるものの，ド・ゴール自身の政策もまた変化する欧州によって深く影響されていた。というのも，ド・ゴールは多くの構想を掲げて彼が望む「新しい」欧州の構築に乗り出すことになるのだが，その内容はその時代状況に応じたものだったからである。大雑把にいって，ド・ゴールはその在任期間中に3つの異なる「ヨーロッパ」像を提示している。第1に「ユーラフリック」，第2に「独仏を中核とする西欧諸国家から成るヨーロッパ」，そして第3に「大西洋からウラルまでのヨーロッパ」である（川嶋，2007）。

アルジェリア，フランス，ユーラフリック

ド・ゴールのフランスがまず何より解決しなければならなかった国内問題とは，政治体制の刷新とアルジェリア問題だった。このアルジェリア問題を介して，フランス政治の変容とフランスにとっての欧州の意味変容が展開することになる。

第1にフランス政治の変容に関しては，ド・ゴールは政権復帰直後に新憲法を秘密裏かつ即急に制定し，9月には新憲法導入を国民投票で賛成多数を確保する。11月の総選挙で勝利したド・ゴールは12月に新憲法の発布と第五共和制へ移行を果たした。この第五共和制の成立によって，議会中心だったフランスの政治システムは，執行権中心の大統領型の政治システムへと転換する。ド・ゴールはかねてより，議会に多大な権限が集中する中で多数派形成に汲々とする議会政治に不信感を抱いていた。彼は，大統領による強いリーダーシップの下で内外の問題の解決に当たる政治へと，フランス政治の型を変容させようとしたのである。さらに，1962年10月における大統領の国民による直接選出制への変更によって，フランスの大統領は国民から受けた直接の信託を自らの権力の正統的な根拠とすることに成功した。この1962年の大統領の直接選出制への変更は，政治的動揺期にあって問題解決の執行権確保のために設立された第五共和制を，より安定した政治的制度に発展させるものだった。

と同時にアルジェリア問題の推移は，フランスにとっての「フランス」の意味を再構成する機会となった。というのも，アルジェリアの独立を認めるかどうかという点は，フランスが植民地を放棄するか否か，フランスが「帝国」と

して存在するか否か，というフランスの自己像の成否に関わっていたからである。すでにフランスの北アフリカの植民地であるチュニジアとモロッコは共に1956年に独立しており，アルジェリアはフランスに残された最後の橋頭堡だった。

　他方でド・ゴールは，復帰直後よりチュニジア，モロッコを含めた北アフリカの安全保障を欧州のそれに包摂する形で，脱植民地化の挑戦に晒されるフランスの現状に対応した新しい安全保障秩序の構築を模索した。実のところ政権復帰当初のド・ゴールはアルジェリアの独立について懐疑的であり，フランスに組み込まれたアルジェリアという前提のもとで，北アフリカと欧州との一体的な安全保障上の枠組みを再構築しようと考えたからである（川嶋，2007：第1章）。その具体的な動きが，1958年9月に英米に提出した北大西洋条約機構（NATO）改革に関する覚書であった。

　このNATO改革においては，同盟の核戦略をアメリカ一国に依存する現状を打破して，英米仏3カ国の常設委員会によって協議する「三頭制」が提案されたことで，フランスが「世界的な責任を果たすべく」NATOを主導する立場に挑戦しようとしたことがしばしば注目される。この意味で，ド・ゴールが当初考えたフランスの果たすべき国際政治上の役割とは世界大のものであり，ド・ゴールはフランスの偉大さを世界的なものとして再現しようと試みたのである。

　しかし，フランスは同時に，NATOのグローバル化と称してNATOの作戦領域の北アフリカへの拡大も同時に要求していた。このNATOの北アフリカ包摂は，既にフランスの手を離れたチュニジア・モロッコと，今まさに離反しようとするアルジェリアを，欧州と北アフリカが一体的となっているより広い枠組み，すなわちユーラフリックの中に再編することで，脱植民地化の流れの中で欧州の地理的な再配置化をフランスが志向していることを意味していた。「帝国」から次の時代へと移り変わろうとしている不透明な移行期において，フランスは「ユーラフリック」という形での欧州を望んだ。この「ヨーロッパ」においては，フランスと欧州は脱植民地化を媒介として繋がっていたのである。

　しかし，この「ユーラフリック」としての欧州構想は，アルジェリアがフラ

ンスの支配下に留まる事を前提としたものであったが，このNATO改革は英米から拒絶されただけでなく，現実のアルジェリアでの動きが独立へと傾いていったことでその現実味は急速に消滅する。1959年9月16日，ド・ゴールは国民向けのラジオ演説を行い，そこにおいてアルジェリアの将来と運命はアルジェリア人自身が定めるべきだとして「自己決定（Autodetermination）」の原則を打ち出した（De Gaulle, 2006：654-658）。「フランスのアルジェリア」，すなわち従来通りのフランスの一部としてのアルジェリアを望む反独立派は衝撃を受けた。翌1960年1月末から2月にかけて，アルジェリアでは激しい軍事衝突が起き（バリケードの一週間），独立派の民族解放戦線（FLN）でさえ最初は自己決定の方針に懐疑的だった。11月にド・ゴールは再度，アルジェリアの独立をアルジェリアにおける国民投票で決する方針を打ち出し，1961年1月14日に行われた国民投票では，74％がアルジェリアの独立に賛成を投じたのである。

　これは，アルジェリア問題の解決に向けた最後のしかしきわめて激しい闘争の幕開けでもあった。1961年4月にはついに，アルジェリア独立容認へと傾く本国政府に現地の仏軍の将軍達が公然と反旗を翻した（将軍達の反乱）。内戦一歩手前にまで至ったフランスは，しかし，この反乱に対する国民による大規模な反対デモとド・ゴールによる強い態度によって形勢不利とみた将軍達による降伏によって，何とか事なきを得る。しかし反独立派は日増しに劣勢となる潮流に抵抗し，OAS（機密軍）と呼ばれるテロ組織を打ち立てて，本国政府を目標とする暴力的闘争にコミットし始める。[5] 他方で1961年10月17日にパリで行われた独立派アルジェリア人によるデモは暴力的に鎮圧され30名近い死者が出たが，その死者数は当初数名としか発表されなかった。しかしその後の研究でその数は膨れ上がるばかりでなく，その当時のパリ警察総監がヴィシー政府に所属していた過去を隠していたモーリス・パポンだったことは，後の時代に二重にフランスの大スキャンダルとなる。このようなテロの嵐を耐え抜いた末，1962年3月7日にFLNとフランスとの間でアルジェリア独立を規定するエヴィアン協定が結ばれた。ここにおいてようやく，アルジェリア問題は解決を迎えるのである。

第Ⅱ部　欧州統合の具現化と限界

ヨーロッパの選択

　帝国を維持するための「ユーラフリック」が現実にはありえなくなったド・ゴールが選んだのは，別の「ヨーロッパ」だった。実のところ1958年6月に政権に復帰したド・ゴールは，その直後に欧州に関する2つの大きな選択を行った。ひとつはイギリスと6カ国の間で進められていた自由貿易圏（FTA）交渉を打ち切ったこと（詳しくは第5章参照），そしてもうひとつは仏独伊の3カ国で進められていたアイソトープ分離共同施設の建設計画（コロンベ＝ベシャール協定）を破棄したことである。

　この2つの選択には，ド・ゴールが求める欧州とフランスとの関係が暗示されていた。FTA交渉の打ち切りは，ド・ゴールが6カ国のEECを選んだことを意味したが，これは二重の意味でフランスが欧州の国際秩序の中で振舞う2つの原理を示唆した。第1にはド・ゴールが経済分野における欧州統合に対して反対せずにその加盟国として参画するという態度を明らかにしたことである。第2には，伝統的に欧州の大国であるイギリスを欧州の第1のパートナー国としては選ばないことを示唆したことである。

　第2の選択は，第1の選択と合わせて，ド・ゴールが考える「欧州」の内容を暗示する。独仏伊の3カ国が共同で核開発分野を推進するべく定められたコロンベ＝ベシャール協定の破棄は，2年後の1960年におけるフランスの原爆爆破実験の成功，すなわち核兵器の保有へと向かうシグナルだった。すなわち，冷戦時代にあってその国家の生存と国力を大きく左右する核兵器の保有は，他国との協調ではなく，あくまで単独での開発によって行うという，ド・ゴールの意図を明瞭に打ち出したものだった。ド・ゴールにとって欧州とは経済的にフランスに有利な構図を作り出させるものであると同時に，それが安全保障において核のフリーハンドを阻害させるものではあってはならなかったのである。

　このように，ド・ゴール外交における「フランス」と「ヨーロッパ」との関係は，フランスにとって有用な欧州という構図が明瞭にみられるものだった。とはいえ，これはフランスの純粋にナショナルな利害を追求する単純な立場ではない。ド・ゴールは同時にフランスを包み込む欧州という磁場の有用性について理解していた。フランスが偉大さを取り戻すために必要な背景が欧州だっ

たのである。

リュエフ・プラン——共同市場の発足とフランス経済の変容

ド・ゴールが共同市場を選択したことは，政治的な意思表示であるのと同時に，フランスの国内経済構造そのものにも手をつけるものだった。1958年から始まったEECは，共通市場の構築を通じて欧州統合を進めることを目指していた。EEC加盟国の6カ国という限定された広域市場に国内市場を開放することが共同市場の構築の意味であり，フランスが共同市場に参加するということは，フランス経済が西欧経済の中で十分な競争力を持たなければならないことを意味していたからである。

と同時にフランスは，一層の工業化を柱とする自国経済の近代化の推進も同時に追求していた。このような共同市場の受容と国内経済構造の変革を同時に行うものとして企画されたのが1958年12月のピネー＝リュエフ・プラン，いわゆるリュエフ・プランだった。[6] これは財政，通貨，関税の3つの領域における改革的な経済政策であり，この3つの改革は相互不可分の形でフランス経済を欧州に向けて開放させるのと同時に経済成長の基盤を提供するものだった。リュエフ・プランの第1の措置は，累積するフランスの財政・経済問題の悪化に対処するために財政規律を強化することにあった。具体的には，国家の経済的介入を控えつつ，タバコ・酒税および法人税と富裕層を対象とした増税を実施することで財政赤字の削減に努めた（Bernard, 2003：32-33）。この措置の背景には，1957年から58年にかけて消費物価指数が1年間で16％上昇したというインフレの存在があった。この増税措置によって，インフレの収束を目指したのである。第2に，通貨上の措置として，フランの切り下げを実施した。より安定した交換性と信用のある「強いフラン」を目標とするこのフラン切り下げは，第二次世界大戦後初めて実施された平価切り下げであり，17.4％の切り下げによって旧100フランを新1フランにするものだった（Eck, 2006：25）。

第1の措置と第2の措置である財政規律強化によるインフレ抑制とフランの切り下げは，対外的な側面から見てつながっていた。というのも，フランスは軍事用原材料の輸入とその製品輸出をしていたが，インフレと弱いフランはこの貿易構造を直撃したからである。インフレを受けて貨幣価値が下がったこと

で輸入価格が高騰する一方で，弱いフランは輸出の妨げとなるからである。さらに，フランスには巨額の財政赤字が累積しており，これらの要因が積み重なって，1959年年頭のローマ条約で規定された関税の第1回引き下げが実施できない可能性があった。共通市場を受け入れておきながらその最初の合意が自国の財政・経済問題の悪化によって達成できないことは，経済的な側面から見ても政治的な側面から見てもフランスの信用を失墜させるものだった。しかし，リュエフ・プランはすぐに効果を表した。1959年以降インフレ率は6.5％に下がり，対外収支は再び均衡を取り戻した。その結果，第3の関税上の措置として，1959年12月に，OEEC諸国向けの輸出割当を90％廃止し，ローマ条約で規定されていたEEC諸国との10％の関税引き下げを実施したのである (*Ibid*)。

こうしてリュエフ・プランの結果，インフレの抑制と安定した通貨を確保しつつ自国市場を欧州に開放することで，フランスは海外からの投資を呼び込むことに成功した。この転換は，欧州への開放と工業化へ向けた近代化が表裏一体のものだったことを意味していた。つまり，フランスにとって国内経済の近代化という目標と共同市場への参加という選択は，財政均衡，対外収支の均衡，強いフランというマクロ経済上の均衡を重視する点で一致していた (Bernard, 2003：34-35)。

他方で，フランス国内産業が欧州市場への開放によって恩恵を受けたかそうでないかは，当該産業の競争力に左右されていた。たとえば製紙産業や機械産業は共同市場の建設によって売り上げを落としていった一方で，織物産業は売り上げを伸ばした (Perron, 2005：30-31)。しかし重要なのは，フランスの貿易収支がフランス国内経済の共同市場への参入によって均衡したことである。これは，対外赤字産業，対外黒字産業，対外収支が均衡している産業の三者がうまく組み合わさったこと，欧州大の市場においてフランスが競争に晒されるのと同時に，その競争が（西）欧州大の規模に留まる一方で近隣諸国への市場アクセスを可能とするため欧州大の保護機能が働くことで，共同市場の加盟国の国内市場は恒常的な安定に浴することが可能となったためである (*Ibid*)。この意味で，共同市場は，保護と競争を同じ枠組みで国内産業に提供する制度であった。

1962年の転機

　1962年の12月31日，国民に向けたテレビ演説においてド・ゴールは「フランスの運命を良い意味で定めた年が過ぎようとしている」と切り出した（De Gaulle, 2006：829）。正に，1962年はフランスにとって文字通りの現代へと突入する出発点となる年だった。それは，先に記したアルジェリア戦争の終結と同時に，大統領制の直接選挙制の導入に伴う第五共和制の制度的安定化と再発進を行った年だったからである。現代史家のシリネッリが指摘しているように，アルジェリア戦争の終結に伴い，フランスはそれ以降戦争に従事していない（Sirinelli, 2007）。これは，フランス革命から続くナポレオン戦争，普仏戦争，各種の植民地戦争，そして第一次世界大戦，第二次世界大戦，インドシナ戦争と，19世紀から20世紀にかけてほぼ絶え間なく何らかの形で戦争を行っていたフランスが初めて手に入れた「平和」だったのである。そして1962年の直接選挙による大統領選出制の導入以降，フランスの政治生活は安定した局面に突入する。この政治的安定，平和の確保，そして「栄光の30年」という高度経済成長を達成しつつあるフランスは，まさにいま我々が生きているような現代社会への扉の前に立っていたのである。

2　ヨーロッパにおける苦闘

政治連合構想――フーシェ・プラン交渉

　1960年前後より，欧州において3つの大きな動きがみられるようになる。第1に政治連合構想，第2に共通農業政策の誕生，そして第3にイギリス加盟交渉である。

　ド・ゴールは1959年より，欧州共同体の枠内で活発な政治統合のイニシアティヴを取り始めた。欧州政治連合構想，いわゆるフーシェ・プランである。1961年2月のパリEEC首脳会談の際にド・ゴールから提案されたこの構想は，政府首脳および主要閣僚による定期会談による政府間協議を基礎とした政治協調を欧州諸国が実現することを目的とし，EECとは異なる新しい共同体の構築を目指したものだった。

　しかしこのフーシェ・プランは，複雑な反応を他の欧州諸国から引き起こし

た。それには以下のようなフーシェ・プランの射程が持つ複雑さが関係している。第1に、フーシェ・プランは確かに政治協調の実現を（名目上とはいえ）目的とする点でこれまでにない野心的な計画だったが、連邦主義的な欧州主義者から見れば、フーシェ・プランは政府間主義に基づく不十分なものに過ぎなかった。第2に、フーシェ・プランによって構築される政治連合と既存のEECとの関係である。ド・ゴールは政治連合をEECとは別個の西欧の共同体として構想していた一方で、EECにおける経済統合に対してド・ゴールは着実に利益を見出していた。首相ドゥブレが超国家的統合に対する警戒感から、EECに対して否定的見解を持っていたことを考えると（Perrier, 2010：282-285）、ド・ゴールにおけるEECと政治連合との関係は一義的ではなったのである。

　さらに大きな問題として、第3にこのフーシェ・プランの構想は、単なる西欧の共同体をめぐる問題にとどまらず、アメリカを含む米欧関係に触れる問題をはらんでいた。というのも、フランスが提案した草案においては、政治連合構想においては防衛も共同体の領域として挙げられていた。これはつまり、政治連合を母体として、それまで西欧の防衛を担っていたNATOの役割を政治連合が担うこと、NATOという経路を介してアメリカが西欧の安全保障を担う構図を見直し、西欧が自身の手で安全保障を担うことを志向するものだった。この意味で、フーシェ・プランはきわめて野心的で、冷戦秩序と表裏一体の関係にある大西洋同盟の有り方そのものを見直し、アメリカ依存から欧州の自立へと欧州の安全保障秩序の組み換えを秘かに狙ったものだったのである。

　このようなフーシェ・プランをめぐる幾重もの対立の結果、フーシェ・プラン交渉は1962年には袋小路に陥った。1961年末には交渉の当たっていたフランス外務省が妥協案を提示しようとしたが、ド・ゴールが直前で妥協を撤回させたことで、5カ国のさらなる反発を招いたからである。こうして1962年4月以降フーシェ・プラン交渉は棚上げされ、政治連合の欧州大の構築は幻に終わったのである。

共通農業政策の成立

　他方で、EECは農業分野において大きな進展をみた。1962年1月14日、6

カ国は穀物・鶏肉・卵・豚肉における共通市場組織実現にむけた具体的規定が合意され，共通農業政策（CAP）が成立したことである。

このCAPは，その根幹に共通価格政策を持ってくること，および農作物の調達について共同体特恵を実施することがその特徴だった。価格調整および共同体特恵を実行するためには，当然に財源が必要となる。共通農業政策のもうひとつの特徴は，この共同体政策に必要な財源を共同体加盟国が連帯して負担するという点にあった。

とはいえ，このCAPは難産の末に誕生したものだった。CAP誕生の難関となったのは対外的なものと対内的なものの2つであるが，ここでは対内的な問題であるCAPの核となる共通価格の設定に関する対立を紹介しておこう。[7] CAPの価格を設定する際に，フランスが当該農産物の世界市場価格よりも高い価格に設定することを望んだのに対し，ドイツは世界市場価格に基づく低い価格に設定することを要求した（Barjot, 2008：179；Bossuat, 2009：218）。これは，フランスの農産物が国内需要よりも過剰な生産量を誇る輸出志向型だったのに対して，ドイツは国内供給が需要に満たず国外からの輸入を行わなければならない輸入志向型であったからである。ここで重要となるのが，まず域内生産農産物によって域内需要を満たしたうえで不足分を域外から輸入するという共同体特恵原則だった。なぜなら，フランスの農家が生産した農産物はフランス国外の共同体加盟国に輸出され，ドイツは他の共同体加盟国（特に仏蘭）が生産した農産物を輸入するのであるから，価格が高く設定されればされるほど，フランス農家の収入が高まる一方でドイツの支出もまた高くつき，価格が低く設定されればされるほど，フランス農家の収入は低くなるがドイツの支出は低めに抑えられることとなるからである。

CAPをめぐる議論にはいくつもの側面があるのだが，ここで指摘しなければならないのは，それが加盟国の利益に直結した政策でもあったことである。フランスは，自国にとって不利益となる，すなわち国内農家の収入の減少をもたらし，自国が財源の持ち出しになる政策を望んではいなかった。CAPをめぐるフランスと欧州との関係は，フランスの役に立つ限りで欧州統合を支持するド・ゴールの姿勢という点において，ある意味分かりやすい。しかし見過ごしてならないのは，このように欧州をリソースとしてフランスの利益を確保す

るような構造をいったん作りだした以上，フランスはそのような欧州からもはや抜け出すことが難しくなったことだった。

イギリスのEEC加盟問題

　第3の欧州統合の新しい動きがイギリスのEEC加盟交渉である。イギリスは1961年7月にEECを始めとする3共同体への加盟を希望していることを表明する[8]。これを受けて，EECとイギリスとの間で加盟に向けた交渉が始めった。

　先に述べた共通農業政策の成立は，当時進められていたイギリスのEEC加盟交渉に大きな影響をもたらした。というのも，ド・ゴールは難産の末に誕生した共通農業政策の規定をイギリスに丸飲みさせることを求めたからである。イギリスはこれに難色を示すが，それはイギリスにはそれまでコモンウェルス内での低関税による農産品流通経路を作り上げている一方で，低価格競争にさらされる自国農家に手厚い保護を行ってきたからだった。イギリスはEEC加盟によって，このコモンウェルスの体系と自国農家への保護規定に何らかの折り合いをつけなければならなかった。ド・ゴールによるEEC規定の遵守とは，イギリスの保護規定とコモンウェルスの有り方を変えることを要求したものだった。欧州がイギリスに合わせるのではなく，イギリスが欧州に合わせなければならないのである。

　これは経済的である以上に政治的な要求だった。イギリスがEECに大国として加盟することを，そしてイギリスが加盟してからEECのリーダーとなることをフランスは拒絶したからである。ド・ゴールにとって，欧州のリーダーはフランスでなければならなかった。しかしこれは逆にいえば，欧州のリーダーをイギリスと争っているフランスは，欧州の指導的立場を失えばフランスの「偉大さ」に傷がつくということを意味するのであり，それはフランスの「偉大さ」をもはや一国では確保できなくなっていることの証左でもあった。

「独仏ヨーロッパ」？——エリゼ条約の成立

　1960年から62年にかけての時期は，アメリカにおいてはケネディ政権の登場，大西洋同盟における多角的核戦力構想，冷戦においてはベルリンの壁の構

築，欧州の経済統合については共通農業政策，政治統合についてはフーシェ・プランの試みと挫折，イギリスのEEC加盟問題，そしてフランス国内上においてはアルジェリア戦争の終結と第五共和制の再発進が起こった時期だった。この時期において，フランスは対外的にも対内的にも新しい政治の舵を切りつつ，欧州と世界における変容に正面から立ち向かおうとしたのである。

　このような状況の中で，ド・ゴールは独仏２国を欧州の中核とする方向へ転換する。というのも，前述の政治連合構想が挫折する直前の1962年４月，ド・ゴールはフーシェ・プランの６カ国的実現を諦めたかのように，同構想を独仏２カ国で実現することをドイツに提案したのである。これは，独仏２国をもって「ヨーロッパ」とする新しい欧州の提示であった。ド・ゴールはアデナウアーに両国間の相互公式訪問を提案し，二国間の提携協議に入る。首脳・主要閣僚レベルでの定期会談を核とした二国間の協調の制度化をどのように行うのかについて，1962年９月から両国は本格的な交渉に入った。

　とはいえ，この独仏協調に関する交渉は，やや意図的に両国の戦後和解の文脈を加える形で進展することとなった。すなわち，２カ国間協議に先立ち1962年７月と９月にド・ゴールとアデナウアーによる相互の公式訪問が行われ，そこでは両国の国民に向けた多数の行事が開催されたが，その多くは，第一次世界大戦と第二次世界大戦という２つの大戦を敵として戦ったフランスとドイツが，これからは友好国として共に歩んでいく物語を語るものとして行われた。

　他方で，独仏の接近はこのようなロマン主義的な和解劇だけでなされたものではなく，英仏離反と英米接近という動きとセットのものだった。すなわち，同時期に進められていたEEC加盟交渉をめぐって英仏間での交渉は袋小路に陥った一方で，英米は核提携をめぐって関係を緊密化させたことを無視しては，独仏が（正確にはド・ゴールが西ドイツと）なぜこの時期に急速に接近していったのかを説明できないからである。12月15—16日に，パリ郊外のランブイエで英仏会談が開かれた。この場で英首相マクミランはイギリスのEEC加盟に首を縦に振らないド・ゴールに最後の直談判を求めた。しかしド・ゴールは，EEC加盟交渉の遅れに不満を表明するマクミランに対して，むしろイギリスがEEC加盟後に特別扱いを要求していることにより交渉が進展しないと

反論し（DDF, 1962-II, p. 544），「イギリスからはまだ本当の欧州ではない印象を受ける。イギリスは欧州とは違った政策を追求しアメリカとくっついたまま」（Bossuat, 2009：246）であり，イギリスの加盟には別の協定が必要だとして，イギリスのEEC加盟に対して否定的な態度を露わにしたのである。

マクミランとケネディによるナッソー英米会談で，両国間で多角的核戦力に関する合意が結ばれたのはド・ゴールとの英仏会談から1週間も過ぎていない12月21日のことであった。このナッソー合意において，アメリカがポラリス・ミサイルを，イギリスが潜水艦と核弾頭を提供することが合意された。この潜水艦戦力を中核として，NATO構成国による多角的な核戦力の構築を英米は試みたのである。

ド・ゴールの反応は素早かった。翌1963年1月14日の記者会見においてド・ゴールは，ナッソー合意に対して反対の意見を表明すると同時に，ブリュッセルで進められているイギリスのEEC加盟交渉に対しても明確に反対の意を表明した。英米における核提携と大西洋同盟レベルのアメリカ主導の核戦略の構築と欧州統合におけるイギリスの加盟は，ド・ゴールの中でつながっていた。そしてド・ゴールはどちらをも許容することができなかったのである。アメリカを頂点とする大西洋同盟からフランスが役割を発揮する欧州の安全保障の構築のためには，そしてイギリス抜きでのEECの今後の発展のためには，フランスを中核とする欧州の結束が必要だった。そのために，EECの2大国家である独仏が連帯して，この2カ国を中心とする欧州の構築が必要だったのである。これは，政治連合構想挫折以降の，独仏和解の実現をモーターとする独仏二国間提携の動きと整合的だった。

このような複雑な要素が絡み合わさったうえで，1月23日にパリのエリゼ宮[9]（大統領府）において独仏間の友好条約（エリゼ条約）が結ばれた。エリゼ条約は，政治連合の規定に倣い，両国間の首脳，外相，国防相，教育担当相という政府首脳会談と3つの閣僚級会談を定期的に開催することを規定していた。これが意味するものは，フランスがドイツと恒久的な対話を持つということであり，フランスとドイツ間のパートナーシップを制度化したものだった。その意味で，フランスはこの時点でドイツと共に作り出す広域空間に組み込まれたのであり，そしてフランスとドイツが共に創りだす（国民国家を超えた）領域と

は，まさに「ヨーロッパ」という名で呼ばれるものの不可分な一部であった。

フランス社会の変化

こうして，フランスがアクティブに動きながら自身と欧州との関係を再定義化していく中で，実はフランスの国内社会そのものが「第2のフランス革命」とも呼ばれた急激な変化を遂げていった（Mendras, 1988）。

フランスの欧州への開放が経済的な側面において着実に遂行されたことと，フランス社会の変化が同時進行したことは，フランスを襲った変容をシンボリックに物語っている。1960年代の社会変容とは，旧来の家族経営農業・職人・個人商店による商習慣から大量消費社会への移行，若者文化の登場，都市化の進行だった。この変容は，高度経済成長だけによってもたらされたものではなく，戦後のベビーブームの到来を受けて1960年代の間にフランスの人口は400万人増加したことに大きく影響されていた。

高度経済成長に伴う産業の発達により，フランスに消費社会が到来したのもこのド・ゴール政権期だった。フランスを代表するスーパーマーケットであるカルフールの第1号店がオープンしたのは，1963年のパリ近郊においてだった。1960年代から70年代にかけて，家電のダーティ（Darty），マルチメディアのフナック（Fnac）等，現在フランスを代表する様々な業界の1号店が誕生している。消費は大衆を通して行われ，大衆は消費をすることで画一的な文化を享受する。それを可能とするのは，戦後以降続く長き経済成長である「栄光の30年」のおかげだった（Fourastié, 1979）。

大衆文化と大量消費社会は高度経済成長なくしては登場せず，高度経済成長なしでは欧州へのフランス経済の開放もなかった。この意味で，フランスと欧州は，フランスが欧州を包み込むものでも，フランスが欧州を引っ張っていくものでもなく，復興と経済成長に伴う社会変容と経済的均衡確保というマクロトレンドを共有しながら進んでいく同伴者のような関係であった。社会経済的な歴史的変容は，欧州レベルでの表出とフランスのナショナルなレベルでの表出は異なっていたが，両者は連動しながら進んでいたのである。

第Ⅱ部　欧州統合の具現化と限界

3　再び世界へ

空席危機

　さて話は再びド・ゴールに戻る。ド・ゴールはイギリスのEEC加盟を拒否はしたが，EECそのものを拒否した訳ではなかった。しかし，CAP成立後順調に進んでいく経済統合の歩みは，ド・ゴールに新しい問題を突き付けることになった。1965年3月，EECの委員会は野心的な報告書を提出する。これは，同年6月末日にCAPの財政規定が失効することにたいして，同規定の再発効を定めることと同時に，農業産品の輸出課徴金と関税からEECの独自財源を確立し，農業政策の財源管理に欧州議会が権限を有すること，および権限行使にあたっては議会と委員会の連携を強化することを提案するものだった。この提案は，EECを連邦化させ，EECの政策決定権を加盟国から委員会に移行させるものと，ド・ゴールの目には映った。

　ド・ゴールは，CAP財政規定の再発効を協議する理事会において合意を拒否し，CAP規定が失効した7月1日を以ってEECを筆頭とする共同体から一時的に撤退することを発表する[10]。共同体からの撤退とは，委員会委員のフランス代表および共同体の常駐大使のパリへの召還と，理事会を始めとする共同体における各種会議にフランス代表が出席しないことだった。このフランスの共同体からのボイコットは「空席危機」と呼ばれる。この危機は，EEC条約の発効から7年後が経ったのみで，未だ移行期間にいる欧州統合を直撃する，かつてない危機であった。

　ド・ゴールはフランスの共同体への復帰の条件として，理事会における全会一致規定の維持と委員会における外交儀礼の手続きの見直しを要求した。これは，前者においては，理事会の意思決定規定が1966年以降は特定多数決によって定められることが予定されていたのに対して[11]，現行規定である全会一致方式の維持を求めるものだった。共同体の決定権を独占する理事会の票決方式が多数決制になれば，たとえ反対票を投じても少数派にとどまればその決定に従わざるをえなくなる。したがって，多数決制への移行は，加盟国をより拘束する状態へ移行することを意味していた。後者の委員会の外交儀礼手続きの見直し

とは，外交のプロトコルとして委員会代表が第三国に対してあたかも国家の代表として振る舞わないように求めたものだった。国際政治における「国民国家」の重要性を信じて疑わないド・ゴールにとって，多数決制への移行も外交儀礼上のEECの「国家化」も，EECが「欧州連邦」へと進む分岐点になることを意味し，それゆえにそのような傾向に歯止めをかけようとしたのである。[12]

空席危機に対して，残されたEEC5カ国はフランスへの妥協を協議し，加盟国の「死活的な利益」が問題となる決議に対しては全会一致制を維持することとした。さらに，フランスが求めた委員会の立場の再確認と合わせて，フランスと5カ国は1966年1月から2月にかけてルクセンブルグで開催した特別理事会で議論した。ここで6カ国は，「ルクセンブルグの妥協」と呼ばれる多数決制の議決について合意に至ったのである。

ド・ゴール外交の頂点と限界──対中承認，NATO脱退，対ソ接近

1963年以降のド・ゴールは，1963年以降活発な外交を繰り広げる。もちろん，これまで見てきたように，エリゼ条約成立以前のド・ゴール外交も様々なイニシアティブに溢れたものだった。しかし，1963年以降の外交は，よりフランスの立場を前面に出し，他国との密な連携を欠いたまま外交を進めていくという点で，それ以前の外交とは様相を異にしていた。それはフランスが世界に不可欠な国家であり，本来あるべき立場を取り戻そうとしていた「偉大なる政治（Politique de la Grandeur）」の現れだった。このド・ゴールの最もド・ゴールらしい政治は，まず1963年末の中国（中華人民共和国，以下中国）の国交回復から始まった。香港との関係上戦後すぐに国交を結んだイギリスを除けば，フランスは西側国家の中で最も早く中国との国交回復に動いたのである。この中国承認は，これからド・ゴールが追求する世界大のプレーヤーとしてのフランス，そしてフランスによって動き始める世界の多極化と緊張緩和の先駆けとなるものだった。

さらに，ド・ゴールは1966年3月にはNATO軍事機構からの撤退を表明する。既にフランスは1959年と63年にそれぞれ自軍部隊のNATO指揮命令系統からの離脱という部分的撤退を行っていたが，この1966年のは，NATO軍事機構からのフランス軍の全面的撤退だけでなく，フランス領土内のNATO軍

ならびにパリの本部施設および欧州方面指令本部のフランス領からの撤収を同時に要求する，文字通りの撤退を表明するものだった。NATOには常駐大使を含む政治的な組織も存在し，そのような組織にはフランスは代表を送ったが，それでもNATO軍事機構からの撤退の象徴的な意味は大きかった。それは，アメリカの傘ではなくフランス独自での安全保障の確保をこれから行うことを宣言したことと同じだったからである。

　NATO撤退表明が西側同盟諸国に引き起こした動揺が収まっていない2カ月後の1966年5月，ド・ゴールはモスクワを訪問しソ連との「緊張緩和・協調・協力」を宣言する。1966年はド・ゴール外交の頂点であり，カンボジア訪問時にはプノンペンでカンボジア独立とベトナム和平演説を行い，カナダのモントリオールでは「ケベック万歳」と叫んだ。これらの一連のド・ゴールの外交は，欧州を「保護領化」（NATO撤退時における声明より）しているアメリカへの反発であり，米ソの2大国によって「支配」されている現実を変革したい願望の表れだった。ド・ゴールは再び世界を舞台とした「偉大さ」の回復を目指したのである。

　しかし，これらのド・ゴール外交の頂点にはおのずと限界があった。NATO軍事機構からの撤退はその前年のEECからの部分的撤退（空席危機）と合わせて，西側同盟諸国からのフランスの信頼を地に落とすことになった。さらに，ド・ゴールが切り開いたかに見えた対ソ接近による緊張緩和の動きは，1968年の「プラハの春」へのワルシャワ条約機構軍の戦車の侵攻によって消滅してしまう。ド・ゴールは外交の立ち回りによって世界の中のフランスの立場を取り戻そうとしたが，結論からいえば，それは果たせなかった。

弱まるフランスと求められるヨーロッパ──「68年5月」からフラン危機へ

　1960年代はそれまでのフランスから新しいフランスへの胎動の時代であった。その胎動が爆発的な形で噴出したのが1968年の5月革命（以降「68年5月」(Mai 68)」[13]）だった。「68年5月」に至るフランスの時代的な変化を認識するためには，この時期にフランスに誕生した新しい文化の形を無視するわけにはいかないだろう。1960年代からフランスを襲った社会経済の近代化は，それだけフランスの人々の生活形態が変化していったことの証だった。ジャットが指摘

するように，大型スーパーの誕生は，冷蔵庫を持った家庭が一般的になったから可能だった。冷蔵庫のほかに，自動車，電話，そしてなによりもテレビといった耐久消費財の個人所有は，1960年代に飛躍的に拡大する。大衆社会の誕生は消費社会の誕生にほかならなかった（ジャット，2008：第6章）。

　消費社会の主役は若者だった。1950年代末より既に，フランスには若者文化が誕生していた。これは，一方ではアメリカ文化（ロック音楽やジーンズファッションの登場）がフランスに浸透し始めたことで生まれた一方で，ヌーヴェル・ヴァーグ映画の興隆や若者向けテレビ番組（Salut les Copains!）の登場により，それまでありえなかった「若者」というカテゴリー上に，独自の文化が登場したのである。人口増加，経済成長，技術革新，大衆社会の登場が相互不可分の形で展開しながら若者文化が醸成され，その若者の主たる社会的受け皿である大学が急激に変貌を遂げるのである。人口増加と大衆社会の登場により，それまで限られた人々しか行けなかった大学の門戸が広がり，1961年から67年までのわずかな間に，大学生の数は約21万人から44万人に倍増した（Bernard, 2003：107）。急増した大学生を受け入れるため，郊外に急ごしらえの校舎が建築されたが，教室を始めとするインフラ設備は追い付いていなかった。このような大学において，学生運動が盛んになり始める。

　このような伏流を受けながら，「68年5月」はやってくることになる。この一連の社会的事件は，1968年3月にパリ大のナンテール校での粗末な学内状況に対する告発集会から始まった。5月3日には大学での抗議集会から急速にデモ活動が活発になり，ソルボンヌは学生で占拠された。同月10日から11日の夜，学生とそれを排除しようとする当局との間でついに全面的な衝突へと至る。カルチエラタンにはバリケードが築かれ，学生勢力と警察との間の騒乱は革命前夜の雰囲気を予感させた。

　カルチエラタンを赤く染めた「バリケードの夜」は，さらに社会運動化しそして政治危機へと繋がっていった（Borne, 2000：53）。そして学生運動は労働運動へと波及する。5月13日，幾つかの労働組合が呼び掛けたストは数日のうちに全国規模にして全面化，すなわちゼネストへと発展した。22日には，ストに参加する労働者の数は800万人にまで及んだ（Ibid）。そしてルノーの国営工場が労働者による自主的判断で閉鎖されるにおよんで，労働者による「ソヴィエ

ト」の登場を恐れた政府は事態の政治的解決を急ぎ始めた。首相ポンピドゥーの指揮の下，政府，経営者団体，労働組合の代表者協議が進められ，「グルネル協定」と呼ばれる労使間協定が結ばれるに至る。しかし，ゼネストに参加している労働者が示したのは，協定の受け入れではなく新しいバリケードの設置だった。

　こうして，ゼネスト解決の道筋が立たない中で，社会的危機は政治的危機へと発展する。競技場に集結した共産党とフランス民主労働総連合（CFDT）の集会にマンデス＝フランスが登場し，ミッテランは自らが大統領を務める用意があることを発表する。そして29日，ついにド・ゴールは音信不通となった。彼は自らの居場所を誰にも告げることなく，突如パリから姿を消したのである。この瞬間，パリに権力の空白が生じた。ド・ゴールを政権の座に呼び戻した権力の空白が，再びフランスに舞い戻ったのである。ド・ゴールが求めたフランスの偉大さは，その後ろ髪を捕まえる前にド・ゴールの前から身を隠してしまったかのようだった。

　ド・ゴールが向かった先は，西独だった。仏独国境に近いバーデンバーデンのフランス軍基地にド・ゴールは一度身を寄せるものの，翌30日にはパリに帰還する。そして下院の解散総選挙によって国民の信を問うことを発表するのである。この演説をきっかけに急速にデモおよびストは終息に向かい，6月に行われた選挙の結果，ド・ゴール派は勝利することで「68年5月」は終わりを迎えるのである。

　だが，それはド・ゴールの勝利ではなかった。「68年5月」は学生運動による旧来の社会秩序への挑戦という形で，フランスだけに留まらず，アメリカ，ドイツ，そして日本といった先進国の各国へと伝播していった。これは，一方では戦後史の中の社会的変革の波が，西側各国において国境を越えて波及して行っていることの表れだったが，他方で，その現れ方は各国様々だった。フランスの特徴としては，学生運動が急速に労働者の全面的動員と政治危機化していったことに加え，一連の動乱の中で，ド・ゴールの権威が確実に値踏みされていったことが挙げられる。それは単にド・ゴール個人の権威の問題ではなく，フランスが秩序安定へ貢献できるかどうか，というフランスの国力そのものへの信頼に関する問題だった。

国内政治的な安定を欠くフランスの病気は，止まることなく経済的なものへと転化していった。それが如実に現れたのがフラン危機だった。「68年5月」を受けて，フランの価値は低下し，資本の急激な国外移転を招くこととなった。その結果，フラン危機が発生する。ド・ゴールは当初この危機をフランス1国だけで解決しようとしたが，すぐにそれは不可能であることを悟った。ド・ゴールは不承不承，西独・イギリスそしてアメリカによる通貨協力を仰ぎ，ようやく通貨危機から脱出することに成功する。このフラン危機が明らかにしたのはフランスの弱さであり，西独の支えなしにフランスが共同体の中でやっていけない現状だった（Bossuat, 2005：116）。上院改革と地域圏創設の国民投票に敗れたド・ゴールの政権辞任は，翌年1969年4月のことだった。

　こうして，欧州の再出発とフランスの再定義から始まったド・ゴールの時代は終わった。フランスの社会的変容に伴う揺れ動きの中で，フランスは欧州と同軸線上に収斂していった。そしてフランスと欧州との関係は対等ではなく，フランスは欧州の中に深く潜っていき，欧州を盛りたて，その主導権を取ることでしか偉大さを取り戻すことができなくなっていった。さらにフラン危機が示したのは，その主導権を取ることですら自明なことではなくなったことだった。ド・ゴールはフランスの欧州を求めたが，欧州のフランスという姿は既にぼんやりと彼の前に現れつつあったのである。

おわりに

　フランスの偉大さを取り戻そうとしたド・ゴールの10余年間は，フランスと欧州との間のジレンマに満ちた関係から自由ではなかった。フランスの偉大さとは，フランス主導で国際政治を動かすことで世界の中でのフランスの地位を確保することにあったが，世界は既にフランス一国では動かず，欧州という地域的な纏まりの中で主導するという間接的な経路を経てしかフランスは主導的な立場を発揮できなくなっていた。すなわち，フランスが欧州との関係を受け入れることは，フランスは世界大の主導的な役割がもはや発揮できないという事実を受け入れていることと同義だった。当初は慎重に欧州の組織化と力の結集を画策していたド・ゴールは，後半から，自国一国のみでの世界政治の影響

を行使することが自国の偉大さの現れであると錯誤したかのようである。

　他方で，ド・ゴール政権下の1960年代は，現代フランス政治社会への移行期となる「決定的な20年（Les Vingt Décisives）」の幕開けであった（Sirinelli, 2007）。工業化と文化的なアメリカナイゼーション，そして政治生活の変化がこの時期に進むのである。このフランスの国内変化のリズムと欧州の変化のリズムとの間にはズレがあった。単純に，フランスの国内変化が欧州構築によって引き起こされた訳ではないし，フランスの国内的変化が欧州統合のダイナミズムにどのような影響を与えたについては，歴史家の実証的な評価を待っている状態である。

　しかし1960年代に現れた，高度経済成長の達成，大衆消費社会の登場，そして安定的な政治制度の誕生という歴史的ベクトルと，戦後史における欧州統合が加盟国に与えた平和と繁栄という歴史的ベクトルは，同じ方向を示す相似的な関係にあった。フランスと欧州の変容は，同じ欧州の戦後史における変容が，異なる領域での異なる様式で現れたものだった。フランスと欧州における2つの変化は，同じ動力軸によって繋がってはいるが，ギアの大きさが違っている故にそのリズムと変化の表れにズレを生みながら同時進行的に進んでいくという意味で，連動された歴史だった。フランスの偉大さの回復を求めたド・ゴールのフランスにも，欧州の時間が後ろ側から刻まれていたのである。

　フランスの偉大さを望んだド・ゴールの時代は，フランスが欧州との接合を求めつつもその枠組みの中でのフランスの利益の最大化を目指すという，フランスと欧州との矛盾した関係が，ある意味典型的に表出した時代だったかも知れない。しかし，この時代に起こったフランスのローマ条約の受け入れ，共通農業政策の確立と執行，空席危機の勃発とその解決は，フランスが欧州にますます組み込まれていく様子を物語っていた。「フランスのヨーロッパ」を求めた時代は，皮肉な形で「ヨーロッパのフランス」へと向かう時代を暗示していたのである。ド・ゴールがいかにフランス史にとって不可欠な偉大な政治家であり，国民が共有する歴史的政治指導者であろうとも，その統治の10余年は，フランスがナショナル1国ではなく欧州に不可逆的に結び付き合いながら，対外的対内的な変容を進めていく転換期の幕開けだったのである。

注

1) 1960年代における欧州統合については，Ludlow, 2006参照。
2) 「ヨーロッパ」と括られる内容には多様性と時代による変遷があり，しかしにも関わらず，1960年代から70年代にかけてECに体現される欧州統合こそに「ヨーロッパ」の中心が「独占」される。この欧州の複数性の歴史的把握については，遠藤乾，板橋拓己編『複数のヨーロッパ』（北海道大学出版会，2011年）を参照。
3) この時期におけるこれらの3つの領域の変容を著したものとしてBernard, 2003を参照。
4) この変更は，アルジェリア問題の解決を受けて始まった議会との対立の中で起こった。川嶋，2009を参照。
5) OASはアルジェリア独立に反対するサルトルといった代表的知識人や文化相マルロー，そしてド・ゴール本人の暗殺を計画したが，失敗に終わった。しかし，パリ市内および近郊とアルジェリアにおける暗殺事件は700件を超し，200名近い犠牲者が出た（Bernard, 2003：38）。
6) このプランの成立過程はやや複雑であり，当初財務大臣指名されたピネーが財政規律の方針を定めた後，専門家委員会においてフラン切り下げの議論が行われ，この専門家委員会の見解をド・ゴールに挙げる際に調整役として最終的な報告書作成に大きな役割を果たしたのがリュエフだった（Chélini, 2001）。
7) 対外的な問題とは，誕生する予定のCAPの保護主義的規定をめぐって米欧間で厳しい交渉を広げたGATTのディロン・ラウンドである。これについては遠藤，2008：162参照。
8) イギリスのEEC加盟については，小川，2009を参照。
9) エリゼ条約の締結過程においてはここで述べた以上の要素がさらに指摘されなければならないが，ここではそのような要素の存在を指摘するにとどめる。また，エリゼ条約を考える際にはその成立までの過程に加え批准に至るまでの過程も無視できない。以上の点について，詳しくは川嶋，2007を参照されたい。
10) ここでいう共同体とは，EEC・ECSC・ユーラトムをまとめた総称として使用する。
11) 特定多数決とは，理事会の評決の際に一国一票とせず，人口比を基準とする持ち票（仏独伊：4票，ベルギー・オランダ：2票，ルクセンブルグ：1票の計17票）を定め，その票数に基づいて多数決を取る（12票以上）方式をいう。
12) とはいえ，空席危機がなぜ起こったのかを詳しく検討した最近の研究は，このようなド・ゴールの欧州連邦への恐怖だけではなく，より複合的な事象だったことを明らかにしている（Bajon, 2009；Ludlow, 2006）。
13) 日本語では「5月危機」「5月革命」などと呼ばれることが多い。「革命」とはいっても正確な意味での革命ではなく，「危機」ではこの事件の複合的な側面を限定化することになる。それゆえ，フランスではこの歴史的事象のことを単に「68年5月」としか記さないことが多い。
14) グルネル協定は，賃金の昇給，企業内における労働組合の権限の確認，労働時間の短縮を確認したものだった。これ以降，関連する利害関係者の代表を広く招いて協議を進める方式をグルネル方式，もしくはそのような協議会をグルネルと呼ぶようになる。

第Ⅱ部　欧州統合の具現化と限界

【参考文献】

Bajon, Phlip, 2010, "The European Commissioners and Empty Chair Crisis of 1965-66", *Journal of European Integration History*, Vol. 15, No. 2, pp. 105-124.

Barjot, Dominique (sous la dir.), 2007, *Penser et construire l'Europe. L'idée et la construction européenne de Versailles à Maastricht (1919-1992)*, Editions Sedes.

Bernard, Mathias, 2003, *La France de mai 1958-mai 1981. La grande mutation*, Librairie Générale Française.

Bernstein, Serge, 1989, *La France de l'expansion : La République gaullienne (1958-1969)*, Seuil.

Borne, Dominique, 2000., *Histoire de la société française depuis 1945*, 3e éd., Almand Colin

Bossuat, Gérard, 2005, *Faire l'Europe sans défaire la France. 60 ans de politique d'unité européenne des gouvernements et des présidents de la République française (1943-2003)*, Peter Lang.

——, 2009, *Histoire de l'Union européenne : fondations, élargissements, avenir*, Belin.

Chélini, Michel-Pierre, 2001, «Le plan de stabilisation Pinay-Rueff, 1958», *Revue d'histoire moderne et contemporaine*, Vol. 48, N°4, pp. 102-123.

Eck, Jean-François, 2006, *Histoire de l'économie française depuis 1945*, 7e édition, Armand Colin.

Fourastié, Jean, 1979, *Les Trente Glorieuse ou la Révolution invisible de 1946 à 1975*, Fayard.

Judt, Tony, 2005, *Postwar. A History of Europe since 1945*, Penguin Press（森本醇・浅沼澄訳『ヨーロッパ戦後史』上・下，みすず書房，2008年）

Mendras, Henri, 1988, *La Seconde Révolution française 1965-1984*, Gallimard.

Ludlow, N. Piers, 2006, *The European Community and the crises of the 1960s : negotiating the Gaullist challenge*, Routledge.

Perrier, Jérôme, 2010, *Michel Debré*, Ellipses.

Perron, Régine, 2004, "What is the Stability of European Integration?", Régine Perron (ed.), *The Stability of Europe. The Common Market: towards European integration of Industrial and Financial market (1958-1968)*, Presses de l'Université Paris-Sorbonne.

Sirinelli, Jean-François, 2007, *Les Vingt Décisives. Le passé proche de notre avenir 1965-1985*, Fayard.

Vaïsse, Maurice, 1998, *La Grandeur. La politique étrangère du général de Gaulle (1958-1969)*, Fayard.

——, 2009, *La puissance ou l'influence? La France dans le monde depuis 1958*, Fayard.

遠藤乾編，2008『ヨーロッパ統合史』名古屋大学出版会。

小川浩之，2009『イギリス帝国からヨーロッパ統合へ──戦後イギリス対外政策の転換とEEC加盟申請』名古屋大学出版会。

川嶋周一，2007『独仏関係とヨーロッパ国際秩序──ドゴール外交とヨーロッパの構築』創文社。

──，2009「フランス」網谷龍介，成廣孝，伊藤武編『ヨーロッパのデモクラシー』ナカニシヤ出版。

第Ⅲ部

欧州統合への本格的始動

第7章　経済危機の中のフランス
―― 欧州統合再起動の試み（1969―1979年）

廣　田　　功

はじめに

　1960年代後半，欧州統合は危機的状況に陥っていた。1969年，ド・ゴール退陣をうけて大統領に就任したポンピドゥーは，統合の再起動に取り組む姿勢を示した。彼はハーグ首脳会議開催に主導権を発揮して統合の再起動をリードし，フランスはふたたび統合のモーターとなった。しかし彼の統治期間中，国際通貨危機と石油危機の勃発，戦後高度成長の終焉が象徴するように，世界経済の状況は激変した。この激変はポンピドゥーの活動に影響を及ぼし，晩年の2年間活動は壁にぶつかり，統合はふたたび袋小路に陥った。

　1974年，大統領に就任したジスカール＝デスタンは，統合を危機から救うために新たなイニシアティヴを発揮した。「仏独カップル」は強化され，通貨協力や政治協力も大きく前進した。1970年代は，全体として，フランスが統合に対して再び重要な役割を果たした時代であった。

　欧州統合は米ソ冷戦に規定された国際関係の中で開始されたが，1970年代は多極的秩序とデタントに特徴づけられる世界に変化していた。この変化は世界における欧州の役割，欧州におけるフランスの役割に影響を与えた。

　本章は，このように大きく変化する政治経済状況に直面し，フランスが欧州統合に関わる様々な課題にどのように取り組み，統合の進展にどのような役割を果たしたかを跡づけることにする。

第Ⅲ部　欧州統合への本格的始動

1　統合の再起動とフランス

希望と苦難の間の10年

　1969年12月のハーグ会議は，統合の再起動の転機となり，フランスがリードする形で統合前進のための様々な試みが行われた。しかし1970年代の再起動の歩みは順風満帆ではなかった。それは「希望と苦難の間」（Bossuat, 2001：185）の10年であった。

　まず，10年の歩みを概観しておこう。ハーグ会議は，ポンピドゥーの提案に基づき「完成・深化・拡大」の3目標を掲げ，再起動の道筋をつけた。その結果，共通農業政策（CAP）に関連する予算制度やイギリス加盟問題といった懸案事項が解決した。共通政策は他の分野に拡大され，ECは関税同盟から経済通貨同盟（EMU）に向けて動き出した。イギリスを含む第一次拡大は，新しい理念・価値観や伝統を持ちこみ，統合に新しい活力を注入した。6カ国体制から9カ国体制への移行は，制度運営の効率化のための制度改革を要求した。また，この時代には労働組合や若者など新しいアクターが活発な役割を演じた。統合を取り巻く国際環境の変化も，新しい思想や構想の誕生に働いた。多極化する世界の中で欧州の個性と役割を強調するために，新しい「欧州アイデンティティー」像が打ち出されたことは，その一例であった（Du Réau et Frank, 2002：307-312）。これらは希望の側面を表わす。

　他方，共通政策の拡大は，加盟国間の意見・利害対立によって難航した。新しい思想や構想の多くも，実現は後の時代に持ち越された。加盟国共通の問題に対して，加盟国の利害・観点の妥協によって解決を見出すという「国民主義的方法（ナショナル・アプローチ）」は，保護主義への回帰が強まる中で行き詰まりを露呈した。欧州統合は，国家主権委譲を含む「共同体的方法」と国家主権尊重の「政府間的方法」をどのようにバランスさせるかという，根本的アポリアにふたたび直面した（Bossuat, 2001：205）。これらは苦難の側面を表わす。

ハーグ首脳会議とフランス

　ポンピドゥーは，何故，統合の再起動に動いたのだろうか。そこには穏健右

派やキリスト教民主主義者の一部を取り込むという政治的意図が働いていた。事実，大統領選の第1回投票と第2回投票の間に首脳会議開催のアイデアが表明されている。また，「68年5月」以後，フランスが孤立と弱体化を深め，イギリス加盟を望む5カ国の動向に反対できないという判断や，イギリス加盟を利用して統合をフランスに有利に進めるという意図も働いていた。実際，彼より先に西ドイツ（以下ドイツ）のブラント外相は，イギリスを含む7カ国首脳会議を開催し，統合を再起動させる意図を表明していた（Bitsch, 2004：173；2007：166）。

　ポンピドゥーは，大統領就任後の1970年7月10日，首脳会議開催を正式に表明した。これに先立ち7月4日，ブラントがパリを訪問し，ポンピドゥーと会談し，両者は首脳会議の方向について合意していた。パリ訪問前，ブラントは再起動に対するドイツ政府の立場として，「完成・拡大・政治協力」の優先順位を指摘していた（Bistch, 2007：168）。ポンピドゥーは，「完成・深化・拡大」の優先順位を表明しており，仏独間には再起動の内容について「ずれ」が見られた。ブラントがフランスとの協力を優先し，優先順位に固執しなかったために，首脳会議の目標は「完成・深化・拡大」に設定された。

　「完成」の内容は，CAPの支出を支える共同体の予算規則を決定し，過渡期を終わらせることであった。「深化」は，共通政策や政策協調を農業以外の分野でも実施し，ECを「真の経済共同体」に発展させることを意味した。とくに前進が期待される分野として，技術，科学，エネルギー，交通，会社法，財政・通貨政策が挙げられた。「拡大」は，イギリス・デンマーク・ノルウェー・アイルランド4カ国の加盟を意味した。選挙期間中の態度表明から，ポンピドゥーにとって，拡大の承認は自明であったが，後述のように，イギリス加盟は根本的な変化をもたらす可能性があるため，加盟交渉に先立って，加盟の条件と帰結について加盟国間で合意することが必要であった。

「完成」とフランス

　ハーグ会議直後のEC理事会は，「マラソン交渉」を経て，「完成」について合意に達した。この結果，フランスが主張する「財政連帯」の原則に基づく新しい財政規則が導入された。CAPの支出は，加盟国拠出金に代わって共同体

自主財源(工業製品に対する輸入関税,農産物課徴金,加盟国の TVA の上限 1 %)によって賄われることになった。

　しかしこの過程で仏独の主張の違いは明白となった。独伊は,CAP 価格支持政策の支出と農産物余剰の増加を抑制するために,農業保証指導基金(FEOGA)の「保証部門」の支出を「指導部門」に移管し,支出に上限を設定することを主張した。これに対して,CAP のおかげで域内諸国に輸出市場を確保し,農産物貿易の純輸出が工業製品貿易の輸入超過を補塡する貿易構造を確立しつつあったフランスは,生産抑制に繋がる共同体レベルの構造政策の導入に反対した。結局,1970年 2 月の合意によって,FEOGA の「保証」部門の支出に上限を設けず,「構造政策」(指導)部門についてのみ上限を設定する妥協が成立した。また,同時に,CAP 予算に対する欧州議会の監督権が認められた。この問題について,フランスは欧州議会の権限強化に反対する主張を展開した(Noël et Willaert, 2007;Bussière et Willaert, 2010:249-253;Barjot, 2007:181;Bussière, Dumoulin et Schirmann, 2006:200-203)。

イギリス加盟とフランス

　「深化」については後述に譲り,先に「拡大」について見よう。ポンピドゥーにとって,加盟問題の解決は,欧州政策の重要な柱のひとつであった。彼は,イギリス加盟が共同体の方向に与える影響を懸念し,加盟交渉に当たり,共通政策・共通制度が遵守されることを要求した。この側面を緩めることは,共同体を「拡大自由貿易圏」に変質させるもので,回避すべきであった(Bussière et Willaert, 2010:175)。

　ポンピドゥーの要求に沿い,イギリスとの個別交渉に先立ち,加盟条件に関して共同の立場を決定するために 6 カ国協議が行われた。その結果,新規加盟国は,共同体の条約,その政治的目標,過去の決定等,既存の法令・慣行の体系,いわゆる「アキ・コミュノテール」を受け入れることが条件とされた。

　交渉は,組閣直後のヒース保守党政権との間で行われた。共同体予算の分担,CAP の共同体優先原則の適用,カリブ海産砂糖とニュージーランド産乳製品の輸入,通貨同盟など,いくつかの問題をめぐる英仏間の対立から,交渉は容易ではなかった。1971年 5 月21—22日パリで行われたヒース＝ポンピ

ドゥーの会談は，局面打開に有効であった。会談後，両首脳は「超国家的」欧州への展開を望まず，「諸国家からなる欧州」観を共有することを表明した。加盟交渉自体は共同体レベルで行われるため，両首脳会談が決定権を持つわけではないが，会談は両国の信頼関係を作り出し，以後，相互の譲歩により懸案事項は急速に解決に向かった。とくに4つの根本問題について，両首脳の見解が一致したことが重要である。第1に，イギリスは農業共同市場の共同体優先の原則を受け入れること。第2に，共同体の運営については，「ルクセンブルグの妥協」に基づき，加盟国の枢要な利害に関わる問題の決定に当たり満場一致原則を適用すること。第3に，通貨問題について，イギリスが「準備通貨」としてのポンドの特別の地位を放棄し，他の加盟国と対等の立場を受け入れ，「欧州通貨同盟」の結成に参加すること。最後に，イギリスが欧州大陸と結びつき，真に「欧州的」となることである（Bussière et Willaert, 2010：201）。

その後，共同体での交渉を通じて残された懸案事項についても合意が成立した。その結果，1972年1月22日，ブリュッセルで加盟条約が調印され，イギリスはデンマーク，アイルランドとともに，1973年1月1日からECに正式に加盟した。ポンピドゥーは，加盟条約を国民投票にかけることを決定した。1972年4月23日の投票では68％が拡大に賛成したが，投票率は38％にすぎなかった。あえて国民投票に訴えた狙いは，国民の圧倒的支持を得ることで他の加盟国に権威を誇示し，イギリス加盟後の統合の主導権を握ることであった（Barjot, 2007：167-168；Bossuat, 2005：138-139）。しかし投票の結果は思惑外れで，以後，かえって彼の主導権の低下を招く契機となった。

加盟承認の政治的背景

イギリス加盟の承認については，フランスの孤立を避けるための受け身の選択という一面を否定できないが，他に政治的・経済的理由が指摘できる。政治的理由は，ドイツの動きを牽制することであった。

首相となったブラントの「東方政策」は，ソ連・ポーランドに対する仲介国というフランスの特別の役割を喪失させた。この結果，仏独カップルの間に「疑惑の感情が根をおろした」（Grosser, 1989：242）。しかしフランスは東方政策を公式に支持し，東西ドイツ間の基本条約の締結を期待した。したがって仏独

カップルの解消が問題ではない。とはいえポンピドゥーはドイツ以外の「親しいパートナーを持ちたい」という期待を抱き，イギリスに期待を寄せたのである。イギリス加盟は，ドイツ偏重を修正し，域内関係の再均衡をもたらすことが狙いであった（Bussière et Willaert, 2010：173-216）。

また，イギリス加盟は，フランスが考える統合の政治形態に有利に働くと考えられた。再起動の一環としてドイツは加盟国間の政治協力の強化を考え，他の4カ国も同調したが，フランスは外相会談の再開にとどめることを望んだ。政治協力の検討のために設置されたダヴィニョン委員会の報告（1970年10月）は，フランスの慎重論に配慮して外相会談と外務官僚から成る「政治会議」の開催に限定した。ブラントが要求した「政治事務局」の設置について，ポンピドゥーは「政府間的機関」の枠組みを越えないことを条件に受け入れたが，設置場所をめぐる対立もあって，結局設置されなかった。ポンピドゥーは，国家主権を制約する恐れのある政治協力に慎重であった。国民的アイデンティティーと国家主権の尊重を重視するイギリスの加盟は，この点で強力な援軍となることが期待された。

ドイツの経済力の上昇とマルクの強さは不安を募らせ，域内関係の再均衡を求める一因となった。ここでは経済的側面と政治的側面は緊密に結びついていた。20世紀前半まで，フランスの最大の経済的パートナーはイギリスであったが，欧州統合の進展に対応してドイツが最大のパートナーとなっていた。1955―70年の間，ドイツの輸出は総額の10.2％から20.6％に，輸入は9.2％から22.1％に増加していた。この間，両国の技術提携や資本提携も強まっていた。1966年の会社法改革や1966―67年の銀行制度改革が示すように，ドイツの経済モデルはフランスの制度に影響を与えていた。1968年11月，フランスのマルク切り上げ要求をドイツが無視したことは，ドイツの経済力を示す象徴的な出来事となり，フランスの不安が高まっていた。

加盟承認の経済的背景

イギリスの加盟には重要な経済的効果が期待されていたことを看過してはならない。それは農業に新しい販路を提供することで農業生産力を高めること，さらに，イギリス企業との競争・協力の関係によって工業生産力を強化するこ

との2点に要約できる (Bussière et Willaert, 2010：173)。1971年，農産物貿易は1世紀以上ぶりに輸出超過を実現し，農業部門は国際競争の中でフランスの切り札的部門となっていた (Eck, 2009：269)。イギリス加盟に伴う市場拡大は，この方向を強める効果を持つ。しかも酒類やチーズのような伝統的農産物加工品ではなく，小麦や玉蜀黍のような機械化された近代的農業の生産物の輸出によって農業近代化に寄与することが期待できた (Actes du Colloque Bercy, 2002：243-246)。

1970年代初頭は，フランス経済の「国際化」の画期であった。企業と経済のパフォーマンスが海外市場への依存度を強め，「国際化」が政府と大企業の戦略となった (Eck, 2007：91-92)。統合は，欧州諸国の競争に晒すことによって企業体質を強化する手段とみなされた。イギリスの加盟はこの効果をさらに強める。たしかに，EEC成立後の貿易の発展・変化は目覚ましかった。輸出の対GDP比率は，1956—58年の8.9％から1971—73年の14.4％に上昇し，20世紀初頭の最高水準に接近していた。また貿易の地理的構造も劇的変化を示した。「フランス帝国」内諸国に代わって，共同体諸国の割合は，1959—73年の間に輸出が27.2％から55.7％に，輸入が26.7％から55.0％に急増していた (Eck, 2007：203)。また，1960年代末までのフランスは，外国投資の受け入れに消極的であったが，ポンピドゥーの時代に外国投資の受け入れが急速に進み，フランス企業の多国籍化が進んだ。

ポンピドゥーは世界が根本的な技術革新の時代を迎えつつあることを認識し，フランスが革新の先頭に立つことを望んだ。とくにエネルギー，電子，電気通信の分野における新技術の開発が重視された (Bernard, Caron et al., 1995)。ゴーリストの伝統を引き継ぎ，彼は国の独立，国防，偉大さを重視したが，産業の近代化なくして軍事力も国のパワーもありえないと考えた。ド・ゴール時代の末期には，フランスの経済行政機関の一部，たとえば経済財務省「欧州経済関係局」において，イギリスとの先端産業協力による産業近代化の促進を理由に加盟を支持する動きが強まっていた。仏英接近は「工業と技術の進歩した欧州の建設」によって，アメリカ産業に対抗する「欧州工業の拠点」を形成しようという野心に対応していた (Actes du Colloque Bercy, 2002：246-251)。ポンピドゥーはこの路線を継承し，自分の任期終了後に，フランスが「経済的・工

業的にドイツよりも大国となり，この分野で欧州一となる」ことを望んでいた (Frerejean, 2007：341)。イギリス加盟は，経済近代化・経済大国化の戦略のひとつとして承認されたのである。

2　経済通貨同盟とフランス

バール・プランとフランス

　ハーグ会議は，1980年をめどに経済通貨同盟（EMU）を結成する原則を確認した。それは国際通貨危機への対応であると同時に，統合より貿易自由化に関心が強い国々の加盟によって域内連帯が弛緩する前に，それを強化するという意図によるものであった。ポンピドゥーは，共同体が「拡大自由貿易圏」に変質することへの懸念を繰り返し表明している。EMUは，フランスにとって欧州統合の特質である域内連帯を実現する格好の舞台であった。

　通貨協力の構想は，すでに1960年代前半から現れていたが，1960年代末の国際通貨制度の混乱が引き金となってにわかに議論が活発となった。68年5月危機後のフラン投機は，フランスが通貨協力の主導権を発揮する契機となった。域内通貨協力がない状況において，単独でフラン投機に対処することを余儀なくされたフランスは，為替管理と輸入保護を導入し，パートナー国の批判を浴びた。これに対して，フランスは，1968年9月，為替管理を撤廃する一方，EC「通貨委員会」を舞台に通貨協力を実現するための活動を開始した。しかし加盟国の立場は分裂した。フランスは通貨危機の要因を「投機」という外生要因に求めたが，パートナー国は68年5月危機終息のためのインフレ政策に原因を求めた。パートナー国は，経済・通貨政策の調整には賛成するが，為替変動幅の撤廃と相互支援制度について留保し，引き締め政策への転換によるフランス単独の通貨調整を要求した。

　通貨委員会では，ドイツ・オランダの「エコノミスト」の立場とフランス・ベルギーの「マネタリスト」の立場の違いが次第に鮮明となっていた。前者は，通貨協力以前に経済政策の目標と経済的パフォーマンスの収斂を要求するのに対して，後者は，加盟国の経済政策の自立性を維持しつつ通貨統合に向けた統合の深化を要求した（Bussière, Dumoulin et Schirmann, 2006）。とくに物価安

定・インフレ対策に関する仏独の違いが顕著であった。フランスにとって，反インフレ・物価安定のドイツの政策に同調することは，社会的政治的危機を招き，産業の相対的衰退のリスクをもたらす恐れがあった。68年5月危機の再発防止と産業近代化の加速によるドイツの競争へのキャッチアップを達成するために，経済政策の自立性は，是が非でも確保すべきであった（Actes du Colloque Bercy, 2002）。

EC委員会は，1969年2月，いわゆる「第一次バール・プラン」を発表した。それは「加盟国の経済政策の調整・収斂と通貨協力の開始」を謳い，「通貨協力の共同体メカニズム」によって国際通貨危機に対処するために，平価変更の事前合意，為替変動幅の撤廃，安定のための資金援助を提案した。1969年4月，このプランはEC理事会で承認された。元来，バールは「エコノミスト」の立場に近く，EMUの成功には「欧州政治機関」が必要で，通貨同盟は経済同盟の到達点であると考えていた。しかしEC委員会の場で仏独のアプローチの違いを知り，現実的な考えに到達した。第一次プランは，その現れであった。プランは，「中期の経済政策の方向の収斂」を提案したが，それはフランスの「中期」という考えとドイツの経済政策の収斂という考えの混合であった（Bussière, Dumoulin et Schirmann, 2006）。また，短期の経済政策の「調整」を提案したが，加盟国の多様な経済に同じ政策を要求せず，事前の協議手続きを通して監視しあうという「新しい指針」を示した（Leboutte, 2008：221）。

フランスは，バール・プランを「経済政策の調整と通貨支援メカニズムの並行的前進」の提案と捉え，検討に値すると評価したが，短期の政策調整と事前協議については留保し，「警告指標の自動適用」に反対を表明した（Bussière, Dumoulin et Schirmann, 2006）。さらに，1969年7月のEC経済財務相会議は，ドイツとベルギーの支持をうけたジスカール＝デスタン経済財務相のイニシアティヴによって，経済・通貨両面の働きかけを行うことに合意し，さらに短期の景気政策に関する事前協議と短期の通貨協力を採択し，中期通貨協力の問題の検討を通貨委員会に委ねた。しかし中期の協力については，1969年11月まで対立は続いた。ドイツ，オランダ，ベルギーは中期の通貨協力に依然として消極的であった。しかしハーグ会議開催の展望とともに，「精神状態の変化」が現れた。

ウェルナー・プランとフランス

　ハーグ会議の展望の下で，いくつかの要因がEMU結成を前面に押し出した。第1に，ドルの特別の地位に対する不満は，フランスが従来から主張してきた「欧州の通貨アイデンティティー」の形成を促した。第2に，域内固定相場制の将来に対する不安が強まり，通貨不安から共同市場とCAPが解体することが懸念された。第3に，モネの「欧州合衆国のための行動委員会」のメンバーでEMUの熱心な支持者であったブラントがドイツの首相に就任した。こうしてハーグ会議は，1980年をめどにEMUを結成する目標を決めたのである。

　EC委員会はEMUの段階的結成をめざす「第二次バール・プラン」を作成し，1970年3月の理事会に提出した。それは3段階によるEMUの結成，経済政策と通貨政策の調和，資本移動の自由を提案した。1970年3月6日，理事会はルクセンブルグ首相兼蔵相のウェルナーを委員長とし，中央銀行総裁等から成る専門家委員会に，「経済通貨同盟の段階的実現の基本的選択」に関する報告の作成を委ねた。1970年10月に出され，翌年3月に理事会で採択されたウェルナー報告は，「エコノミスト」と「マネタリスト」の妥協あるいは独仏間の妥協から，域内通貨の交換性，為替変動幅の廃止と平価の凍結，資本移動の自由化，中央銀行の連邦的組織などを含む通貨同盟が，「国民通貨の維持」と「単一通貨の受容」の2つを伴う可能性を示し，経済政策の収斂と通貨調整の並行を提案した。EMUの形成は3段階で進められ，1979年末をもって完成するとされた。

　ウェルナー報告をめぐる理事会の討論は，主に経済・通貨政策の調整の課題を担う超国家的制度をめぐって展開された。ポンピドゥーは産業近代化のための投資の促進や1968年5月危機の影響の吸収など，社会経済的，政治的必要から政策の自立性を持つことを重視し，ウェルナー報告の連邦的性格に反対した。1970年11—12月の理事会は，仏独対立から合意に至らず，71年1月のポンピドゥー＝ブラントの会談を経て，71年2月の理事会でようやく合意に到達した。通貨協力の条件として，「共同体機関への新たな主権移譲を伴わない」ことが確認された。同時に，第一段階は，1974年までの3年間とされ，その間とくに通貨変動幅の縮小に取り組むこととされた。ポンピドゥーは，第一段階か

ら第二段階への移行が自動的に行われることに反対し、第一段階についてのみ具体的内容が検討されることとなった。第一段階の活動に関連して、ポンピドゥーは、中央銀行の役割と中央銀行＝経済財務省間関係に関するフランスの伝統に従うこと、すなわち中央銀行の政府への従属を維持すること、財政政策は共同体機関の指図に従うべきではないことを要求した。彼が政策の自立性に固執した理由は、「共産党政権」を生むような「超均衡の硬直的予算」を押しつける共同体の成立への懸念であった。「制限のない粗暴な資本主義」は、「新たな1968年5月」を招く危険があったからである（Bussière et Willaert, 2010：225-226）。

スネークの誕生と挫折

　仏独の妥協により、1971年3月の理事会はEMUの結成に向けて動き出すことを決定した。しかしその直後、国際通貨危機が激化し、計画は阻害された。国際通貨制度の混乱に対して、ECの足並みは乱れた。1971年春の通貨投機に対して、EC委員会は域内通貨の平価維持と対ドル変動幅の拡大を提案した。為替変動のCAPへの影響を懸念し、固定相場制と資本移動の管理を主張するフランスは提案を支持した。しかしドイツは提案を過度に介入主義的とみなし、対ドル共同フロート制への移行を主張した。結局、ドイツは、オランダの支持を受けて単独フロートを選択した。

　1971年8月、ドル危機が再燃した。8月15日、ニクソン大統領は金＝ドル交換制停止と輸入付加税の導入を決定した。金＝ドル本位制の崩壊により、国際通貨制度の混乱は決定的となった。これに対して、対ドル共同フロートを掲げるドイツと「二重為替相場制」を主張するフランスは対立し、8月19日の理事会は相変わらず分裂状態を露呈していた。ポンピドゥーのイニシアティヴによって、9月中旬、ようやくドル切り下げと輸入付加税の廃止を要求する6カ国共同の立場が確定された。1971年12月初旬、仏独首脳は、ブレトンウッズ体制よりも柔軟な固定相場制への復帰とドル切り下げ＝マルク切り上げをセットにした解決策で合意した。これに基づいて、12月中旬、ポンピドゥーはニクソンとアゾレス島で会談し、平価の変更について協議した。会談をうけて、12月18日、スミソニアン合意によってドルの7.89％切り下げと為替変動幅の上下

2.25％への拡大が行われた。

　こうして一時的に対立は終息したが，事態は根本的に解決されたわけではなかった。フランスの要求に反して域内通貨はフロート体制に向かい，事実上ブレトンウッズ体制は過去のものとなりつつあった。相変わらずドルの優位だけが続いていた。この状況に対して，ポンピドゥーは6カ国の通貨協力の強化に乗り出した。1972年3月の理事会は，域内通貨の変動幅の縮小メカニズムの導入を決め，それは4月10日のバーゼル6カ国中央銀行総裁会議で承認された。この結果，いわゆる「トンネルの中のスネーク」が成立し，スミソニアン合意による上下2.25％・合計4.5％の変動幅（トンネル）の中に，上下1.125％・合計2.25％の域内通貨の変動幅（スネーク）が動く制度が生まれた。

　何故，ポンピドゥーは国際通貨危機に対する6カ国の共同を重視し，EMUに向けた活動を積極的に展開したのだろうか。1971年，ECは国際通貨危機とイギリス加盟＝拡大という2つの大きな問題に直面していた。彼にとって，欧州統合を「自由貿易圏の中に溶解させないこと」，「事実上ワシントンから指導される大きな政治的経済的全一体の中のパートナーの役割に還元させないこと」が重要であった。そのためには，世界の中で欧州が個性を持ち，連帯することが重要であった。欧州統合は，単なる経済的制度を越える「政治的着想」であった。EMUは，こうした欧州統合の特徴を体現するに相応しい課題であり，それへの対応如何はCAPの成否に影響し，共同体の運命を左右するとみなされた（Bussière et Willaret, 2010：246-247）。

　しかしスネークの歩みは，順調ではなかった。1972年6月，通貨投機に晒されたポンドとリラが離脱を余儀なくされた。イギリスの離脱は，ポンピドゥーにとって，ドイツに対する対重の消滅を意味する。通貨協力実現のために，ポンピドゥーはブラントと会談を重ねるが，ドル危機に対する共同フロートの採用をめぐって両者の溝は埋まらなかった。結局，1972年9月の理事会，72年10月のパリ首脳会議は，フランスが相互支援制度として以前から提案してきた「欧州通貨協力基金（FECOM）」の設立を決めた。しかしドイツがフランスのインフレ政策を恐れて資金提供に非協力であったために，FECOMの資金基盤は脆弱であった。これはドイツが統合の財政的コストの負担に対して批判的となったことを意味する。経済的代償を払ってでも国際社会への復帰という政治

目的の達成を優先し，統合正当化の根拠としてきた従来の立場は現実性を失いつつあった（Olivi et Giacone, 1998：122-123）。

　通貨協力の実現は困難であった。ポンピドゥーは，ドイツとの間で新たな合意を追求し，1973年3月11日，ついにドイツの主張を受け入れ，欧州通貨の対ドル共同フロートの採用に踏み切った。これによって「トンネルから出たスネーク」が発足し，同時にブレトンウッズ体制は終焉した。ポンピドゥーの決断は，欧州統合と仏独協調を救う現実主義によるものであると同時に，フランスの経済的金融的弱さを認めざるをえないという状況判断によるものであった（Bernard, Caron et al., 1995）。

　しかし1974年になっても状況は好転しなかった。1974年1月，フランスもスネークを離脱した。この結果，スネークは事実上「マルク圏」に変質し，通貨の連帯よりも分裂が勝った。EC委員会は「欧州が危機状態にある」ことを認めた。石油危機後の経済危機は，経済統合の環境を根本的に変え，持続的な高度成長によって隠されてきた各国の経済構造や行動様式の違いが表面化した。加盟国は，国内産業・国内市場を防衛するために，再び保護主義に回帰し，共同市場にも非難が向けられた。もはやEMUの第二段階への移行を信ずる者はいなかった。

　1974年2月，理事会もEMUへの道を進むことを断念する決定を下した。欧州解体の危機とウェルナー・プラン放棄によって痙攣状態に陥った委員会は，マルジョラン率いる委員会に状況分析を委ねた。当委員会は，各国の政策の調整が効果のない「敬虔な願望」に留まっている状況を憂いた（Leboutte, 2008：235-237）。

3　拡大ECとフランス

地域政策とフランス

　統合の初期から，地域政策の必要は考えられていた。ECSCは，共同市場の形成によって困難に陥る地域の石炭・鉄鋼業の労働者に対する援助を行った。ローマ条約の作成過程でモネやユリは，「共同体内の低開発地域の共同開発計画」を考え，1958年設立の「欧州投資銀行」の目的のひとつに地域開発を挙げ

ていた。しかし，鉱山地帯への援助を除けば，本格的な地域政策は，1970年代初頭まで持ち越された。

1972年10月のパリ首脳会議は，域内の構造的不均衡を除去するために「欧州地域基金」の創設を決定した。「持続的かつ均衡のとれた経済拡大」というローマ条約の規定とは逆に，富裕地域と貧困地域の格差は縮小せず，富裕地域に富と進歩が集中する傾向が現れていた。こうした状況を受けて，イタリアは域内における資金移転の必要を主張した。「地域基金創設の決定は，大部分イギリス人の活動によるものであった」(Olivi et Giacone, 1998：125)といわれるように，イギリス加盟は地域政策の展開に大きく影響した。イギリスは加盟交渉の段階から，地域政策の必要を訴えていた。CAPから利益を得られないイギリスにとって，地域政策はCAPに代わって支出に見合う利益を期待できる政策であった。

1973年7月，EC委員会は理事会に「欧州地域開発基金」の創設に関する提案を行ったが，それは激しい論争を招いた。共同体の地域政策は，貧困地域への介入権限を共同体に委譲する可能性を持っていた。ポンピドゥーは，「各国が自らの地域バランスに責任を負っている」，と述べて共同体レベルの地域政策に疑問を呈した。ドイツは，経済状況が悪化する中で，新たに資金負担を課されることに反対した。結局，理事会は，地域開発基金の創設を延期した。地域開発基金が発足し，地域政策が本格的に展開されるのは，ジスカール＝デスタン大統領時代の1975年1月以後のことになる。

産業政策とフランス

フランスは1965年から欧州技術政策の確立を望んだが，その内容は「共通技術政策」ではなかった。ポンピドゥーはフランス技術の国際化を望んだが，具体的方法として，超音速機コンコルドやエアバスの開発に見るように，共同体レベルよりも域内の二国間・多国間の協力を優先した (Bernard, Caron et al., 1995)。

一方，1950年代末以来，仏伊を中心に，アメリカ系多国籍企業に対抗する必要から企業集中が奨励され，先端産業や基幹産業において国際競争力を持つ大企業を育成する「ナショナル・チャンピオン」政策が採られてきた。しかし

1960年代末，EC委員会筋ではこの戦略の限界と欧州チャンピオン企業創出の必要が指摘され始めた。1968年，委員会は，産業分野の対外依存とアメリカ系多国籍企業の発展に不安を表明した。ハーグ会議は国境を越えた企業合併を促進するために「欧州会社法」の概念を提示した。同年，研究開発に関する共同体の計画の作成を提案し，1972年のパリ首脳会議は先端産業育成のために「欧州産業政策」を提案する「コロナ報告」を承認した。1973年，委員会は「欧州新産業基盤」の形成の必要を説き，ナショナル・チャンピオン政策の限界を指摘して非関税障壁の撤廃を訴えた。しかし委員会も，ナショナル・チャンピオン政策に代えて欧州産業政策を実施することには依然として慎重であった (Bussière, Dumoulin et Schirmann, 2006：250-251)。

共通産業政策の確立が遅れた理由としては，競争重視のドイツのビジョンと計画主義的・介入主義的なフランスのビジョンの対立，基幹産業における主権喪失に対する加盟国の不安 (Barjot, 2007：196) のほか，ナショナル・チャンピオン政策が一定の効果をあげたことが指摘される。確かに，欧州各国の大企業は，1960—70年代に情報産業など一部の産業を除いて，アメリカの大企業に急速にキャッチアップしつつあった (Bussière, Dumoulin et Schirmann, 2006：255-269)。また，石油危機が構造的危機と認識されなかったために，大半の国は拡張政策を続け，ナショナル・チャンピオン政策の枠内で，自国の大企業に対する国家の支援を続けた。フランスは，この政策を典型的に採用した国のひとつであった。

結局，1970年代前半は，「科学技術分野の欧州協力 (COST)」プログラム (1970年7月)，「欧州研究開発機関 (AERD)」(1970年11月) と「科学技術研究委員会 (CREST)」の設置 (1974年1月) など，欧州レベルでは僅かな成果しか実現されずに終わった (Barjot, 2007：196-197；Leboutte, 2008：306-309)。この政策が本格的に反省を迫られ，米日大企業との格差縮小のために，さらなる市場統合の必要が認識されるのは1970年代末のことである。

共通エネルギー政策とフランス

石油危機も，加盟国の連帯の危機を示す契機となった。1969年11月の理事会で採択された「共通エネルギー政策のための第1次指針」は，安定・安価なエ

ネルギー供給の必要を強調した。1960年代，加盟国が中東からの輸入によって石炭から石油へのエネルギー転換を進めた結果，中東石油への過度の依存が生じたことが背景にあった。フランスの場合，1970年に石油は総エネルギーの61％に達していた。

　拡大と石油危機は，共通エネルギー政策を求める動きを加速した。1973年5月，エネルギー問題検討のための理事会が開催され，さらに1973年12月のコペンハーゲン首脳会議は，エネルギー分野の活動計画の検討に着手した。1974年12月，理事会は1985年までに輸入エネルギー依存率を63％から40％に引き下げる目標を採択した。それを実現するために欧州投資基金の融資による油田探査や石油・天然ガスの新技術の共同研究など，様々な方策が提案されたが，加盟国の多くは石油メジャーに強い信頼を寄せ，結局，それらはほとんど実施されなかった（Bussière, Dumoulin et Schirmann, 2006：107）。

　フランスは，他の加盟国と違ってメジャーの支配に反対であった。戦後のエネルギー政策の基本は，一貫して，外国原油源の多様化，国内市場における国内企業と外国企業の活動バランスの維持に置かれた。石油危機が勃発した時，フランスはエネルギー供給源の多様化政策を開始していた。1974年3月の閣議は，原子力発電計画の発表とともに，国内企業グループの探査努力の強化と二国間供給契約の締結を重視しつつ，従来の目標を維持することを決定した。実際，ポンピドゥーは，1973年11月と1974年1月，サウジアラビアと供給契約を結んでいだ。

　この政策に沿って，ポンピドゥーはコペンハーゲン首脳会議でフランスが欧州＝アラブ間協力政策をリードする意図を表明した。フランスの提案に基づいて，最終コミュニケに，ECと産油国の間の直接対話を開く意図が追加された。しかしフランスの意図は，アメリカの行動と衝突した。EC首脳会議と同じ頃，アメリカ国務長官キッシンジャーは，米欧日間で「エネルギーに関する行動グループ」を結成するために，1974年2月にワシントンで初回の会議を開催することを提案した。1974年1月中旬に開催された理事会は，ワシントン会議への参加を決定した。しかし1974年2月5日の理事会は，フランスの要望をうけて会議代表団に産油国との対立を回避すること，恒久的協力機関の設置に反対することを指示した。しかしワシントン会議は，理事会が認めた権限を越

えて,「国際エネルギー機関 (IEA)」の設立を承認したため,フランスは IEA に参加しないことを決定した (*Ibid.*: 114-116)。この経緯も加盟国間の共同歩調の困難を示している。

CAP 改革の困難

1970年代前半,国益と共同体益の対立が顕在化し,「再国民化」の危機が叫ばれたのは,農業の場合も同じであった。ハーグ会議の「完成」の課題は一応達成されたが,CAP の困難は続いた。イギリス加盟は,これを加速した。毎年の共通価格の設定は,引き上げ幅をめぐってフランスに代表される生産国とイギリスに代表される消費国の間の対立を招いた。価格保証政策の支出増加は,共同体財政を圧迫し続けていた。農業構造改革は,農業構造の違いから大規模経営と小規模経営のいずれを支持するかの対立から進展を妨げられた。価格と販路を保証されて供給は増加し,農産物過剰が累積した。独英は CAP の根本的改革を主張したが,フランスは CAP の既存の枠組みの存続を主張した。山岳地帯や「後進地帯」の農業構造改革への支援は,それを「国土開発」政策の課題とみなすフランスの反対に直面した。

国際通貨制度の混乱は,CAP の根幹を脅かした。CAP の基本原則のひとつである統一価格制度は,域内為替相場の安定を前提していた。それ故,為替相場の変動は CAP の正常な運営を妨げる。1969年8月のフラン切り下げによって,これは現実のものとなった。フラン切り下げは,フランスの農産物を競争上有利にするため,切り下げの影響を相殺するために,「通貨補償額 (MCM)」の制度が導入された。この結果,ドイツに輸出されるフランスの農産物は切り下げ幅相当の輸出税を課され,逆にフランスに輸出されるドイツの農産物は輸出補助金を受け取ることになる。当初,この制度は過渡的措置として導入されたが,その後,スネーク導入と変動相場制への移行に伴い,1972年から一般化された。しかしその後,フランスは MCM の廃止を要求したのに対して,ドイツは EMU 設立までそれを存続させることを要求した。結局,MCM は単一通貨の発行が決まる1992年まで存続した。国益優位のもとで CAP 改革は実現されず,後代に持ち越されたのである (Bussière, Dumoulin et Schirmann, 2006: 195-224)。

その他の共通政策

　ハーグ会議は他の分野にも共通政策を拡大した。そのひとつに社会政策がある。1970年12月,「雇用常置委員会」が設置され,「欧州社会予算」が設定された。1974年, 石油危機後の経済危機による失業問題の発生と社会運動の高揚をうけて, 1974年, 閣僚理事会は, 雇用の改善, 労働・生活条件, 共同体の決定への労使の参加と企業生活への労働者の参加を目標とする「社会活動綱領」を採択した。こうして, 社会進歩を共同市場によって実現される経済発展の帰結とみなすローマ条約の考え方に代わって, 共同体レベルでの固有の社会活動が初めて本格的に開始した (Barjot, 2007：206, 197-198)。

　1970年代には域外諸国との関係でも新たな展開が見られた。1963年のヤウンデ協定によって開始されたアフリカ諸国への通商上の特典は, イギリス加盟によってコモンウェルス諸国に拡大され, ロメ協定 (1975年2月28日) に結実した。これによってECはアジア・カリブ海・太平洋地域 (ACP) の46カ国と特恵的関係を結んだ。それは旧宗主国からの自立を求めるACP諸国の動きを踏まえ, 従来の「連合戦略」から「協力戦略」に転換する意図を示した。

政治協力と制度改革

　ハーグ会議は, 共同体が新しい国際状況の中で独自の役割を果たすために, 政治協力を目標のひとつに挙げた。会議の最終コミュニケは,「政治統合の分野における前進を実現する最良の方法」の検討を外相会議に委ねた。それを受けて起草されたダヴィニョン報告は, 前述のように, フランスの立場を尊重して政治協力の分野を対外政策の情報交換・協議に限定し, 具体的形態として, 外相会議と外務省高官の定期開催を提案した。

　しかし政治協力は, 対外政策の協議を可能にし, 1970年11月のミュンヘンにおける「欧州安全保障協力」会議の開催や1973年の「欧州アイデンティティー宣言」の採択に帰結した (Bossuat, 2005：125-126)。

　また, 9カ国への拡大に伴って, 多くのパートナー国と欧州委員会は, 欧州議会と欧州委員会の権限拡大を要求した。欧州議会の権限について, ポンピドゥーは予算コントロール権だけを認め, 支出の発議権を拒否した。また彼は, 欧州議会の直接選挙に反対を表明した。1972年10月のパリ首脳会議は, ポ

ンピドゥーの提案を受けて，1980年を目途に「欧州連合」を設立する目標を確認した。欧州委員会は，「欧州連合」の具体的形態として，各国政府から独立の人物から構成される「欧州政府」の発足を提唱した。これに対して，1973年10月，ポンピドゥーは，9カ国首脳の定期会談の開催を提案した。1973年12月に開催されるコペンハーゲン首脳会議は，この提案に沿った最初の首脳会議となる (Bossuat, 2005：128-130)。

　ポンピドゥーは，共同体の決定を国家のコントロールの下に置くことを望んだ。それ故，欧州委員会の役割は「研究と提案」に限定され，欧州議会の権限は，予算権限と選出方式を通じて制限されるべきであった。彼にとって，統合は国家が責任を持つ，「国家連合」の形態でしかありえない。その理由のひとつとして，彼は世論の状況を挙げた。彼によれば，世論は統合が国益の犠牲を伴うことを自覚していないため，一挙に国民の習慣や利害を損なう超国家的実体に決定を委ねようとするならば，世論が欧州思想に背を向ける恐れがあった。世論の状況も，ポンピドゥーの漸進主義的統合観を支えていた。

コペンハーゲン首脳会議と欧州アイデンティティー宣言

　1973年12月14—15日開催のコペンハーゲン首脳会議は，元来，ポンピドゥーにとって，政治協力の基盤を確立することが狙いであった。石油危機と第一次中東戦争において，欧州が共通の立場に立ち，統一した声を主張できないことが，彼にとって解決すべき課題であった。しかしブラント首相は，経済・通貨問題も議論の対象とすることを要求した。最終的に，会談は，主に国際舞台における政治協力と経済通貨問題の2つを議論することになり，後者については蔵相会議と経済相会議が別途開催されることになった (Bussière et Willaert, 2010：355-396)。

　政治協力については，「欧州アイデンティティー宣言」の採択が重要である。それはキッシンジャー米国務長官の発言への対応でもあった。1973年4月23日のニューヨークで行った演説において，キッシンジャーは1973年を「欧州の年」と位置付け，欧米関係を再定義する意向を表明した。演説は欧米共通の目標に基づいて「新大西洋憲章」を策定する意図を含んでいた。それは域内通貨協力の追求を始めとして，対米自立の動きを強めつつあるECへの牽制でも

あった。この演説は，イギリス加盟によってECの将来に不安を抱く欧州統合支持者の不安を搔き立てた。ポンピドゥーは，ドル危機への対応に対する不満から，すでに1971年以来，折に触れて経済，対外政策，文明モデルの領域で欧州アイデンティティーを確立する必要を訴え，アメリカとの立場の違いを強調していた。1973年に開始される関税及び貿易に関する一般協定（GATT）の東京ラウンドの準備段階で，独英両国とベネルクスの支持を得て，「2者交渉」によるGATTの制度的枠組みの変更と欧米間の通商関係の制度化を狙うアメリカに対して，ポンピドゥーはパートナー国に「共同体の運営に対するアメリカの介入」への警戒とアメリカ追随拒否を呼び掛けた。1972年1月の理事会は，フランスの主張に沿って，多角的交渉への支持を打ち出した。1972年10月のパリ首脳会議でも，彼はアメリカに対して欧州の独自性を確立する必要を訴えた（Bussière, 2003：163）。キッシンジャー演説は，EC側にアメリカとの違いや欧州の個性を確認する必要を強めた。ポンピドゥーのリーダーシップにより，コペンハーゲン首脳会議は欧州の知的，政治的，制度的基盤を定義するために，「欧州アイデンティティー宣言」を採択した（遠藤，2008：203-206；Olivi et Giacone, 2007：126-129）

　この宣言に表明された欧州の独自性の主張は，統合史上重要な意義を持っている。1950年代の開始以来，欧州統合は，冷戦のコンテクストの中で，西側世界の防衛の手段として位置づけられ，それ故アメリカの支援の下に進められてきた。宣言は，デタントという新しい国際関係の下で，ECが全体としてアメリカからの自立と欧州の独自の役割を初めて公式に表明した点で重要な転換を示している（Noël, Jeannesson et al., 2008：217）。

4　1970年代後半の再起動

欧州理事会の制度化

　ポンピドゥー時代の末期に停滞した統合は，1974年5月，ジスカール＝デスタン大統領の登場とともに新たな段階を迎えた。彼はシュミット首相とともに，仏独カップルを結成した。

　仏独カップルの下で，まず欧州理事会が発足し，統合の再起動のきっかけと

なる。共同体の創設以来，それまで7回の首脳会議が不規則的に開催され，その都度「時事問題」に緊急に対応してきた。しかし両首脳が誕生した頃，ECは理事会の機能麻痺と委員会の政治的弱体によって，袋小路に陥っていた。通貨危機と石油危機に加えて，1974年3月イギリスで政権に復帰した労働党のウィルソン政権は加盟の「再交渉」を要求していた。危機からの脱出には政治的リーダーシップが必要であった。経済状況の悪化は，経済統合の再起動に不利であり，制度改革によって意思決定プロセスを改革することが重要であった（Bitsch, 2007：236）。

　欧州理事会制度化の着想は，モネに由来するものであった。モネは統合の前進にとって政治的権威の重要性を痛感し，「欧州臨時政府」の構想を抱いていた。モネは，「欧州合衆国のための行動委員会」のメンバーである両首脳の誕生に期待を寄せ，2人に自らの構想の実現を託した。モネは，1974年9月19日，先ず，ジスカール＝デスタンと，次いで10月16日シュミットと会い，首脳会談の開催の必要を説いた。

　モネの意向を受けて仏独首脳は，1974年12月9—10日，パリで首脳会議の開催を決めた。この会議で，毎年3回，さらに必要があるたびに，「欧州理事会」を開催することが決定された。それは政府間協力の機関であり，「諸国家から成る欧州」というフランスの主張の具体化であった。また，フランスは，これと引き換えに，欧州議会直接選挙制の導入に同意した。同時に，欧州議会の予算権限の強化に対する反対も撤回し，議会は予算の却下権を認められた。議会は欧州委員長の罷免権も得た。また，全会一致の決定を非常に重大な国益に関わることに限定することによって，閣僚理事会の効率が改善された。こうして欧州理事会は，共同体制度との共生をはかった（Bossuat, 2001：202；Gerbet, 2009：303）。

　1977年6月のロンドン理事会は，ジスカール＝デスタンの提案に基づいて，理事会の使命を次の3つに確定した。すなわち加盟国首脳の意見交換，「欧州の声」を表明する宣言の採択，他の共同体機関によって既に検討された問題の解決である。こうして欧州理事会の制度化によって，強い政治的リーダーシップのもとに統合を進める条件が生まれた。

201

欧州議会直接選挙

パリ理事会の決定をうけて1976年9月のブリュッセル理事会で採択された議定書に基づき，1979年6月，第1回の欧州議会直接選挙が行われ，総数410名の議員が誕生した。議定書の作成は，各国の議員数の配分をめぐって難航した。欧州議会が作成した当初の配分案は，それまで行われてきた仏独伊均等の議席数を変えたため，フランスは拒否し，結局英国を含めて「4大国」均等の議席配分となった（Bitsch, 2007：239-242）。

投票率は国によって大きな違いがあったが，全体としては，国内選挙の投票率を若干下回る程度の「かなり高い率」であった（Bitsch, 2004：215）。フランスの投票結果は，社会党（23.5%）とジスカール＝デスタン派（27.6%）を合わせると過半数を上回り，欧州統合は信任された（Bossuat, 2005：147）。欧州議会直接選挙の導入は，1950年代以来，エリート主導で進められてきた統合プロセスに初めて市民の声を反映させる機会を与え，「市民の欧州」への道を開いた。

欧州通貨制度の誕生

ジスカール＝デスタンと仏独カップルの最大の成果は，欧州通貨制度（EMS）の実現によって，域内為替相場の安定に大きく貢献したことである。[2] ジスカール＝デスタンは，大統領就任直後から通貨協力の道を再開することを考え始めた。大統領就任前から，通貨統合には経済政策の緊密な調整が必要であることを指摘し，「経済同盟が論理的に通貨同盟に帰結する」との「エコノミスト」的立場を表明していた彼にとって，再起動はフランスの経済政策がドイツの方向に収斂することを要求する（Affinito, Migani et Wenkel, 2009：220）。

フランスの通貨問題への取り組みの再開は，1974年9月，フルカド経済財務相が閣僚理事会に提出した覚書によって開始された。覚書は，共同体債の発行，加盟国間決済に使われる計算単位の導入とスネークの規則の変更を提案した。スネークの規則変更の内容は，弱い通貨国の負担を軽くし，強い通貨国を為替安定に一層関与させることであった。フルカド自身は，フランスのインフレ率を月1%に下げることを目標として，3月と6月の2回，反インフレの引き締め政策を提案しており，大統領同様，「エコノミスト」の立場に近かった（*ibid*, 220）。ともあれ，フルカド覚書は，閣僚理事会，通貨委員会，中央銀行

総裁会議など，各種の機関で議論をよんだが，「どの国の支持も得られなかった。」また，当時，フランス経済財務省内でも，通貨協力への取り組みの再開には抵抗があった。フランスはスネークを離脱していたし，シラク政府は1974年末から，景気振興のための拡張政策に転換していたから，明らかに状況は不利であった（Berstein et Sirinelli, 2006）。

しかし1975年には，状況変化の兆しが現れた。経済財務省国庫局長は，1975年4月，「数年前，経済と通貨の統一のいずれが先行すべきかについて行われた論争は，今日乗り越えられたように見える。経済政策の収斂なしには欧州諸国間の通貨の連帯はありえないことは誰の目にも明らかとなった」，と指摘した（Affinito, Megani et Wenke, 2009：222）。1976年には状況変化はさらに明白となった。1976年8月，バール首相は徹底した自由主義的着想の引き締め政策に転換していた。ドイツのシュミット首相は，アメリカのドル下落放置が国際通貨危機の根本原因とみなし，フランスの政策転換を評価し，欧州の通貨連帯の意義を認め始めていた。1977年10月，ジェンキンス欧州委員長がフィレンツェで演説し，通貨同盟に関する議論の再開を呼びかけた。仏独両首脳は，ジェンキンスの呼びかけを受けとめ，EMSに関する討論の再開に本格的に乗り出した。

仏独カップルの政治的主導の下に行われた再開は，仏独いずれかの通貨の国民文化を押しつけることなく，「フランス流のマネタリズム」と「ドイツ流のエコノミズム」の混合に基づいて行われた（Berstein et Sirinelli, 2006）。彼らは，加盟国間の通貨連帯によって，変動相場制を調整可能な固定相場制と置き換えることを目指した。それは「欧州版ブレトンウッズ協定」と呼ばれた。

1978年4月のコペンハーゲン理事会でジスカール＝デスタンは，欧州通貨安定の必要を強調し，会議は次回のブレーメン理事会までに「欧州通貨安定圏」結成のための検討を行うことを決定した。同年6月，ジスカール＝デスタンはシュミットを訪ね，欧州通貨単位としてのエキュ（ECU）を新しい安定制度の中心に置くことが合意された。しかし通貨危機の場合の介入制度の内容について，仏独間には依然対立が残っていた。ドイツは，介入の必要を少なくするために，できるだけスネークに近い制度を望んだ。フランスは，スネーク離脱国と新規参加国が当初大きい変動幅を認められるように，スネークの制度の変更

を望んだ。ドイツ国内では，中央銀行（ブンデスバンク）がフランスの希望する制度変更に抵抗していた。意見調整は1978年7月6―7日に開催されたブレーメン理事会の場に委ねられた。

結局，基本的にジスカール＝デスタンの主張に基づいて，ブレーメン理事会でEMSの大綱が決定され，さらに1978年12月のブリュッセル理事会は，正式に1979年からのEMS発足を決定した（実際の発足は1979年3月）。EMSは，為替相場メカニズム，欧州通貨単位ECUの導入，通貨準備の共同に基づいた相互信用制度の3原則から成り立っていた。為替相場メカニズムは，スネーク同様，基本的に上下2.25％の変動幅を許容したが，弱い通貨国にはより大きい変動幅が許容された。またスネークとは違って，変動幅以上に上昇する通貨も介入の対象となった。欧州通貨協力基金は加盟国中央銀行の準備の20％の共同によって形成され，スネークに比較して，はるかに為替介入の基盤が強化された。こうして1960年代末から開始されたEMU形成の試みはひとつの到達点を迎えた。1979年は，EMS成立によって，転換の年となる。

おわりに

冒頭で指摘したように，この10年の前半は，統合の再起動による前進によって特徴づけられるが，国際通貨危機の激化と石油危機の勃発という外的衝撃のもとで，それに対する対応をめぐって，1970年代半ばにECはふたたび分裂状況を露呈し，統合は停滞した。しかし後半になると，再建された仏独カップルを推進力として，統合はダイナミズムを取り戻した。

しかしこのダイナミズムの回復は，統合の質的変化を内包していた。ひとつの変化は，各国の経済政策の収斂が進んだことである。いまひとつの変化は，欧州理事会や欧州委員会など，欧州機関の役割が強まったことである。「自由主義的欧州」と「組織された欧州」という統合史を貫く統合の2つの方法に関連付けるならば，前者の変化は統合の方向が「自由主義的欧州」に傾斜したことを意味する。1980年代は，1970年代に胚胎したこれら2つの変化をさらに強めるが，1981年のミッテラン政権の登場は，その行く手を阻む最後の賭けとなる。

注

1) 以下，通貨協力の詳細については，権上，2006参照。
2) 以下，EMS成立過程の詳細については，権上，2010参照。

【参考文献】

Affinito, Michele, Migani, Guia et Wenkel, Christian (dir.), 2009, *Les deux Europes*, Peter Lang.
Barjot, Dominique (dir.), 2007, *Penser et construire l'Europe (1919-1992)*, SEDES.
Bernard, Jean-René, Caron, François, et al. (dir.), 1995, *Georges Pompidou et l'Europe*, Complexe.
Berstein, Serge et Sirinelli, Jean-François (dir.), 2006, *Les années Giscard Valéry Gicard d'Estaing et l'Europe*, Armand Colin.
Bitsch, Marie-Thèrése, 2007, *La construction européenne, Enjeux politiques et choix institutionnels*, Peter Lang.
――, 2004, *Histoire de la construction européenne*, Complexe.
Bossuat, Gérard, 2005, *Faire l'Europe sans défaire la France*, Peter Lang.
――, 2001, *Les fondateurs de l'Europe unie*, Belin.
Bussière, Eric, 2003, *Georges Pompidou face à la mutation économique de l'Occident 1969-1974*, PUF.
Bussière, Eric et Willaert, Emile, 2010, *Un projet pour l'Europe, Georges Pompidou et la construction européenne*, Peter Lang.
Bussière, Eric, Dumoulin, Michel et Schirmann, Sylvain (dir.), 2006, *Milieux économiques et intégration européenne au XXe siècle*, Peter Lang.
Du Bois, Pierre, 2008, *Histoire de l'Europe monétaire 1945-2005*, PUF.
Du Réau, Elisabeth et Frank, Robert, 2002, Dynamiques européennes. Nouvel espace, nouveaux acteurs, 1969-1981, Publications de la Sorbonne.
Eck, Jean-François, 2009, *Histoire de l'économie française de la crise de 1929 à l'Euro*, Armand Colin.
Frerejean, Alain, 2007, *C'était Georges Pompidou*, Fayard.
Gerbet, Pierre, 2009, *Dictionnaire historique de l'Europe unie*, RFI.
Grosser, Alfred, 1989, Affaires extérieures. La politique de la France, 1944-1989, Flammarion.
Leboutte, René, 2008, *Histoire économique et sociale de la construction européenne*, Peter Lang.
Noël, Gilbert, Jeannesson,S., et al. (dir), 2008, *Penser et construire l'Europe (1919-1992)*, Atlande.

Olivi, Bino et Giacone, Alessandro, 1998, *L'Europe difficile, La construction européenne*, Gallimard.

Actes du colloque Bercy, 2002, *Le rôle des ministres des Finances et de l'Economie dans la construction européenne (1957-1978)*, Comité pour l'Histoire économique et financière de la France.

遠藤乾編, 2008『ヨーロッパ統合史』名古屋大学出版会。

権上康男, 2005「ヨーロッパ通貨協力制度『スネイク』の誕生（1968—73年）」『エコノミア』56巻1号。

――, 2006「ウェルナー委員会とフランスの通貨戦略（1968—1970年）」『経済系』第227集。

――, 2010「ユーロ・ペシミズム下の仏独連携（1974—1978年）――EMS成立の歴史的前提」『横浜商大論集』第43巻2号。

――, 2010「欧州通貨協力制度『EMS』の成立（1978年）」『横浜商大論集』第44巻1号。

第8章 「我らの祖国はフランス，我らの未来はヨーロッパ」
——ミッテランによる再起動とドイツ統一（1981—1992年）

吉田　徹

はじめに

　1980年代のフランスと欧州は，多くの政治的出来事と構造的変動に見舞われたが，同年代の始点と終点から眺めることができる。始点から眺める時，それはフランスの国内政治のプロセスと欧州統合のプロセスがかつてないほど相互に影響を与え，国内政治と外部としてのヨーロッパがいわば融合しつつ，「欧州政治空間」の地平が切り拓かれていく時代に位置づけられる。他方，終点から見返した場合は，それまで独仏タンデムによって「フランスのヨーロッパ」を築きあげてきたフランスの地位が，相対的に低下していく時期の始まりとしてみることができる。1970年代が「欧州動脈硬化症（Eurosclerosis）」や「欧州悲観主義（Europessimism）」の時代として記憶される一方，1980年代は多方面のアクターのアイディアやイニシアティヴが共鳴しあって生まれた「欧州の再起動（Relance Eurpéenne）」の時代に当たるが，これはまた，フランスが新たな経済環境の中で「ヨーロッパ化」されていく端緒ともなったのである。

　大統領を1981年から95年まで二期務め，「欧州統合の父」の1人としても数えられるフランソワ・ミッテランは最晩年，次のように述べたという。

> 「私は，ド・ゴールの列につらなるという意味での最後の偉大なる大統領かもしれない。（略）なぜなら，これからはヨーロッパやグローバリゼーション，不可避な制度の発展があるからだ。将来もこの政治体制は第五共和制と呼ばれ続けるだろう。しかし，何ひとつとして同じでなくなる。これからの大統領は「スーパー首相」のようにはなっても，弱い立場に置かれるだろう」（cited in Benamou, 1996：159）。

1970年代のオイルショックと続く福祉国家の危機は，1920年代と1950年代に欧州の未来像として構想された「競争市場によるヨーロッパ」か「統制経済によるヨーロッパ」かという二項対立を，どのように調和させていくべきか，との問いを再び突きつけることになった (Bussière, 2007)。その過程では，フランスのそれまでの国家や市場のあり方が反省の対象となり，そしてこれを新たに補完するものとして欧州統合の推進が模索されることになった。そして，1979年に誕生した英サッチャー政権による新自由主義の試みは，欧州という地平を介して，ミッテラン大統領のいう「社会的（ソーシャル）ヨーロッパ」との対決を果たすことにもなるのである。

欧州はさらに，スペインとポルトガルを1985年に新たな加盟国として迎え，国境を越えた「ヒト・モノ・カネ・サービス」の自由移動の制度化に本格的に着手，「単一市場」の実現に向けて加速していった。フランスは，1950年代からそうであったように，欧州統合という制度的枠組みを利用して，国際環境に適合するフランス経済の「近代化」を達成しようとした。その結果，欧州統合の進展によってフランスを強化しようとし，それと同時にフランスが欧州統合の中に「埋め込まれて」いくという，過去のサイクルが1980年代に再現されることになった。

左派政権による政権交代，単一欧州議定書（SEA），保革共存（コアビタシオン），冷戦の崩壊とドイツ統一，そしてEUの創設をみる1981—92年に見られた出来事と変動は，反発と相互関連を強めながら，1990年代の欧州統合の経路を決定付けていくことになる。

1　ミッテラン選出と「社会主義プロジェ」の開始

フランスの1980年代は，1981年5月に選出されたミッテラン大統領と続く社会党政権の誕生とともに始まったといえる。自身にとって3度目の挑戦となるこの大統領選の決選投票で，ミッテランは前職ジスカール＝デスタンを僅差で破り（得票率51.82％），第五共和制下では初めての左派大統領が誕生した。ミッテランが選出されたのは，保守陣営の分裂に加え，失業率が戦後最高の8％を記録，インフレも12％を越える高水準となり，大統領ジスカールと首相

バールのコンビによる緊縮財政政策に有権者が不満を募らせていたためでもあった（Lancelot, 1986）。戦後フランスの社会経済の発展を意味する「栄光の30年間」の終焉が予感される中，これに代わる新たな「構造改革」が模索され，国民の期待を担ったのが「フランス流の社会主義」を謳ったミッテラン政権だったのである。大統領は当選直後に解散権を行使，翌月の下院選挙で，自身が1971年から率いてきた社会党を与党の座に導いた。共産党との連携もあって社会党は269議席と大躍進を遂げ，23年ぶりに政権を預かることになった。[1]

　問題は，この政権が掲げていた公約にあった。経済危機から脱出するため，モーロワ社共連立政権は最低賃金の引上げ，労働時短，社会保障手当ての上乗せなどの典型的な有効需要創出政策を敷き，さらに国内経済の2割弱を国有化部門へと繰り入れることで，雇用悪化を食い止めようとした。もっとも，こうしたリフレ策は，さらなるインフレと国際収支の悪化をもたらすことになった。社会党政権が誕生する2年前，イギリスではサッチャー保守党政権のもと，それまでの「戦後コンセンサス」の破産宣告をした新自由主義改革が進んでいたことを考えれば，今ではこれらの政策が「逆コース」を歩むものであったことは明白である。しかし，ミッテランのリーダーシップに引きずられ，ジスカール時代の自由主義的政策と対峙する中で野党としての地歩を固めてきた社会党にとって，危機以前に正統性を得ていたケインジアニズムと伝統的なディリジズム（国家による経済の指導・方向づけ）との組み合わせによって経済危機を打破しようとしたのは，合理的な政治的な戦略でもあった（吉田，2008a）。1975年のシラク首相のもとで実施された大々的な財政支出と比較すれば，その規模も，必ずしも大きいものとはいえなかったのである（Fontenau et Muet, 1985）。

　欧州統合に関していえば，ミッテラン大統領の公約（Manifeste）「フランスのための110の提案」は，「ローマ条約の厳格な遵守」を掲げ，EECの諸機構の民主化，「共通の産業政策」による雇用の確保，日米の経済的脅威に対する保護措置などを掲げていた。呼応するかのように，党の選挙公約である「フランスのための社会主義プロジェ」も，欧州統合の枠組みを尊重する一方で，統合過程の自由主義的かつ市場中心的な性格を是正することを訴えていた（Mitterrand, 1981=1986, Parti Socialiste, 1980）。第五共和制の政治的配置に対応する形

で1970年代に再結党した社会党は,内部に社会主義インターの流れもあり,欧州統合プロジェクトそのものに対しては原則的に積極的だった。しかし,その欧州統合に対する態度は,野党であるという「地位」と,どのような欧州統合を目指すのかの「具体性」とのバランスから,相対的に規定されていたものだった。すなわち,社会党のヨーロッパに対する「ウイ」は常に「ノン」を内在させていた(Lemaire-Prosche, 1990)。社会党の前身であるSFIO(労働者インターナショナルフランス支部)がEDCをめぐって紛糾したのも,その両義的な態度に起因していたし,また1970年代には市場経済を前提とする統合過程に批判的な党内のマルクス主義グループ・社会主義研究調査教育センター(CERES)の影響も大きかった。それゆえ,野党時代の社会党は,まず国内で社会主義を実現し,その後に欧州全体を社会主義的政策へと転換させるという,ある種の二段階革命論を提示することによって,欧州統合にまつわる争点を先送りするのを常とした。政権交代に続く最初の2年間は,こうしたフランス経済の危機と欧州統合が無媒介なまま並立されたままになっていた。後述のように,フランスの「社会主義」と欧州統合の「市場」とが衝突し,大きな政策的な転換が導かれるのは,政権の初期の政策が一巡した1982年後半からのことである。

　ミッテラン時代の外交政策の特徴は,対ソ関係によって規定される大西洋主義(対米協調),欧州統合政策,そして第三世界主義にあったが(井上,1997;2001),当初はフランス社会主義の具体化が優先されて,欧州統合は相対的に後景に退いていた。ミッテラン大統領は,1981年10月のルクセンブルグ欧州理事会で「欧州社会空間(Espace Social Européen)」[2]の構築を訴え,翌年6月のヴェルサイユ・サミット(G7)では先進国間の協調による通貨金融市場安定と共同技術開発の必要性を唱えた。これはもっとも,各国間協調による財政出動によって経済を再生,雇用状況を改善し,産業技術開発でもって経済競争力を確保しようとする,自国の政策方針を国際社会に当てはめた「国内類推(ドメスティック・アナロジー)」[3]に基づく企てだった。

　しかし,こうしたミッテラン社会党政権の構想は現実性に欠いたばかりでなく,当時のEECでの最大の懸案であるイギリスの予算還付要求問題("BBQ")[4]と比べれば喫緊の課題とはいいがたく,さらに西独へのユーロミサイル配備の

同意と引き換えに期待していた西ドイツ社民党政権からの支持も、社民党の連立パートナーの自由党（FDP）の反対と、同国の厳しい財政事情から、得ることができなかった。ミッテランが1981年夏の記者会見で述べたように「サッチャー婦人をミッテランディズムに改宗させることなどは幻想」に過ぎなかったことは、時間を追うごとに明白になりつつあった。ヴェルサイユ・サミットでも、ドルの為替水準是正や国際的枠組みによる産業投資など、政権が重視したアジェンダは、特にアメリカのレーガン政権の無視にあい、頓挫することになった。

2　「社会主義」か「欧州統合」か

政権が発足してから1年、経済情勢は好転するばかりかインフレと失業率の悪化は止まらず、マルク高・フラン安から国際収支の赤字は月を追うごとに膨らみ、歳出増加に伴って財政赤字は増え続けた。それでも政権は、当時のモーロワ首相が回顧するように1982年に入ってからも「ケインズ的なフィクションの中」にまどろんでいた（Mauroy, 2004 : 214）。四半世紀ぶりの政権奪取と高い支持率に支えられていたミッテラン大統領と社会党政権は、足元の変調に気付くのが遅れ、対処は後手に回った。

それまで無関係なままに認識されていたフランス社会主義と欧州統合の遭遇は、フランの為替レートの問題となって表れる。前政権のもとでスタートしていた欧州通貨制度（EMS）は準固定相場制であるから、加盟国通貨の為替平価（為替変動の中心的相場）からのオーバーシュート（乖離）は許容されない。域内の事実上の「アンカー通貨」たる西ドイツ（以下ドイツ）・マルクとの許容乖離幅（4.5％）がほぼ2年ぶりに超えたのをきっかけに、EMSからの離脱圧力が継続的にフランにかかり、フランス中銀はその度に市場介入して自国通貨を買い支えなければならなかった。フラン防衛とインフレ抑止のため、1982年6月に欧州経済財政相会議（ECOFIN）の場で、政権発足後二度目となる各国間の平価調整とともにフラン切下げが決定され、その直後に戦後初となる給与と物価双方の4カ月間に渡る凍結が閣議決定された。ここで、社会党政権は社会主義的政策と欧州統合の制度との間に股裂きに合うことになったのである。

フランスの主要貿易相手国であるドイツやイギリスが，とりわけ保守政党による政権交代を経て緊縮策をとっていたことを考えれば，欧州の只中でフランスによる「一国社会主義の実験」が有効性を持ちえなかったのも確かである。そもそも，開放経済のもとでは金融政策の自律性と資本の自由移動，そして為替レートの安定の3つを成立させることは困難である（「マンデルのトリレンマ」）。首相や蔵相会談の場でも，特にドイツ側は，フランスの政策に歩調を合わせることを拒否した。国際経済交渉の矢面に立ち，国内改革の「休止」を政権内で訴えた蔵相ドロールが，この時期にすでに「グローバリゼーションが存在した」と懐述するのは，正鵠を射ているだろう（cited in Lacture et Rotman, 2000：138）。

　1983年初頭までに，政権の選択肢は2つに絞られていた。ひとつは，公約に従って財政支出を続けると同時にEMSから離脱し，フラン安を導くことで輸出回復に期待する政策である。限定的な輸入制限をかけて，国内企業を政策的に保護しようしたことから，これは「アルバニアン・オプション」と呼ばれた（Bauchard, 1986）。もうひとつは，止め処もないフラン切下げを諦め，放漫財政によるモラル・ハザードを防ぐため，デフレ策を敷いてフランス経済構造の体質強化を図る政策だった。2つの異なる方向性をめぐって経済閣僚，大統領官邸および首相官邸スタッフ，官民ブレーンの間でも意見は対立し，ミッテラン大統領も自身の立脚点を探りながら，この2つの選択肢の間で迷走をした。ミッテランは1983年になって，側近に「私は欧州建設と社会正義という2つの野心の間で迷っている。EMSは前者のために必要だが，後者のための自由を制約している」（cited in Attali, 1996：399）と打ち明けるようになる。

　社会党の支持基盤である労働者・中間層の購買力を増加させて国内格差を是正，並行して国有化企業の市場シェアを拡大して，投資の呼び水とする──実際には国内産業は予想するよりもはるかに脆弱で，購買力増はむしろ輸入増（貿易収支の悪化）とインフレを生み，また世界経済の急激な減速もあって，新政権のこうした目論見は泡と帰した。ミッテラン大統領は，1983年3月の地方選での社会党の苦戦を確認して，三度目のフラン切下げを了承，ブリュッセルでの欧州理事会後，「欧州共同体からフランスを孤立させること」を回避し，欧州を「世界の中の有数のパートナー」とするため，「ドロール・プラン」と

呼ばれたより厳しい財政・金融の引締めと内需の削減実施をテレビで宣言した。この1983年3月の時点をもって，ミッテラン政権の重心はもはや「社会主義」ではなく「欧州統合」に置かれていくことになったのである（吉田，2008b）。

この政策的転換をもって，1980年代半ばにかけて失業率は改善しないまでも，賃金上昇率が抑制されたことで，フランスはドイツに比する低インフレを実現させた。この「競争的ディスインフレ（Désinflation Compétitive）」と呼ばれることになった政策の継続が，1990年代の通貨統合の実現に結びついたことは，強調されるべきだろう。

国際システムによって国内政治の再編が促される現象を，「逆第二イメージ」（Gourevitch, 1978）などと呼ぶ。その典型のようにみえるミッテラン社会党政権の転換はしかし，国内では棄却された社会的次元を欧州統合の次元で実現しようという，「反作用」を持ったことにも注意しなければならない。「欧州社会空間」——後に「社会的ヨーロッパ」と呼ばれ，1989年の「EC社会憲章（労働者の基本的社会権の共同体憲章）」に結実する——は，当初のミッテラン自身の構想と比べれば，乏しい成果しか生まなかったかもしれない。何れにしても，政策方針の転換によって，政治的正統性と政権の求心力は，欧州の政治次元に求められることになった。

ミッテランは，社会主義者として最終的に欧州統合の前に屈したのか，それとも欧州主義者であるゆえに社会主義を棄却することになったのか——この点について歴史家の評価は二分されている。第四共和制下で史上最年少の大臣としてスタートさせた政治キャリアをみれば，前者の評価が妥当である一方，1996年1月の逝去に際してコール首相が「偉大な欧州人」と称したように，政策転換以降の取り組みをみれば，後者の解釈が優先される。何れにせよ，自身が述べたように，ミッテランは「まず行為で自分を表現する」政治家であった（ミッテラン・ウィーゼル，1995：1）。

フランス政府は，1983年末に報告書「欧州の新しい局面（Une Nouvelle Étape pour l'Europe）」を公表，ここで①欧州の競争力と雇用の回復のための共通の政策，②そのための規模の経済の実現，③企業の経済活動の標準化を提示した。提示された論点は何れも，政権交代直後からフランス国内経済の弱点として認

識されていた点だった（Saunier, 2005）。1982年5月に欧州委員会が提案し，情報技術部門投資を多年度で行う「欧州戦略報技術研究開発戦略計画（ESPRIT）」をフランス政府が強く支持したのも，もともと強力な産業政策と制度を持ち，社会主義プロジェの方向性とも親和的な「ハイテク・コルベール主義」（Cohen, 1991）の志向があったからだった。こうした多国間協力による研究開発技術を梃子にした競争力強化の構想は，米「スターウォーズ計画（SDI）」に対抗する形で1985年にスタートし，EC加盟国に限定されない研究開発プロジェクト「欧州先端技術共同研究計画（EUREKA）」にも手渡されていく。こうしたECによる基金の創設と各国による協調的な開発は，様々な技術的基準の統一を含む，汎欧州的な市場を要することになる。

フランスの新たな欧州戦略は，イギリスの支持を取り付け，共同体への拠出金増額に消極的なドイツに対する交渉力を獲得する手段となることも期待された。もっとも，1983年12月のアテネ欧州理事会は，それまでと同じく英還付金問題で紛糾し，共同宣言すら出せずに終わっており，欧州統合推進のための新たな突破口が待たれていた。

3 フォンテンヌブローでの再起動

ド・ゴールとミッテランの外交スタイルは類似しつつも，前者が「ナシオン」を基盤とした「フランス」のリーダーであったのに対し，ミッテランはむしろ「現実的というよりもレトリカルな社会主義」のリーダーたろうとした（Moïsi, 1995：850）。フランスが1984年前期にEC議長国となるタイミングを捉え，国内の社会主義建設から撤退したミッテランの行動は精力的だった。欧州問題担当相として，政治キャリアを長らくともにした議員デュマを，大統領府スタッフには精鋭の親欧州派を任命し，半年間に30以上もの首脳会談をこなして，欧州統合の再興を準備した。政権内のアクターをなるべく排除する形で，欧州統合の案件が大統領補佐官のアタリ，ギグー，大臣デュマといった自身の側近たちを中心に構想されていくようになるのもこの頃からである。併せて，政府の対外的姿勢も，1981—82年にみられたような「フランスは，要求する」ではなく，「もしかしたら，すべきかもしれない」というトーンに変わって

いった (Delors, 2005：43)。

　1984年は，大統領としての権威と能力をみせつけたミッテラン外交の最も輝かしい時期であり (Moreau Defarges, 1985)，欧州委員会の元スポークスマンの言葉を借りれば「欧州を危機から救うのに決定的」な瞬間ともなった (Olivi, 1998：283)。1984年5月，ミッテランは欧州議会で，「多速度的（マルチスピード）な欧州」の現実に触れつつ，「和解と結集，暴力と血によって引き裂かれた人民を共通の企てでつなぐ段階」を過ぎた今，必要なのは「才能と能力を集めて（略）ヨーロッパがヨーロッパとして成就すること」だとして，ECの機構改革や共通の電子技術・宇宙開発・運輸・文化政策を完遂するための拠出金引上げを訴えた。

　もっとも，フランスが議長国として提示した内容は全くの独自案ではなかった。それまでに，共通外交を通じて欧州強化を提案したゲンシャー＝コロンボ独伊両外相の「欧州議定書計画（Projet d'Acte Européen）」（「ゲンシャー＝コロンボ・イニシアティヴ」，1981年5月），共通農業政策（CAP）予算改革や共同体政策の拡充を唱えたトルン欧州委員会の「第二世代のヨーロッパ報告書」（1981年6月），さらに大幅なEC機構改革を主張するイタリアのスピネッリ欧州議員らの手による「欧州連合条約草案」（1984年2月に欧州議会で採択）など，数多くの構想が蓄積しつつあった。これら提言のエッセンスも，初めて議長となったコール西独首相の音頭で，1983年6月のシュトゥットガルト欧州理事会の「欧州連合に関する厳粛なる宣言」の中ですでに言及されていた。ミッテランも，先の欧州議会演説でこれら諸イニシアティヴに言及しており，むしろ1970年代の相対的な停滞を打破したいという機運が高まる中，改革を実現する「政策の窓」（Kingdon, 1995）を開いたのがミッテランだったというべきだろう。

　中でも，シュトゥットガルト欧州理事会でも解決をみず，改革の大きな障害となっていたのが英予算問題であり，これは議長国フランスのリーダーシップによって初めて解決に向かうことになった。そのため必要とされたのは，1981年から冷え込んでいた仏独タンデムの復活だった。ミッテランはエリゼ条約20周年を記念する1983年1月の西独連邦議会での演説で，核弾頭搭載が可能な米パーシングⅡミサイルの西独配備を正式に支持した。ミッテランの外交補佐官だったヴェドリーヌがいうように，1979年から新冷戦が本格化し，フランスは

「(強固な―筆者註)アメリカと西ドイツ関係を，暗黙の了解とせざるをえなかった」(Védrine, 1986：291)。しかし，このミッテランのミサイル配備支持表明は，外交政策でNATO重視を打ち出し，アデナウアー外交の後継者を自認していたコールとの関係改善の大きなきっかけとなった (Bitterlich, 2005)。

舞台の準備が整った1984年6月25―26日に開催されたパリ郊外フォンテンヌブローでの欧州理事会で，サッチャー首相はミッテランとコールによる包囲網に直面した。自国軍がベルリンに駐留し，ともに唯一のEC拠出金持ち出し国であるイギリスが，ドイツの離反にあったことの意味は大きかった。会議2日目に入っても，還付水準の交渉を続けようとするサッチャーに対して，コールは65％というフランス議長案を呑むように促し，ここに過去5年間に渡ってEC改革を妨げていた英予算問題は決着を見た（最終的に66％で決着）。翌日の記者会見で，トルン欧州委員長を従えたミッテランは「かなり長くもかなり具体的な作業の結果」が日の目を見たとし，欧州建設への取り組みが「1984年の現実世界で望み得る限り新たな地平で再出発する」ことを宣言した。新たな政策領域として科学技術と文化協力を含めることも合意され，統合のより一層の推進のための条件が整ったのだった。

同理事会では，ミッテランが「スパーク委員会II」と呼び，欧州共同体の制度改革を検討することを任された「アドホック委員会（通称ドゥーグ委員会）」の創設も決定され，ローマ条約改正のための政府間会議（IGC）の議論の叩き台を準備することも決定された。同時に，市民の権利と自由移動を検討する，通称アドンニーノ委員会も結成され，これが1985年6月のシェンゲン協定（個人への国境査証の放棄）へとつながっていくことになる。

フォンテンヌブローのさらなる成果のひとつは，スペインとポルトガルの加盟が了承され，共同体が12カ国体制となることが決まったことだった。ド・ゴール派と共産党が反対し，安い農産物の流入を恐れる農民層の声を背景に，スペインとの国境でデモが続く中での決定だった。スペイン加盟にそれほど積極的ではなかったミッテランも，同国の1982年10月総選挙でスペイン社会労働党（PSOE）が勝利して，輸出の自主規制を表明して以降，加盟支持の態度をとるようになっていた。1970年代半ば以降，欧州で「民主化の第三の波」が実現したのは，欧州統合によってもたらされる利益による「デモンストレーショ

ン効果」も大きかった（Huntington, 1991）。民主化の原因と結果でもある欧州共同体によって，1981年のギリシャ加盟に続き，スペイン・ポルトガルの加盟が認められたのは必然でもあった。

他方，理事会直後の1984年7月には，それまでの国内改革で疲弊し私学教育改革案で躓いたモーロワがミッテランの判断で更迭され，ポストは37歳の史上最年少首相となるファビウスに替わられていた。過去2回のフラン切下げと緊縮策でも内閣改造を伴ったように，また後の1992年のマーストリヒト条約の国民投票を前に首相を交代させたのと同じく，欧州統合と国内政治を融合させる手法は，こうしてミッテラン時代のフランスに固有なものとなっていった。

4　ドロールと「社会的次元」の登場

1980年代半ばからの「欧州の再起動」では，首脳同士の友好を基盤とする仏独関係の再構築だけではなく，さらに両者の後押しを受けて，蔵相から1985年に欧州委員長に就任したドロールのリーダーシップが果たした役割もあった。財務相としてそれまで辣腕を奮っていたドロールは，ファビウス内閣の発足とともに行き場をなくし，他方でコール首相始め各国首脳からの信任が厚いことから，新委員長として歓迎された。サッチャー英首相も，ミッテランが当初推挙したシェイソン（モーロワおよびファビウス内閣での外相）に代わってドロールが推挙されると，これを支持した。皮肉なことに，欧州委員長としてのドロールの政策は，その後サッチャー政権の欧州政策としばしば衝突するようになる（Endo, 1999）。

ドロールは，フランスでは有力な政治勢力として結実しなかった左派キリスト教民主主義の世界で，そのキャリアを築きあげてきた。彼は，CFTC（仏キリスト労働同盟，後のCFDT「仏民主労働同盟」）のエコノミストとして活躍し，その後シャバン＝デルマス首相官房で，社会の自由化と労働者参加を唱えた「新しい社会」（1969年）の理論家として名を馳せた。このシャバンの構想がポンピドゥー大統領を始めとするド・ゴール派によって潰されると，ドロールの経済知識は大統領選を目指すミッテランに見出され，1970年代後半から再び表舞台に立つようになっていた。もっとも，ミッテランがドロールを「首相にす

るには社会党にとって左派的でなさ過ぎる」と評したように（Delors, 2004：168），そのプラグマティックな心性は，官邸・官房のネポティズムと閣内の派閥政治の中で余りにも「自信に欠け，自尊心が強く，ナイーブに過ぎる」嫌いがあった（Grant, 1994：249-250）。これ以降，ドロールはミッテランからの首相就任要請（1992年），党からの大統領選出馬要請（1994年）も断って政界から距離をとり続け，自身の官房出身であるパスカル・ラミーといったフランスの最も優秀なテクノクラートと協力して，グローバル経済に飲み込まれる欧州経済の新たなモデルを模索し続ける。

　ただし，ドロールの哲学は必ずしも確固としたものではなかった。委員長就任直後のドロールは，域内の経営者・労働者団体をパートナーとする「欧州労使対話（通称ヴァル・デュシェス会議）」を打ち上げたことにみられるように，欧州統合の社会的次元の掘り起こしを試みた。しかし他方で，企業の自由活動と規制の調和によって欧州域内市場を目指した委員会の「域内市場白書」を支持，各国間の合意を最優先させるプラグマティックな姿勢も貫いた。1970年代に欧州委員を務め，独英両国での議員経験もある社会学者ダーレンドルフの言葉を借りれば，ドロールの立場は「ケインズとフリードマンの驚くべき混合」にあった（Dahrendorf, 1982：250）。

　それでも，欧州統合の制度的側面の深化と，市場による統合推進という，しばしばトレードオフに陥りがちなベクトルがドロールによって結合された点は重要である。SEA発効直前の1987年２月，欧州委員会はフォンテンヌブロー理事会の決定事項を具現化させた報告書「単一議定書を成功させる」を公表，逼迫するCAP予算の抑制と拠出枠の拡大，そして域内の地域間格差是正を目的とするEC構造基金の倍増を訴えた。このいわゆる「ドロール・パッケージ」は，英独の反対を受けつつも，翌年に最終的に認められ，単一市場によって完成させられる「市場」と，これを補完する「社会」を望みうる高い次元で連結させる方向を決定的なものとしたのだった。

5　単一欧州議定書への結実

　「本物の政治体（Genuine Political Entity）」を求めたドゥーグ委員会の報告書

第 8 章 「我らの祖国はフランス，我らの未来はヨーロッパ」

がブリュッセル欧州理事会の場に提出されたのは，このドロールが委員長に就任してから3カ月後の1985年3月のことだった。これを受けてミッテランは，西独側と緊密に連携しながら次期ミラノ欧州理事会に向けたメモランダム（『欧州の建設に向けた進展』）の作成を指示し，技術開発と域内市場に加えて，通貨統合を正式にアジェンダに載せようとした（Bossuat, 2005：473）。一方，ドロール委員会も，ヒト・モノ・カネ・サービス自由移動のための300の措置を並べ，1992年までに単一市場完成を目指すとした英コーフィールド卿の手による「域内市場白書」をそれまでに完成させていた。

しかし，フォンテンヌブローで蒔かれた種の成果がミラノで収穫されようとしていたところに，水を差したのが当のフランスだった。ミラノ理事会の前日，先のメモランダムをベースに仏大統領府と西独首相府の間で練られていた「欧州連合条約」が，両国の共同コミュニケとして突如発表された。ミッテランの主席補佐官アタリが「新たなシューマン宣言」と呼び，対するドロールが「第二のフーシェ・プラン」と呼んだこの新条約案は，共通外交を調整する欧州連合の事務総局長を政治任命し，共同体を政府間主義的に再編して，一足飛びに政治統合を実現することを目指すものだった。条約改正による統合ではなく，新たな条約の締結でもって政治協力を進め，その枠内でフランスの主導権を確保しようとすることを狙ったという意味で，これは同時期に誕生した政府間協力機構（EUREKA）に共通する手法と思考でもあった。イギリスとイタリア，ベネルクス諸国も，新たな政治的基礎の必要性については合意していたものの，この仏独の提案は野心的に過ぎ，ミラノ理事会で他国からの強い反対に合った（De Ruyt, 1989：ch. 3）。ドイツが折れたことでフランス代表団も腰砕けになり，議長国イタリアのイニシアティヴで，イギリス，デンマーク，ギリシャの反対を押し切り，ドゥーク報告および域内市場白書の具体的内容を盛り込む新たな改正条約を討議するIGCを開催することで，理事会はまとまった。各国利益の均衡点はまだ域内市場の完成にあり，政治統合にさらなる一歩を踏み出すためには，通貨統合という，さらに野心的な経済統合の具体化を待たなければならなかった（Pelkmans, 1999）。

SEAは議長国ルクセンブルグのもとでまとめられ，1986年2月に調印された。ローマ条約の8つの条文を変更するSEAは，1992年末までに単一市場を

219

完成させることを目標に、社会的次元を含め、必要な権限の多くを欧州委員会に付与し、さらに「ルクセンブルグの妥協」以来となる全会一致の原則を破棄、税制やヒトの自由移動の分野を除いて多数決制の導入を実現する革新を実現した。しかし IGC の過程ではフランスの求めた「欧州連合議定書（Acte d'Union Européenne）」の内容は盛り込まれず、「欧州連合（Union Européenne）を具体的に前進させること」（SEA 第1条）が謳われるに留まったという意味では、過渡的な位置づけに留まった。フランスが求めた政治統合の側面では、ブリュッセルに欧州政治協力（EPC）事務局を置くことと、これと共同体との協力関係が取り決められただけだった。それは、何よりもまず市場を通じてでしか欧州に接近しようとしないイギリスを、統合に惹き付けておくために必要な妥協でもあった。

こうして、フランスが1984年から切り拓こうとしていた政策的次元と、実際に実現された成果との間には大きな落差が残ることになった。すなわち、まず社会的次元での調和を含むフランスの対欧州戦略は早い段階で挫折し、これを打開するため仏独のタンデムでイギリスに妥協を強いた後、結果として共同の産業技術政策と共通市場がアジェンダとして生き残ることになったのである。ミッテランは SEA が「最低限の欧州」しか生まなかった、と悔やむことになる（Mitterrand, 1986：76）。

6　フランスの政治と経済の変容

歴史家ホブズボームが指摘するように、それまで関税同盟や技術協力の延長線に位置づけられていた欧州統合は、SEA を経たことで、加盟国の内政にとって重要な争点へと浮上するきっかけを作った（Hobsbawm, 1997）。すでに当時、フランス議会で可決される法案の45％が、EC 指令から派生するものだった（Bossuat, 2005：168）。以下では、当時の国内における欧州統合をめぐる争点を、政治と経済の両面から確認してみよう。

ファビウス内閣になってから顕著となった財金融政策の引締め（競争的ディスインフレ政策）と市場原理の導入は、失業者増を招き、有権者の反発を招いていた。1986年3月の下院選挙で、社会党は相対第一党の座を守ったものの、

保守共和国連合（RPR）と中道仏民主連合（UDF）が議会多数派を占め，ミッテラン大統領は，多数派からジャック・シラク（RPR党首）を首班指名することになる。大統領の与党が下野し，大統領と首相が異なる党派に属するという「コアビタシオン（保革共存）」が初めて生じることになったのである。与党敗北の予兆を感じて，ミッテラン自らの指示で，それまでの小選挙区2回投票制を県単位の比例代表制へと変更していただけに，共産党を含む左派の敗退は大統領にとって大きな痛手となることが予想された。

　フランス憲法では，大統領と首相の権限は明確に分離されておらず，コアビタシオンのもとでの政策執行は両者間の大きな摩擦を起こす可能性を持つ（Zarka, 1992）。外交安全保障が大統領の「専管事項（Domaine Reservé）」であるというのも，この最初のコアビタシオンを経て確立された慣習であり，憲法規定に基づくものではない。しかし，1992年までに域内市場を完成させるという政治的目標を達成するためには，行政の長である首相および内閣の協力も不可欠となる。シラク内閣は，自党内の反対を押し切ってSEAを批准したものの，首相の施政方針演説で自政権が「国の全ての政策を策定し決定する」と宣言したことに従い，首相府内に外交部門が設けられ，対外政策で影響力を発揮しようとした。当時の外相が回顧するように，大統領府と首相府とで繰り広げられた権限争いは，欧州統合から生じる国内アジェンダを消化する上で障害となった (Raimond, 1989)[8]。

　もっとも首相の抵抗は，主に2つの理由から限定的なものに留まった。ひとつは，大統領が外交交渉の場で実質的な決定権を独占する一方，ドロール官房出身の補佐官ギギュが省庁間委員会事務総局（SGCI）トップとして，首相府との意思疎通・情報共有を図ったためだった（Lequesne, 1993：Ch. 4）。首相が自身の政治方針を欧州の場に反映させようと思えば，大統領と協調することもまた必要であり，他方で大統領の側も政策執行の責任者である首相の協力なくして外交の場での約束を履行できない。取り組むべき政策の優先順位や構造基金の国内配分をめぐってしばしば両者は衝突したものの，両アクターの力関係は均衡をみた。

　もうひとつの理由は，シラク政権が掲げていたディリジズム批判と取り組みを掲げた新自由主義政策に由来する。社会党政権の国有化政策が失敗したこと

から，シラク首相は大規模な民営化を実施，英の「ビッグバン」と対比される「プチバン」と呼ばれる金融市場自由化に着手したが，この方向性は「市場」を原動力とする欧州統合のあり方と，ある程度親和的なものだった（大嶽, 1996）。欧州統合は，保守派にとって国家主権を強調するゴーリズムと衝突するものだったが，1980年代は市場統合が前面に押し出されたことによって，この摩擦は軽減されることになったのである。

　1988年の大統領選を前に，ミッテラン大統領は欧州統合から派生する争点を最大限に利用し，自身の優位性を確立しようとした。対立候補となるシラクに対峙して，ミッテランは公約となる「全フランス国民への手紙（Lettres à Tous les Français）」で，それまで超国家統合に反対してきた保守政権を非難するとともに，大統領は党派的利害を超えた調停者でなければならないことを強調した（Mitterrand, 1988）。社会党政権との差異を打ち出そうとする保守派政権のジレンマを，欧州統合という政治的争点でもって上手に突いてみせたのである。1988年5月の決選投票で，ミッテランはシラクに対して10％弱の記録的な大差を付けて再選を果たし，解散総選挙によって社会党を再び政権に導いた。

　二期目に入ったミッテランは，方針として「国有化も民営化もせず（ni-ni 政策）」を掲げた。これは，前政権下で民営化された企業の再国有化を否定するとともに，国家主導による産業再編という伝統的な政策ツールを放棄することを宣言したものだった。SEA 以降，行政部門内を含め企業や地方自治体が，共同体政策に日常的に関わるようになり，各アクターが国内・欧州レベルで固有の利害を自律的に追求するようになったため，国家が各政策領域の細部に介入するよりは，アクターの自発的な発展戦略を後押しする方が効率的であるという，新たな政策のロジックが共有されるようになったのである（中島, 1998；Schmidt, 1996）。これは，フランスが「ジャコバン型国家」から「トックヴィル型国家」へと変容する過程でもあった（Levy, 1999）。資本主義のモデルを分類したミシェル・アルベールの『資本主義対資本主義』（原著1991年）が，市場優位のアングロサクソン型ではなく，熟練労働者と労使協調による高付加価値を生む「ライン型経済」を掲揚したように，フランスのディリジズム型経済に対する反省がすでに全面的なものになっていた。

　1992年の単一市場完成に向けたフランスの戦略は，国家主導の産業再編によ

る「ナショナル・チャンピオン」の構築から，フランスの比較優位産業を核としてこれを欧州レベルで再現する方針へと変化していくことになる。ミッテランが「全フランス国民への手紙」で，EUREKAやエアバス，欧州原子核研究機関（CERN）といった固有名詞を連ね，それらが「欧州合衆国の夢」であると締め括ったのも，産業政策の次元がもはやナショナルなものに留まらず，欧州内での協力によってでしか成り立たないという認識を示すものだった。[9]

　域内市場完成に向けた政策は，産業政策だけでなく財政にも影響した。1983年の政策転換以降の「競争的ディスインフレ」によって，フランスはドイツとのインフレ格差を埋めつつあった。しかも通貨統合が視野に入ったことで，強いフランと健全財政は，フランスの対独交渉力を確保するためにも不可欠だった。一方，市場統合に伴う資本の自由移動は，低税率国への資本逃避を招くことが予想された。そのためミッテランは，ギグー補佐官とベレゴヴォワ蔵相の説得を受け入れて，1988年末のローズ欧州理事会で，欧州レベルでの「税制の調和（Harmonisation）」を提起したものの，サッチャー首相の強固な反対に合い，フランスの意向を受けたコール政権の税制案もドイツ金融業界の反対から撤回され，フランスは孤立を余儀なくされた（Favier et Martin-Roland, 1996：69-74）。結果的に，フランスは自国の付加価値税（TVA）と金融資産課税率の一方的引下げを余儀なくされ，一体化された欧州経済に向けた一方的な「収斂」を経験しなければならなくなっていくことになった。

7　ドイツ統一と「欧州連邦構想」

　ミッテランは欧州統合の新たな目標が商業，産業，通貨の分野で世界一になることと訴え，これに付随する技術，文化，社会政策，防衛の各領域での域内の協力体制を構築することが急務だとしていた。こうした方針は，既存のEC体制の中に解消されるものではなく，たとえばフランスの議長国時代に開催された「欧州視聴覚会議」（1989年9月）では，EC加盟国に加えて，ソ連，ポーランドやハンガリー含む欧州審議会加盟国も招待された（Mousseau, 1989）。二期目に入り，ミッテランはソ連を含む東側諸国に対して活発な外交攻勢をかけるようになっていた。欧州理事会では欧州製番組の放映を推奨する「国境なき

TV指令」が採択されたように，EC諸国とその他のヨーロッパ諸国を含む形での欧州構想こそが，ミッテラン時代の欧州統合政策のさらなる特徴だった。こうした多元的な外交戦略は，以下にみるように，冷戦構造が崩壊する中で実現されたドイツ統一の過程でも再現されることになる。冷戦の終結は，米ソに挟まれた欧州の地政学的前提の変動を意味しており，欧州の新秩序をどのようにして構築するのかについての模索が始まっていた。

　欧州単一通貨構想は，先の域内市場白書にすでに盛り込まれており，その後も各国経済閣僚による後押しを受けていたが，それが本格的にアジェンダ化されるのは，再任された欧州委員長ドロールによる通称「ドロール報告」(1989年4月)によってである。報告書は，1990年7月の資本移動自由化開始に合わせて各国中銀総裁の権限を拡大，加盟国間の経済政策を収斂させ（第一段階），次いで欧州中央銀行（ECB）の創設と共通政策を展開し（第二段階），最終的に為替相場を固定させてマクロ経済政策を一元化し，単一通貨を創造すること（第三段階）を提唱していた。これは，政治統合のための強力な「踏み台」となることも期待されていた（Bitch, 1996：233）。当然，経済政策の収斂と通貨統合は強力なマルクを持つドイツの同意を取り付けなければ実現しない。しかし，同報告書の採択が予定される1989年6月のマドリッド欧州理事会に向けたその4日前の仏独首脳会談で，コール首相は経済通貨統合それ自体に賛同の意を示したものの，翌年の国内選挙への配慮もあって，具体的なスケジュールの確定に消極的な姿勢を示した。通貨統合に不可欠な経済通貨同盟（EMU）設立のためのIGC召集についても明確には同意しなかった（Shabert, 2002：ch. 9）。もっとも，ベルリンの壁崩壊のほぼ1年前からドイツ統一の可能性を予期していたミッテランにとって，その前に欧州の政治統合の見通しをつけ，その枠内にドイツを囲い込んでおくことは何よりも最優先しなければならない急務だった。

　第二次世界大戦で兵役を経験した後にレジスタンス運動を率いたミッテランにとって，欧州統合とは，過去の多くの指導者と同様，「ドイツ問題」と不可分なものであった。欧州秩序にとってドイツがいかに重要な位置を占めているかについて再三言及していたミッテランが，冷戦終結と同時にドイツ統一に懐疑的だったイギリスや利害の絡むソ連に接近し，また西側諸国首脳として唯一東ドイツを訪問したことをもって，フランスが統一を阻止しようとしていたと

する見解は少なくない[10]。しかし、ミッテランの行動はドイツに対する敵意からではなく、むしろ欧州統合と統一ドイツのプロセスを刷り合わせることで、域内平和と安定を維持しようとしたことから導かれたものだった。欧州統合がドイツ問題と深く結びついているのであれば、フランスの選択肢が狭められようとも、統一とともに統合も深化させなければならなかった。1989年12月、東ドイツの国家評議会（国会）議員を前にした演説で、ミッテランはドイツの文化と歴史がヨーロッパの源泉になってきたこと強調し、「平和なヨーロッパ」をともに構築する使命をドイツも背負っていることを呼びかけた。彼はその後、晩年となる1995年1月には、欧州議会の演説で「ナショナリズムは戦争である」と警鐘を鳴らしつつ、思想家ハンナ・アレントの言葉を借りて「忘却でない赦しと、特にドイツ人が、未来の世代への約束として国際社会に完全に統合されること」が欧州統合にとっての最重要事項であるとの政治的遺言も残した。少なくとも冷戦終結前後のミッテランの意識は、いうなればドイツ統一という「演奏」を阻止するのではなく、その「テンポ」を管理することに注がれていたと解釈すべきだろう（Lacouture, 1998：445）。

　ベルリンの壁が、国際社会の構造的圧力とベルリン市民の熱意によって突如として崩れたのは1989年11月9日のことである。その1カ月後には、フランスが議長を務める最後の機会となるストラスブール理事会が開催される予定になっていた。壁が崩壊した直後の11月28日、コール首相は東ドイツとの統合プロセスを定めた「10項目提案」を一方的に公表し、これに仏大統領府および外務省は強い不信と不快感を示していた（Attali, 1995：350-353；Vaïsse et Wenkel, 2011：43）。議長国としてのフランスの方針はすでに固まっており、EMU早期実現と社会政策の開始という「深化」と、東欧諸国への支援という「拡大」によって、欧州統合を加速させることにあった。対して、総選挙を控える西独は、通貨統合によるマルク放棄の反対世論も強かったことから、東西ドイツ統一と欧州統合のプロセスを分離させようとしており、ECの機構改革を盾にEMU設立のためのIGC召集の時期を定めない戦術を採ろうとしていた（Küsters, 2001）。

　もっともこの間、ミッテラン―コール両首脳による複数回の会談と信書の交換、外相同士および大統領府ギゲーと西独首相府テルチクとの間の緊密な連絡

によって，両国の意思疎通は円滑に行われており，「10項目提案」で一時期揺らいだ仏独タンデムが崩壊することはなかった。ストラスブール理事会は「欧州の平和の中で，ドイツ国民は民主的に，平和裏に，自由な自決の中で統一をなしとげる」ことを宣言すると同時に，EMUと条約改正のための2つのIGCを1990年7月に開始すること，東欧諸国支援のための欧州復興銀行（EBRD）を設置すること，さらに欧州市民の基本的社会権を定めた社会憲章（「労働者の基本的社会権に関するEC憲章」）を設けることで合意をみた。この社会憲章はイギリスを除く政治的宣言として採択されたものの，その後1991年のマーストリヒト条約の付属議定書であるEU社会憲章へと帰結していく。

　ミッテランが，壁の崩壊から一貫してこだわり続け，公式・非公式にドイツに繰り返し要求したのは，戦後ポーランドとの国境線として画定されたオーデル・ナイセ線の維持だった。国境線維持は，ストラスブール理事会で再確認され，仏が早期開催を求めていた1990年9月の2＋4（東西ドイツと米ソ英仏）首脳会議の場で正式に決定されたが，ミッテランはドイツに再三の保障を求めた。

　統一が視野に入った1990年春の段階で東独のNATO加盟の合意をソ連から取り付けるとともに，1990年12月の大晦日恒例の祝賀演説で，ミッテランは「（仏革命の——筆者註）1789年から1989年」が民主主義の勝利の時期であることを強調，来る1990年代中に，全欧安全保障協力会議（CSCE）加盟国をベースとした「欧州大陸全ての国」を包摂する政治機構となる「欧州連邦（Confédération Européenne）」が設立されることを突如として発表した。同年11月には，CSCE加盟国によって「パリ憲章」が採択され，欧州における民主主義の原則が確認されていた。ミッテランの意図は，アメリカとNATOから距離をとりつつ，冷戦後に開けた東欧にフランスの声が反映される新たな政治空間を構築し，フランス主導で欧州秩序を再形成しようとすることにあった（Bozo, 2005：ch. 7）。CSCEが冷戦崩壊に果たした歴史的役割は指摘されるが，フランスはその枠組みを利用してのポスト冷戦の秩序を構想しようとしたのである。他方で，このイニシアティヴは30年前のド・ゴールによる欧州統合構想と，その動機と形式両面において類似していた。ドイツに対してフランス一国では対峙できないが，ドイツに対して影響力を発揮しなければならないという，戦略的ジ

レンマに対する解はそう多くはない。

　この野心的な構想はしかし，ドイツだけでなくアメリカからも早くの警戒心を呼び起こし，また中東欧諸国からは EC 加盟先延ばしの策であると受け止められたため，1991年6月にプラハで開催された第1回会議の時点で，死産したのも同然だった。ゴルバチョフ大統領による「欧州共通の家」に呼応し，ミッテランが「1948年（ハーグ会議―筆者註）と同じ道のり」を期待し，EUREKA や EBRD によってフォローされることが期待された，このポスト冷戦期のフランスの外交戦略は早々に挫折することになった。フランスはドイツというパートナーなしに構想を実現することはできず，また欧州統合なしにはドイツというパートナーを囲い込むこともできず，再び既存の欧州統合の枠に閉じ込められることになったのだった。

8　不可逆的な統合――政治的次元の主張

　欧州連邦構想が断念される中，EC 条約改正のプロセスは確実に進んでいた。1990年4月のダブリン特別欧州理事会で1992年中の欧州連合（EU）の発足と，続く6月の2回目のダブリン理事会ではイギリス，デンマーク，ポルトガルの反対を押し切り，通貨統合のための条約改正ならび政治統合のための2つの IGC 開催が正式に決定された。ドイツ統一で軋みをみせていた独仏タンデムはこのプロセスで息を吹き返し，欧州共同体の民主的正当性を高めること，理事会での多数決制導入によって政策効率を高めること，経済・通貨と政治決定の次元で共同体の権限を高めること，さらに欧州の共通の外交と安全保障政策を実施することが，両国首脳から他加盟国に対して複数回に渡って表明された。EMU に関する IGC 開催が決まったことは，統一を了承されたドイツがマルクを捨てて通貨統合に参加することを意味し，かかる合意が出来上がった段階では，イギリスが仏独案に対して反対を貫くことも，また SEA の時のように欧州委員会が異なるイニシアティヴを発揮する余地も残されていなかった。

　政治同盟に向けた仏独協調は，たとえば1988年にすでに独仏合同旅団の設置をみていたように，NATO 体制を前提としたゆるやかな構造を持つ共通外交安全保障政策（CFSP）の策定過程で円滑に働いた。それは統合プロセスがも

はや過去のようにドイツに対する安全保障の手段としてではなく、ドイツとともに安全保障を実現する段階に来ていることの証でもあった。もっとも、その他の条約改正部分については、IGC の過程で方針の食い違いが目立った。欧州統合が飛躍的に進展する条約改正過程では、各国の直接的な利害が高次の政治的取引に影響するのが常である（Moravcsik, 1998）。ドイツは条約改正に際して、欧州議会の権限拡大や ECB の独立性、さらに欧州憲法案までをも遡上に載せようとしていたのに対し、フランスは通貨統合の実現と理事会および議長国の権限拡大を優先させようとした。しかし、1990年10月に再統一を果たしたドイツを欧州統合の枠内に吸収するという戦略的判断が大前提にあり、ドイツもこれを受け入れた段階では、必然的に両国の意見は収斂していくことになった。

1991年12月に合意されたマーストリヒト条約案が、より連邦主義的な形態を求めたオランダや欧州委員会の意向に反して、欧州共同体（EC）の柱に加えて、共通外交安全保障条約（CFSP）と司法内務協力（JHA）という政府間主義的な柱を加えた3本柱の構造になったのは、ド・ボワシューといったフランスの交渉担当者関係による強固な主張によるものだった（Martial, 1992）。問題は、ドイツ側が渋った経済通貨統合にあった。

IGC におけるフランスの交渉方針は、通貨統合に向けて信頼に足る各国経済収斂の基準を示すことでドイツを説得し、EMU 第二段階から第三段階へのステップを確実なものとし、さらに不可避的にドイツの発言力が増す EMU に対する政治的指導力をいかに確保するのかの2つにあった（Palayret, 2009）。フランス代表団がとりわけこだわったのが、ミッテランが早々に唱え、仏政府案（1991年1月）で提案された「経済政府（Gouvernement Économique）」の設立（通称ベレゴヴォワ構想）だった。ドイツが選好する ECB 主導の「金融の極（Pôle Monétaire）」に対して、「政治の極（Pôle Politique）」を実現しようとするこの構想は、加盟国経済財務相による ECOFIN を基盤に、通貨政策の政治的なカウンターバランスを確保しようとするものだった（Dyson and Featherstone, 1999：ch5）。フランスは1988年のエリゼ条約改定時に西独との間に経済・金融評議会を設けていたが、これをモデルとして、ドイツの経済力に対してフランスの政治力を対置するという戦略が IGC 交渉過程でも再現されたのである。もっと

もこのベレゴヴォワ構想も,ドイツだけでなく,強い通貨(ハード・カレンシー)を志向するオランダからも強い反発に遭い,実現には至らなかった。これまでと同様,フランスは相対的な利得を得ることで満足するしかなかった。

おわりに

国民にあてた1986年大晦日の新年メッセージで,ミッテランは「我らの祖国はフランス,我らの未来はヨーロッパ(La France est notre patrie, l'Europe notre avenir)」にあることを宣言し,大統領として最後の祝辞となる1994年12月には,「フランスの偉大さと欧州建設を決して切り離してはならないこと,それが新しい世界であり,来世紀にむけた意思である」と述べた。1981年の政権交代で社会党政権のもとで新たにスタートを切ったフランスが経験したのは,欧州統合という現実を再発見していく過程であり,これをきっかけにそれまでの政治経済政策の要だった国家主義とディリジズムから決定的に袂を分かつことになった。ヨーロッパの戦後復興の奇跡がもはや過去のものとなったことが誰の目にも明らかになり,経済競争の中で新たなヨーロッパの再興が要請されていることの認識が共有されるようになったことが,1980年代のフランスと欧州統合との間に生じたダイナミズムを説明する。

それはまた,ミッテランという稀有な政治家による,したたかな政治戦略の賜物でもあった。失われた政権の正統性を欧州統合プロジェクトによって穴埋めし,この欧州統合という地平を介してドイツを統御するという,内政と外交的空間の見事なリンケージ戦略は,この時代のひとつの特徴である。その結果として国内政治では,欧州統合は共産党と極右・国民戦線を除く全ての政治勢力で正統性を確立することにもなった。ここに「可能性の術」としての政治をみることは間違いではないだろう。

もちろんこうした政治的革新は,欧州統合を自らが選び取ったことで自らの選択肢を狭めるという「決して小さくない皮肉」(Judt, 2005：640)を生んだ。そしてこの皮肉による葛藤は,EUの制度的枠組みが完成していく1990年代のフランスで増して行くことになるのである。

第Ⅲ部　欧州統合への本格的始動

注

1) 1981年に成立したモーロワ内閣は、数名の共産党閣僚を迎えたが、政策上の主導権を担ったのはミッテランと社会党出身の閣僚であり、この時期をもってフランス共産党は政党政治での影響力を減らしていくことになる。
2) ミッテランは「欧州社会空間」を「最も有益な国内法制化と失業との戦いのための漸進的な社会政策の統一」と定義し、これが協調の先端産業への研究開発投資によって補完されるとした。Interview Accordée par M. François Mitterrand, Président de la République Francaise, au Journal *Stern*, 8 juillet 1981.
3) 「国内類推」は、国内現象と国際現象に一定度の類似性が認知され、それゆえ国内秩序と国際秩序は同様の方途でもって確立されなければならないと考える「推定の根拠」を意味する。Suganami, 1989を参照。
4) 「BBQ」は「イギリス予算問題 (British Budgetary Question)」の略だが、これはしばしば「イギリスの忌々しい問題 (Bloody British Question)」へと読み換えられた。
5) 日本製VTRが課税され、ポワチエ税関のみでの輸入を認められた「ポワチエの戦い」はこの保護措置が模索された中での出来事だったが、日本ではこれが日欧経済摩擦の象徴として捉えられた。ミッテランはこの事件を受けて「日本の輸出に対処する最も有効な手立ては、ヨーロッパで良い製品を作ることだ」と発言する。Interview de M.François Mitterrand, Président de la République Francaise, au cours du Journal d'Antenne 2, 2 janvier 1983.
6) ミッテランと、とりわけ70年代までの欧州統合についての関係については、Duhamel, 1988を参照。
7) キリスト教民主主義の政治潮流の中には、ロベール・シューマンや西独アデナウアー、伊デ・ガスペリをはじめとして熱心な欧州統合支持者が存在している。国民国家の暴力性や紛争を超国家的な統合によって抑制することが欧州統合支持に熱心だった理由とし、戦前からの彼らの汎欧州的なネットワークを検証したものとして、Kaiser, 2007を参照。
8) たとえば、1986年6月のハーグと続くロンドン欧州理事会では、通常首脳と外相の2人から成る代表枠のひとつが首相によってとられたため、外相が案件や情報に十分接することができないといった事態が生じた。コアビタシオン期における欧州統合の政策状況については、吉田、2008c を参照。
9) エアバスその他のイニシアティヴはEUREKAと同様、ECの枠内ではなく、加盟国以外も含む政府間協力の形態をとったが、これもフランスの主導権を維持するためだった。1980年代における欧州の技術開発協力については、Sandholtz, 1992を参照。
10) 代表的なものとして、Zelikow and Rice, 1995。ミッテランは、こうした解釈に最後まで反論し続けた (Mitterrand,1986)。当時のフランスでの論争については吉田、2006参照。なお、ドイツ統一の過程については、テルチク、1992、高橋、1999、を参照。

【参考文献】

Attali, Jacques, 1995, *Verbatim I*, Fayard.
Bitch, Marie-Thérèse, 1996, *Histoire de la Construction Européenne de 1945 à nos*

jours, Complexe.
Bitterlich, Joachim, 2005, *France-Allemagne.Mission Impossible?*, Albin Michel.
Benamou, Georges-Marc, 1996, *Le Dernier Mitterrand*, Plon.
Bauchard, Philippe, 1986, *La Guerre des Deux Roses*, Grasset.
Bussière, Eric, 2007, «Avant-propos» in Comité pour l'Histoire Economique et Financière de la France, *Milieux Economiques et Intégration Européenne au XXe siècle. La relance des année quatre-vingt (1979-1992)*, Ministère de l'Economie, des Finances et de l'Emploi.
Cohen, Elie, 1992, *Le Colbertisme High-Tech*, Hachette.
Dahrendorf, Ralf, 1982, "A Little Silver Lining in on a Dark Horizon," in Do. (ed.), *Europe's Economy in Crisis*, Holmes & Maier.
Delors, Jacques, 2004, *Mémoires*, Plon.
De Ruyt, Jean, 1989, *L'Acte Unique Européen. 2e édition*, Editions de l'Université de Bruxelles.
Duhamel, Olivier, 1998, *François Mitterrand. L'Unité d'un Homme*, Flammarion.
Dyson, Kenneth and Featherstone, Kevin, 1999, *The Road to Maastricht*, Oxford University Press.
Endo, Ken, 1999, *Presidency of the European Commission under Jacques Delors*, Macmillan Press.
Fontenau, Alain et Pierre-Alain Muet, 1985, *La Gauche face à la Crise*, Presses de la Fondation Nationale des Sciences Politiques.
Gourevitch, Peter, 1978, "Second Image Reversed: The International Source of Domestic Politics," in *International Organization*, vol. 32.
Grant, Charles, 1994, *Delors: Inside the House that Jacques Built*, Nicholas Brealey Publishing.
Hobsbaum, Eric, J., 1997, "An Afterword," in Jytte Klausen and Louise Tilly (eds.), *European Integration in Social and Historical Perspective*, Rowman.
Huntington, Samuel, P., 1991, *The Third Wave*, University of Oklahoma Press.（坪郷実ほか訳『第三の波』三嶺書房，1995年）
Judt, Tony, 2005, *Postwar. A History of Europe since 1945*, Penguin Books（浅沼澄訳『ヨーロッパ戦後史（下）』みすず書房，2008年）
Kaiser, Wolfram, 2007, *Christian Democracy and the Origins of the European Union*, Cambridge University Press.
Kingdon, John, 1995, *Agendas, Alternatives, and Public Policies 2nd Edition*, Longman.
Lancelot, Alain, 1986, *1981, Les Élections de l'Alternance*, Les Presses de Sciences-

Po.

Lemaire-Prosche, Geneviève, 1990, *Le P.S et l'Europe*, Editions Universitaire.

Lequesne, Christian, 1993, *Paris-Bruxelles*, Presses de la Fondation Nationale des Sciences Politiques.

Levy, Jonah, 1999, *Tocqueville's Revenge*, Harvard University Press.

Martial, Enrico, 1992, "France and European Political Union," in Finn Laursen and Sophie Vanhoonacker, (eds.), *The Intergovernmental Conference on Political Union*, Martinus Nijhoff Publishers.

Mauroy, Pierre, 2004, *Mémoires*, Plon.

Mitterrand, François, 1986 [1981], «Manifeste. 110 propositions pour la France», in *Politique 2*, Fayard.

――, 1996 [1986], *Réflexions sur la Politique Extérieur de la France*, Fayard.

――, 1988, Lettres à tous les Français.Campagne Présidentielle 1988, Sagim.

Moïsi, Dominique, 1995, "De Mitterrand a Chirac," in *Politique Etrangère*, no. 4.

Moravcsik, Andrew, 1998, *The Choice for Europe*. Cornell University Press.

Moreau, Defarges, Philippe, 1985, "J'ai fait un rêve...Le Président François Mitterrand, artisan de l'Union Européenne," in *Politique Etrangère*.

Mousseau Jacques, 1989, "La Politique Audiovisuelle de la Communauté Européenne," in *Communication et Languages*, N° 81.

Olivi, Bino, et Giacone, Alessandro, 1998, *L'Europe Difficile, La construction européenne*, Gallimard.

Palayret, Jean-Marie, 2009, «La Voie Française vers l'Union Économique et Monétaire durant la négociation du Traité de Maastricht (1988-1992)», in Martial Libera et Birte Wassenberg, (eds.), *L'Europe au Cœur*, P. I. E Peter Lang.

Parti Socialiste, 1980, *Le Projet Socialiste pour la France des Années 80*, Club Socialiste des Livres.

Pelkmans, Jacques, 1999, "The Revival-1984-1990," in *40 ans de Traité de Rome ou la Capacité des traits d'Assurer les Avancées de la Construction Européenne*, Bruylant.

Sandhotlz, Wayne, 1992, *High-Tech Europe: The Politics of International Cooperation*, University of California Press.

Schmidt, Vivien, 1996, A. *From State to Market? The Transformation of French Business and Government*, Cambridge University Press.

Suganami, Hidemi, 1989, *The Domestic Analogy and World Order Proposals*. Cambridge University Press.

Vaïsse, Maurice et Wenkel, Christian, 2011, «Introduction», in *La Dipolomatie Fran-*

çaise face à l'Unification Allemande, Editions Tallendier.
Védrine, Hubert., 1996, *Les Mondes de François Mitterrand : à l'Elysée 1981-1995*, Fayard.
Zarka, Jean-Claude, 1992, *Fonction Présidentielle et Problématique Majorité Présidentielle/Majorité Parlementaire sous la Cinquième République (1986-1992)*, LGDJ.
Zelikow, Philip and Rice, Condoleesa, 1995, *Germany Unified and Europe Transformed*. Harvard University Press.
井上スズ, 1997「ミッテラン外交――政権第一年におけるフランスと第三世界」『独協大学フランス文化研究』第28号。
――, 2001「危機のミッテラン外交」『独協大学フランス文化研究』第32号。
大嶽秀夫, 1996「フランスにおけるネオ・リベラル合意の形成」,『法学論叢』第140巻第1・2号。
中島康代, 1998「フランス左翼とヨーロッパ統合」高柳先男編『ヨーロッパ統合と日欧関係』中央大学出版部。
高橋進, 1999『歴史としてのドイツ統一』, 岩波書店。
ホルスト, テルチク, 1999（三輪晴啓ほか訳）『歴史を変えた329日』NHK出版。
吉田徹, 2006「ドイツ統一とフランス外交（書評）」『北大法学論集』第57巻第6号。
――, 2008a「フランス・ミッテラン社会党政権の成立」, 高橋進, 安井宏樹編『政権交代と民主主義』東京大学出版会。
――, 2008b『ミッテラン社会党の転換』法政大学出版局。
――, 2008c「フランスのコア・エグゼクティブ」伊藤光利編『政治的エグゼクティブの比較研究』早稲田大学出版部。

第9章 フランスらしさの喪失?
―― 冷戦終焉,欧州連合の設立とフランス政治の変容(1992―1999年)

浅野　康子

はじめに

　1990年代の欧州は,冷戦の終焉によって幕を開けた。その中で,欧州連合(EU)の設立に邁進したミッテランには,次のような目標があった。ひとつは,単一通貨の導入によって,フランス経済を安定させること。そして2つ目は,東西統一後のドイツの外交・安全保障政策に対する影響力を保持し,願わくは,欧州諸国主体の安全保障秩序を構築することであった。1999年のユーロの導入と欧州安全保障・防衛政策(ESDP)の発展は,一見すると,ミッテランが掲げた目標が順調に達成されたかのような印象を与える。しかし,これらの目標の実現に至る過程は,様々な軋轢と葛藤を伴うものであった。これは,フランスが,欧州レベルの政策目標を実現する上で,戦後自国が築いてきた独自の政策や制度の特徴,そして欧州建設における中心的な地位を後退させていくことを求められたからである。

　この「フランスらしさ」の後退は,冷戦の終結とEUの設立という国際環境の変化に対する外的適応と内的適応によるものであった。ここで,外的適応とは,国際環境の変化に対応するための外交・安全保障政策の調整を指し,内的適応は,国際環境の変化に応じた国内の政策や制度の調整を表す。外的適応を促したのは,具体的には,冷戦終焉と旧ユーゴスラヴィア紛争であり,これらは欧州建設における仏独枢軸の中心的な地位を揺るがすと同時に,ド・ゴール以降の北大西洋条約機構(NATO)に対する政策や自主軍備という方針を時代遅れのものとした。一方,内的適応を促したのは,経済通貨同盟(EMU)やEUの競争政策,単一市場であり,これらはフランスの国家主導の経済体制の変容や社会保障制度改革を後押しした。以下では,欧州連合条約(TEU,通称

マーストリヒト条約）調印以降のフランス政府の外的適応と内的適応を概観しながら，戦後築かれてきたフランスの政策や制度の独自性がどのように変容してきたのかを分析していく。

1　EUへの「小さな Oui」

　1992年2月に調印されたTEUは，各国での批准作業を経て，1993年1月に発効する予定であった。フランス憲法院は1992年4月に，TEUに定められた通貨主権の放棄，共通査証政策への特定多数決（QMV）の適用，連合市民への地方議会選挙の選挙権・被選挙権の付与を可能にするには憲法改正が必要との判断を下していた。憲法改正には，上下両院が同一の法案を可決後，両院合同会議で投票総数の5分の3以上の賛成を得るか，国民投票にかけるという2通りの方法があった。社会党は上下両院で過半数割れしており，憲法改正にはフランス民主連合（UDF）など中道派の協力が不可欠であったが，政府は議会による条約批准を企図しており，改正作業は比較的順調に進んでいた。ところが，6月2日にデンマーク国民が条約の批准を否決したことで，状況は一変した。

　その翌日，ミッテランはフランスでも条約批准を国民投票にかけることを発表した。国民投票は，欧州統合推進派のUDFと，主権擁護派が少なくない共和国連合（RPR）の間の協力に楔を打ち込み，更にはRPR内で統合推進派であるシラクやバラデュールと，主権擁護派のパスクワやセガンとの間の対立を煽ることが予想された。ミッテランが国民投票を決意したのは，3月の地方選で大勝した中道・保守派を分裂させ，たとえ翌年の総選挙後再び保革共存に追い込まれても，外交政策上の主導権を確保するためであったと考えられる。

　だが，9月20日に行われた国民投票は，51.04％の賛成による条約批准の可決という，惨憺たる結果に終わった。フランスの有権者が，ミッテランが精力的に取り組んだEUの設立に対して「小さなOui」を示すに止まったのはなぜだろうか。投票所の出口調査によれば，反対の理由として最も多かったのは，主権の喪失（58％）とEC（欧州共同体）官僚の支配（57％）に対する反対であった。この他，反ミッテラン（40％）というように，EU自体ではなく，内政に

235

対する不満をぶつけた有権者も多かった。また、社会階層別で見ると、賛成票が多かったのは、大卒（71％）や上級管理職（70％）など、高学歴で高収入を得ている層であった。逆に、反対票が多数を占めたのは、農民（71％）や中等教育（60％）など学歴や収入が余り高くない層であった（西村，1993：84-86；渡邊，1993：82-85）。この内、農民の反対率が高かったのは、後述する共通農業政策（CAP）改革への反発があったためだろう。

フランスの国民投票の結果は、内外に衝撃を与え、EUの「民主主義の赤字」を批判する論調を強めた。これに対応するため、同年12月に開かれたエディンバラ欧州理事会では、EUレベルでの政策形成が最も効果的である場合にのみ共通政策化を進めるという、「補完性の原則」が打ち出された。だが、1980年代に見られた欧州統合に対する世論の高揚感は、以下に述べる「ドイツ統一不況」と呼応する形で、急速に萎んでいった。

2　国民投票の副作用──EMS危機

フランスでの国民投票は、欧州通貨制度（EMS）危機という、思わぬ副作用をもたらした。EMSでは、独マルクが事実上の基軸通貨となっていたため、参加国の中央銀行は独ブンデスバンクの政策金利に従うことで為替平価を維持していた。だが、ドイツ統一後、ドイツとそれ以外のEMS参加国との間では、適切な金利水準に差が生じるようになっていた。当時、ドイツでは、東ドイツの経済再建のための投資が増えて景気が拡大し、インフレ率が上昇していたため、高い金利水準が要請された。一方、フランスを含めたその他の国々は、景気後退期に入っていたため、金利の低下を求めていた。そのため、市場はこれらの国々がドイツに同調して高い政策金利を維持することは困難であり、いずれ平価切下げを余儀なくされると予測していた。同時に、フランスの世論調査では、条約批准の反対派が勢力を伸ばしていることが報じられており、フランスでも国民投票が否決されれば、EMUの計画は中断し、欧州統合の方向性すら危うくなる。通貨の先物売りによって利鞘を稼ごうとしていたヘッジ・ファンドが通貨安を煽るには、まさに恰好の条件であった（田中，2006：113-116；Cameron, 1993）。その結果、フランスで国民投票が行われるまで

の僅か数週間の間に，英ポンドと伊リラがEMSを離脱して変動相場制に移行した他，スペイン・ペセタは平価切下げを余儀なくされるという，大混乱が生じることになった。このように，EMS危機は，危機を誘発する政治的・経済的な条件が不運な形で重なったことが原因で生じた。

　フランスもその例外ではなく，国民投票の翌日には，フランに対する投機が激しさを増した。当時のフランスの物価上昇率はドイツよりも低かったことから，仏独の経済財務相と中央銀行総裁はフランの切り下げは必要ではないと判断し，フラン相場死守のために協調することを即座に発表した。ベレゴヴォワ政権は，金利の引き上げとドイツからの超短期ファイナンスを通じたマルクの借り入れによって9月23日まで続いた投機を乗り切った。

　しかし，その後もEMSに対する市場の不信感は治まらず，断続的に投機が再発した。第二次保革共存内閣が発足したのは，為替相場が小康状態に入っていた1993年3月であった。総選挙では，保守・中道派が，汚職や血友病事件などによって国民の支持を失っていた社会党に圧勝し，首相には第一次保革共存内閣で経済・財務・民営化大臣を務めたRPRのバラデュールが就任した。バラデュールの基本方針は，社会党政権と同様，EMSにおけるフランの平価を保ちつつ，単一通貨導入に向けた財政再建を行うことであった。年内にTEUが発効し，翌1994年1月にEMUの第二段階が始まれば，加盟国は毎年度の財政赤字をGDP比の3％以下に抑制し，公的債務の削減に努めることが要請される。景気悪化が進む中での財政再建は容易ではなかったが，通貨統合によって通貨の安定性を高め，ブンデスバンクに対する従属的な立場を解消することは国家の最優先課題であると認識されていた。そのため，バラデュールは首相に就任早々，増税や公務員給与の凍結，国有企業の民営化，社会保障制度改革などを通し1997年までに財政赤字をGDP比の2.5％まで削減することを発表すると共に，中央銀行の独立性強化のための法案を提出した。

　しかし，7月に入り，フランスの同年のGDP成長率予測がマイナス0.8％からマイナス1.2％に下方修正されると，市場ではフランに対する投機が再燃した。市場の投機圧力は前年9月を上回り，ドイツとの協調介入は遂に限界に達した。翌月の経済財務相理事会で，ドイツからのマルク借り入れを断られたフランス政府は，EMS参加国の為替変動幅を従来の上下2.25％から上下15％

へと大幅に拡大することに同意し，漸く相場の安定を得たのであった。

　こうして，ミッテランが断行した国民投票は，フランス国民のEUに対する不信感を露にしただけでなく，EMS危機を誘発するという，手痛い副作用を生み出した。フランスはドイツの協力を得てぎりぎりのところでフランの切り下げを免れたが，周辺諸国の平価切下げによって，フランス製品の国際的な価格競争力は削がれた（田中・野内，1996：205，208）。その結果，フランス企業は一層のコスト削減努力を強いられることになった。また，将来単一通貨を導入する際には，参加国の為替相場を固定する必要がある。変動幅の大幅な拡大は，ミッテランが最重要課題としていた単一通貨導入のための経済的な基盤が大きく損なわれたことを意味した。

　EMS危機が漸く収束した1993年，「ドイツ統一不況」はピークに達し，フランスのGDP成長率はマイナス0.8%，失業率は翌年には11.7%を記録した。景気後退の最中に，金利引き下げが許されず，増税が実施され，国有企業までもが人員削減に乗り出す中で，国民にとってEUから受ける利益は見えにくくなっていった。EMS危機と「ドイツ統一不況」の嵐が吹き荒れた翌年，「EU加盟から恩恵を受けていない」と感じる国民が，「恩恵を受けている」と感じる国民の比率を1983年の調査開始以来，初めて上回った（European Commission, 2002：28）。国民の単一通貨に対する支持は高かったものの，1990年代初頭を境に，フランス国民のEU加盟に対する支持率は明確な下降局面に入り，1990年代半ば以降，50%前後を推移し続けることになる（本書序章図1参照）。[2]

3　EUの制度と国内経済改革

　1990年代に入り，欧州統合はフランスの政治経済に一層深い影響を与えるようになった。その第1は，単一通貨導入のために不可欠とされた，社会保障制度改革であった。フランスの社会保障制度は，職域別に給付水準が異なる社会保険制度から成り，各社会保障機関の国家からの独立性が高いのが特徴であった。社会保障財政は，1970年代半ば以降，失業率の悪化や医療費の増加が続いたことにより，慢性的な赤字を計上するようになっていた。だが，単一通貨導入のためには，社会保障基金を含めた毎年度の財政赤字をGDP比の3%以内[3]

に抑制する必要がある。そのため，バラデュールは民間部門の老齢年金の最低加入期間の引き上げや年金支給額の計算方式の改定を通じて，今後20年間で約33％の給付削減を目指すことを決定した。この政策は，長年問題となっていた社会保障財政の赤字を保険料の増額ではなく，給付の削減によって解消しようとしたという点で，画期的であった（Palier, 2006：112-113）。こうして，単一通貨導入という目標は，フランスにおける給付の削減を通じた社会保障制度改革のタイミングを早めることになった。

　第2は，民営化の対象が電気通信や電力などの公共サービスにまで拡大したことである。これには，ECの競争政策の影響があった。フランスでは，独占事業体である公共サービスは公有とすることが憲法に定められていた上，公共サービス事業体は，公務員としての様々な特権を持つ従業員の集団を抱えており，労働組合の組織力も高かった。そのため，公共サービスの民営化は，従業員のストによって度々延期された。しかし，ECの競争政策は，民営化に積極的な中道右派政権や経営幹部が改革を遂行する上で有利に働き，企業内では将来の民営化に向けた内部改革が進行した。これは，後述するジョスパン政権期の大規模な民営化につながることになる。

　1986年にバラデュールが着手した民営化以降，フランスの経済システムは様変わりした。国有銀行を通じた信用配分による国家主導型のシステムは，民営化によって崩壊していった。バラデュールが目指したのは，規制緩和や株式市場からの企業の資金調達を増やして企業経営を活性化すると同時に，銀行や企業間の株式持合いを通じて企業の安定性を確保するという，英米型の自由市場経済とドイツ型の社会市場経済の中間であった（Hall and Soskice, 2001）。そのため，民営化に際してはフランスの銀行，保険会社，企業間の株式持合いが組まれ，1990年代半ばまでの間に，大手銀行・保険会社を中心とした株式持合い構造が創出された（Schmidt, 1996）。

　一方で，EU加盟はフランスの政治的・経済的な利益を保護する役割も果たした。その具体例が，GATTウルグアイ・ラウンド交渉における農業交渉とオーディオ・ヴィジュアル（AV）の文化特例であった。ウルグアイ・ラウンド交渉において，フランス政府はアイルランドと共に農産品の貿易自由化に強く反対し続けることによって交渉全体を長引かせ，国内農家の根強い反対の

あった農業貿易の自由化を遅らせることができた。また，AV交渉を巡っては，新自由主義的なグローバル化に対抗する，文化の尊重という価値を主張することで，国内映画産業の保護を継続することができた。

ただし，ウルグアイ・ラウンド交渉を妥結に導いたCAP改革（通称マクシャーリー改革[4]）は，フランス農家に既得権益の削減を要求するものであった。CAPによるフランス農業の保護と近代化は，フランスの欧州経済共同体（EEC）加盟の重要な動機付けのひとつであった。しかし，農産物貿易の自由化が主要課題となったウルグアイ・ラウンド交渉に臨んだフランス政府は，経済的な観点からすれば，交渉の妥結によってサービス貿易の自由化を実現することがフランスの国益になることを明確に自覚していた（Védrine, 1996：347-352）。CAP改革に合意したのは社会党政権であったが，それが農家を支持層としてきた保守政権にも追認されたことは，フランスとECの結びつきの変容を表す，重要な出来事であった。

4 東方拡大を巡る妥協とCFSPの挫折

冷戦の終結は，EUとNATOの東方拡大という問題をフランスに突きつけた。単一市場プロジェクトの開始と冷戦終焉により，1989年以降欧州自由貿易連合（EFTA）諸国がEUに加盟申請した他，中東欧諸国も加盟を熱望するようになった。ミッテランは，拡大が統合の深化，すなわち通貨統合や共通外交・安全保障政策（CFSP）の発展を阻害し，EU内におけるドイツの影響力の増大につながることを警戒し，拡大に反対していた。他の南欧諸国やドロール委員長も統合の深化を優先することに同調していたが，隣国の安定を望むドイツや，統合の深化を抑制したいイギリスやデンマークは拡大の推進を要求していた。

EC内の対立は，1991年後半に転機を迎えることになった。同年夏以降，旧ユーゴやソ連邦の解体が進んだことによって，体制転換過程にある中東欧諸国の不安定性やナショナリズムの高揚による少数民族の迫害が危惧されるようになったのである。同時に，市場経済移行過程にあった中東欧諸国は激しいインフレと経常収支赤字を経験しており，共産主義への揺り戻しも懸念された。そ

のような中で、中東欧諸国に将来的な加盟の展望を示すことは、これらの国々の民主主義、市場経済への移行を確実にする有効な手段であると考えられた。また、同年末にTEUが合意されたことで、EC委員会は統合の深化の目処が立ったと判断し、次第に拡大に同調していくようになった。

このような情勢の変化を受け、ミッテランは①TEUの批准と、②東方拡大に対するカウンター・バランスとして、仏との結びつきが深いアフリカ・カリブ・太平洋（ACP）諸国や地中海諸国との関係強化を条件としてEUの拡大に渋々ながら同意することを決断した。1992年12月に開かれたエディンバラ欧州理事会ではEFTA諸国との加盟交渉開始を、その半年後のコペンハーゲン欧州理事会では中東欧諸国の加盟条件（「コペンハーゲン基準」）をミッテランが承認したことで、EUの東方拡大への歩みが徐々に動き出すことになった。

EUが拡大の方向へ舵を切り始めてから間もなく、NATOの東方拡大へ向けた動きも始まった。米クリントン政権が、欧州の安定や欧州におけるアメリカの影響力の保持にはNATOの拡大が有効であると考え、東方拡大を推進するようになったのである。米国は1993年10月、ロシアを含めた中東欧諸国に「平和のためのパートナーシップ（PfP）」を呼びかけることをNATO非公式国防相理事会に提案した。さらに、同年末にはクリントン大統領が訪問先のチェコでNATOの東方拡大を支持する旨を表明した。NATOに国防相を参加させていなかったフランスは、東方拡大を巡る加盟国間の議論に参加できないまま、PfPを追認することになった。ミッテランは、PfPと引き換えに、NATOにおける欧州の安全保障・防衛面での主体性（ESDI）の強化という約束を取り付けたが、以下に述べるように、NATOの欧州化を巡る仏米の接近を促したのは、旧ユーゴスラヴィア紛争であった。

ドイツ統一後、ミッテランはドイツと協力してEUのCFSPと防衛政策を強化し、西欧同盟（WEU）をいずれEUの防衛機関にしようと考えていた。ミッテランが目指したのは、対米自律外交を欧州レベルで追及することであり、これは、ドイツの外交・安全保障政策に対する影響力を保持しつつ、欧州の安全保障に対するアメリカのコミットメントの後退に対応するための方策だった。NATOは欧州の「防衛」には必要だが、冷戦後の平和維持活動など「安全保障」に関わる「非5条任務」[5]はEUやWEUのような欧州諸国が主体の機関が

担うべきであるというのがミッテランの考えだった（Bozo, 2001：17-18；Favier et Martin-Roland, 1999：177-207）。

しかし，旧ユーゴスラヴィア特にボスニア・ヘルツェゴヴィナでの紛争勃発後，ミッテランの構想は修正を余儀なくされていった。第1に，紛争解決の主体はミッテランの期待に反し，ECから国連，米露英仏独から成るコンタクト・グループそして最終的にはアメリカへと移り，戦力面においてはWEUでも国連保護軍（UNPROFOR）でもなく，米軍を中心としたNATOが大きな役割を果たすことになった。ミッテランは，フランスの国連安保理常任理事国としての地位，そして欧州の安全保障に責任を持つ国としての存在感を内外に誇示すると同時に，人道支援や紛争の早期解決を求める国内世論の圧力に応えるべく，UNPROFORの派遣を主導，先進国の中では最大規模の部隊を送り込んだ（Tardy, 1999）。しかし，UNPROFORの存在は次第に紛争の泥沼化を招くことになり，フランスは自国兵の保護と事態の打開のために米国の航空兵力やNATOの軍事力に頼らざるをえなくなっていった。その結果，ミッテランは1992年末以降，NATOの統合軍事機構への部分的な復帰を1966年以来初めて認めていくことになり，この動きは，バラデュール内閣の下でさらに加速していった[6]。

第2に，ミッテランが期待した仏独枢軸は機能せず，代わりにフランスはイギリスとの協調を深めていった。ユーゴの解体を防ぐというミッテランの方針に対し，ドイツはスロヴェニアとクロアチアの独立承認を要求し，両国の足並みは乱れた。また，ドイツは連邦共和国基本法の制約により，平和維持軍の派遣においてもフランスに協力することができなかった。その一方で，部隊の派遣においてフランスの助けとなったのは，西欧で最大の軍事力を誇るイギリスであり，バラデュール政権期に両国の防衛協力が進んでいった[7]。

旧ユーゴ紛争の経験を踏まえつつ，22年ぶりに作成された『防衛白書』には，EUの防衛政策の強化と並んで，NATOの欧州化や非5条任務への積極的な関与という目標が記された（Long, Balladur et Léotard, 1994：30-37）。同白書はフランスのNATO統合軍事機構への復帰を否定したが，冷戦後の国際環境やEMUの下での緊縮財政に対応するための軍備および軍改革にも言及しており，これらはシラク大統領の国防改革の下敷きとなっていく。

5　EMU と社会保障制度改革

　1995年5月，ミッテランに代わりシラクが第五共和制5代目の大統領に就任した。シラクは，財政再建と経済構造改革を進めていたバラデュールの政策を新自由主義的すぎるとして批判し，自らは「社会の骨折（Fracture Sociale）」を治癒することを訴えて大統領選に勝利した。フランスでは，失業率が過去10年間平均10％を超える中で，長期失業者や若年失業者など，社会保障給付を受けられず，労働を通して社会に参加することができない人々が増加していた。シラクは，こうした社会から阻害された人々の増加による社会不安の増大が国家の統一を危うくしていると警告し，それを解消するため，雇用対策を新政権の最優先課題として掲げた。

　首相に任命されたジュペは，長期失業者を採用した企業の社会保障費負担の免除などを通して2年間で70万の雇用創出を目指すことを発表し，新政権の雇用に対する取り組みを強調した。ジュペ内閣は，雇用対策と1999年1月までの単一通貨導入を両立させるため，雇用対策に伴う歳出拡大を付加価値税の引き上げや民営化収入などで賄い，財政赤字の削減を果たすつもりでいた。しかし，前年度の財政赤字がGDP比の5.5％に達し，財政規律に対するコール政権からの圧力が強まる中で（下記8参照），本格的な財政再建に着手することは急務であった。大統領就任から半年も経たない1995年10月，シラクは政府の最優先課題は財政赤字の削減であることを国民に告げ，翌月以降，社会保障制度の抜本的な改革を含めた財政再建策が発表されていった。

　ジュペ首相は，社会保障制度改革の第一弾として，11月，公務員の老齢年金制度を，バラデュール政権下で改革された民間部門の制度に倣って改定すると共に，公務員が享受する様々な経済的特権を廃止することを発表した。これに反発した公務員労組が，1968年5月以来となる大規模なゼネストを3週間に渡って展開したため，政府は改革案を取り下げざるをえなくなった。だが，このゼネストも，政府の財政再建と社会保障制度改革に対する意思を弱めることはなかった。1996年，ジュペ内閣は憲法を改正し，社会保障支出に関する議会の権限を大幅に強化した。これは，社会保障機関の独立性が尊重されてきた従

来の政策からの大きな変化であり，社会保障制度の国家管理を進めるものであった。

6　NATOへの回帰と東方拡大の受容

　シラクは，欧州のNATOへの依存と，EUおよびNATOの東方拡大が不可避であるという現実を受け入れ，これらの問題に積極的に関与していくことで，新たな国際環境の下でのフランスの主導性の回復を図っていった。シラクは，大統領就任早々，当時進んでいたNATOの再編に積極的に関わり，ESDIの強化を条件に，NATOの統合軍事機構への復帰を果たすことを表明した。1995年12月のブリュッセル北大西洋理事会では，フランスの国防大臣の理事会出席を再開することやNATO欧州連合軍最高司令部との関係改善などが発表され，フランスのNATOへの歩み寄りがアピールされた。そして，1996年6月のベルリン北大西洋理事会では，欧州連合軍副司令官をWEU最高司令官との兼任とし，WEUが軍事作戦を行う際にNATOの能力や資産を利用可能にすることをアメリカに認めさせたのである。

　だが，ベルリンでの合意後，欧州連合軍の司令官ポストの配分を巡り，シラクの政策は行き詰ることになる。シラクは南欧連合軍司令官のポストを要求したが，それを二度に渡ってクリントンに拒否されてしまう。米国からは妥協案が示されたが，クリントンとのやりとりがマスコミに流れたことで，シラクは後に引けなくなってしまった。さらに，後述するように，翌1997年にはジョスパン率いる社会党が総選挙で勝利し，第三次保革共存内閣が発足，新内閣はアメリカに対して妥協的なシラクの立場を容赦なく批判した。これが，RPR内のNATO復帰反対論を煽り，シラクの権力基盤が揺らぎかねない状況が生まれてしまった。その結果，シラクはフランスのNATO完全復帰を断念せざるをえなくなった（Bozo, *op. cit.*: 53；Menon, 2000）。ただし，フランスのNATO回帰の動き自体に大きな変化はなく，NATOとの関係強化はその後も続いていった。フランスがNATOとEUおよびWEUの補完関係に目を向け，NATOとの関係を緊密化することで，NATOの欧州化を内側から進めていくという方針に転じたことは，1990年代末以降の欧州の防衛協力の発展を促す重

要な変化であった。

　一方，NATO の東方拡大プロセスは順調に進んでいた。1995年末には，PfP 参加国がボスニア紛争を終結に導いたデイトン合意の履行に当たる IFOR に加わり，加盟に対する熱意を示したことで，1997年のマドリード北大西洋理事会ではポーランド，ハンガリーとチェコを正式な加盟候補国とすることが決定された。また，EU の東方拡大政策は，ミッテランがコペンハーゲン基準に消極的な同意を表明して以来，ドイツ，イギリス，欧州委員会などを中心に着々と進められていた（Sedelmeier, 2005：412）。1995年12月，マドリード欧州理事会は，TEU 改正のための政府間会議（IGC）が終了次第，中東欧諸国との加盟交渉開始のための決定を行うことで合意し，その間，加盟前戦略を通じて中東欧諸国の加盟準備がより具体的な形で進められていくことになった。

　シラクは，1995年後半以降政府高官を中東欧に派遣，同年末には NATO の東方拡大を支持すること（Redman and Sancton, 1995），1997年１月には訪問先のハンガリーで同国が2000年までに EU に加盟することを希望する旨を明言するなど，EU および NATO の拡大に積極的な姿勢を示した（東野，2000：217-221）。シラクが東方拡大に賛同するようになったのは，拡大に反対することが，EU や NATO 内での確執を広げるだけでなく，中東欧諸国の反発や不安定化につながり，フランスが欧州において外交上のリーダーシップを発揮することを困難にするだけだと考えたからだろう[10]。特に，NATO の拡大がアメリカ主導で進められていく中で，フランスとしては，自らがより大きな影響力を発揮できる EU を通じて，中東欧諸国に対するアメリカの影響力の増大を牽制する必要があった。シラクの歩み寄りの結果，EU における統合の深化と拡大のプロセスが，再び仏独の協調を軸に進められていくことになった。

　シラクのもうひとつの課題は，湾岸戦争やボスニア紛争を通して明らかになったフランスの軍事能力の欠如を補うために，軍改革や軍需産業の再編に着手することであった。その内，軍需産業の再編は，EMU の下で不可避となった国防予算の削減と，フランス企業の国際競争力の強化を目指してのことであったが，これは軍需品の開発・調達の欧州化を促進した。シラクは，1993年の仏独合意を土台として，英国とイタリアを加えた４カ国で1996年11月に OCCAR（Organisation Conjointe de Coopération en Matière d'Armement）の設立で

合意した。こうして，これまでプロジェクト単位で進められてきた軍需品の開発協力が，制度化されることになったのである。

7 1996年IGCとアムステルダム条約

　TEUは，加盟国の間で不満が残った三本柱構造やCFSPなどについて見直すため，1996年に条約改正のためのIGCを開催することを定めていた。さらに，同条約が発効した直後のブリュッセル欧州理事会では，将来の拡大を視野に入れ，閣僚理事会における票の配分や欧州委員会の規模についても再考することが決定されていた。IGCに際し，ジュペ政権は，①拡大に向けた制度改革，②司法内務協力（JHA）の強化，③CFSPの強化を目標として掲げた。政府の交渉方針は，ド・ゴール以降のフランスの欧州統合に対する基本的な立場に沿ったものであった。すなわち，可能な限り主権の委譲を伴わない国家間の政策協調を推進すること，そしてドイツと欧州委員会の権力の増大を牽制することで，フランスの主導性と自律性を最大限に確保するという姿勢は1996年のIGCにおいても大方貫徹していた。では，IGCの結果，1997年に締結されたアムステルダム条約において，フランスの目標はどの程度達成されたのだろうか。

　1996年3月にトリノで始まったIGCでは，大多数の国々がJHAについて，過半数の国々がCFSPの強化について前向きであることが明らかになった。まず，JHAについて，フランスは人の移動に関わる政策へのQMVの導入と，国際犯罪の取り締まり強化のための加盟国間の政策の接近を求めた。政府の方針の背景には，JHA分野の問題に政府間主義的な枠組で対応するのは困難であるとの反省があった（Lavenex and Wallace, 2005：462-463）。また，1995年夏にはパリで連続テロ事件が発生していた。EUにおける「民主主義の赤字」に対する批判が高まる中で，EU市民の自由移動と権利を保証し，国際犯罪や不法移民の取り締まりを強化することは，EU設立の便益を市民にアピールする効果があった。フランスは既にシェンゲン協定に基づく国境管理撤廃と共通政策化を経験していたため，この分野については主権の移譲に対する抵抗感が比較的少なく，各国と共同歩調をとることができた。だが，人の移動関連の政策へのQMVの適用は，ドイツの反対により条約発効から5年以降に先送

りされることになった。

　次に，CFSP に関して，フランスは政府間主義を強めつつ，EU レベルにおける政策協調を推進するという立場をとった。欧州理事会及び閣僚理事会の方針に従って CFSP を遂行する上級代表の役職を設け，それに有力政治家を着任させようというフランスの提案は，外務大臣の影響力の低下を危惧した各国の反対に遭い，閣僚理事会事務局長の兼任職という地位に納まることになった。また，上級代表が政策立案に利用できる資源も，英国などの反対で制限されることになった。WEU を EU の防衛機能として統合するためのタイムテーブルを定めるべきという仏独伊，ベルギーなどの要請については，欧州理事会での全会一致が必要ということになり，英国などの反対のため，当面実現の見通しが立たないことが改めて明らかになった。このように，CFSP については，JHA に比べてフランスなど統合推進派の要求が薄まった形で取り入れられた。だが，これは事前に予想されたことであり，ペータースベルク任務について北欧や中立国の賛同が得られたこと，建設的棄権の条項を挿入できたことは一応の成果ではあった。また，共同行動などの採択における QMV の適用と各国の拒否権の維持は，CFSP における主権の委譲に反対していたフランスにとっても満足のいく結果であった。

　政府は，これらの優先課題の他に，フランス海外県への特別の配慮を認める条項や，公共サービスの尊重に関する条項を挿入することにも成功した。ただし，こうした成果の一方で，フランス政府が最優先課題に掲げていた，拡大を見据えた制度改革は交渉決裂に終わった。閣僚理事会の票の重み付けと欧州委員会委員数の改定については，いずれも小国が犠牲を払うことを求められる問題だった。そうした中で，フランスは小国に妥協を要求しながら，自身はドイツとの均衡を保つため，人口比率を加えた二重投票制を拒否し，交渉妥結を難航させた。また，フランスは欧州委員会の効率化のため，委員数の大幅な削減（10-12名）を訴えたが，多くの国は一国一委員を主張したため，ドイツを含めたほとんどの国の支持を得られなかった。フランスは，その他の議題で欧州委員会，欧州議会，欧州司法裁判所などあらゆる超国家的機関の権限強化に難色を示し，政府間主義を重視する姿勢を見せていた。これも大国の支配強化に対する小国の警戒心を強め，妥協を難しくした（Deloche-Gaudez, 2002：144, 146）。

第Ⅲ部　欧州統合への本格的始動

　1996年のIGCに臨んだフランスは，統合の希薄化に対する不安を抱えていた一方で，主権の維持と，ドイツとの均衡の維持に固執していた。これが効率性の向上という目標と衝突し，制度改革においてドイツを含めた他国との協調を阻害することになった。制度改革が喫緊の課題でなかったことが各国の譲歩を渋らせる大きな要因ではあったが，他国には譲歩を求めながらも，自らの主権の維持には固執するフランスの姿勢は明らかに交渉の阻害要因となった。その意味で，1996年のIGCとその翌年結ばれたアムステルダム条約は，ドイツ統一後の時代において，フランスはドイツからこれまで通り譲歩を得続けられるのか，という問題を投げかけるものだった。

8　ジョスパン政権による「社会的欧州」の再稼動

　1997年4月，シラク大統領は国民議会を1年前倒しで解散することを決定した。1999年1月にユーロを導入できるかどうかは，1997年の財政状況，金利および物価水準を基に98年前半に決定される。1年後に任期満了の総選挙を行えば，ユーロ導入に関する論争が再燃し，ユーロ導入を危険に晒しかねない。また，総選挙は，RPRの内部闘争を抑制し，自らの権力基盤を固める効果もあると考えられた（Hainsworth, 1999）。そのため，シラクは財政再建の継続とユーロの導入に対する国民の信任を呼びかけ，議会を解散した。

　シラクが持ちかけた「ユーロ選挙」に対し，社会党のジョスパンは，過去2回の大統領選挙でミッテラン，シラクが呼びかけたように，新自由主義的な経済政策に対する代替案を訴えた。すなわち，通貨統合は，単なる緊縮財政ではなく，雇用の創出と経済成長に対する戦略と共に実現されるべきである，と主張したのである。6月1日に実施された2回目の投票で，社会党の勝利が確定し，第三次保革共存内閣が組閣されることになった。

　ジョスパンの手腕は，組閣後まもなく開催された，TEU改正のためのIGCと欧州理事会で試された。欧州理事会ではユーロ導入後の財政規律に関する規則が合意されることになっていたが，これはドイツの要求で1995年秋以降，調整が続けられてきたものだった。EMU推進に関するコール首相の意思は固かったものの，ドイツ国内では，財務省を始めとして，懐疑的な見方が支配的

だった。とりわけ，TEUに付属した「過剰赤字手続きに関する議定書」は内容が曖昧で，ユーロ導入後，参加国の過剰な財政赤字に対する罰則規定を含めた，より詳細な規則が必要だと考えられた。そのため，ヴァイゲル経済財務相は，財政赤字を容認しがちなフランスなど南欧諸国の財政規律を確保させるための「安定協定」が必要であるとし，コール首相に行動を迫ったのである（Kaltenthaler, 2000：81-82）。

　コールの要求に対し，シラクは財政の「安定」だけでなく，「成長」にも配慮する，「安定と成長に関する協定」を求めた。つまり，経済成長が失速しているような「例外的な状況」[12]においては，財政赤字がGDP比の3％を超えることを認めさせたのである（Heipertz and Verdun, 2005：988-989）。また，1996年12月のダブリン欧州理事会では，1994年のエッセン戦略に基づき，「雇用に関するダブリン宣言」も採択された。これには，シラクの「欧州社会モデル」に関する覚書も取り入れられた（Chirac, 1996）。ただ，財政再建を最優先課題としていたシラクは，EUの雇用政策の推進に熱心であったわけではなかった。アムステルダム条約に雇用規定を盛り込むことを主張したのは，失業問題への対処が喫緊の課題となっていた北欧諸国であり，EMUの推進を最優先課題としていた仏独政府は，財政支出を拡大しかねない雇用政策を抑制することで一致していたからである（Tallberg, 2002：462-468；Arnold, 2002：10, 30；Johansson, 1999：95）。

　こうした中，ジョスパンは，ミッテランの退任以降後退していた，「社会的欧州」形成へのフランスの取り組みを再稼動させようとした。ジョスパンは，アムステルダム欧州理事会で，「安定と成長に関する決議」に加えて，「雇用と成長に関する決議」の採択を実現させた。また，ジョスパンが新条約に雇用に関する編を盛り込むことに賛成したことは，それに強く反対していたドイツの譲歩を促した（Arnold, 2002：30）。ただ，こうした成果は，ジョスパン政権が当時EU15カ国の中で12番目に誕生した社会民主主義政権であったこと，ジョスパン政権が発足する以前に，フランス以外の国々が雇用に関する規定を条約に盛り込むために努力を払ってきたというきわめて良好な条件があったことに多くを負っていた。実際，「雇用と成長に関する決議」は，前年のダブリン欧州理事会までに合意されたことを再確認する意味合いが大きかった。

アムステルダム以後，ジョスパンは他の社民政権と協力して雇用サミットを開催し，1999年のケルン欧州理事会では，加盟国の雇用政策のための共通戦略(CSNEP)の策定に取り組んだ。だが，ジョスパンが要求した，雇用の創出に関する具体的な数値目標の設定や，企業の人員削減や工場閉鎖を欧州委員会の許可制とするための規則の採択など，雇用の創出と保護のための強硬な措置は採用されなかった。これらは国内向けの政策をEUでも実施することを意図したものだったが，EUレベルでは，社民政権の間であっても受け入れられなかった。1990年代以降，フランス以外の欧州の社民政党は，雇用の安定ではなく，労働市場の柔軟化と労働者の再訓練によって完全雇用を実現する方向へと戦略転換を遂げていた。このような中で，雇用の安定と保護に拘るフランス社会党の政策は，EU内で孤立しており，フランス・モデルの欧州化は困難であることが明らかになった（Clift, 2003：181-183）。

9　ユーロ導入とフランス経済の回復

ジョスパン内閣の発足がフランスのユーロ導入を危うくするのではないかとの周囲の不安に反し，同内閣の下では財政再建と経済構造の変化が更に進展した。ジョスパンは，ユーロの導入がフランス経済の安定にとって重要であることを理解していた。彼が目指したのは，貧困層への社会保障や雇用対策のための歳出を拡充しつつ，財政再建を果たすことで，ユーロの導入を実現することだった。

ジョスパン内閣は，貧困層への生活扶助や疾病給付拡充のため，社会保障目的税である一般社会拠出金（CSG）を引き上げ，高額所得者に有利に働いていた控除措置を廃止した。その結果，フランスの社会保障制度は，社会保険料で賄う給付に加え，CSGなどの租税で賄う新たな給付制度が占める割合が増加した。1999年には後者が社会保障支出の2割を賄うまでになり（Palier, *op. cit.* : 122），社会保障制度の国家化と普遍化が進むことになった（長部，1999）。また，雇用対策については，労働時間の短縮と労働の柔軟化を柱とする，オーブリー法を成立させた。同法は，法定労働時間を39時間から35時間に短縮することを通じて，財政支出の拡大を防ぎながら新規雇用の創出を図るものであっ

た。これにより，2001年までに27万人の雇用増が実現されたと推定されている（清水，2003；MASTS, 2002）。

　このように社会保障や雇用対策の面で左派的な政策を推進しつつ，ジョスパンは財政再建をも実現させた。1997年の財政赤字はGDP比の3.3％，98年は同2.6％を計上し，99年1月のユーロ導入を手中に収めたのである。その鍵は，歳出規模を抑制しつつ，高所得者層と低所得者層，そして資本と労働の間の税負担の配分を変えたこと，フランス・テレコムやエール・フランス，アエロスパシアルなどの大型民営化による歳入増，そして，1997年以降になって漸く訪れた景気回復であった。

　1990年代末，フランスはIT革命による世界経済の回復に牽引されながら，ドイツやイタリアを凌ぐ経済成長率を記録した。その背景には，1990年代半ば以降進展した経済構造の変化があった。単一市場と長い景気低迷の中での需要の収縮の下で，一層の競争に晒されたフランスの大手企業は，生産体制の再編やコストの削減に取り組んだ（Hancké, 2002）。事業再編に取り組む企業の資金調達を支えたのは，国家ではなく，1990年代に急成長を遂げた株式市場であった。1990年に域内資本移動が自由化され，93年の投資サービス指令によって株式市場の規制が緩和されたこと，国有企業の政府保有株の売却によって，1990年代半ば以降，パリ証券市場は外資の流入により，大きな成長を遂げた。1990年，企業の外部資金調達に占める株式発行の割合は31％，銀行借り入れは55％だったのに対し，2000年にはその値が逆転した（長部，2006：261）。同時に，企業や銀行間の株式持合いの比率は1990年代後半に半減した。バラデュールが国有企業の民営化を通して実現しようとした，株式市場の活性化は果たされたものの，株式持合いは余り定着せず，その代わりに経営者のストック・オプション保有が普及することになった（Culpepper, 2006：36）。こうして，フランス経済は，ドイツ型よりは英米型の経済システムに近づくことで回復を果たしたのだった。

　ただし，この時期のフランス経済の回復は，フランス企業の競争力の向上を裏付けるものであった反面，単一市場の雇用創出効果が期待されたほど発揮されていないことを明らかにした。1980年代にフランス政府が単一市場の形成を推進したのは，それがフランス企業の競争力を向上させると同時に，国内に投

資を呼び込むことで，雇用の増大が実現されると期待してのことだった。しかし，この時期のフランスは，経済成長率ではドイツを上回っても，失業率は3％近く高いままであり，直接投資収支は1996年以降，赤字を計上するようになった。雇用の拡大には，企業の社会保険料負担の軽減や労働市場の柔軟化が必要であるといわれるが，それらは既存の制度と衝突するため，実行に移すのは容易ではない。1970年代に始まった失業問題の解消は，21世紀の課題として持ち越されることになった。

10　コソボ紛争と ESDP の発展

　単一通貨の導入が実現した1999年は，EU の防衛政策においても進展があった年だった。フランスが長年求めてきた EU の防衛政策面での協調が，イギリスの政策転換によって大きく前進したのである。それまで EU の防衛政策の強化に反対してきたイギリスの政策転換を促したのは，アメリカの軍事力に依存したままの NATO の現状に対する不満を強めていたクリントン政権からの圧力と，旧ユーゴスラヴィアにおけるコソボ情勢の悪化であった（Howorth, 2007：53）。アメリカの不満に対処するため，ブレア首相は1998年10月にペルチャッハで開かれた非公式欧州理事会で，EU の共通防衛政策の強化を訴えた。

　EU で最大の軍事力を持つイギリス・フランスの方針が接近したことにより，1998年末から1999年にかけて，CFSP は急速な進展を遂げることになった。1998年12月，フランスのサンマロで会談した仏英首脳は，EU が軍事力に裏付けられた，自立的な活動を行う能力を持たなければならないこと，EU 内で防衛相会議を行うことが必要であると宣言した（「サンマロ宣言」）。さらに，翌1999年のコソボ空爆では，米欧間の軍事能力の格差が改めて明らかになり，この格差の是正が急務であるとの認識が強まった。これを受け，同年4月の北大西洋理事会では，EU が独自の行動を取る際に NATO の装備を確実に利用可能にするための枠組み（「ベルリン・プラス」）と，欧州の防衛能力強化のためのイニシアティヴが採択された。

　同年6月のケルン欧州理事会は，紛争解決や平和維持活動のための欧州部隊を創設し，2000年末までの条約改正で WEU を EU に統合することを決定し

た。同理事会はまた，前月にアムステルダム条約が発効したことを受け，対ロ関係に関する原則を定めた「共通の戦略」を初めて採択した。さらに，新たに任命するCFSP上級代表は，テクノクラートではなく，フランスが主張していたような有力政治家であることがふさわしいとの認識が広まった。その結果，元スペイン外相でNATO事務総長を務めており，アメリカの信頼も得ていたソラナを上級代表に任命し，WEUの事務総長を兼任させることが決定された。

こうした経緯を経て1999年12月に開かれたヘルシンキ欧州理事会は，ペータースベルク任務実施のため，5万人から6万人規模の部隊を1年間展開できる能力を2003年までに確立するという目標（「ヘルシンキ・ヘッドライン・ゴール」）を掲げた。冷戦終焉以降，ミッテランが求めてきた欧州の安全保障・防衛政策の強化は，NATO内におけるアメリカとの協調を前提とする形に変質しつつも，10年近くの歳月を経て，漸く一歩前進したのであった。ただし，そのきっかけは，皮肉にも，旧ユーゴスラヴィア情勢の変化とアメリカに促されたイギリスの政策転換という，フランスがコントロール不可能な出来事によってもたらされたのである。

おわりに

1990年代最後の年は，フランスが長年待ち焦がれてきた単一通貨の導入，主要国を凌ぐ勢いでのフランス経済の回復，そしてESDPの始動によって華々しく飾られた。しかし，その過程でフランスは国際環境の変化に対する外的適応と内的適応を迫られ，「フランスらしさ」の後退を経験することになった。外的適応の過程では，冷戦後の安全保障環境に適応するため，アメリカおよびNATOとの軍事面での協力が緊密化していった。また，フランスはEUとNATOの東方拡大の流れに抗しきれず，中東欧の安定やESDIの強化と引き換えにこれらの政策を受け入れ，欧州建設におけるフランスの主導性の減退という将来的なリスクを甘受することになった。

一方，EU加盟国であることは，フランスの経済・社会保障政策面における内的適応を促した。EMUやEUの競争政策，単一市場はフランス経済の自由

化を促進し，戦後築かれた国家主導型の経済体制は崩壊した。EMU は，社会保障制度の国家管理と普遍化を促進し，その結果，社会保障財政均衡のために老齢年金や医療給付が抑制された反面，租税に依拠した生活扶助や医療費給付が拡大された。また，この時期の特徴は，EU が国内の既得権益の削減と一層結びつくようになり，欧州統合を進める政府と国民の間の緊張関係を増大させたことである。両者の緊張関係は，組織力の高い公務員労組と農業団体との関係において特に高まった。

もちろん，こうした適応過程はフランスの独自性を完全に喪失させたわけではない。フランスにとって，北大西洋同盟は同盟国への「追従を意味しない」[13]という点や，欧州の防衛協力の強化を志向する点も変わらない。また，新自由主義的なグローバル化への対抗姿勢は欧州諸国の中で際立っており，安定した雇用と手厚い社会保障を守りたいという考えも根強い。問題は，こうした規範と現実の衝突が，特に経済・社会政策の分野で激しくなっており，フランスと欧州統合の関係に影を落としていることである。たとえば，大統領を始めとした市場原理主義に対する批判的な姿勢は，しばしば単一市場の自由化を推進するEU に対する批判にも結びつき，政府が進めている欧州統合に対する国民の信任を掘り崩しかねないリスクを孕んでいる。また，既存の雇用・社会保障モデルへの拘りは，単一市場の雇用創出効果を限定的なものとし，失業問題の解消を困難にしている。そのしわ寄せは，若年層の高失業と不安定雇用という形で現われ，社会的排除の問題を悪化させている。

1990年代にフランスは欧州との関係で多くの歴史的な成果を成し遂げた。それでも尚，この時代に表面化した課題の多く——対 NATO 関係の見直し，東方拡大，公共部門と農業部門の改革，失業と社会的排除の問題——は21世紀に引き継がれることになった。

注
1) EU の民主的正統性の欠如を批判する概念。欧州統合がエリート主導の，不透明な政策決定過程を通して進められてきたことに対する批判として，TEU 批准過程の混乱以降，多用されるようになった。
2) 1991年秋から1998年秋までのフランス国民の単一通貨に対する支持率は平均で61％であった（European Commission, 1991-1999）。

3) 正確には，中央政府，地方政府，社会保障基金の収支からなる一般政府財政収支の赤字を指す。
4) 1992年に合意されたマクシャーリー改革は，農産品の価格支持から農家の所得補償への漸進的な移行を決定した。従来の価格支持政策は，過剰生産や環境汚染，価格の高止まりなどの弊害を引き起こすことが明らかとなっていた。フランス政府は改革に乗り気ではなかったが，1991年秋にコール政権が改革支持に回り，ブロッキング・マイノリティが成立し難くなったこと，EC内で競争力の高い穀物生産農家には改革が有利に働くことなどから，改革に同意した（Woolcock and Hodges, 1996：315；Coleman, Atkinson and Montpetit, 1997：460）。
5) 北大西洋条約5条に掲げられた集団防衛以外の任務で，欧州・大西洋地域の平和と安定を確保するための危機管理，テロ対策や紛争解決など幅広い任務を指す。
6) 具体的には，1992年12月に欧州軍団（Eurocorps）をNATOの欧州連合軍司令官の指揮下におくことを可能にする取り決めで合意，93年4月には旧ユーゴにおける非5条任務に関わる軍事委員会への参加，94年9月にはセヴィーリャでの非公式国防相理事会にレオタール国防相の参加を認めた。
7) 1993年7月にはPKO合同演習が検討され，94年1月には空軍の共同行動のための合同計画本部設置について合意した他，92年10月に設置が決まった核政策・ドクトリンに関する共同委員会（Joint Commission on Nuclear Policy and Doctrine）を常設化することが93年7月に合意された。
8) 「社会の骨折」とは，労働を通して社会に参加することができずに孤立する人々と，厳しい解雇規制や公務員という身分によって雇用と社会的地位を守られている人々とに社会が二極分化し，それによって生じる歪みを表す（より詳しくは，Emmanuelli et Frémontier, 2002を参照のこと）。シラクは，トッドの著作（Todd, 1994）からこの概念を引用し，選挙キャンペーンで用いた。
9) アメリカは妥協案として，南欧連合軍司令官のポストを米欧の間で交代制にするという案や，南欧での緊急展開部隊を新設し，その司令官をフランス人に任せるなどの案を出した（Bozo, 2001：53；Fitchett, 1997）。
10) ある高官は，NATOの拡大について，新政府は現実的に不可避な状況に対応しているだけで，フランスだけが反対しているわけにはいかないと発言しており，シラクがフランスの孤立した状況を打開しようとしていたことが窺える（Menon, 2000：50）。
11) ペータースベルク任務とは，1992年6月，冷戦後の欧州においてWEUが果たすべき任務としてWEU理事会が定めたもので，具体的には人道・救援活動，平和維持活動，平和創造を含めた危機管理のための戦闘活動を指す。
12) GDP成長率がマイナス0.75%以上であること。
13) ド・ゴール以降のフランスのNATO諸国との関係は，「友人，同盟国だが，追従はしない（amis, alliés, pas alignés）」関係と表現される（Védrine, 1996）。

【参考文献】

Arnold, Christine U., 2002, "How Two-level Entrepreneurship works: The Influence of the Commission on the Europe-Wide Employment Strategy," paper presented at the American Political Science Association, Boston, Massachusetts, Aug. 29-Sept. 1, 2002.

Cameron, David R., 1993, "British Exit, German Voice, French Loyalty: Defection, Domination, and Cooperation in the 1992-93 ERM Crisis," paper presented at the International Conference of European Community Studies Association, Washington, D.C., May 27-29, 1993.

Chirac, Jacques, 1996, "Contribution de M. Jacque CHIRAC Président de la République à destination des Gouvernements des pays membres de L'Union européene : Mémorandum pour un modèle social européen," 27 février 1996.

Clift, Ben, 2003, *French Socialism in a Global Era: The Political Economy of the New Social Democracy in France*, Continuum.

Coleman, William D., Michael M. Atkinson and Eric Montpetit, 1997, "Against the Odds: Retrenchment in Agriculture in France and the United States," *World Politics*, Vol. 49, No. 4, pp. 453-481.

Culpepper, Pepper D., 2006, "Capitalism, Coordination, and Economic Change: the French Political Economy since 1985," Pepper D. Culpepper, Peter A. Hall and Bruno Palier eds., *Changing France: The Politics that Markets Make*, Palgrave Macmillan, pp 29-49.

Deloche-Gaudez, Florence, 2002, "France: A Member State Losing Influence?," Finn Laursen ed., *The Amsterdam Treaty: National Preference Formation, Interstate Bargaining and Outcome*, Odense University Press, pp. 139-160.

Emmanuelli, Xavier and Clémentine Frémontier, 2002, *La fracture sociale*, Presses Universitaires de France.

European Commission, *Standard Eurobarometer*, vols. 36-50, 56, various years (1991-1999, 2002).

Favier, and Michel Martin-Roland, 1999, *La Décennie Mitterrand :4. Les Déchirements (1992-1995)*, Seuil.

Fitchett, Joseph, 1997, "Clinton Offers Paris Compromise on NATO: U.S. to Endorse a New French-led Force," *International Herald Tribune*, March 14, 1997: 7.

Hall, Peter A. and David Soskice eds., 2001, *Varieties of Capitalism: The Institutional Foundations of Comparative Advantage*, Oxford University Press.

Hancké, Bob, 2002, *Large Firms and Institutional Change*, Oxford: Oxford University Press.

Hainsworth, Paul, "The Right: Divisions and Cleavages in fin de siècle France," *West European Politics*, Vol. 22, No. 4: 38-56.

Heipertz, Martin and Amy Verdun, 2005, "The Stability and Growth Pact: Theorizing a Case in European Integration," *Journal of Common Market Studies*, Vol. 43, No. 5: 985-1008.

Howorth, Jolyon, 2007, "Disputed Origins: True and False Drivers behind ESDP," Neill Nugent and William E. Paterson eds., *Security and Defence Policy in the European Union*, Palgrave Macmillan: 33-60.

Johansson, Karl Magnus, 1999, "Tracing the employment title in the Amsterdam treaty: uncovering transnational coalitions," *Journal of European Public Policy*, Vol. 6, No. 1: 85-101.

Kaltenthaler, Karl, 2002, "German Interests in European Monetary Integration," *Journal of Common Market Studies*, Vol. 40, No. 1: 69-87.

Lavenex, Sandra and William Wallace, 2005, "Justice and Home Affairs: Towards a European Public Order?," Helen Wallace, William Wallace and Mark A. Pollack eds., *Policy-Making in the European Union*, Fifth edition, Oxford University Press: 457-480.

Long, Marceau, Edouard Balladur et François Léotard, 1994, *Livre Blanc sur la Défense*, La Documentation française.

MASTS (Ministère des affaires sociales, du travail et de la solidarité), 2002, «La réduction négotiée du temps de travail : Bilan 2000-2001,» La Documentation française.

Menon, Anand, 2000, *France, NATO and the Limits of Independence 1981-97: The Politics of Ambivalence*, Macmillan.

Palier, Bruno, 2006, "The Long Good Bye to Bismarck? Changes in the French Welfare State," Pepper D. Culpepper, Peter A. Hall and Bruno Palier eds., *Changing France: The Politics that Markets Make*, Palgrave Macmillan: 107-128.

Redman, Christopher and Thomas Sancton, 1995, "We are not an average nation," *Time*, Vol. 146, Iss. 24, Dec. 11; p. 59-60.

Schmidt, Vivien A., 1996, *From State to Market?: The Transformation of French Business and Government*, Cambridge University Press.

Sedelmeier, Ulrich, 2005, "Eastern Enlargement: Towards a European EU?," Helen Wallace, William Wallace and Mark A. Pollack eds., *Policy-Making in the European Union, Fifth edition*, Oxford University Press: 401-428.

Tallberg, Jonas, 2002, "First Pillar: The Domestic Politics of Treaty Reform in Environment and Employment," Finn Laursen ed., *The Amsterdam Treaty: National Preference Formation, Interstate Bargaining and Outcome*, Odense University Press: 453-472.

Tardy, Thierry, 1999, *La France et la gestion des conflits Yougoslaves (1991-1995) :*

Enjeux et leçon d'une opération de maintien de la paix de l'ONU, Bruylant.

Todd, Emmanuel, 1994, *Aux origines du malaise politique francais : Les classes sociales et leur représentation*, Note de la Fondation Saint-Simon.

Védrine, Hubert, 1996, *Les Mondes de François Mitterrand : à l'Elysée 1981-1995*, Fayard.

Woolcock, Stephen and Hodges, Michael, 1996, "EU Policy in the Uruguay Round," Helen Wallace and William Wallace eds., *Policy-making in the European Union*, 3rd ed., Oxford University Press: 301-324.

長部重康, 2006「フランス経済――ディリジスムからの脱却」田中素香, 長部重康, 久保広正, 岩田健治『現代ヨーロッパ経済（新版）』有斐閣.

――, 1999「経済と社会保障」藤井良治, 塩野谷祐一編『先進諸国の社会保障6 フランス』東京大学出版会.

清水耕一, 2003「フランス35時間労働法の性格と意義」『経済学論叢』第54巻第4号.

田中素香, 2006「通貨協力から通貨統合へ――『ドルからの自立』：挫折と苦闘と成功と」田中素香, 長部重康, 久保広正, 岩田健治『現代ヨーロッパ経済（新版）』有斐閣.

――, 野内美子, 1996「フランスの『強いフラン』政策――EU通貨統合への道」田中素香編著『EMS：欧州通貨制度』有斐閣.

西村茂, 1993「EC統合とフランス」『年報政治学』.

東野篤子, 2000「EU東方拡大への道, 1995―1997年――欧州委員会, ドイツ, フランス, 英国の立場を中心に」『日本EU学会年報』第20号.

渡邊啓貴, 1993「EC統合とフランス〈1〉―マーストリヒト条約批准をめぐるフランスの国民投票」『改革者』.

第10章　遠ざかるヨーロッパ
――フランスの夢の終焉とグローバル化の現実（2000―2012年）

鈴木　一人

はじめに

　過去20年間に急速に進んだ欧州統合のプロセスと，それを通じて増大してきたフランスの存在感は，2000年代に入ると著しく衰えていく。その背景には，1990年代までに統一ドイツを欧州の枠組みの中に組み込み，冷戦後のヨーロッパの秩序を東方拡大という形で処理し，単一通貨の導入によって，単一市場を完成させるという一連の目標が達成されてしまったことがある。その結果，フランスはより一層「ヨーロッパ化」され，EUはより巨大化し，フランスが一国のイニシアティヴや仏独の「タンデム」によって問題を解決できる余地が小さくなっていった。それは，フランスがこれまで「フランスのヨーロッパ」を構築することで自らの力（Puissance）を強化し，問題を解決するという従来の欧州統合から得られるメリットを薄れさせ，逆に，山積していく問題を解決できないというフラストレーションがたまっていくことを意味した。

　それはとりもなおさず，フランス国民の政府に対するフラストレーションとなり，欧州統合そのものの問い直しをも意味することとなる。本章で議論する，2005年の欧州憲法条約への「Non」は，こうしたフラストレーションの表れといえるであろう。

　また，2008年のリーマン・ショックに端を発し，2009年のギリシャ債務危機から加速するユーロ危機は，フランスが問題解決を提供するどころか，ユーロ危機に巻き込まれることでヨーロッパの主導国としての地位を失い，問題解決の主導権をドイツに奪われ，フランスの国益を実現するどころか，ドイツに追随する以外に選択肢を持たない状況をもたらした。かつての仏独「タンデム」とは大きく異なり，統一して強大になり，経済的にも圧倒的な優位性を持つよ

うになったドイツがリードする「新たなタンデム」に基づく欧州統合の姿が立ち現れている。

本章では，欧州統合が拡大・深化してしまったがゆえに，逆説的ではあるが，フランスが欧州統合に関心を失い，自国の利益を優先してヨーロッパを遠ざけていく過程を描いてみたい。ただし，ここでいう「自国利益の優先」とは，ロベール・フランク（フランク，2003）のいう「国民的利益」と「国民主権」の周期とは異なるニュアンスを持つ。これまでは「フランス対ヨーロッパ」の図式の中で，統合を進める一方で，自国の主権を保持するために統合にブレーキをかけるというパターンが繰り返されてきたが（序章参照），2000年代では，統合にブレーキをかけるというよりは，統合そのものに無関心となり，統合を進める気力を失い，むしろ統合の成果であるユーロによって負の影響すら受けている。しかし，現実問題として，「ヨーロッパ化」は否定することができないほど進んでおり，そこから逃れることはできないため，フランスは大きなジレンマに直面しているのである。

1　ニース条約締結会議——議長国の責務よりも自国の利益

20世紀最後にして，新しい千年紀最初の欧州統合のイヴェントは，ニース条約を締結するための政府間会議（IGC）であった。この歴史的な瞬間をフランスが議長国として IGC を取り仕切ることになったのは，欧州統合をリードし，その中心に存在し続けたフランスの栄誉ともいえる出来事であった。

しかしながら，議長国としてのフランスは「イタリア風の混乱」（*Le Monde*, 20 Dec. 2000），「恥知らずの自国利益至上主義」（*European Voice*, 14-20 Dec. 2000），「傲慢で，パートナーにつっかかり，妥協を拒み，野心に欠けており，会議の成果が乏しかった責任を負う」（Gray and Stubb, 2001）と，かなり手厳しく評価されている。一体フランスは何をして，このような悪評を得たのであろうか。

その前に，まずニース条約締結のための IGC における議長国の役割について簡単に触れておこう。議長国は，EU 加盟国を代表し，欧州理事会や IGC のような加盟国代表による会議の議長として議事を設定し，加盟国間の利害を調

整し，対外的にはEU加盟国全体を代表する役割を持っている（Tallberg, 2008；Burse, 2009）。議題を設定して議事進行を独占することは，自国の選好を会議に反映しやすくなる一方，会議を成功させなければならないという責務を負う。議長国は6カ月ごとに交代することが決まっているため，15カ国の加盟国（2000年当時）であれば，次に議長国が回ってくるのは7年半後ということになる（27カ国であれば13年半後）。したがって，この時期に議長国が巡ってくるのはある種の幸運といえた。

このような僥倖に恵まれたフランスは，本来ならば議長国として，拡大後のEU運営のあり方のビジョンを定め，長期的な展望に基づいて，新たなリーダーシップを発揮することができたはずである。しかし，シラクはそうしたことを一切せず，ひたすら自らの利益を実現することに邁進したのである。具体的には，IGCの中心的議題である，拡大後の欧州委員の数と欧州議会の議席数，さらに理事会における各国の持ち票の数を巡る争いで，ドイツと対等の権利を得ることに執念を燃やしたのである（Schout and Vanhoonacker, 2006）。シラクはアムステルダムでのIGC以来加盟国間で積み上げてきた議論をすべてゼロベースで見直し，会議の当初からEUの意思決定において大国の果たす役割の重要性を説き，小国との間の軋轢を生み出しただけでなく，会議の進行を大幅に遅らせることで，議長国の案に対抗できないような議事進行を行った（Gray and Stubb, 2001）。最も交渉が難しかった各国の持ち票を巡る議論では，各国の持ち票は人口に比例させ，「一票の格差」を小さくすることが合意されていたにもかかわらず，人口の少ないフランスの持ち票がドイツと均等になるように求めたが，ドイツがそれに反発した。そのため，フランスは議長国の権限を発動して会議を終了することを拒み，各国の首脳を「人質」として一日半も会議を延長し，最終的に見かけ上はドイツと同数の持ち票を得ることに成功した（その代わり，人口の多寡も議決に反映される投票方式が導入された）（Wallace, 2001；Galloway, 2001）。

では，なぜここまでしてフランスは自国の利益にこだわったのであろうか。その大きな理由として国内政治の現実が挙げられる。第1に，社会党とのコアビタシオンにあって，外交は大統領の専権事項として，自らの実績をアピールできる場であり，2002年の大統領選挙に向けてフランスのために働く大統領と

いうイメージを強化したいという意図があったと思われる。第2に、シラクの側近や支持母体である中道右派政党に「欧州懐疑派（Eurosceptics）」が多数存在していたことが挙げられる (Ross, 2001)。

しかし、より重要な問題は、仏独関係が最悪の状況を迎えており、フランスが伝統的な仏独「タンデム」によって問題を解決しようという意思がなかったことが挙げられる。ボスニア紛争やコソボ紛争に際して、ドイツが憲法上の制約を理由に積極的に関与しないことに対してシラクは強く批判をしていた (Howarth, 2003)。さらに、2000年にドイツ外相のフィッシャーが行った演説で、連邦主義的な欧州統合を主張したことに対して、シラクはドイツ連邦議会に乗り込んで、大国が「パイオニアグループ」となって欧州統合をリードすることを主張し、ドイツとの欧州統合に対するビジョンの違いを強烈に印象付けた (Chirac, 2000)。こうした仏独関係がギクシャクする中で、ニースIGCではドイツに遅れをとったと思われるような結果を出すことは、議長国として認めがたいものだったのである。

2　9.11とアフガン戦争——Nous sommes tous Américains

2000年代の世界を大きく変えたのは、2001年9月11日の同時多発テロであった。これまでフランスでテロといえばバスク地方やコルシカ島の独立運動の過激派によるものであり、限定されたテロ集団が引き起こすものと考えられてきた。しかし、9.11のテロは、その目的が明確でなく、テロ集団（アルカイダ）のメンバーも明確ではなく、航空機を用いるという前代未聞の手段を用いたものであり、フランスのみならずヨーロッパ全土にも大きな衝撃を与えた。9.11のテロの翌日にはル・モンドの論説主幹であるコロンバニが一面トップに「我々は全てアメリカ人である（Nous sommes tous Américains）」(*Le Monde*, 12 Sept. 2001) と題した長文記事を書き、9月13日にはシラク大統領とジョスパン首相を始めとする主要な政財界の重鎮がパリのアメリカン教会で追悼式を行い、9月14日にはヨーロッパ全土で行われた3分間の黙祷に加わった。また12月にはNATOが冷戦時代には発動されることのなかった、第5条措置（集団防衛措置）を発動し、同時多発テロはNATO全加盟国に対する攻撃と認定し

た。このように，9.11直後のフランスはテロ攻撃を受けたアメリカと連帯し，歴史的に見ても異例なほどアメリカとの距離を積極的に縮めていった。

しかし，アメリカはこうしたフランスとヨーロッパからの接近に対し，きわめて冷淡に対応した。9.11のテロはアメリカに対する戦争であり，その首謀者たちを匿い，訓練する場を与えたアフガニスタンのタリバン政権に対して自衛権の名の下で報復することを決定したが，その過程ではチェイニー副大統領やラムズフェルド国防長官，またネオコンと呼ばれるウォルフォヴィッツ国防副長官などがアメリカを中心とする有志連合を主張し，手間のかかるNATOでの連携を否定した（ウッドワード，2003）。2001年12月に北大西洋条約第5条措置を取ることを決定したが，このとき，ヨーロッパのNATO部隊に与えられた任務はアメリカ軍がアフガニスタン攻撃を行っている間，手薄になる東地中海地域のパトロールといった，周辺的なものでしかなかった。

こうしたアメリカの対応を受け，フランス国内では，アメリカが主導する対テロ戦争に対して，次第に違和感と距離感を持ち始めるようになる。9.11直後はシラク大統領，ジョスパン首相ともブッシュ大統領との関係を強調し，アメリカへのシンパシーを示すことが次の大統領選における立場を有利にするかのような「政治的ポーズ」が見られた。しかし，10月にはアメリカがアフガニスタンの攻撃を決定すると，アメリカの軍事行動にどう対応するかで大統領と首相の間に摩擦が生じた（Schrameck, 2001）。とりわけ，アメリカが「十字軍」といったレトリックを用いたことや，中東諸国にうずまくアメリカに対する敵意がアフガン戦争によってさらに駆り立てられたことで，アラブ諸国との関係や国内のムスリム社会といった敏感な問題を抱えるフランスにとって，アメリカとの協力が次第に困難となっていった。アメリカとの関係を重視しようとするシラクに対し，ジョスパンは，フランスのテロとの戦いは国内の治安・諜報強化やEUと国連との協調を通じて進められるべきだと主張し，軍事的な行動は適切に正当化され，同盟国との協議の下に行われるべきであると，暗にアメリカをなじるような演説を行った（*Le Monde*, 25 Sept. 2001）。このようなコアビタシオンによる国内政治的な対立は，フランスの対テロ戦争への姿勢に強く影響しただけでなく，対テロ戦争を単独行動主義的に進めていくアメリカとの関係をより複雑な状況に追い込むこととなった（McAllister, 2001）。これは2003年の

イラク戦争における対米関係とヨーロッパ諸国との摩擦の伏線となっていったのである。

3 イラク戦争——国際的な喝采とヨーロッパの分裂

　2002年はヨーロッパにおいて，転機となる選挙が続いた。4月に行われたフランスの大統領選第1回投票では，社会党のジョスパン首相が国民戦線（FN）のル・ペンに得票で及ばず，第3位になるという大波乱があった。そこには投票率の低さや長引く失業問題や移民問題への厳しい政府批判，5年にもわたるコアビタシオンにおける左派連立政権の疲弊などがあったことは確かであるが，極右と見られてきたル・ペンが決選投票に残ったことは，フランスの政治史から見てもきわめて大きな衝撃であった（Bell, 2003）。結果として，極右の台頭を恐れた多くの選挙民はシラクに投票し，82.21％という高い得票率でシラクは大統領に再選されたが，その得票率の高さはル・ペンを落とすための票として見られ，必ずしもシラクへの投票とは見られなかったため，大統領としての正統性に疑念が残る状況を作り出してしまった。

　さらに，同年9月に行われたドイツの総選挙では，ヨーロッパとフランスの運命を大きく形付ける結果が生まれた。支持率の低下にあえいでいたシュレーダー首相の社会民主党（SPD）は，選挙公約としてアメリカが進めようとしているイラク戦争に加担しないことを明言し，それによって総選挙を乗り越えた。これによって，ドイツは自ら対米政策に強い制約を課し，頑なな外交姿勢を見せるようになった（Szabo, 2004）。

　これまで必ずしもシュレーダー政権との関係が良好ではなかったシラクは，こうしたドイツの強い「イラク戦争反対」の世論の風がフランスに流れ込んでくることを見逃さなかった。例外的な大統領選によって，その正統性が脆弱であったシラクは，2003年1月のエリゼ条約40周年記念の式典でシュレーダー首相と共にイラクに対する武力行使反対の声明を打ち出し，イラクにおける核査察の継続と平和的な問題解決を主張した。2003年から安保理非常任理事国となったドイツは，フランスと手を携えてアメリカの独走に歯止めをかけることとなる。

このような独仏の動きに対して厳しく反応したのが，アメリカのラムズフェルド国防長官であった。2003年1月23日の記者会見でフランスとドイツは「旧いヨーロッパ」であり，キューバやイランと同列の「問題国家」として扱ったことで，アメリカと独仏との関係は決定的に悪化することとなった（遠藤，2008：665-667）。さらに，こうした独仏の態度が鮮明になる中で，アメリカに同調するイギリス，イタリア，スペインといった国々との関係が次第に悪化していくこととなった。これらの国々はアメリカの姿勢に共感を示す8カ国声明を各国の主要紙に掲載し，イラクに対する武力攻撃は最終手段としてやむをえないとの立場を示したのである。さらに状況を悪化させたのは，シラクがルーマニアなどのアメリカを支持するEU加盟候補国に対し，アメリカを支援するのであれば加盟そのものを危険に曝すと発言したことである（*Le Monde*, 19 Fev. 2003）。この発言は，当然のことながら加盟候補国から猛烈な反発を受けたが，シラクは一向に謝罪せず，プロディ委員長の調停によってようやっと事を納めるといった事態を生み出した。これによって，前章で論じたサンマロ英仏首脳会議以来進めてきた，欧州防衛安全保障政策（ESDP）の流れは大きく乱されることとなり，防衛・安全保障分野におけるフランスのリーダーシップの限界が明確となったのである（鈴木，2008）。

　このようにヨーロッパでは敵を作り，孤立に追い込まれたフランスであったが，国際舞台ではその様子が大きく異なった。2003年2月の国連安保理では，パウエル米国務長官がイラク攻撃は不可避であると主張した。しかし，パウエルの後に発言の機会を持ったフランスのド・ヴィルパン外務大臣がイラク査察の強化と平和的な問題解決を主張する（de Villepin, 2004）と，会場から盛大な拍手で迎えられた。全世界に向けて公開されていた安保理会合において，アメリカの暴走に歯止めをかけようとするフランスはあたかも正義の味方のごとく扱われ，国際的な喝采を浴びることとなった。

　とはいえ，フランスはイラク戦争をめぐって悪化した対米関係をそのままにしておくわけにはいかなかった。2003年8月にはアフガニスタン戦争の主導的な役割が米軍からNATO加盟国によって構成されるISAF（国際治安支援部隊）に移行し，フランスとドイツは担当地域を拡大することに合意した。シラクが大統領に就任した1995年以来進めてきた軍制改革とNATOへの復帰を実現す

るためにも，対米関係とヨーロッパの分裂を修正する必要があったのである。しかし，2006年のNATOリガ・サミットで，戦闘の激しい地域を戦っているイギリス，カナダ，オランダ軍を支援する要請に対し，フランスは断固としてそれを拒否したことで，NATOの結束が弱まる懸念が高まったこともあり，シラク時代のフランスは最後まで対米関係でギクシャクしたままだった。

4　欧州憲法条約の否決——ヨーロッパに背を向けたフランス

　ニース条約によって，手続き的にはEUの東方拡大に向けての体制が整い，2004年には10カ国がEUに加盟することとなった。しかし，EUの拡大に伴い，EUの地理的範囲も，また政策の影響力が及ぶ範囲も拡大し，より複雑で理解しがたいものとなっていった。ニース政府間会議（IGC）で改定された欧州連合条約は，いわゆる「三本柱構造」と呼ばれる，超国家的な意思決定メカニズムと政府間機構としての性格が同居するという，一般市民には到底理解できないものになっていた（Habermas, 2001）。また，2000年にリスボン戦略というEUの経済成長戦略が採択されていたにもかかわらず，2004年のEU拡大時にはフランスの景気は悪化の一途をたどっていた。シラクを始めとするフランスの主要な政治家たちはこうした景気悪化の原因がEU拡大による生産拠点と投資の東方シフトにあり，政治的に解決が困難な問題として責任をEUに転嫁しようとしていた。フランスの市民から見れば，フランスの経済社会に対して誰が責任を負い，どのように問題を解決するのかが全く不明瞭であり，シラク政権に対してもEUに対してもフラストレーションがたまっていた。

　このように複雑になってしまったEUの制度構造と加盟国との関係を再度見直し，より簡潔で，透明性が高く，民主的で効率的な組織へと組み替えることを目指して，新たな条約，しかもこれまでのような国家間の取り決めとしての条約とは異なり，EUが一体として機能するための憲法的な条約を作成する作業が2001年のラーケン欧州理事会で決定された。この新たな条約は，従来のIGC方式ではなく，各国議会，欧州議会，欧州委員会，加盟予定国からの参加者を含めた100人を超えるメンバーで構成される起草委員会（コンヴェンション）方式で原案がまとめられることとなり，その議長としてヨーロッパ統合主義者

として知られるジスカール＝デスタンが就任した。

　こうして新しい方式で進められた欧州憲法条約の起草プロセスは，一般市民にもインターネットを通じて開かれ，民主的な手続きを取ったことによって，議論が錯綜し，より一層まとめることが困難になるという問題をはらんでいた。議長であるジスカール・デスタンは，何とか議論をまとめようと，副議長のデハーネらを含む「議長団」を組織し，限られた人数で最終的に取りまとめることになったことで，逆に民主的に開かれたものとはいいがたいものになってしまった（Maurer, 2006）。こうして欧州憲法条約の原案は2003年の7月に提出されたが，この原案は他の条約と同様，IGCで議論されてから批准プロセスに入ることとなっていた。当初，IGCはコンヴェンションの原案を承認するだけと思われたが，各国の主張の調整に手間取り，本来ならばEU拡大のための欧州憲法条約が，EUが拡大した後の2004年6月に合意されるという皮肉な結果となった。

　このIGCにおいても，フランスは自国の利益を存分に主張し，多くの要素を「勝ち取って」きた。フランスにとっての主要な成果とは，欧州憲法条約における外交政策部門の強化である。憲法条約では，外交・安全保障分野は依然として全会一致を必要とする条項が残ったが，欧州理事会常任議長（しばしばEU大統領と訳されることもあるが，本質は常任議長でしかないため，この表記を用いる）やEU上級代表（こちらも外務大臣と訳されることもあるが，この表記を用いる）の設立はフランスが強く主張したものであった（Guérot *et al.*, 2003）。フランスにとって欧州理事会は加盟国とEU機関を結びつけ，EUに正統性を与える場であり，加盟国の総意を常任議長が代表することで，国際社会におけるEUの存在がより強化されるということを期待したのである（Bunse *et al.*, 2007）。

　にもかかわらず，フランスは2005年5月の欧州憲法条約批准のための国民投票で，賛成45.13％，反対54.87％という大差をつけて，批准を拒否したのである。欧州統合の原加盟国としては初めての批准拒否であり[1]，欧州統合の中核的な役割を果たしてきたフランスが批准を拒否したことは大きな衝撃であった。

　確かに，フランスには1992年のマーストリヒト条約の国民投票による批准で51.04％という僅差で賛成するという過去もあり（第9章参照），2005年の国民

投票でも否決のリスクがなかったわけではない。しかし，シラクは IGC において，自らが主張する様々な要求を全て実現させたという自負があり，欧州憲法条約は「フランスをグローバリゼーションから守るための武器」との認識を強く持っていた。ゆえに，1992年同様，法的な義務はないにもかかわらず，欧州憲法条約を国民投票にかけ，その正統性を高めると同時に，新たな EU におけるフランスの立場を強固なものにしようと試みたのであった。また，2002年以来低迷し続けている自分自身と2004年の地方選挙で大敗したゴーリスト政党である UMP（Union pour un Mouvement Populaire）への支持を回復することも目指していた[2]（Hainsworth, 2006）。

事実，右派政党の中ではマーストリヒト条約でも反対のキャンペーンを張った，シャルル・パスクワの RPF（Rassemblement pour la France）や，欧州懐疑派といわれるフィリップ・ドゥ・ヴィリエの MPF（Mouvement pour la France），そして極右の国民戦線や FN から離脱したブルーノ・メグレの MNR（Mouvement National Républicain）といった小規模政党は反対していたが，UMP 全体では80％が欧州憲法条約には賛成であった（IPSOS, 29 mai 2005）。また，左派政党では伝統的に欧州懐疑派である共産党（PCF）や反グローバル化を標榜する ATTAC やジョセ・ボヴェ率いる農民同盟（Confédération Paysanne）などは当然のように反対したが，社会党と緑の党（Les Verts）は表面的には賛成の立場を取っていた。社会党第一書記のフランソワ・オランドは憲法条約に賛成であり，緑の党でも主だった政治家たちは賛成に回った。この点から見れば，シラクが国民投票に打って出ることに一定の合理性はあったといえよう。

しかし，決定的だったのは，社会党の実力者で元首相のファビウスが造反し，反対に回ったことである。ファビウスは単に社会党の方針に反対しただけでなく，国民投票での批准反対の主導的立場を担うほど，憲法条約に正面から反対した。ファビウスは国民世論が反対に傾いていることを鋭く察知し，自らの政治的なポジションを好転させ，2007年の大統領選候補になる上でも批准反対の立場は有利であると判断していた（Hainsworth, 2006）。また，シラクは「批准反対はヨーロッパへの反対だ」としたのに対し，ファビウスは「ヨーロッパには賛成だが憲法条約には反対」との立場を取ったため，態度を決めかねていた世論に大きな影響を与えた。

第10章　遠ざかるヨーロッパ

　ファビウスの造反により，国民投票の行方は混沌としたが，それでも国民投票キャンペーン中は賛成の世論が優勢であった。それが急に反対に傾いたのにはいくつかの理由が考えられる。第1に，EUの規制緩和，自由化が進んだことが挙げられる。2004年には「ボルケシュタイン指令」と呼ばれるEU域内のサービス自由化のルールが定められ，電力やガスといったユーティリティ産業（フランスでは巨大な雇用を生み出す公営事業）を自由化する方針が決定されたが，これは新規加盟国から安価な労働力を武器にフランス人の雇用を奪っていく「ポーランドの配管工」が自由にフランスで仕事ができることを意味するというイメージを作り出した。加えて，ボルケシュタイン指令はジョスパン内閣時代に定められた35時間労働法（通称オブリ法）を否定し，フランスの労働者の権利を奪うものとしても見られていた。いずれも正確な解釈とはいいがたいが，国民投票のキャンペーンではこうしたイメージ戦略が大きな効果を生み出し，批准反対派を後押しした（Knapp and Wright, 2006: Ch.14）。また，賛成派陣営でも，UMP党首であるニコラ・サルコジがEUの自由化を推奨し，フランスの伝統的な社会モデルの非効率性を批判し，アングロサクソン的社会モデルを持ち上げたことで，欧州憲法条約への賛成が，あたかもフランスの社会モデルの否定のように受け取られたことも大きく影響したといえよう（*Le Nouvel Observateur*, 26 Mai-1er Juin 2005）。

　第2に，反対派のファビウスだけでなく，かつて欧州委員長を務めたジャック・ドロールも，欧州憲法条約に反対をすることで，別の条約を作ることが可能であるという道筋を示したことが挙げられる（*Le Monde*, 13 Mars 2005）。つまり，この欧州憲法条約に反対しても，ヨーロッパ統合は終わるわけではなく，フランスの反対を受けて，フランス（市民）の望む新たな条約ができる，ということは，反対に投票する心理的な障害を取り除く効果が高かった。

　第3に，政権与党の支持が急速に失われていったことが挙げられる。2005年2月には高級アパートの家賃をめぐる汚職でゲマール経済財務相が辞任に追い込まれ，ラファラン内閣には大きなダメージとなった。また，シラクが強くこだわった政教分離（laïcité）の原則から，聖霊降臨祭の月曜日（Lundi de Pentecôte）と呼ばれるキリスト教の祭日を休日から平日にするという決定も国民の不評を買い，政権に対する不満の一助となった。

このような要因が重なった結果，賛成派の勢いは失われ，結果的に国民投票では批准を否決することになったが，ここから明らかになったのは，EUの存在意義に対するフランス市民の疑念といえよう（Ivaldi, 2006）。これまでフランスにとって欧州統合（ないしはConstruction Européenneといわれる欧州建設）は，ドイツ問題を解決し，フランスの経済を近代化させ，国際社会における発言力を強化する手段として位置づけられてきたわけであるが，本書で見てきたとおり，これらの目標は一定程度達成されてしまった。また，マーストリヒト条約以降の度重なるEU条約の改正は冷戦後のヨーロッパ国際秩序を構築していく上で，市民でも納得の行くものであった。マーストリヒト条約ではユーロを創設することで，統一ドイツをヨーロッパの枠組みの中に位置づけ，アムステルダム条約では共通外交・安全保障政策（CFSP）を強化し，ニース条約では拡大に向けての制度改革を行うという「大義」があった。しかし，欧州憲法条約ではそうした「大義」は存在せず，何のための条約なのか，ということが明確ではなかった。さらに，冷戦後，急速に進む欧州統合の深化と拡大は，グローバリゼーションの流れとシンクロして，フランスの雇用の流出と「ポーランドの配管工」に見られる競争の激化をもたらした原因と見られるようになった。

これまで共通農業政策でフランスの伝統的な食文化と農村を保護し，遺伝子組み換え食品を排除し，単一市場によって消費者の利益が向上し，ユーロによって外国でのバカンスを楽しんだフランスの市民は，概して欧州統合がフランスに利益をもたらし，社会の問題を解決する手段を提供してくれるものと信じていた。しかし，2005年の国民投票では，EUは安定成長協定によって国家財政を圧迫し，ボルケシュタイン指令によってフランスから雇用を奪い，社会を破壊する存在として見られたのである。こうした「欧州統合への信念」の破綻は，フランスをヨーロッパから遠ざけ，市民の関心は再び国家に向かっていくことを意味していた。

5 「banlieue（郊外）」の混乱，CPE騒動と経済愛国主義——フランスの「脱ヨーロッパ化」？

欧州憲法条約を国民投票で否決したフランスは，単にヨーロッパに対して背を向けただけでなく，フランス社会の中に深刻な亀裂があることを認識するこ

とにもなった。1992年のマーストリヒト条約の批准においても，社会集団間の投票態度の差は見られたが，欧州憲法条約の国民投票では，その差がいっそう明白となり，フランスが二極化していく傾向にあることを強く意識させるものであった。欧州憲法条約では65％の専門職，ホワイトカラー，企業経営者が賛成に回ったのに対し，単純労働者の67％，労働者階級全体では79％，失業者の71％が反対票を投じた（IPSOS, 29 Mai 2005）。また地域的に見ても衰退産業を抱える北部フランスではパ・ド・カレー県で69.5％，ソンム県で66.7％，エーヌ県で66.7％，ノール県では61.9％が反対に回ったが，パリの高級住宅街である6，7，8区では軒並み80％以上が賛成をするといった傾向が見られた（Ivaldi, 2006）。

　このような貧富の格差や社会階層間，地域間の格差が激しくなったことをさらに強く印象付けることになったのが，いわゆる「banlieue（郊外）」の反乱である。2005年10月にパリ郊外（Clichy-sous-Boisを中心とする地域）において，低賃金住宅（HLM）に住むムスリム系移民社会の若者が暴動を起こし，シラク大統領が11月に非常事態宣言を出さなければならないほどの大きな混乱を生み出した。しかし，暴動はパリ郊外にとどまらず，リヨンやマルセイユなど全国の大都市近郊に飛び火し，事態を収拾するのに3カ月以上かかるという大問題となった。また，内務大臣として問題の解決に当たったサルコジは警察を大量動員し，力で暴動を封じ込めようとしたことで，暴動集団との緊張を高めただけでなく，彼らを「社会のクズ」と呼んだことで，事態をさらに悪化させたが，暴動を快く思わない市民層は，こうした強硬姿勢と差別的な態度を支持するといったことも見られた。

　国民投票の直後，シラク大統領は欧州憲法条約の否決は雇用問題と所得格差にあることを明確に認識し，ラファラン首相を辞任させ，腹心であるド・ヴィルパンを首相に据えて経済改革を進めることを強調したが（Chirac, 2005），全くといってよいほど事態は進展していなかったことがこれで明らかになった。「banlieue（郊外）」の反乱はフランス社会の深層に根深い亀裂があることを明確にしたのである。

　シラク大統領とド・ヴィルパン内閣の統治能力がさらに問われるようになったのは，「banlieue（郊外）」の反乱が治まった直後の2006年3月に起こった，

CPE（Contrat Première Embauche：初期雇用契約）に反対する学生を中心とした大規模デモとストライキであった。このCPEとは，「機会均等法（Loi pour l'Égalité des Chances）」と呼ばれる，雇用機会の拡大を目指した法律の中の措置として，企業が26歳未満の労働者を雇用する場合に2年間の「試用期間」を置くことを認め，その期間内であれば理由なしの解雇を認めるという内容のものであった。フランスの労働市場は非常に硬直的であり，解雇が困難であるため，企業は積極的に若年労働者を雇用するインセンティブを持たず，その結果，失業率が10％前後であるのに対し，若年失業率は23％に上るという結果となっていた。しかし，当事者である若年層は，試用期間という限定的な雇用と理由なしの解雇という措置を労働者の権利の侵害と捉え，激しくこれに抗議したのである。

ド・ヴィルパン内閣としては，CPEによって硬直化した労働市場に風穴を開け，雇用の機会を拡大することが目的であったのに対し，雇用機会が増えるはずの学生層から抵抗を受けることは想定外であった。しかし，欧州憲法条約の導入を「アングロサクソン型社会モデル」の導入と見て反対した層は，このCPEも同様にフランスの伝統的な社会モデルを破壊し，アングロサクソン的な柔軟で流動的な労働市場を作るものとして見ていたのである。

結局，「機会均等法」は公布されたものの，その公布に係る大統領のテレビ演説でCPEの適用は見送るとして，事実上，CPEを撤回し，社会的な混乱をようやく収めることができた（Chirac, 2006）。しかし，依然としてフランスの停滞する景気，失われていく雇用，そしてグローバルな競争に対して何らかの手を打たなければならない状況には変わりはなかった。かつてミッテランが1980年代に政策転換し，フランス産業に競争力をつけ，フランス経済を活性化するためにとった手段は欧州統合の推進であった。しかし，拡大したEUはフランスにとって「ポーランドの配管工」に仕事を奪われるものでしかなく，グローバル化の進展は廉価な中国製品などとの競争を激化するものでしかなかった。そこで，ド・ヴィルパンは「経済愛国主義（Patriotisme Économique）」を唱えるようになる。

ド・ヴィルパンが訴えた「経済愛国主義」は，その定義が十分明確でない点もあるが，あえて性格付けをするとすれば，①国家に重点を置く経済ナショナ

リズムとは異なり，土地（Patrie）と文化に重点を置く，②貿易に重点を置く重商主義とは異なり，企業の所有（株主）に重点を置く，③産業育成に重点を置くディリジズムとは異なり，雇用に重点を置く，④自由で開放的な経済と必ずしも矛盾しない，といったところであろう（Carayon, 2006）。2005年7月にド・ヴィルパンが初めてこの概念を用いたのは，フランスの企業であるダノンが，アメリカのペプシコの敵対的買収の標的になるとの噂が立った段階で，フランスの国際競争力強化と雇用創出，食文化の保護を主張し，「ダノンは仏産業界の至宝，仏企業活動を守る」と強調した時である（Le Monde, 29 Juillet 2005）。このような「経済愛国主義」的な政府の介入は，2005年以前にも繰り返し行われており，たとえば2004年にフランスのハイテク・重工業のナショナル・チャンピオンであるアルストムをドイツのジーメンスが買収しようとしたのを阻止した経緯もある。しかし，欧州憲法条約の否決で政府の経済政策に対する不満が明確となったため，ド・ヴィルパンは敢えて「経済愛国主義」を前面に掲げ，フランスのため，祖国のために努力をしている姿を強調したのである。2006年2月にはイタリアの大手電力会社であるエネルによる，フランスのエネルギー産業であるスエズの買収話が持ち上がると，ド・ヴィルパンは「経済愛国主義」を掲げ，同じくフランスのエネルギー産業であるフランスガス公社（GDF）を合併させ，「仏仏連合」を実現させた（Le Monde, 26 Fev. 2006）。欧州委員会もこの合併はEU域内市場の競争をゆがめるものではないとして認めたため，結果として，EU市場のルールに基づきながら外資を排除し，雇用を維持することを優先するという選択をしたのである。

　確かに，「経済愛国主義」はEUのルールを逸脱するものではなく，合法的に自国の利益を追求したものといえるだろう。しかしながら，欧州統合の理念である4つの自由（人，物，サービス，資本の自由移動）を否定し，域内市場を統合することによってフランス経済の近代化を進め，競争力を強化するという基本戦略に背を向けることを意味する。これまで欧州統合の中心に位置し，名実共にヨーロッパのリーダーとして君臨してきたフランスは，ここに来て国民投票での否決，「banlieue（郊外）」の混乱，CPEの騒動を受け，なりふり構わず「脱ヨーロッパ化」の路線を歩み始めたのかもしれない。

6 サルコジとリスボン条約——空回りする「ワンマンショー」

　経済不振と社会不安が渦巻く中，2007年の大統領選挙が実施された。ド・ヴィルパンは国民的支持を失い，与党のUMPには厳しい選挙になると見られていた。しかし，ド・ヴィルパンはCPEのショックから立ち直れず，大統領選出馬を断念し，UMPはアングロサクソン流の「働いた分だけ稼ぐ」「（シラク的・第五共和制的政治・団塊の世代からの）決別（Rupture）」をスローガンに台頭した毀誉褒貶の激しいニコラ・サルコジを大統領候補に選んだ。フランスの大統領には再選規定がないため，シラクは不仲であるサルコジを抑えて3選を目指す可能性もあったが，シラク自身もこれまでの様々な社会不安の責任を負う立場であり，勝算はなかった。他方，有利と思われた社会党の状況は自己破滅の道へと進んでいた。2005年の欧州憲法条約を巡る社会党の分裂は，この大統領選にも長く尾を引いており，国民投票で反対したファビウスと，賛成したドミニク・ロトラス＝カーンが主要な大統領候補と見られており，第一書記で欧州憲法条約に賛成したオランドはファビウスに対して敵対的な態度を取り続けた。こうした国民投票を巡る立場の違いと派閥抗争の中で各候補者が体力を消耗していったのに対し，そうした派閥争いから距離を置き，ポピュリスト的に世論の支持を得ていったセゴレーヌ・ロワイヤル（当時，オランドと事実婚関係にあり，オランドとの間に4人の子供がいる）が大統領候補として選挙戦に臨んだ。

　2002年の「いびつな結果」を生んだ大統領選挙を繰り返すまいと，両陣営は激しい選挙戦を繰り広げた。この選挙を一言でまとめるとすれば，改革とフランスの社会経済の近代化を主張するサルコジと，社会的団結と連帯を訴えるロワイヤルの戦いといえよう（土倉，2009）。しかし，結果としてロワイヤルの不規則な発言や人物的な信頼性の低下と，サルコジの強引なまでの問題解決能力に対する期待が上回り，結果としてサルコジが大勝した。しかし，サルコジのリーダーシップ，人間的資質，政策遂行能力に対する疑念は完全に払拭されたわけではなく，どちらかといえば，ロワイヤルに任せるわけにはいかないという消極的な投票の結果と見るほうが適切なのかもしれない。

第10章　遠ざかるヨーロッパ

　大統領となったサルコジは就任当初から欧州統合に積極的な姿勢を見せていた。大統領就任演説では「フランスはヨーロッパに帰ってきた」と宣言し，大統領の初仕事のひとつであるポートレート（肖像写真）の撮影では，歴代の大統領はフランス国旗である三色旗と共に写真に納まってきたのに対し，サルコジは三色旗とEU旗を並べて肖像写真に載せた最初の大統領となった（*Libération*, 23 Mai 2007）。また，内務大臣時代に強まったナショナリストとしてのイメージを和らげるために，ベレゴヴォワ社会党政権の保健大臣であり，「国境なき医師団」の創設者であるベルナール・クシュネルを外務大臣として起用するなど，予想を覆すような柔軟性を持った対応を見せた。

　しかし，2007年当時，ヨーロッパで最も重要な課題は，フランスとオランダに否決された欧州憲法条約をどのような形で復活させ，欧州統合を進展させるか，ということであった。2007年前期の議長国であるドイツは，欧州憲法条約を巡る議論を再活性化し，2009年の欧州議会選挙までには新たな条約を締結すると意気込んでいた。このような状況の中で，欧州憲法条約を否決したフランスの大統領が積極的なイニシアティヴを取る余地は少なかった。大統領就任直後の5月28日にはイタリア首相のプロディとの会談で，より単純化した「ミニ憲法条約」案を提示したが，ドイツを含む多くの加盟国から冷ややかな反応しか得られなかった。また，6月には唐突に「イデオロギーやドグマとしての競争政策を止めるべきだ」と主張し，基幹産業の保護主義的政策を認めるよう条約改正を求めたが，これも全く賛同を得ることなく，無視される結果となった（EUobserver.com, 25 June 2007）。さらに7月には，本来財務大臣が集まるユーロ圏ECOFIN（財務経済相会合）に大統領として突然出席し，安定成長協定で定められている，GDP3％以内の財政赤字というルールは，サルコジが進めようとしている減税政策に合致しないとして，その変更を求めた（*Financial Times*, 9 July 2007）。

　このようなサルコジの「ワンマンショー」は，次第にEUのリーダーたちの不快感を増し，中でもドイツのメルケル首相の癇に障るようになってきた。メルケルは2005年から大連立政権を率いて，非常に不安定な政権基盤の上で何とか政治を進めようとしている中で，サルコジのような自国の利益を丸出しにし，他国との調整を軽視するような姿勢に対して嫌悪感を抱いていた（EUobserver.com, 12 Sept. 2007)。こうした空気が高まっていくことで,サルコジは次第にテンションを下げつつ,現実的な政策運営を進めようとする。それは2008年後期(7―12月)の議長国としての野心に現れるようになった。2007年の末ごろから,フランスは議長国になったときの課題として,環境,エネルギー,雇用,移民,農業,防衛など,大きなテーマを掲げ,フランスが議長国である6カ月の間にこれらの課題を克服すると明言していた。

しかし,その野望は2008年6月のアイルランドの国民投票によるリスボン条約の批准否決によって大きく狂わされることとなった。リスボン条約は2007年12月に全加盟国が調印した条約であるが,これは欧州憲法条約のほとんどを引き継ぎながら,憲法的な性格やEUの象徴(EU旗やEU歌など)を取り除き,フランスやオランダの批判に答えようとするものであった。フランス,オランダを含む多くの加盟国では国民投票でリスボン条約を否決することは,欧州統合そのものの危機となることを懸念し,議会における批准を選択したが,アイルランドでは憲法改正が必要なため,国民投票を避けることはできなかった。フランスは議長国として,アイルランドが求めていた「1国1委員体制」(EUの閣僚に相当する欧州委員はこれまで1国から1人選ばれていたが,リスボン条約では加盟国が増えることを前提として,委員の数を制限した)を維持することや,アイルランドの税制,国防における中立性,妊娠中絶などに関する付属議定書を作成するという合意を取り付けた。[3]その結果,アイルランドは2009年10月の国民投票で批准を可決した。

また,アイルランドのみならず,ドイツによってもサルコジの野望は打ち砕かれていった。リスボン条約によって新設されることとなった欧州理事会常任議長の職にイギリスの前首相であるブレアを強く推していたが,メルケルがブレアはイラク戦争を主導し,イギリスはユーロにもシェンゲン協定(EU域内の人の自由移動の協定)にも参加していないことを理由に反対すると,サルコジはおとなしくブレア支持の立場を変えた。また,サルコジは,ユーロを管理する欧州中央銀行(ECB)の独立性が加盟国の経済政策にとって不利益と主張し,ECBをユーロ圏財務相会議(ユーログループ)が監督すべきと提案したが,中央銀行の独立性を重視するドイツに反対され,撤回せざるをえなくなった。

さらに追い討ちをかけるように，2008年9月，アメリカのリーマン・ブラザーズが倒産したことによって始まる世界的な金融危機（いわゆるリーマン・ショック）[4]にヨーロッパ全体も巻き込まれ，アイスランドの金融危機がイギリスやオランダに直接影響を与えるようになると，すべての加盟国が経済刺激策を展開し，巨額の財政赤字を生み出した。財政赤字をGDP比3％以内に収めるという安定成長協定は2005年に一部改正されており，こうした危機的な状況においては，一時的に財政赤字を増やすことは認められていたが，巨額の赤字を各国が生み出すことに，ドイツは批判的である一方，フランスは積極的であった。そのため，2008年11月に開かれた臨時欧州理事会ではフランスと欧州委員会が主張した「EU経済回復プラン」をメルケルが否定し，結局EU全体としての対策を打ち出せなかった（EurActiv.com, 25 Nov. 2008）。

このような八方ふさがりの中で，それでもサルコジは独自のカラーを出そうと懸命であった。その試みが「地中海同盟構想」である。EUは1995年からバルセロナ・プロセスと呼ばれる地中海沿岸諸国との協力関係の強化を進めてきたが，サルコジは選挙期間中から，EUとは異なった枠組みで共同体を構成することを目指した。しかし，これもメルケルに「EUを南北に分断する試み」と非難され，結局，EUのバルセロナ・プロセスの一環として受け入れることとなり，2008年7月に地中海沿岸諸国の首脳をパリに集めて，大規模な会議を主催した（JETRO 2008）。しかし，内容が抽象的であり，具体的な政策や制度を明示していないため，結果的にはサルコジの「ワンマンショー」としての性格が強く，大きなインパクトを生み出すには至らなかった。

このように，2008年後期のフランス議長国は，サルコジの個性もあり，様々な試みが提案されつつも，アイルランドのリスボン条約批准拒否，リーマン・ショックなどの大問題に直面し，ドイツの反対に押し切られ，結果的に空回りの連続となってしまった。議長国を終えるにあたって，サルコジは「ヨーロッパは加盟国それぞれが強くなることで強化される」として，伝統的なゴーリストとしての「祖国からなるヨーロッパ」論を展開した後，「ヨーロッパを変えようとしたが，ヨーロッパが私を変えた」とコメントし，議長国の職を明け渡した（EUobserver.com, 16 Dec. 2008）。ここから，サルコジのスタイルが一変する。

7 「メルコジ」という新たな「独仏タンデム」

　議長国を終えたフランスは，その「ワンマンショー」のスタイルを一変し，あらゆる問題について，ドイツとの緊密な連携を取りながら問題を解決するという方向性を打ち出した。2009年1月にはリーマン・ショック後の世界経済を監督するためのグローバルな「経済安保理」の創設を仏独共同提案として打ち出し，5月にはサルコジとメルケルの連名でフランスの *Journal du Dimanche* とドイツの *Die Welt am Sonntag*（5月31日）に共同書簡を掲載した。また，2010年1月に表面化したギリシャの経済危機は，リーマン・ショックに引き続き世界経済を揺るがす事態となったが，これに対しても，仏独は2月に共同でギリシャ危機への対応策を表明し，EU全体でのギリシャ支援の必要性を訴えた。結果的にドイツの国内事情から，ギリシャへの支援決定までは時間がかかったが，その後も金融危機への対応はドイツが主導的な立場を取りつつも，フランスがそれに同調するというパターンで展開している。

　中でも，興味深いのは2010年2月にエリゼ条約に基づいて行われた合同閣議において採択された「アジェンダ2020」であろう。ここでは経済，エネルギーと環境，研究開発，外交・安全保障，市民権，制度的協力の6つの分野にわたって広範なテーマが掲げられている。[5] 具体的な予算措置や実現過程については明記されておらず，どちらかといえば仏独協力の精神を強調したものであるが，これは2010年3月にEUレベルで採択された「Europe 2020[6]」というEUの戦略文書に影響を及ぼし，改めて仏独タンデムが欧州統合の中心にあることを示したといえる。

　しかし，2010年4月にギリシャの財政赤字は発表されたものよりも大きいことがEurostat（欧州統計局）によって明らかにされ，それによってギリシャ国債が格付け会社によって「投資不適格」にランクされたことで，ギリシャ危機は泥沼の状況に突入した。さらに，5月のノルトライン＝ウェストファーレン州の州議会選挙でメルケル率いるキリスト教民主同盟（CDU）が敗北したが，その背景としてドイツがギリシャを救済することに対する，ドイツ国民の強い不満があった。ドイツはシュレーダー政権時代から痛みを伴う労働市場改革を

進めたのに対し，ギリシャは無節操な財政支出を繰り返し，膨大な公務員を抱え，年金改革も進まなかったことを踏まえ，働かないギリシャ人をなぜ助けなければならないのか，という批判が強まった。これにより，ドイツのギリシャ危機に対する対処方針が，ドイツへの影響をできるだけ軽減し，ドイツがギリシャのリスクを肩代わりするような選択を取らないという方向で固まった。

　サルコジは，ギリシャ国債を大量に保有するフランスの金融機関の保護のためにも，ギリシャ危機を混乱なく収束させ，デフォルトといった事態に陥らないようにすることが急務となった。しかし，メルケルの方針が固まってしまったことで，サルコジはドイツが積極的にギリシャを支援し，国際金融市場を安心させるといった選択を迫ることはできなくなった。ここから「メルコジ（メルケルとサルコジを合わせた造語）」現象と呼ばれる，仏独主導のギリシャ危機対応が始まる。しかし，この「メルコジ」関係における主導権は常にメルケルにあり，サルコジは最終的にメルケルの主張を受け入れざるをえなくなっている点で，これまでの「仏独タンデム」と呼ばれた関係とは大きく異なる様相を見せた。

　サルコジがまず求めたのは「ユーロ共同債」と呼ばれる，ユーロ加盟国全体で発行する債券の実現であった。これは，各国がバラバラに国債を発行する限り，国ごとの財政状況に応じて国債の信用力が異なり，一国の財政悪化がユーロ圏全体に影響が及ぶため，ユーロ圏全体で債券を発行し，ドイツを含むユーロ圏各国が支払いを保証するという点で，高い信用力を維持することが期待されていた。サルコジは，「ユーロ共同債」を通じて財政統合が進展することで，自国の国債も安定し，ギリシャ危機も解決し，ポルトガルやスペイン，そしてイタリアに波及している国債危機を回避できると考えていた。しかし，それは「ユーロ共同債」を無節操に発行する国のツケをドイツが支払わなければならないことを意味しており，メルケルは「ユーロ共同債」のアイディアを顧だにせず，全く取り合わなかった。これによって，財政統合を進めることでユーロ危機を回避するという選択肢がなくなり，問題解決への道はより一層困難なものとなった。

　次いで，「メルコジ」が提案したのは，ユーロ圏の競争力強化のための協約（Pact of Competitiveness）であった。これは，各国の経済構造改革を求め，競争

力を強化するための労働市場の柔軟化などの措置を定めたものであったが，元々はドイツの主張である，各国経済の体質改善による長期的なユーロ圏の安定化に対し，サルコジが歩調を合わせたものであった。しかし，この提案はユーロ圏各国だけでなく，欧州議会議員やバローゾ欧州委員長，ファン・ロンパイ欧州理事会常任議長からも強く批判された（EurActiv.com, 8 Feb 2011）。

　2011年8月の仏独首脳会談では，ユーロ圏首脳会議である「欧州経済政府（Economic Government）」を提案し，各国が均衡財政を憲法に書き込むことを求めたが，危機を収束させる有力な案とみられていた「ユーロ共同債」はここでも提案されず，結局ドイツの主張が前面に出たことで，金融市場のみならず，救済を期待したギリシャやイタリアを失望させた（EurActiv.com, 17 August 2011）。また，サルコジは危機を脱するためにはECBの役割を大きくし，ギリシャ国債の直接買い入れを主張し，EFSFに銀行免許を与えてECBからの低利融資をうけることを可能にするよう主張したが，これもECBが無限の責任を負うことによる制御不能なインフレを引き起こすことを懸念するメルケルに否定された（伊藤，2011）。すでに論じたように，サルコジは大統領就任当初からユーロ圏財務相会議（ユーログループ）がECBに対して政治的な影響力を行使することを求めてきたが，ECBの独立性を重視するメルケルに否定されることで，独仏の関係は決定的となった。サルコジは危機解決の主導権を握るどころか，自国の国債格付けの引き下げを阻止することに専念しなければならない状況にあった。ドイツが単独で行動することを好まず，フランスと「メルコジ」という枠組みで行動する限り，意思決定の中枢にはいられるが，実質的な影響力を行使することはできなくなっていった。

　そんな中，2011年10月末に「メルコジ」が主導して臨時欧州理事会で民間金融機関が保有するギリシャの債権を半分にするという方針が合意され，11月にカンヌで行われるG20首脳会議でギリシャ危機の収束のめどが立ったことを報告する予定であった。しかし，ギリシャのパパンドレゥ首相が，第二次救済策を受け入れるための緊縮財政政策に対して国民の抵抗が強く，国民が危機に対応するための緊縮策を納得していないとして，「メルコジ」に相談することなく，突然国民投票を実施すると発表した。ギリシャにおけるストやデモは収まることなく続き，これ以上，国民の痛みを伴う政策を実施するためには国民投

票で賛意を得て，そこに正当性の根拠を置いて緊縮財政策を進めるという算段であったが，国民投票で緊縮財政策が否決された場合の混乱が予想されていたため，「メルコジ」は即座にパパンドレゥ首相を呼び出し，国民投票を実施すればEU，IMF，ECBの「トロイカ」による融資も打ち切ると脅して説得した。その結果，パパンドレゥ首相は国民投票を撤回し，代わりに首相の座を辞し，ECBの副総裁も務めた経済学者であるパパデモスに政権を譲った。パパデモスは選挙の洗礼を受けているわけではなく，政党を率いているわけでもないため，政治的な思惑を排して，厳しい政策を実行することが期待されているが，パパデモスを支える議会与党はいずれも既成政党によって構成されており，パパデモスの政策に国民の反発を恐れる議会が反対することで政治的な閉塞状態は続いている。

　2010年12月の欧州理事会では，ユーロ圏救済のための条約改正が議論され，2011年の欧州理事会で正式に「欧州財政協定」として提案されることになる。これは，各国の憲法ないしはそれに準ずる法規で均衡財政を義務付けることを規定し，財政赤字がGDP比0.5％を超えた場合，自動的に欧州司法裁判所（ECJ）が介入できるようにする。また，欧州委員会は各国の予算が議会に提出される前に，その予算案をチェックし，修正を求めることができるようにすることになる。この「欧州財政協定」は2012年3月までに署名されることが予定されているが，厳しい主権の制限を嫌ってイギリスとチェコは協定に参加しないことを明言している。この「欧州財政協定」に盛り込まれた内容は，ギリシャ危機が発覚して以来，ドイツが主張してきた内容を盛り込んだものであり，フランスが求めてきた解決手段はほとんど取り上げられなかった。

　さらに，2012年に入ると，懸念されてきたフランスの国債にまでユーロ危機の影響がおよび，これまでトリプルAを得てきた国債の格付けが引き下げられることとなった。フランス国債はEFSF債の裏打ちをしてきたが[7]，フランスの国債の格付けが下げられることは，EFSFの資金調達が困難になることを意味しており，ギリシャ危機の解決が遠のくことを意味すると考えられている。ただ，すでに2011年12月の欧州理事会で欧州安定メカニズム（ESM）の前倒しでの設立が決定しており，フランス国債の格下げが危機に与えた影響は小さかった。とはいえ，フランス国債の格付けが劣ることは政治的に重要な意味

281

を持っていた。これまで「メルコジ」という枠組みで危機に対応できていたのは，フランス国債の信用がドイツ国債と同等であり，それに基づいてサルコジは発言権を確保してきたからである。しかし，格付けが下げられたことで，そうした主張が困難となり，サルコジは2012年4月に行われる大統領選を前に，フランス国債の格付けを上げるための緊縮政策を行わなければならなくなった[8]。

　ここから明らかになってくるのは，ギリシャ危機を発端とするユーロ危機の中で，フランスは無力であり，独仏の「タンデム」にしがみつきながら，何とかヨーロッパの中心に居続けるという姿である。しかも，危機に直面して，その解決を優先するあまり，ギリシャの国民投票をメルケルとともに否定し，テクノクラートによる支配を積極的に支援しているということである。つまり，「民主主義」と「市場」の間で，明らかに「市場」が優位に立ち，「民主主義」が後景に退くことで，国民の不満よりも財政政策を優先し，グローバル市場に翻弄され，ドイツが進める構造改革をフランスも受け入れなければならない状況が生まれたのである。しかし，そのサルコジが2012年の大統領選挙という「民主主義」の洗礼を受けなければならないのは，一種の皮肉かもしれない。

8　ユーロ危機の影で鳴り響く欧州統合の軋み

　2010年代に入ってフランスが直面する危機はユーロ危機だけではなかった。2010年の年末から激しくなった「アラブの春」への対応で，フランスは何度となく失敗を重ね，対応が後手に回ることで，引っ込みのつかない状況に自らを追い込んでいくこととなった。

　「アラブの春」は，チュニジアにおける屋台を運営する一青年が警察によって営業停止命令を受け，それに抗議して焼身自殺したところから始まった。この時の映像がフェイスブックに掲載され，瞬く間にチュニジア全土に政権批判の声が高まり，ツイッターなどのソーシャル・ネットワーク（SNS）を通じて抗議行動が起こされるようになった。1987年から政権の座にあるベンアリ大統領は，秘密警察などを動員し，行動を鎮圧しようとしたが，結果的に軍が中立的な立場をとったため，ベンアリ大統領は権力を放り出し，サウジアラビアに

第10章　遠ざかるヨーロッパ

亡命した。

　この間，サルコジ大統領は一貫してベンアリ政権の正統性を主張し，「ジャスミン革命」を反政府勢力の反乱であり，そのうち沈静化すると見込んでいた (Canard enchaîné, 19 Jan. 2011)。しかし，結果としてベンアリ政権が崩壊したことで，フランスの情勢の見通しの甘さや情報収集能力の低下だけでなく，民主主義を求める民衆の動きを抑圧する独裁政権を支持したことで，「民主主義」を国是とし，外交政策の根幹（たとえば対中国政策を見よ）に掲げるフランスが旧植民地であるチュニジアでは全く逆であるというダブル・スタンダードが非難された。

　さらに，チュニジアの「ジャスミン革命」がエジプトに飛び火し，「フェイスブック革命」が進行する中，国防大臣であるアリオ＝マリがエジプトのムバラク政権の便宜を受けて休暇を過ごしていたことが発覚し，それを隠蔽しようとしたことで政府への批判が集中しただけでなく，チュニジアに続き，エジプトでも独裁政権を支持する姿勢に対して強い批判が巻き起こるようになった。

　そんな中，リビアにおいてもカダフィ政権の独裁に反対する民衆が立ち上がったが，チュニジアやエジプトとは異なり，カダフィ政権は権力を維持するために武力によって反政府運動を抑圧しようとしたため，リビアは内戦状況へと突入した。チュニジアとエジプトの民主化運動に対して，全く影響力を行使できなかったばかりか，独裁政権を支持して非難されることとなったサルコジは，いち早くリビア東部で結成された反政府勢力の連合組織である「国民評議会」を承認し，カダフィ政権の正統性を否定した。さらに，フランスは2011年3月の国連安保理におけるリビア飛行禁止区域の設定決議（1973号）を主導し，それに引き続くNATO軍の介入においてアメリカがアフガニスタンとイラク戦争の終結を優先することもあって介入に消極的であったため，イギリスとともにフランスが主力となってリビアに対する反政府勢力を支援する空爆を行った。最終的にカダフィ政権が崩壊し，フランスは面目を保った形にはなったが，もし空爆をしても反政府勢力が敗退するようなことがあれば，スエズ動乱での介入失敗に並ぶ問題を抱えることになったであろう。

　リビアへの介入が成功したとはいえ，欧州統合の文脈からみると，「アラブの春」への対応は大きな問題を引き起こす結果となった。第1の問題は，これ

283

までフランスが進めてきた共通外交安全保障政策（CFSP）／共通安全保障防衛政策（CSDP）の枠組みが機能せず，各国がバラバラに対応したことである。EUが最初にとった行動はリビア危機のさなかの2011年３月のファン・ロンパイ欧州理事会常任議長とキャサリン・アシュトンEU上級代表の共同宣言である「南地中海との民主主義と繁栄のパートナーシップ[9]」であり，そこでは資金援助，民主的制度構築の支援，人の移動制限の緩和，経済開発，貿易と投資の活性化といったテーマが掲げられた。しかし，結果として，「アラブの春」に対するスタンスを明らかにすることも，積極的に関与することもできず，リスボン条約によって設立された常任議長職や上級代表職も，EUの対外的な行動能力の強化に結び付いていないことが明らかとなった[10]。

　しかし，より大きな問題は，上記の共同宣言でも言及された人の移動によるものであった。「アラブの春」によって国外に逃亡した人たちの一部は，地中海にあるイタリア領ランペドゥーサ島に殺到した。イタリア政府は人道的見地から，これらの難民を受け入れたが，彼ら（特にチュニジア出身の難民たち）はイタリアにとどまらず，フランスへ移動することを希望し，イタリア政府はそれを認めた。それに対し，フランスは一時的にイタリア国境での入国管理を復活させ，難民のフランスへの大量流入を防ごうとしたのである。この行為は域内の自由移動を保証するシェンゲン協定に反する行為として批判の対象となり，サルコジは2011年４月にベルルスコーニ首相と首脳会議を行い，シェンゲン協定に「特別措置」を設けるよう提起した。シェンゲン協定についてはデンマーク・スウェーデン間でも入国管理を行うなど，フランス・イタリアの問題だけでなく，経済危機に直面する欧州において，すでに問題とされてきた。しかし，シュンゲン協定の見直し案が2011年９月に提起されたにもかかわらず[11]，人の移動の自由というEUの根源的価値に抵触する問題であるため，各国の合意が得られていない。

9　危機と衰退に直面するフランスと欧州──まとめにかえて

　このように，フランスは2008年の議長国での経験を経て，大きくヨーロッパとの関係を変えてきた。しかし，この新たに始動した仏独タンデムは，必ずし

もかつての仏独タンデムと同じものではない。ドイツが再統一し，経済的にも抜きん出た存在となることで，ドイツはフランスの意向とは関係なく，自らの政策や戦略的目標を実行するようになってきている。2008年の議長国の時，またその後のユーロ危機への対応においてそれを実感したサルコジは，2009年以降，ドイツの政策や戦略と歩調を合わせながら，フランスに不利益とならないよう調整している。つまり，かつて政治的リーダーシップを取ってきたフランスは，その立場を逆転させ，ドイツのリーダーシップを相当程度認めるようになったといえるだろう。フランスが欧州統合を通じて求めてきた「偉大さ」は，ここに来てドイツにそのお株を奪われてしまったのである。ただ，誤解すべきでないのは，ドイツのリーダーシップを認めざるをえなくなったのは「メルコジ」という個性の問題ではなく，ドイツ再統一後の力関係の変化であり，ヨーロッパのガバナンスの構造変化の結果ということである。つまり，2012年の選挙で誰が大統領になっても，ドイツがリーダーシップを発揮するヨーロッパの中で，フランスは行動しなければならないことに変わりはない。

　ミッテランの政策転換以来，欧州統合を進めることがフランスの利益にかなうと信じて突き進んできた道も，冷戦の終焉，ドイツ再統一，EUの拡大と経済危機，それに伴うフランス国民の不満の蓄積，そしてユーロ危機によって，大きくその道筋を変えてきた。その不満が欧州憲法条約の否決や「banlieue（郊外）」の反乱，CPEの混乱を生み出した。サルコジは大統領就任当初こそ「ワンマンショー」ともいえる，伝統的なゴーリスト的振る舞いを見せたが，その限界は明らかであった。フランスがその栄光と偉大さを求めた欧州統合は，フランスを苦しめ，惨めな思いをさせるものへと変質しつつある。新しい世紀のフランスは，いったん欧州統合から遠ざかり，冷戦後に強力になったドイツと歩調を合わせることで，「新たな仏独タンデム」を軸に，再びヨーロッパと世界に向けて存在感を高めようとしているように見える。

注
1) 過去，国民投票によって統合を拒否した例としては，1972年にノルウェーが加盟を拒否したケースや，1985年にデンマークの自治領であるグリーンランドがEC（当時）条約の適用除外を決めたケースなどがあるが，加盟国がEU条約の批准を拒否したケース

としては，1992年のデンマーク，1996年のアイルランド，2000年のアイルランドなど，原加盟国ではなく，必ずしも中核的な存在ではない国々が自国の主権の喪失などを恐れて批准を拒否したことがある。
2) このとき，UMPは22の地域圏選挙のうち2つしか勝利できず，社会党が20カ所で勝利した。
3) Council of the European Union, Brussels European Council (11-12 December 2008) Presidency Conclusion, 17271/1/08 REV 1, 13 Dec. 2008.
4) リーマン・ショックを引き起こしたアメリカのサブプライムローン問題が一番最初に発覚したのはフランスのBNPパリバの業績が悪化し，子会社のファンドを凍結させたことであった。ここから見られるように，サブプライムローン問題はフランスだけでなく，欧州の金融システムを蝕んでいた。
5) 詳細については http://www.france-allemagne.fr/Declaration-conjointe-12eme,5230.html を参照のこと。
6) Europe 2020: A Strategy for Smart, Sustainable and Inclusive Growth, COM(2010) 2020.
7) EFSFは債券を発行して資金を調達するが，その信用の源となっているのはドイツ，フランスなどのトリプルAの格付けを持つ6カ国の信用であった。
8) メルケルはサルコジが社会党の大統領選候補のオランドに世論調査で後れを取っていることを見て，異例の「サルコジ支持」を発言した。フランスの大統領選にドイツの首相が支持表明をするのはこれまでになかったことである。
9) A Partnership for Democracy and Shared Prosperity with the Southern Mediterranean, COM(2011) 200 final, 8 March 2011.
10) EU自身が行った「アラブの春」への対応の評価については The EU's response to the 'Arab Spring', Press Release, MEMO/11/918, 16 Dec. 2011を参照。
11) Proposal for a Regulation of the European Parliament and of the Council amending Regulation (EC) No 562/2006 in order to provide for common rules on the temporary reintroduction of border control at internal borders in exceptional circumstances, COM(2011) 560 final, 16 Sept. 2011.

【参考文献】

Bell, David S., 2004 "Presidential Competition: Prime Minister against President in 'Cohabitation'", in John Gaffney (ed.) *French Presidential and Legislative Elections of 2002*, Ashgate.

Bunse, Simone, Magnette, Paul and Nicolaïdis, Kalypso, 2007, "Big versus Small: Shared Leadership in the EU and Power Politics in the Convention", in Derek Beach and Colette Mazzucelli, (eds.) *Leadership in the Big Bangs of European Integration*, Palgrave Macmillan.

Bunse, Simone, 2009, *Small States and EU Governance: Leadership Through the Council Presidency*, Palgrave Macmillan.

第10章 遠ざかるヨーロッパ

Carayon, Bernard, 2006, *Patriotisme économique: de la guerre a la paix économique*, Editions du Rocher.
Chirac, Jacques, 2000, *Our Europe: Speech given at the Bundestag*, 27 June 2000, European Essay No. 9.
Chirac, Jacques, 2005, *Déclaration du Président de la République suite au référendum sur le Traité constitutionnel européen*, 29 mai 2005.
Chirac, Jacques, 2006, *Déclaration de M. Jacques Chirac, Président de la République, sur la promulgation de la loi sur l'égalité des chances*, 31 mars 2006.
de Villepin, Dominique, 2004, "Address to the U.N. Security Council, 5 February 2003", in idem, *Toward a New World*, Melville House Publishing.
Galloway, David, 2001, *The Treaty of Nice and Beyond: Realities and Illusions of Power in the EU*, Sheffield Academic Press.
Gray, Mark and Stubb, Alexander, 2001, "Keynote Article: The Treaty of Nice – Negotiating a Poisoned Chalice?", in *Journal of Common Market Studies*, Vol. 39 Annual Review.
Guérot, Ulrike, Hughes, Kirsty, Lefebvre, Maxime and Tjark, Egenhoff, 2003, "France, Germany and the UK in the Convention Common Interests or Pulling in Different Directions?," *EPIN Working Paper*, No. 7.
Habermas, Jürgen, 2001, "So, Why does Europe need a Constitution?," in Robert Schumann Centre, European University Institute, *Policy Papers on Constitutional reform of the EU*, EUI.
Hainsworth, Paul, 2006, "France Says No: The 29 May 2005 Referendum on the European Constitution", in *Parliamentary Affairs*, Vol. 59 No. 1.
Howorth, Jolyon, 2003, "Ideas and Discourse in the Construction of a European Security and Defense Policy for the 21st Century" in Alexander Moens, Lenard J. Cohen, Allen G. Sens (eds.), *NATO and European Security: Alliance Politics from the End of the Cold War to the Age of Terrorism*, Praeger Publishers.
Ivaldi, Gilles, 2006, "Beyond France's 2005 Referendum on the European Constitutional Treaty", in *West European Politics*, Vol. 29, No. 1.
Knapp, Andrew and Wright, Vincent, 2006, *The Government and Politic of France, Fifth Edition*, Routledge.
Maurer, Andreas, 2006, "Deliberation and Compromise in the Shadow of Bargaining: The Convention Method as a Test for EU System Development", in Sonja Puntscher Riekmann and Wolfgang Wessels (eds), *The Making of a European Constitution: Dynamics and Limits of the Convention Experience*, VS Verlag fur Sozialwissenschaften.

287

McAllister, Richard, 2001, "Support from a Bicephalous Executive: France", in Mary Buckley and Rick Fawn (eds.) *Global Responses to Terrorism: 9/11, Afghanistan and Beyond*, Routledge.

Ross, George, 2001, "France's European Tour of Duty, or Caution: One Presidency May Hide Another", in *ECSA Review*, Vol. 14, No. 2, Spring 2001.

Schout, Adriaan and Vanhoonacker, Sophie, 2006, "France: Presidency Roles and National Interests" in Finn Lausen (ed.), *Treaty of Nice: Actor Preferences, Bargaining and Institutional Choice*, Martinus Nijhoff Publishers.

Schrameck, Olivier, 2001, *Matignon Rive Gauche*, Seuil.

Szabo, Stephen F., 2004, *Parting Ways: The Crisis in German-American Relations*, Brookings Institute Press.

Tallberg, Jonas, 2008, "The Power of the Chair: Formal Leadership by the Council Presidency" in Daniel Naurin and Helen Wallace (eds.), *Unveiling the Council of the European Union: Games Governments Play in Brussels*, Palgrave Macmillan.

Wallace, Helen, 2001 "Nice Vote if You Can Get It", in *Integration*, No. 2.

ウッドワード，ボブ，2003（伏見威蕃訳）『ブッシュの戦争』日本経済新聞社。

伊藤元重編，2011「ユーロ危機の行方」『NIRA 政策レビュー』No.54〈http://www.nira.or.jp/president/review/entry/review54.pdf〉

遠藤乾編，2008『原典　ヨーロッパ統合史』名古屋大学出版会。

鈴木一人，2008「21世紀のヨーロッパ統合：EU-NATO-CE 体制の終焉？」遠藤乾編『ヨーロッパ統合史』名古屋大学出版会。

土倉莞爾，2009「2007年フランス大統領選挙における高投票率に見る市民参加の問題」『関西大学経済・政治研究所セミナー年報2008』関西大学。

フランク，ロベール，2003（廣田功訳）『欧州統合史のダイナミズム』日本経済評論社。

JETRO，2008「EU・地中海諸国関係の活性化」『ユーロトレンド』11月号。

終章　ヨーロッパ――国民国家と連邦主義の狭間で

ユベール・ヴェドリーヌ

　ヨーロッパとフランスの歴史的関係をどう観たらよいのか――この本が目指したのはこの問いに答えることにあった。本書は，ヨーロッパがまだ「アイディア」であった時代と，このアイディアが現実のものとなっていた時代とに分かれている。その区分に添って，以下に解説を試みてみよう。

1945年までの「ヨーロッパ」
　欧州の第1の時代は，カール大帝の西ローマ帝国とキリスト教に求めることができる。ナショナル・アイデンティティが勃興するのは，そのかなり後の15世紀から17世紀にかけてのことであり，これ以降，各王朝に代わって国民国家が徐々に優勢になっていく。フランス，オーストリア帝国，スペイン，スウェーデン，イギリス，そしてもっと後になって帝政ドイツやナチス・ドイツは欧州支配を試みた。欧州の諸国家は，ライバル国家を守勢に立たせ，自国に有利なバランスを保つための同盟を組むことで平和を保とうと試みた。こうした勢力均衡の歴史こそがヨーロッパの歴史であり，フランスはその主要なアクターだった。ウィーン会議から始まる19世紀以降，この勢力均衡の構図は概ね安定していた。しかし，20世紀に入ってからの冒険主義的な政治が第一次世界大戦を引き起こし（きっかけは欧州にあったか，その影響は世界中に及んだ），第二次世界大戦は5000万人以上の死者を出し，これが旧世界の終わりの宣告となったのである。それは，新しい三十年戦争（1618～48年に行われた宗教・政治戦争）ですらあった，といえるかもしれない。

　「ヨーロッパ」という言葉は古くから存在し，神話的かつ地理的な意味合いも含むが，何よりもしばしば戦争へとつながる敵対関係に満ちた空間でもあっ

た。「ヨーロッパ」は，キリスト教とラテン語を基盤とした文化的，宗教的，言語的空間だったが，当時のヨーロッパ人にとってはヨーロッパに限定されない，世界に広がる可能性を持つ普遍的な文明として捉えられてもいた（「カトリック」は古代ギリシャ語の「普遍（catholiquos）」を語源にする）。ただし，外部からみてヨーロッパは同質的かつ統一的にみえたとしても，少なくともヨーロッパ人は自らの大陸をそのように捉えたことはなかった。

　ヨーロッパの統一は，君主や宰相，さらに文筆家や経済人などによって昔から唱えられてきたが，この「ヨーロッパ」には多様な意味が込められていた。本書ではその具体的事例が紹介されているが，19世紀の作家，ヴィクトール・ユゴーによる「欧州合衆国」という表現は今でも知られている。しかし，それは飽くまでもフランスが主導するものでなくてはならなかった。20世紀に入ってからも，ポール・ヴァレリーやロマン・ロラン，あるいは雑誌「エスプリ」に集った知識人などによってヨーロッパの統一は唱えられたが，その背景にあったのは，アメリカという新たな物理的パワーに対する憧憬と恐怖だった。戦間期に首相を務めたアリスティード・ブリアンは，やはり欧州合衆国の必要性に触れて，欧州諸国による「連邦的紐帯的なるもの（Sorte de Lien Fédéral）」を訴えたが，この構想が持った革新性と限界については，第2章で丁寧に説明されている。

　簡単にいえば，1945年までのヨーロッパはひとつのアイディアおよびユートピアではあっても，ファシズムや共産主義といった主要なイデオロギー，あるいは現実のパワーを前にして全くに無力だったのである。「欧州合衆国」は，呪文のようなものでしかなかった。アメリカ合衆国が異なる国家の融合から成り立っているのではない以上，それは現実を反映する言葉とはならなかったのだ。

　欧州各国が繰り広げた競合と対立は，第二次世界大戦を生んだが，それも連合国側の勝利とともに終息することになった。ヒットラーとナチスは，アメリカとソ連の協力によって駆逐され，アジアでは日本の軍国主義がアメリカによって排除されるに至った。

　つまり，戦場に平和をもたらしたのは，もはや「旧大陸」となった「ヨーロッパ」（あるいは欧州建設）などではなく，アメリカとソ連の勝利だったので

ある。ヨーロッパ人によってですらしばしば忘れられてしまっているこの歴史的な事実は，本書で強調されている通りである。

戦後ヨーロッパとアメリカの存在

　1945年の勝利の後，超大国となったアメリカが，ヨーロッパというアイディアを支持したことも忘れてはならない。欧州統合の実の父は，西欧にとって脅威となったスターリンと，この脅威に大西洋同盟とマーシャル・プランでもって応えたトルーマン大統領ですらあったといえるかもしれないのである。

　この時，トルーマン大統領だけでなく，マーシャルやアチソンといった有能な国務長官たちは，アメリカ外交史上，最も賢明な外交政策を展開したのだった。それは，もはや維持できないことが明らかになった欧州に対する孤立主義を捨て去り，その安全を保障することだった。この路線は，多少の変化はあるにせよ，歴代政権に受け継がれ，ソ連の崩壊に至るまで，実に1949年から1990年まで約半世紀もの間，継続されることになった。

　アメリカの支援は，マーシャル・プランとなって具現化した。本書では「戦後復興と欧州統合」と題された第4章で，その詳しい過程が描かれている。このアメリカの支援は本来西ドイツから東欧までを対象にしたものだった。しかし，自由選挙や民主主義の維持といったヤルタ協定での合意を破ったスターリンは，支配下の東欧諸国へのアメリカ支援を禁じただけでなく，ナチスを駆逐した赤軍が駐留する中東欧諸国での共産党支配を確立させた。それも当初，ソ連が呼ぶところの「役に立つ馬鹿」，すなわち善意から共産主義を支持し，その後粛清されることになる人々を通じてなされた。1946年から49年までソ連は「人民民主主義（！）国」たるこれら中東欧諸国への支配権を徐々に強めていったが，アメリカの対抗からドイツの旧首都は「ベルリン封鎖」をもってしても，支配下に置くことはついにできなかった。

　つまりこの時までに，欧州の運命はアメリカとソ連という超大国によってすでに握られていたのである。

　他方で，アメリカと，マーシャル・プランを受け入れた西欧の国々との間の関係は，ますます緊密なものへと発展していった。

　アメリカは，フランスを含む西欧に非常に大きな影響力を持つことになっ

た。アメリカはマーシャル・プランの引き受け機関となる欧州経済協力機構（OEEC，後の経済協力開発機構）の設立を西欧諸国に促した。その影響は，その数年後に発表されるモネ・プランにも認められる。さらに，アメリカは，ワシントン条約によって設立された北大西洋条約機構（NATO）を通じて，西欧の安全保障を引き受けることになった。その理由は，アメリカの寛大さと知的戦術がひとつの戦略に結実したからであり，それは，今度はソ連に攻撃されるかもしれない欧州を，再び自国だけで救済するような事態を何としても避けなければならないという意志から生まれたものだった。朝鮮戦争は，ソ連の脅威が再認識されるきっかけともなった。大西洋同盟に西ドイツを含めることはアメリカにとっての死活問題だったが，フランスを始めとする国々の消極的態度が障害となった。これが，ドイツ再軍備を欧州の枠組みで実施することでフランスの敵意を和らげようとする欧州防衛共同体（EDC）構想につながったのである。もちろん，大西洋同盟を仕切るのはアメリカであり，NATOの意思決定はペンタゴン（米国防総省）で下されることが前提だった。欧州が物質・人員の両面でアメリカに頼り切っていた時代に，それ以外の方途は何れにせよありえなかったのである。

欧州建設の始まり

　欧州建設の最初は，すなわち戦後処理と冷戦の始まりという特別な文脈から生まれたことを強調しておく必要があるだろう。欧州建設の礼賛者が，そこでアメリカの果たした重要な役割に言及することは少ない。こうした論者は，またモネやアデナウアー，シューマン，デ・ガスペリなどの「欧州統合の父」を讃えるが，彼ら全員が確固たる大西洋主義者であったことも忘れるべきではないだろう。彼らにとって，ヨーロッパは飽くまでも大西洋世界という共同体の一部であって，「ヨーロッパ・パワー（europe puissance）」の実現が考慮されたことなど，一瞬たりともなかったのである。

　欧州はこうして，アメリカとソ連の影響のもと，分裂した大陸として新たな歴史へと突入することになったが，それは1945年までの歴史とは大きく異なるものだった。もはや，時代は各国間の競合と戦争ではなく，東西欧州との間による綱引き，そして西欧での欧州建設に彩られることになった。

欧州の統一を目標とする多くの組織や集団もこの時代に多く生まれた。バチカンの後押しを受け，本書にも登場する「NEI（新国際エキップ）」に代表されるキリスト教民主主義の勢力はその先頭を走ったが，しかし，これもアメリカの影響を抜きにして語ることはできない。社会民主主義勢力（差異は残るとはいえ，フランスの社会主義もここに含まれる）も，このヨーロッパという目標を追求するようになった。こうして，「共同市場」，「共同体」，「連合」へと次々と歩を進め，多様な政治潮流と各国政府に支えられるようになった経済的・政治的プロジェクトたる欧州建設の歴史が始ることになったのである。

ECSCから「諸国民国家の連邦」へ？

このような欧州「統合」の各ステップでは，本書の第5章と第7章で指摘されたような問題が新たに生じることになった。

その問題とは，1950年の欧州石炭鉄鋼共同体（ECSC），1957年のローマ条約，そして1992年のマーストリヒト条約，そしてそれ以降も続くようになった「どこまで」という問い，すなわち欧州統一というこの前代未聞のプロセスをどこまで進めればよいのか，という問題に集約できるだろう。

先に述べたように，欧州統合はアメリカ建国のそれとは全く違うプロセスである。欧州政治での意思決定は，民主的に選ばれた各国政府によって下され，これが各国議会に定期的に諮られ，条約は批准や否決の対象となるという意味で，そのプロセスは全くもって民主的である。しかし一般的にいって，世論は欧州統合に必ずしも熱心ではない。それは，欧州統合が長きに渡って加盟国のエリートたち，もっといって，欧州政治の「プロフェッショナル」たちの関心事でしかなかったからだ。

大まかにいって，このプロセスの中には2つ潮流が存在する。ひとつ目は，ナショナル・アイデンティティは危険なものであるゆえ，これを乗り越えなければならないとする連邦主義的な潮流である。こうした立場は，ナショナルなアイデンティティによって，二度の世界大戦を含む欧州の戦争が引き起こされたとする。したがって，もしこうした経験を避けたいのであれば，病理としての国民のナショナル・アイデンティティを，まずは根絶しなければならないという。そしてそのためには，連邦主義的なシステムに限りなく接近していくこ

とが必要だとする。こうしたシステムのもとでは、欧州委員会は欧州の超国家主義的政府に類するものとなり、間接選挙から直接選挙でも選出されるようになった欧州議会は、全欧州の議会となることが期待されている。各国政府は、多かれ少なかれ消滅の運命を辿ることになり、欧州の「上院」で代表権を持つに過ぎない、地方政府でしかなくなる。これが、連邦主義的ヨーロッパの狭義のコンセプトである。

もうひとつの立場は、各国の主要政党が採用しているアプローチである。これはジャック・ドロールによる「諸国民国家の連邦（fédération d'états-nations）」という言葉でもって要約されている。この言葉には、国民国家も連邦も含まれており、賢明な妥協がみてとれる。つまり、国民国家は消滅しないが、各国の政策は調和の方向へと向かうというものである。各国の主権が放棄されることはないが、それは共同で行使されることになる。なぜなら、世論の中には、ヨーロッパに敵意的とはいえずとも、これに期待しようとしない根強い欧州懐疑主義も、マイナーであるにせよ、極右と極左による反欧州主義もあることに配慮しなければならないからだ。

平和がヨーロッパを作っているのか？

果たして、欧州の平和はヨーロッパによって作り出されているのだろうか。確かに欧州の平和は強固で安定的であるようにみえる。しかしそれはヨーロッパによるものと本当にいえるのだろうか。冒頭に述べたように、ヨーロッパが平和の起源であったことはないことを思い出す必要がある。そうではなく、むしろ欧州の平和によって欧州建設が可能になったのである。

ヨーロッパが平和を可能にしているというのであれば、もしヨーロッパが存在しなければ、欧州の諸国家は再び争いを繰り広げただろうと想定できる。しかし、私は少なくとも1945年から欧州の各国間で戦争が生じる可能性は全くなかったと考える。欧州統合があろうとなかろうと、アメリカのプレゼンスによって各国は同じ同盟にいるのだから、戦争や紛争は不可能だったのである。それは欧州の東側でも同じだった。「もうひとつのヨーロッパ（l'autre europe）」と呼ばれた国々はワルシャワ条約によって束ねられていた。確かに、東西それぞれの同盟の間で紛争が生じる可能性はあったかもしれない。しかし、それは

終章　ヨーロッパ

飽くまでも東西対立の延長線上にあるものであって，欧州国家間の紛争たりえなかったのである。1945年までの欧州でみられた戦争の火種はもはや存在しない。今日のヨーロッパの社会は，かつてのような悪意で満ちているわけではない。復讐の対象となる取り決めがあるわけでも，支払いが出来ないほどの賠償金が課せられているわけでも（それぞれヴェルサイユ条約とヴェルサイユ体制を指す——訳者註），マイノリティとしてぞんざいに扱われ，追放され，難民となる人々の悲惨な状況（ユダヤ人のこと——訳者註）があるわけでもない。寿命が延び，社会的な保障を得たことで，人々は安寧と保護を求めている。社会から対立がなくなったわけではないが，それが戦争に発展することは，もはやない。もしドイツ再統一がソ連の意向に反する形で実現すれば，戦争が勃発すると長い間思われてきたが，それもゴルバチョフが登場したことで杞憂に終わった。

　しかし，本書の第Ⅲ部で描写されたように，単一通貨の導入を決めた1992年のマーストリヒト条約以降，それも条約を国民投票でもって批准したフランスでは，欧州建設の歴史は空転するようになった。それは，国家が新たなより強力な集合体の中に溶けてしまうことに対する不安が蔓延するようになったからである。そのような不安を感じ取ったからこそ，この条約を守ろうと，ミッテラン大統領は敢えて国民投票による批准を選択したのである。マーストリヒト条約は僅差で批准されたが，後任のシラク大統領が2005年に欧州憲法条約（アムステルダム条約とニース条約に続く条約）を国民投票にかけた時には，国民はオランダ国民とともに「ノン」を突きつけた。欧州の諸国民（フランスで起きたことは，程度の差はあっても他の国々にも当てはまる）は，エリートたちによって再び推進されるようになった超国家への跳躍を拒否するようになったという事実を認めないわけにはいかない。欧州の国民は，共通政策や単一通貨，自由移動の実現といった過去の実績を評価していないわけではない。そうではなく，こうした政策がさらに発展することで，かろうじて残っている主権の欠片までをも失うことを拒んでいるのである。つまり，ナショナル・アイデンティティが押し潰されることを拒否しているのである。

　このことは，欧州統合の行く末が決して定まったものではないということを意味している。どのような方程式が選択されることになるのか。ドロールのいう「諸国民国家の連邦」へと向かうことになるのだろうか。確かにユーロ圏の

運営を始めとして，諸国の連合（confédération d'états）は緊密な協力関係のもとにある。とはいえ，半世紀後にもフランスやドイツ，スウェーデン，ベルギーといった国々は存在したままだろう。これらの国々は，その国であり続けるが，しかし大部分の政策を緊密に調和させているに違いない。

　他方で，その反対のシナリオも考えられる。歴史的および法的な理由（より拘束力のある EU 指令や統合の不可逆性など）から，あるいは何らかの危機から欧州の諸国民が同質的になり，連邦への跳躍が実現しないとも限らない。ある種の危機が生じた場合，人々は自ら進んで従う連邦的な組織を求めるかもしれない。選挙や国民投票でそのアイディアが受け入れられたことのない連邦主義者たちは，こうした歴史の偶然に期待するだろう。2011年のユーロ危機はその千載一遇の機会だった。事実，フランスやその他の国の新聞の見出しには，「連邦主義かカオスか」という文字が躍ったのである。

ヨーロッパの危機

　もっとも連邦主義者たちは，ユーロ危機は連邦体が存在しないゆえに生じたのだと証明することが出来ず，国民国家と連邦主義との妥協が2012年に再び優先された。確かなのは，単一通貨の将来は，マーストリヒト条約の規定（これすらも守られていなかった）よりも厳格な財政政策の調和の有無にかかっているということだ。だからといって，欧州委員会が各国予算を決めるような真の連邦主義が求められているわけでもない。

　連邦主義と政府間主義という，ヨーロッパについての2つの異なるコンセプトの間の緊張関係は常に存在しているのであり，欧州建設の各ステップでフランスとパートナー国は両者の間を調停しなければならなかった。もちろん，この緊張関係は全ての国で，同じ用語でもって表現されているわけではない。連邦という言葉が持つ意味合いも，歴史的文脈によって異なる。同じ国でも，政治勢力によって状況判断は違ってくる。つまり，事は極めて混沌としているのだが，それはフランスにおいて最も如実である。ECSC 創設の後に生まれた欧州経済共同体（EEC），EDC 構想の失敗，「フーシェ・プラン」と「空席危機」で生まれたド・ゴールとパートナーとの間の緊張関係，ジスカール＝デスタンによる欧州議会の直接選挙支持と欧州理事会の創設，マーストリヒト条約をめ

終章　ヨーロッパ

ぐる困難など，本書で紹介された事例の数々をみても，これは明白な事実だ。その度ごとに，不可避的な各国との協力関係と国民国家の尊重の間を縫って行く，具体的な解決策を見つけ出さなければならなかったのである。そして，今日に至ってもこの対立関係は続いている。

ヨーロッパの多様性

　欧州の諸国民は，異なる文化にまたがることで，表層的なグローバル化に対して，それぞれのアイデンティティや言語に愛着を持っている。こうしたアイデンティティが強固なのは，それが数世紀に渡って醸成されてきたものだからだ。「欧州合衆国」というユートピアを吹聴して実際に出てくるのは，ヨーロッパに対する敵意ではないにせよ，ヨーロッパに対する猜疑心でしかない。

　それでも，すぐにとはいわないにせよ，ナショナル・アイデンティティの融合は欧州で実現されるべきだろうか。私にはそうは思われない。文化的に画一化されたヨーロッパは，各アイデンティティや文化，言語を希釈するだけである。フランス語やドイツ語，イタリア語が消滅したとして，どのような状況が生まれるだろう。それは空港で耳にするような，英語ですらない「グロービッシュ（グローバル・イングリッシュの略――訳者註）」が蔓延するだけである。そして，数多くの文学で読むことのできた言語的な精緻さが失われていくことになる。そればかりか，本当の英語すらもが脅かされることになるのだ。ヨーロッパ文化が持つ文化的指標を抹殺して生まれるこの種の画一化は，むしろヨーロッパが世界に占めたいと思う地位とは真逆の方向を示している。

　ヨーロッパの社会を調和させ，諸国民が自らの特徴を失っていくことは，政治的および外交的観点からいっても，ヨーロッパの共通項をむしろ少なくすることにしかならない。ヨーロッパが倦怠感に襲われれば，諸国民は歴史から置き去りにされ，遠く離れた官僚制のもとに服従することになる。しかし，それではヨーロッパは意味を持たなくなる。そうではなく，政治的に統一され，多様性に富み，現在進行形の世界において自信に溢れた，より志の高いヨーロッパが生まれることを，私は願っているのである。

交渉の水面下で

ヨーロッパの連邦主義的なパースペクティブが初めて問題となったのは，私が大統領府の事務総長を務めていたマーストリヒト条約交渉時のことである。

当時の経緯を振り返っておきたい。ミッテラン大統領は，ドイツ統一が遅かれ早かれ実現することを察知していた。もちろんその正確なタイミングまでを知っていたわけではないが，強大なものとなるドイツ・マルク圏の中で，フランスの孤立を避けなければならないと感じていたのは確かである。ここから，1980年代を通じて，ミッテランは単一通貨の実現を西ドイツが拒否できないような条件と環境を整えることに傾注したのだった。彼は，戦後ドイツがマルクを通じてアイデンティティと誇りを回復したがゆえに，マルクの放棄が大きな犠牲を伴うものであることも承知していた。しかし，そのおかげで1989年にベルリンの壁が「崩壊」した時，準備はすでに整っていたのである。こうして第1ラウンドはフランスの勝利に終わった。しかし，その後，独立した中央銀行のモデルとインフレ退治を唯一の「基準」とするドイツ流の通貨政策が採用されることになり，第2ラウンドはドイツの勝利に終わった。

第3ラウンドは，2010年に始まったといっていいかもしれない。ここでの勝負は，財政のより厳格な運用だけでなく，果たしてユーロ圏で経済成長のための政策を採用できるかどうかにあった。

マーストリヒト条約の交渉時，我々は条約案が不完全なものであることを十分に認識していた。しかしドイツ側はそれ以上の内容を盛り込むことに反対したのである。ミッテラン大統領とフランス政府は，完璧ではないにせよ，条約案を呑むことを決断した。この判断については後述しよう。

マーストリヒト条約に続く時期，欧州各国は条約に盛り込まれた措置に対してだけでなく，東欧諸国での歓迎すべき民主化にも対応しなければならなかった。しかし，アムステルダム条約には何の解決策も盛り込まれず，EUの制度的・機構上の問題が一定の解決をみるには，2000年のニース条約を待たなければならなかった。その詳細は，本書の第10章で描かれた通りである。

この時，ソ連崩壊によって再び自由になった中東欧諸国は，ポーランドからルーマニアに至るまでEU加盟を希望していたという事実を思い起こす必要がある。その希望は原則的な「ウイ」によって叶えられることになる。EU条約

終章　ヨーロッパ

は，欧州の全ての民主主義国家に門戸が開かれていることを約束しているからである。そして，加盟に伴う経済ショックに備えるために，長い交渉が始まることになった。この交渉は妥結するまで，実に15年を要することになる。

　ここで問題となったのは，東方拡大に伴う欧州議会議員の増加，理事会での票数，欧州委員会の委員の数の変更であり，それも当時はまだその正確な数を予測できないことにあった。

　それゆえ，拡大には条約改正が不可欠であった。そして連邦主義者はこの機会に乗じて，EU内の権限関係を再構築しようと試みた。しかしニース条約はこうした問題を直接的には扱わないままに，解決策を見出すことに成功した条約だった。

　さらに，フランスは理事会での票数を自国により多く配分するよう要求したドイツのシュレーダー首相の要求を拒むことにも成功した。欧州建設の当初，フランスとドイツの立場は制度的に対等であることが原則になっていたことを想起しなければならない。マーストリヒト条約交渉時にも，コール首相がミッテラン大統領に，東独の諸州に割り当てられる欧州議会議員枠の増加を求めたことがあった。大統領は逡巡した後，これを了承した。コール首相はその代わりに，理事会でのドイツの票数の上乗せといった，新たな要求はしないことを約束したのだった。しかし，シュレーダー首相は前任者の約束を覆し，フランスよりも人口が増えたドイツの理事会での票拡大を求め，人口を加味した票の配分を求めたのである。この場合，フランスの持ち票は9％から13％へと増加するものの，ドイツのそれは9％から18％へとさらに増えることになる。イタリアとイギリスは，フランスと同等の票数を得ることになる。これは，すなわちフランスとドイツの対等な関係が崩れることを意味するゆえ，シラク大統領，ジョスパン首相と私自身は一致してこれを退けることにした。こうしてニース条約は，欧州の二大国の間の政治バランスを保つことに成功したのである[1]。他方ではその「見返り」として，我々はドイツに限って欧州議会の議員数を維持することを承諾した。ドイツにとっては，痛み分けだった。しかし，ニース条約が採択された翌日から，ドイツ当局は新たな条約制定を求めて批判を展開し，これに連邦主義者までもが加勢することになった。しかし，このドイツの主張はある種のナショナリズムから発されたものであったのに対して，

連邦主義者の主張はナショナリズムを否定するところから出てきたものだったから，互いに矛盾するものだった。

　何れにせよ，両者ともニース条約は失敗であるとの結論に至った。その結果，より野心的な条約を求める声が上がった。加盟国政府による条約制定よりも民主的な形とされた「起草委員会（コンヴェンション）」を召集するというアイディアが，検討の遡上に上ったのもこの時期である。このコンヴェンションの議長は元フランス大統領のジスカール＝デスタンが務めたものの，ニースでは棄却された理事会の人口比による票数配分という果実をドイツは得た。フランス代表団のうち，これに反対した者は皆無であり，この取り決めはそのまま欧州憲法条約案に盛り込まれることになった[2]。その結果，フランスは何の議論も，見返りもないままに，ドイツとの対等な立場という，国宝のひとつを失うことになったのである。

　この憲法条約案は国民投票で否決されたが，2007年に批准されたリスボン条約は理事会のドイツの持ち票の上乗せをそのまま盛り込むことになった。

連邦主義エリートと頑なな国民

　連邦主義と諸国連合・政府間主義との立場がせめぎ合う理事会，欧州議会，欧州委員会などのEU機構内において，ドイツを除いて，他の加盟国と同様，フランスのウェイトはますます軽くなっている。

　こうした状況についてのフランスの政治議論もまた，ますます少なくなっている。政党は「ウイ」の陣営に深刻なダメージを与えた2005年の国民投票のトラウマを引きずったままだ。政治指導者たちは，古傷が開くことを恐れるようになったのである。しかしこの問題は，ユーロ圏でのソブリン危機をきっかけに，部分的に再浮上することになった。この時，ユーロ圏の幾つかの国は貸し手たる「市場」の信頼を失って，法外な金利を負うことになった。危機に際して，加盟国とEUは，全くに新しい解決法を生み出さなければならなくなったのである。そして，ユーロ圏各国は，その他の加盟8カ国とともに，マーストリヒト条約よりも厳しい財政均衡措置を盛り込んだ新協定を2012年3月1日に締結するに至った。

　2010年から2011年にかけて生じた危機の顛末は，問題が解決していないこと

を印象付けるものだった。財政の健全化が不可避であったのは事実である。しかし，その解決策がドイツ・モデル，それもキリスト教民主同盟（CDU）によるそれを模倣する必要があったかどうかは定かではない。加盟各国の予算を欧州司法裁判所（ECJ）の審判のもとに置くというドイツの主張は，民主主義の歴史的基盤を揺るがすことを意味する。それは，各国予算を「経済財務相」と呼ばれることになる欧州委員が精査すべきだとするトリシェ欧州中央銀行（ECB）総裁の提案にしても同じことである。さらに，経済成長に資する政策を伴わない緊縮策だけでもって債務危機から脱することもできない。これこそが，2012年春に生じた――困難な――協定の「再交渉」の要求をめぐる背景だったのである[3]。こうした問題は，本書が詳らかにしたように，決して目新しいものではない。しかし，ヨーロッパの建設はその史上，民主主義と効率性との間の最も深刻な対立を抱えることになったのである。こうした問題は，2012年のフランス大統領選挙での争点にはならなかった。あらゆる選択肢はもはや封じられ，歯車に押しつぶされるかもしれないという気分が蔓延することになったのである。こうして，古くからの問いが再浮上することになる。果たして，過去30年間に，欧州統合は自由主義的な規制緩和を是とするしかなかったのだろうか，と。この問いに答えることなくして，連邦主義によるアイディアと，「欧州懐疑主義的」ではあっても「欧州敵対的」ではない，主権とアイデンティティの維持を願う諸国民の抵抗との対立は，いつ再浮上してもおかしくない。

　フランスの歴史は輝かしいものであると同時に，傲慢で愛国主義的かつ好戦的なものであったのは確かである。しかし，第二次世界大戦によるショックを経て，物事は根本から変化した。フランスのエリートは徐々に，EUの中でも最も親欧州的な存在になった。そうした態度の変化も，もしかしたら過去の歴史に対する反省から導かれたものなのかもしれない。しかし，このままでは現実離れした根無し草的なヨーロッパを掲揚する，政界やメディア界，その他のエリートが発する尊大な言説と，一般国民の消極的な態度との間の溝は深まるだけである。フランスではしばしば覆い隠されているこの両者の間の緊張関係についても，この本は注意を払っている点を強調しておきたい。

　ドイツの状況は，フランスと全く逆である。ドイツ人はナチズムによって汚

された自国の現代史を正面から受け止めることができないでいた。しかし，時代を追うにつれ，そして統一を経て，ドイツは経済的な誇りだけでなく政治的な誇りも身につけ，フランスよりもコンプレックスなく国益を掲げるようになった。その意味で，シュレーダー首相の時代はひとつの転換点でもあった。コール首相が，自分は最後の「ヨーロピアン」なドイツ首相であると述べたのは正しかったのである。ドイツは今や「欧州実利主義者（euro-utilitaristes）」となり，「ドイツ流」の運営によって欧州はより良く機能するだろうと真面目に考えている。しかし，この考えが正しいのかどうかについては，多くの議論があるだろう。それでもフランスは未来に渡って，このようなドイツと，さらには他のパートナー国を一国たりとも軽視することなく，パートナーシップを育んでいかなければならないのである。

(吉田　徹　訳)

注
1) ［訳注］理事会（EU理事会）での表決には，加盟各国の人口に応じた票数が配分されている。ニース条約交渉時に，ドイツは統一によって人口が増えたことを理由に，それまでフランスと同等の票数（29票）からの上乗せを求めた。また，理事会の議決方式である特定多数決（国別に異なる票が配分された加重投票）に人口の要素が加味された（第10章参照）。
2) フランス代表団のメンバーは，欧州委員のバルニエ，フランス政府代表のモスコヴィシ，次いでド・ヴィルパン，国会議員のアエネルとバロー，欧州議会議員のラマスールとデュアメルの各氏から構成された。
3) ［訳注］2012年の大統領選挙では，経済金融危機を受けてメルケル首相およびサルコジ大統領が主導した新協定（ユーロプラス協定）に経済成長政策が盛り込まれていないとして社会党オランド候補が協定の再交渉を公約に掲げ，当選を果たした。

より詳しく知りたい人のためのブックガイド

　このブックガイドは本書で展開されたテーマや時代に関連の深い関連書（邦語，英語，フランス語）を中心に案内している。さらに関心のある読者はこれらの書籍・論文や，そこで掲げられている参考文献に当たられたい。

1　全般・通史

佐藤彰一，中野隆生編『フランス史研究入門』山川出版社，2011年。
　古代から現代までのフランスの歴史およびテーマについて，研究動向の紹介を織り交ぜて紹介。EU関係についての章も設けられており，最新のテーマや研究を知ることができる。研究文献案内も是非活用したい。

トニー・ジャット（森本醇，浅沼澄訳）『ヨーロッパ戦後史』上・下，みすず書房，2008年。
　戦後の欧州全体を論じた決定的な通史。欧州戦後史を東西に跨って，さらに各国国内史と，東西を越えて欧州全体の歴史を一体的に叙述しようとするジャットの歴史観には，フランスと欧州の関係についての示唆が溢れている。

遠藤乾編『ヨーロッパ統合史』名古屋大学出版会，2008年。
　一次資料を用いつつ，平易かつ詳細に欧州統合の歴史と課題を叙述した，統合史の決定版。安易な統合賛成論にも否定論にも陥ることなく，時代に応じて柔軟に対応してきた欧州統合の理想と現実を知ることができる。

渡邊啓貴編『ヨーロッパ国際関係史——繁栄と凋落，そして再生（新版）』有斐閣，2008年。
　欧州統合は，それ単体で生成されたのではなく，第二次世界大戦や冷戦といった文脈に大きく作用されてきた。20世紀の複雑な国際関係を俯瞰しつつ，米同時多発テロ以降の大西洋関係をも視野に入れることで，より全般的な理解が可能になるだろう。

ロベール・フランク（廣田功訳）『欧州統合史のダイナミズム——フランスとパートナー国』日本経済評論社，2003年。
　近年の統合史研究の成果を反映した，フランスと欧州統合史に関する総合的な著作。講演集のため，叙述は平易で概説ではあるが，「欧州意識」，仏独関係，近代化政策と統合政策の関連等，重要なテーマに関する論点と研究状況を知る上での基本文献。

庄司克宏『欧州連合――統治の論理とゆくえ』岩波新書，2007年。
　欧州統合は，EU の機構制度の位置づけ意思決定のシステム，各機関の機能・権能を知らなければ十分な理解は難しい。この本は平易な記述でありながら，EU 法を含め，複雑なシステムを明らかにしている。

Bossuat, Gérard, *Histoire de l'Union Européenne. Fondations, élargissement, avenir*, Belin, 2009.
　フランスの欧州統合史の第一人者による，バランスのとれた統合史のテキスト。フランスを主語にした叙述ではあるが，一国中心史観に支配されることなく，フランスの試みが単独ではなく，他の加盟国との相互作用から生まれたてきたことが理解できる。

2　政治・外交

クリスチアン・ルケンヌ（中村雅治訳）『EU 拡大とフランス政治』芦書房，2012年。
　欧州統合を新自由主義的な政策の展開と見定め，1990年代からの EU 拡大を「確信が持てないまま」受け入れたことで，フランスの政治エリートは困難に直面し，新自由主義的欧州におびえるフランスを描く。拡大した EU でフランスの居場所を見つけるべきと論じる。

山田文比古『フランスの外交力――自主独立の伝統と戦略』集英社新書，2005年。
　フランス外交を「自主独立外交」と規定し，その根拠として地政学的な優位性や帝国主義としての過去，文化・言語などのソフトパワー，核兵器と軍事力などの外交的資源に求め，米国一極化が進む世界において独自の世界観で外交を展開するフランスを紹介。

川嶋周一『独仏関係と戦後ヨーロッパ国際秩序――ドゴール外交とヨーロッパの構築 1958―1969』（創文社，2007年）。
　日本でもド・ゴールは頻繁に言及されるが，本格的な学術研究は少ないままである。本書は，1960年代におけるフランスと欧州との関わりをド・ゴール外交という視点から分析し，また独仏関係がなぜ，どのようにして展開していったのかを一次資料を使って記述。

ユベール・ヴェドリーヌ（橘明美訳）『「国家」の復権――アメリカ後の世界の見取り図』草思社，2009年。
　ジョスパン政権（1997-2002年）で外務大臣を務めたヴェドリーヌの「歴史を続ける（Continuer l'Histoire）」の翻訳書。9.11の同時多発テロとその後のアメリカ外交に直

面し，原理主義的な外交がその後の世界を混乱させたと分析，現実主義的な「機能する国家」を目指すことを主張。

Bulmer, Simon and Lesquene, Christian (eds.), *The Member States of the European Union,* Oxford University Press, 2005.
1990年代以降の欧州統合の進展は，フランスの国内政治に様々な影響を及ぼすようになっている。本書は，欧州統合がどのようなメカニズムを通じて，どのような影響を加盟国に与えているのかを分析する枠組を提示。欧州統合がフランスの国内政治や，個別の政策・制度に与える影響を理解するための分析道具として有用。

Gordon, Philip H. and Meunier, Sophie, *The French Challenge: Adapting to Globalization,* Brookings Institution Press, 2001.
フランスにとって，欧州統合はグローバル化に対応するための手段のひとつであるといわれる。本書は，フランスのグローバル化に対する態度を分かりやすく論じながら，フランスの欧州政策の理解を深めるための知見を提供している。

Bruneteau, Bernard *«L'Europe nouvelle» de Hitler: Une illusion des intellectuels de la France de Vichy,* Editions du Rocher, 2003
ドイツの「欧州」構想に対し，フランスの知識人はどのように反応をしたのかという問題に詳細に取り組んだ数少ない研究のひとつ。

Bossuat, Gérard, *L'Europe des Français, La IVe République aux sources de l'Europe communautaire,* Publication de la Sorbonne, 1996.
第二次世界大戦後から1950年代に至るフランスの統合政策の展開を諸要因，とくにフランスの近代化政策や安全保障政策との関連，さらに諸パートナー国の政策，とくにアメリカとイギリスの対欧州政策と関連づけて論じている。フランスの統合政策が外的要因の影響で変質してゆく過程を知るのに便利である。

de Gaulle, Charles *Mémoires d'Espoir, suivi d'un choix d'Allocutions et Méssages sur la IVe et la Ve République,* Plon, 1999.
戦後フランスの政治外交はド・ゴール抜きにしては語れない。本書は彼の回顧録と第二次世界大戦後の主要演説を採録（回顧録については抄訳がある）。フランスと欧州との関係をより深く知るには，その二者の有り方に深い思いを馳せた当の本人の肉声を聞くべきであろう。読み進めていくと当時の時代状況がまざまざと浮かび上がってくる。

Bussière, Eric et Willaert, Émilie, *Un projet pour l'Europe, Georges Pompidou et la construction européenne,* Peter Lang, 2010.
　ポンピドゥーのヨーロッパ統合政策に関して全体的に捉えるのに便利である。第7章でのテーマである，ハーグ会議，拡大，深化，1972年のパリ首脳会議，欧州アイデンティティーの各テーマについてのポンピドゥーの発言を収録。

3　社会・経済

廣田功「戦間期フランスのヨーロッパ統合構想」秋元英一，廣田功，藤井隆至編『市場と地域——歴史の視点から』日本経済評論社，1993年
　戦間期のフランスの統合構想に関する最初の本格的研究であり，経済統合構想がアメリカの大量生産モデルを参照基準として，「大市場」の創出を目指したことを指摘するとともに，欧州関税同盟やルシュールの欧州カルテルの構想を取り上げた点で重要な研究。

権上康男「ヨーロッパ通貨協力制度『スネイク』の誕生 (1968-73年)」『エコノミア』56巻1号 (2005年)；「ウェルナー委員会とフランスの通貨戦略 (1968-1970年)」『経済系』第227集 (2006年)；「ユーロ・ペシミズム下の仏独連携 (1974-1978年) —— EMS成立の歴史的前提」『横浜商大論集』第43巻2号 (2010年)；「欧州通貨協力制度『EMS』の成立 (1978年)」『横浜商大論集』第44巻1号 (2010年)
　スネークやEMSについての邦語文献は多いが，これらの制度に対するフランスの態度に関する邦語文献は多くない。権上康男の一連の論文は，一次資料と当時の政策担当者の証言に基づいた貴重な実証研究。

Chabot, Jean-Luc, *Aux Origines Intellectuelles de l'Union européenne, L'idée d'Europe unie de 1919 à 1939,* PUG, 2005.
　戦間期の統合構想について論じた基本文献。政治統合，経済統合，文化統合といった多様な統合運動の基礎にある構想とそれらの思想的起源について広く取り上げているため，全体像を知るのに貴重。

Badel, Laurence, *Un Milieu Libéral et Européen, Le grand commerce français 1925-1948,* Comité pour l'Histoire Economique et Financière, 1999.
　戦間期から1940年代までの経済統合の構想・運動の中の「自由主義的欧州」の潮流に焦点を当てた実証研究。これらの構想の内容を論じるだけでなく，運動に関わった財界人や経済・外務官僚も取り上げ，経済史的手法と国際関係史的手法を結びつけている点が特徴。

Bussière, Eric, Dumoulin, Michel, et Schirmann, Sylvain.(dir.), *Milieux Économiques et Intégration Européenne au XXe siècle,* Peter Lang, 2006.
　1970年代の統合史に関する最新の研究成果。とくに国際通貨危機，エネルギー危機に対するフランスの対応，産業政策の変化（ナショナル・チャンピオン政策の放棄）について知るのに便利。

Schmidt, Vivien A., *The Futures of European Capitalism,* Oxford University Press, 2002.
　グローバル化と欧州統合の進展に伴い，フランスの政治経済システムがどのように変容しているのかを，英独との比較を通じて分析。ミッテランの政策転換以降，フランスでも新自由主義的な経済改革が進展した。しかし，筆者によれば，国家主導型の伝統という遺産は，フランスの政治家がグローバル化や欧州統合に対応するための更なる改革を推し進める障害となっている。

人名索引

ア 行

アエネル，ユベール（Hubert Haenel）……302
アシュトン，キャサリン（Catherine Ashton）
　………………………………………284
アスネール，ピエール（Pierre Hassner）……8
アタリ，ジャック（Jacques Attali）……214, 219
アチソン，ディーン（Dean Acheson）……291
アデナウアー，コンラート（Konrad Adenauer）
　………131, 143, 144, 147, 165, 216, 230, 292
アリオ＝マリ，ミシェル（Michèle Alliot-Marie）………………………………283
アルファン，エルヴェ（Hervé Alphand）
　……………………………88, 90, 91, 94, 87
アルベール，ミッシェル（Michel Albert）…222
アレント，ハンナ（Hannah Arendt）………225
アロン，レイモン（Raymond Aron）……20, 21
アロン，ロベール（Robert Aron）……………45
アンティエ，ポール（Paul Antier）…………135
イルシュ，エチエンヌ（Etienne Hirsch）
　………………………………………123, 124
ヴァイゲル，テオドール（Theodor Waigel）
　………………………………………249
ヴァイス，ルイーズ（Louise Weiss）…………43
ヴァレリー，ポール（Paul Valéry）…30, 42, 290
ウィルソン，ウッドロー（Woodrow Wilson）
　………………………………………32, 39
ウィルソン，ハロルド（Harold Wilson）……201
ヴェドリーヌ，ユベール（Hubert Védrine）
　………………………………………215
ウェルナー，ピエール（Pierre Werner）……190
ウォルフォヴィッツ，ポール（Paul Wolfowitz）
　………………………………………263
エリオ，エドゥアール（Edouart Hérriot）
　………………………………………38, 43
オランド，フランソワ（François Hollande）
　………………………………………274, 286
オリオール，ヴァンサン（Vincent Auriol）…122

カ 行

カール大帝（Charlemagne）……………2, 289
ガイヤール，フェリックス（Félix Gaillard）
　………………………………………146
カダフィ，ムアンマル・ムハマンド・アゲミン カール（Muammar Mohammed Abu Minyar Qadhafi）………………………283
カピタン，ルネ（René Capitant）……………85
カレルギー，クーデンホフ，リヒャルト・ニコラウス・ド（Richard Nikolaus de Coudenhove-Kalergi）……42, 56, 63, 96, 118
カント，イマニュエル（Immanuel Kant）……28
キージンガー，クルト・ゲオルグ（Kurt Georg Kiesinger）……………………………8
ギグー，エリザベート（Elisabeth Guigou）
　………………………………214, 221, 223, 225
キッシンジャー，ヘンリー（Henry Kissinger）
　………………………………………196, 199, 200
クシュネル，ベルナール（Bernard Kouchner）
　………………………………………275
クラピエ，ベルナール（Bernard Clappier）
　………………………………………150
クリントン，ビル（Bill Clinton）　241, 244, 252
クレマンソー，ジョルジュ（Georges Clemenceau）…………………………31
クレマンテル，エチエンヌ（Etienne Clementel）……………………54, 57, 60, 55
クローデル，ポール（Paul Claudel）…………42
ゲ，フランシスク（Francisque Gay）…………44
ケインズ，ジョン・メナード（John Maynard Keynes）……………………………67, 70
ケネディ（John F. Kennedy）………164, 166
ゲマール，エルベ（Hervé Gaymard）………269
ゲンシャー，ハンス・ディートリッヒ（Hans-Dietrich Genscher）………………215
ゴーシェ，マルセル（Marcel Gauchet）…14, 15
コーフィールド，フランシス（Francis Cockfield）……………………………219

コール（Helmut Josef Michael Kohl）
·····6, 213, 216, 217, 225, 248, 249, 255, 299, 302
ゴルバチョフ，ミハイル（Mikhail Gorvachev）
···227, 295
コロンバニ，ジャン＝マリ（Jean-Marie Colombani）···262
コロンボ，エミリオ（Emilio Colombo）·····215

サ 行

サッチャー，マーガレット（Margaret Thatcher）·············208, 209, 211, 216, 217, 223
サニエ，マルク（Marc Sangnier）···············44
サルコジ，ニコラ（Nicolas Sarkozy）
·····························269, 271, 274-280, 282-286
サルトル（Jean-Paul Sartre）·················175
サン・シモン，アンリ・ド（Henri de Saint-Simon）···28
サン・ピエール神父（Castel de Saint-Pierre）
···26
ジード，シャルル（Charles Gide）··············56
シェイソン，クロード（Claude Cheysson）
···217
ジェンキンス，ロイ（Roy Jenkins）··········203
ジスカール＝デスタン，ヴァレリー（Valéry Giscard d'Estaing）············11, 181, 189, 194, 200-204, 208, 267, 296, 300
ジャット，トニー（Tony Judt）··············170
ジャヌネイ，ジャン・マルセル（Jean-Marcel Jeanneney）···7
シャバン＝デルマス，ジャック（Jacques Chaban-Delmas）···217
ジュアン，アルフォンス（Alphonse Juin）
···120, 121
シューマン，ロベール（Robert Shuman）
···········2, 44, 122, 123, 125, 132, 133, 230, 292
ジュオー，レオン（Léon Jouhaux）············43
シュトレーゼマン，グスタフ（Gustav Stresemann）···39, 65
ジュペ，アラン（Alain Juppé）·······243, 246
シュミット，ヘルムート（Helmut Schmidt）
···200-203
シュリー伯（Duc de Sully）··················28
シュレーダー，ゲルハルト（Gerhard Schröder）·····························264, 278, 299, 302
シュワブ，ジャン（Jean Schwab）···············42
ジョスパン，リオネル（Lionel Jospin）
·······244, 248, 249, 250, 251, 262-264, 269, 299
ジョセ，ボヴェ（José Bové）················268
シラク，ジャック（Jacques Chirac）····11, 209, 221, 222, 235, 242-245, 248, 249, 255, 261-266, 268, 269, 271, 274, 295, 299
シリネッリ，ジャン・フランソワ（Jean-François Sirinelli）···161
ジロー，アンリ（Henri Girault）···············88
ジロー，ルネ（René Girault）·················7
スーステル，ジャック（Jacques Soustelle）
···147
スターリン，ヨシフ（Joseph Stalin）
···117, 132, 291
ストロス＝カーン，ドミニク（Dominique Strauss-Kahn）···274
スパーク，ポール・アンリ（Paul-Henri Spaak）························87-89, 131, 137, 138
スピネッリ，アルティエーロ（Altiero Spinelli）·····························83, 86, 99, 215
セガン，フィリップ（Philippe Séguin）······235
ソラナ，ハビエル（Javier Solana）··········253

タ 行

ダーレンドルフ，ラルフ（Ralf Dahrendorf）
···218
ダヴィニョン，エチエンヌ（Etienne Davignon）···186
ダニエル＝ロップス（Daniel-Rops）···········45
ダレス，ジョン・フォスター（John Foster Dulles）···133
ダンデュー，アルノー（Arnaud Dandieu）···45
チェイニー，ディック（Dick Cheney）······263
チャーチル，ウィンストン（Winston Churchill）···118
ツヴァイク，シュテファン（Stefan Zweig）···41
デ・ガスペリ（Alcide De Gasperi）
···118, 131, 230, 292
デア，マルセル（Marcel Deat）
·····························16, 17, 75-78, 84, 96-98
デハーネ，ジャン＝リュック（Jean-Luc

Dehaene) ……267
デュアメル, オリビエ (Olivier Duhamel)…302
デュノワイエ・ド・セゴンサック, ピエール (Pierre Dunoyer de Segonzac) ……79, 82
デュボア, ピエール (Pierre Dubois) ……28
デュマ, ロラン (Roland Dumas) ……214
デリダ, ジャック (Jacques Derrida) ……1
テルチク, ホルスト (Horst Teltschik) ……225
ド＝ジュヴネル, アンリ (Henry de Jouvenel) ……43
ド＝ラトル＝ド＝タッシーニ (Jean de Latlre de Tassigny) ……122
ド・ヴィルパン, ドミニク (Dominique de Villepin) ……265, 271-274, 302
ド・ゴール, シャルル (Charles de Gaulle) ……1, 3, 6, 8-10, 17, 18, 28, 76, 83, 84, 86, 90, 92-95, 97, 98, 110, 132, 140, 147, 148-150, 153-159, 161-175, 181, 207, 214, 217, 226, 234, 246, 255, 296
ド・コンスタン, ポール＝アンリ＝バリュエ・デストゥルネル (Paul Henri Balluet d'Estournelles de Constant) ……51
ド・ボワシュー, ピエール (Pierre de Boissieu) ……228
ド・ルージュモン, ドニ (Denis de Rougemont) ……44
ドゥ・ヴィリエ, フィリップ (Philippe de Villiers) ……268
ドゥフェール, ガストン (Gaston Defferre) ……141
トゥルシー, アンリ (Henri Truchy) ……62, 66
ドゥレジ, フランシス (Francis Delaisi) ……57, 58, 63, 66, 69
トッド, エマニュエル (Emmanuel Todd)…255
トマ, アルベール (Albert Thomas)…40, 59, 66
ドマンジョン, アルベール (Albert Demangeon) ……30
デュブレ, ミシェル (Michel Debré) ……162
トリシェ (Jean-Claude Trichet) ……301
トルーマン, ハリー (Harry S. Truman) ……96, 291
トルン, ガストン (Gaston Thorn) ……216
ドロール, ジャック (Jacques Delors) ……212, 217-219, 224, 240, 269, 294, 296
トロツキー, レオン (Leon Trotsky) ……43

ナ 行

ナポレオン (Napoléon Bonaparte) ……1
ナポレオン3世 (Louis-Napoléon Bonaparte) ……1, 2, 8
ニクソン, リチャード・ミルハウス (Richard Milhous Nixon) ……191

ハ 行

バール, レイモン (Raymond Barre) ……189, 203, 209
パウエル, コリン (Colin Powell) ……265
パスクワ, シャルル (Charles Pasqua) ……235, 268
パパデモス, ルーカス・ディミトリオス (Lucas Demetrios Papademos) ……281
パパンドレウ, ジェオレジオス・エンドレアス (Georigios Andreas Papandreou)…280, 281
パポン, モーリス (Maurice Papon) ……157
バラデュール, エドアール (Edouard Balladur) ……235, 237, 239, 242, 243, 251
バルトゥ, ルイ (Louis Barthou) ……43
バルニエ, ミシェル (Michel Barnier) ……302
バロー, アラン (Alain Barrau) ……302
バローゾ, ジョゼ・マヌエル (José Manuel Barroso) ……280
パンルヴェ, ポール (Paul Painlevé) ……43
ヒース, エドワード (Edward Heath) ……184
ヒットラー, アドルフ (Adolf Hitler) ……37, 45-47, 87, 290
ビドー, ジョルジュ (Georges Bidault) ……44, 96, 99, 109, 111, 119, 125, 133
ピネー, アントワーヌ (Antoine Pinay) ……138, 159
ピノー, クリスチアン (Christian Pineau) ……140, 141, 150
ビュシエール, エリック (Eric Bussière)…69
ファビウス, ローラン (Laurent Fabius) ……217, 220, 268, 269, 274
ファン・ロンパイ, ヘルマン (Herman Van Rompuy) ……280, 284

人名索引

フィッシャー，ヨシュカ（Joschka Fischer）
　………………………………………262
フィリップ，アンドレ（André Philippe）…124
フォール，エドガー（Edgar Faure）…138, 150
フォール，モーリス（Maurice Faure）……140
フォッシュ，フェルディナンド（Ferdinand Foch）……………………………………35
フォン＝デア＝グレーベン，ハンス（Hans von der Groeben）………………………139
プジャード，ロベール（Robert Poujade）…140
ブッシュ，ジョージ（George W. Bush）…263
フランク，ロベール（Robert Frank）………10
ブラント，ウィリー（Willy Brandt）
　………………………183, 185, 186, 190, 199
ブリアン，アリスティッド（Aristide Briand）
　…………………………4, 17, 26, 36, 37, 39, 40,
　42, 46, 56, 62-67, 76, 290
フリムラン，ピエール（Pierre Pflimlin）
　………………………………………135, 147
ブルージュ＝モーヌリ、モーラス（Maurice Bourgès-Maunoury）……………………146
プルードン，ピエール＝ジョゼフ（Pierre-Joseph Proudhon）……………………43
フルカド，ジャン＝ピエール（Jean-Pierre Fourcade）………………………………202
フルネ，アンリ（Henri Frenay）
　………………………………75, 82-84, 89, 97
ブルム，レオン（Léon Blum）……………118
ブルム・ピカール，ランベール（Lambert Blum-Picard）……………………………93
ブレア，トニー（Tony Blair）………252, 276
プレヴァン，ルネ（René Pleven）…………130
プロディ，ロマノ（Romano Prodi）…265, 275
フンク，ヴァルター（Walter Funk）………76
ベイエン，ヤン＝ヴィレム（Jan Willem Beyen）……………………………132, 136, 137
ヘイワード，ジャック（Jack Hayward）……16
ベヴィン，アーネスト（Ernest Bevin）……117
ペタン，フィリップ（Philippe Petain）
　………………………………35, 75, 78-80, 97, 98
ペッチュ，モーリス（Maurice Petsche）…135
ベルスコーニ，シルビオ（Silvio Berlusconi）
　………………………………………………284
ベレゴヴォア，ピエール（Pierre Bérégovoy）
　………………………………………223, 237, 275
ベンアリ，ザイン・アル＝アービディーン（Zine El Abidine Ben Ali）………………283
ベンダ，ジュリアン（Julien Benda）………42
ボシュア，ジェラール（Gérard Bossuat）…12
ホブズボーム，エリック（Eric Hobsbawm）
　………………………………………………220
ボレル，エミール（Emile Borel）……………43
ポワンカレ，レイモン（Raymond Poincaré）
　…………………………………………38, 43
ポンピドゥー，ジョルジュ（Georges Pompidou）…………4, 172, 181-184, 186-188,
　190-194, 196, 198-200, 217

マ 行

マーシャル，ジョージ（George Marschall）
　………………………………………105, 291
マイエル，ルネ（René Mayer）………89-91, 92
マイリッシュ，エミール（Emile Mayrisch）
　………………………………………………60-62
マクシャーリー，レイ（Ray Macsharry）…255
マクミラン，ハロルド（Harold Macmillan）
　………………………………………165, 166
マシグリ，ルネ（René Massigli）…86, 88, 92-94
マルク，アレクサンドル（Alexandre Marc）
　………………………………………………44
マルジョラン，ロベール（Robert Marjolin）
　………………………………………………193
マルロー，アンドレ（André Malraux）……175
マンスホルト，シッコ（Sicco Mansholt）
　………………………………………136, 150
マンデス＝フランス，ピエール（Pierre Mendès France）
　………………42, 133, 140, 144, 148, 150, 172
ミッテラン，フランソワ（François Mitterrand）………5, 9, 19, 207-210, 212-216,
　218-220, 222-226, 228-230, 234, 235, 238, 240-
　243, 245, 248, 249, 272, 285, 295, 298
ミュルヴィル，クーヴ・ド（Maurice Couve de Murville）……………………………6
ミルワード，アラン（Alan S. Milward）
　………………………………28, 54, 68, 125

311

メイアー, アルノ・J.（Arno J. Mayer）………5
メグレ, ブルーノ（Bruno Mégret）…………268
メルケル, アンゲラ（Angela Merkel）
　………………………275, 277, 278, 279, 282, 286
モードリング, レジナルド（Reginald Maudling）……………………………………146
モーラス, シャルル（Charles Maurras）
　………………………………45, 75, 76, 78, 97
モーロワ, ピエール（Pierre Mauroy）
　………………………………209, 211, 217, 230
モスコヴィシ, ピエール（Pierre Moscovici）
　………………………………………………302
モネ, ジャン（Jean Monnet）………9, 41, 75, 89, 90, 92, 95, 106, 109, 114, 115, 123-126, 129-131, 136, 137, 150, 190, 193, 201
モレ, ギ（Guy Mollet）…135, 140, 142, 143, 150
モロトフ, ヴェチェスラフ（Vyacheslav Molotov）………………………………………112

ヤ 行

ユーゴー, ビクトール（Victor Hugo）…28, 290
ユリ, ピエール（Pierre Uri）
　………………………………123, 137, 139, 150, 193

ラ 行

ラ・ロシェル, ピエール・ドリュ（Pierre Drieu La Rochelle）………………………………45
ラヴァル, ピエール（Pierre Laval）
　………………………………………78, 79, 82, 98
ラファラン, ジャン＝ピエール（Jean-Pierre Raffarin）……………………………………269, 271
ラマスール, アラン（Alain Lamassoure）…302
ラマディエ, ポール（Paul Ramadier）………122
ラミー, パスカル（Pascal Lamy）……………218
ラムズフェルド, ドナルド（Donald Ramsfeld）…………………………………263, 265
リウ, ガストン（Gaston Riou）………………41
リュエフ, ジャック（Jacques Rueff）
　………………………………………70, 159, 175
リュプケ, ハインリヒ（Heinrich Lubke）……6
ル・トロケ（Yve Le Trocquer）…………56, 62
ル・ペン, ジャン＝マリ（Jean-Marie Le Pen）
　………………………………………………264
ルシュール, ルイ（Louis Loucheur）
　………………………………43, 55, 58, 59, 62-64, 69
ルナン, エルンスト（Renan Ernest）…………2
ルロワ＝ボリュー（Anatole Leroy-Beaulieu）
　………………………………………………51
レーガン, ロナルド（Ronald Reagan）………211
レオタール, フランソワ（François Léotard）
　………………………………………………255
ロイター, ポール（Paul Reuter）
　………………………………17, 75, 79-82, 97, 98, 123
ローズヴェルト, フランクリン（Franklin D. Roosevelt）……………………………………96
ロマン, ジュール（Jules Romains）……………42
ロラン, カミーユ（Camille Laurens）…135, 136
ロラン, ロマン（Romain Rolland）………41, 290
ロワイヤル, セゴレーヌ（Segolène Royal）
　………………………………………………274

事項索引

ア 行

アキ・コミュノテール……………………20, 184
アクシオン・フランセーズ………………45, 75
アドニーノ委員会…………………………216
アドホック委員会（ドゥーグ委員会）………216
アムステルダム条約……………249, 295, 298
アラブの春……………………………282, 284
アルザス・ロレーヌ（地方）………30, 31, 34
アルジェリア戦争……………129, 148, 161, 165
アンタント（カルテル）……56, 58-60, 62, 64, 31
域内市場白書………………………………218
イギリス加盟………………161, 164, 165, 183-187, 192, 194, 200
「偉大さ」………………8, 11, 74, 95-98, 153, 156, 164, 170, 172-174, 285
イラク戦争……………………………264, 276
インドシナ戦争……………132, 133, 148, 161
ウィーン会議………………………………289
ヴィシー（政府）……71, 74, 75, 78, 79, 82, 97, 98
ウェストファリア体制………………………31
ヴェルサイユ会議……………………………33
ヴェルサイユ条約………………29, 35, 76, 295
ヴェルサイユ体制
　………………32, 34, 35, 47, 53, 85, 111, 295
ヴェルダン条約………………………………30
ウェルナー・プラン…………………………193
ウェルナー報告………………………………190
エアバス…………………………………194, 223
エヴィアン協定………………………………157
「エコノミスト」……………………………202
　──と「マネタリスト」……………188, 190
エリゼ条約
　………18, 164, 166, 169, 175, 215, 228, 264, 278
オイル・ショック……………………18, 208
欧州安全保障・防衛政策（ESDP）
　…………………………………234, 253, 265
欧州安定メカニズム（ESM）………………281
欧州委員会………14, 68, 168, 198, 199, 214, 215, 218, 220, 227, 245-247, 266, 277, 294, 296, 299, 300
欧州懐疑派（Eurosceptics）…262, 268, 294, 301
欧州合衆国…………28, 45, 51, 53, 76, 150, 190, 201, 223, 290, 297
欧州関税同盟（UDE）…56, 57, 58, 60-63, 65, 66
欧州議会……119, 168, 184, 198, 199, 201, 202, 215, 225, 228, 247, 261, 266, 275, 294, 296, 299, 300
欧州議定書計画（Projet d'Acte européen, ゲンシャー＝コロンボ・イニシアティヴ）…215
欧州協調……………………………26, 32, 43
欧州共通の家………………………………227
欧州共同体（EC）………175, 182, 183, 188, 189, 191, 193, 199, 209, 227, 239, 240, 242, 255
　──委員会……………………189, 194, 195, 241
　──構造基金………………………………218
　──社会憲章………………………………213
欧州金融安定ファシリティ（EFSF）
　…………………………………280, 281, 286
欧州経済共同体（EEC）………4, 10, 18, 126, 129, 143, 144, 146-150, 154, 158-162, 165, 166, 168-170, 175, 187, 210, 240, 296
欧州経済協力機構（OEEC）…3, 113-116, 119, 124, 130, 135, 136, 141, 144, 145-147, 150, 160, 292
欧州経済協力リーグ（LECE）………………118
欧州（経済）財政相会議（ECOFIN）
　……………………………………211, 228, 275
欧州決済同盟（EPU）……………115, 116, 146
欧州原子核研究機関（CERN）………………223
欧州原子力共同体（ユーラトム）……………129
欧州憲法………………………………………228
　──条約……11, 14, 259, 267-275, 285, 295, 300
欧州財政協定…………………………………281
欧州司法裁判所（ECJ）……………247, 281, 301
欧州社会空間…………………………………213
欧州社会主義合衆国運動（MEUSE）………118
欧州自由貿易連合（EFTA）……………240, 241
欧州審議会……………115, 117, 118, 131, 135, 150
欧州人権条約…………………………………120

欧州新秩序……………45, 46, 76, 78, 80, 87, 96
欧州政治共同体（EPC）…………132, 134, 148
欧州政治協力（EPC）………………………220
欧州石炭鉄鋼共同体（ECSC）…………3, 12, 68,
　　95, 105, 126, 127, 129-132, 135-137, 143, 144,
　　150, 175, 193, 293, 296
欧州先端技術共同研究計画（EUREKA）
　　……………………214, 219, 223, 227, 230
欧州戦略報技術研究開発戦略計画（ESPRIT）
　　…………………………………………214
欧州中央銀行（ECB）
　　……………66, 224, 228, 276, 280, 281, 301
欧州通貨協力基金（FECOM）………………192
欧州（経済）通貨制度（EMS）………11, 12, 19,
　　202, 203, 204, 211, 212, 236-238
欧州投資銀行………………………………115, 193
欧州復興銀行（EBRD）………………………226
欧州防衛共同体（EDC）…………10, 12, 18,
　　129-138, 141, 144, 148, 150, 210, 292
欧州連合議定書………………………………220
欧州連合条約（TEU, マーストリヒト条約）
　　………5, 12, 215, 241, 245, 246, 248, 234, 237
欧州連邦主義同盟（UEF）……………………118
欧州労使対話（ヴァル・デュシェス会議）…218

カ 行

カルテル
　　………54, 55, 58, 61, 65, 69, 70, 88, 93, 125, 126
関税及び貿易に関する一般協定（GATT）
　　…………………………………147, 175, 239
関税同盟…………51, 55, 56, 57, 61, 63, 65, 69, 92,
　　94, 95, 113, 115, 150, 182
北大西洋条約…………………………………122
　　──機構（NATO）……………3, 10, 122, 130-
　　134, 143, 156, 162, 166, 169, 170, 216, 226, 227,
　　234, 241, 242, 244, 245, 252, 253, 254, 255, 262,
　　265, 266, 283, 292
機密軍（OAS）………………………………157, 175
逆第二イメージ………………………………213
急進社会党……………………………………138
急進党…………………………………………133
共産党……………9, 107, 117, 121, 132, 172, 191,
　　209, 216, 221, 229, 230

競争的ディスインフレ……………213, 220, 223
共通エネルギー政策…………………………195
共通外交・安全保障政策（CFSP）……227, 228,
　　240, 241, 246, 247, 252, 253, 270, 284
共通農業政策（CAP）…………12, 68, 134, 147,
　　161, 163, 164, 168, 174, 175, 182-184, 190-192,
　　194, 197, 215, 218, 236, 240
共和国連合（RPR）………235, 237, 244, 248
キリスト教民主主義………44, 79, 118, 183, 293
空席危機…………11, 154, 168, 169, 174, 175, 296
経済関税行動委員会……………………………56
経済通貨同盟（EMU）……182, 188-193, 197, 204,
　　224-228, 234, 236, 237, 242, 245, 248, 249, 253
憲法条約………………………………………18, 266
コアビタシオン………………………………230
構造基金………………………………………221
国際決済銀行（BIS）……………………41, 66
国際鋼協定（Entente International de l'Acier,
　　EIA）…………………………………59, 61
国際連合…………………………………………11
国際連盟………39, 40, 46, 55, 56, 59, 60, 64, 65, 95
国際労働機関（ILO）………………40, 59, 66
国内類推（ドメスティック・アナロジー）…210
国民解放（フランス）委員会（CFLN）
　　………………4, 83, 86, 88, 89, 91-93, 94, 97
国民戦線…………………………………264, 268
国民投票………14, 155, 157, 185, 217, 235, 236,
　　267-269, 271, 276, 280, 281, 285, 295, 300
個人への国境査証の放棄……………………216
コペンハーゲン基準……………………241, 245
コモンウェルス……………145, 147, 164, 198
雇用と成長に関する決議……………………249
コンヴェンション………………266, 267, 300
コンコルド……………………………………194

サ 行

三十年戦争………………………………………30
サンマロ宣言…………………………………252
シェンゲン協定……………216, 246, 276, 284
執行政策…………………………………35, 36
司法内務協力（JHA）……………228, 246, 247
社会憲章………………………………………226
社会的（ソーシャル）ヨーロッパ………40, 208

事項索引

社会的欧州　　　　　　　　　　　　　59
社会党……………11, 19, 43, 75, 77, 95, 110, 117, 202, 208-213, 218, 220-222, 229, 230, 235, 240, 244, 248, 261, 268, 274, 275, 286
自由フランス（CFLN）…………………17
シューマン・プラン
　　　　　　　3, 5, 9, 123-126, 129-131, 134
シューマン宣言………………4, 5, 143, 219
ジュネーヴ精神………………39, 40, 42, 46
小欧州（→大欧州）……………70, 116, 120
省庁間委員会事務総局（SGCI）…………221
新国際エキップ（NEI）……………118, 293
新自由主義（ネオリベラリズム）
　　　　　　　　　……221, 243, 248, 254
人民解放戦線（FLN）……………………157
人民共和運動（MPR）……110, 111, 117, 119, 150
人民民主党（PDP）………………………44
スエズ危機………………………143, 149, 150
スターウォーズ計画（SDI）………………214
スネーク…………192, 193, 197, 202-204
スパーク委員会………………138, 139, 141
スパーク報告……………………141, 142
スミソニアン合意………………………191, 192
西欧同盟（WEU）
　　　　……134, 241-242, 244, 247, 252, 253, 255
政策の窓…………………………………215
政府間会議（IGC）…216, 219, 224-228, 245, 246, 248, 260-262, 266, 267
政府間主義………………39, 162, 248, 296, 300
石油危機………………………………195, 196
全欧安全保障協力会議（CSCE）…………19, 226
専管事項…………………………………221

タ 行

第一次世界大戦…………5, 29, 30, 50, 52-54, 71, 111, 161, 165, 289
大欧州（→小欧州）………………70, 130, 136
第五共和制…………1, 4, 11, 18, 26, 149, 153, 155, 161, 165, 208, 209, 243, 274
第三共和制………………13, 26, 30, 74, 110
第二次世界大戦………5, 26, 28, 30, 44-47, 51, 54, 58, 68, 69, 71, 72, 74, 82, 96, 106, 111, 159, 161, 165, 224, 289, 290, 301

第四共和制………………110, 149, 153, 213
単一欧州議定書（SEA）
　　　　　　　　……5, 12, 208, 218-221, 227
ダンケルク条約…………………………3, 95, 111
小欧州………………………130, 136, 145, 148
朝鮮戦争……………………………130, 132
帝国主義………………………………9, 16, 31, 121
ディリジズム……………58, 209, 221, 222, 229
デモクラティック・ピース論……………28
ドイツ再軍備……122, 130, 131, 132, 134, 143, 148
ドイツ帝国…………………………………31
ドイツ統一……208, 223-225, 227, 230, 236, 238, 241, 248, 285, 298
ドイツ問題………5, 27, 84, 92, 111, 114, 119, 154, 224, 270
ドゥーグ委員会…………………………218
ドゥーグ報告……………………………219
同時多発テロ……………………………262
東方（東欧）拡大……12, 14, 18, 225, 245, 299
トラスト…………………………80-82, 98, 126
ドロール・パッケージ…………………218
ドロール・プラン………………………212
ドロール報告……………………………224

ナ 行

ナショナリズム……………2, 16, 31, 45, 46, 50, 53, 63, 66-68, 225, 240, 272, 299
ナショナル・チャンピオン………194, 195, 223
ナチス…………………………………85, 290, 291
ナチズム……………………………………67
ナッソー合意……………………………166
ニース条約……260, 266, 295, 298, 299, 300, 302

ハ 行

ハーグ（欧州）会議……………3, 118, 120, 227
パール・プラン…………………………189, 190
パリ憲章…………………………………226
パリ講和会議……………………………26, 32, 33
パリ（不戦）条約………………39, 126, 134
バルセロナ・プロセス…………………277
汎欧州運動………………………17, 42, 57, 63
ファシズム…………9, 27, 42, 44-46, 120, 290
フィネベル（Finebel）…………………116

315

フーシェ・プラン……10, 12, 161, 162, 165, 219, 296
仏キリスト労働同盟（CFTC）……………217
仏ソ条約………………………………94, 95
仏独資料情報委員会………………………61
仏独友好条約（エリゼ条約）………………5
普仏戦争………………5, 30, 111, 130, 161
フランス革命………………………1, 11, 13
フランス経営者全国評議会（CNPF）………142
フランス民主連合（UDF）………………235
フランス民主労働総連合（CFDT）…………172
ブリアン構想…………………………………67
ブリュッセル条約………117, 119, 120, 121, 134
プレヴァン・プラン……………10, 130, 132
ブレトンウッズ体制…………………191-193
平和のためのパートナーシップ（PfP）……241
ペータースベルク任務……………247, 253, 255
保革共存（コアビタシオン）…………208, 221, 237, 244, 248, 261, 263, 264
補完性の原則………………………………236
ポワチエの戦い……………………………230

マ 行

マーシャル・プラン…………3, 18, 105-108, 111-113, 118, 291, 292
マーストリヒト条約………217, 226, 228, 267, 268, 270, 271, 293, 295, 296, 298-300
マネタリスト………………………………188
マネタリズム………………………………203
マンデルのトリレンマ……………………212
緑の党………………………………………268
ミュンヘン一揆………………………………37
ミュンヘン会談……………………………26, 29
民主化の第三の波…………………………216
民主主義の赤字……………………………14, 246
メッシーナ決議……………………………138, 150
モネ・プラン…………105-108, 114, 125, 292

ヤ 行

UMP（Union pour un Mouvement Populaire）
………………………………268, 269, 274, 286
ユーラトム…………………142, 143, 144, 175
ユーラフリク……………141, 149, 155, 156, 158
ユーロ……………248-251, 259, 260, 279-281, 285, 296, 298, 300
ユリアージュ……………………75, 79, 85, 97, 98
ヨーロッパ（欧州）化……………2, 14, 208, 242, 244, 245, 250, 259, 260, 270, 273
ヨーロッパ・アイデンティティ………………27
ヨーロッパ安全保障防衛アイデンティティ（ESDI）………………………………244, 253
ヨーロッパ協調………………………………39
ヨーロッパ西連合（Féderation de L'Ouest européen）……………………………………3

ラ 行

ラインラント……………………………31, 36, 37
ラパロ条約……………………………………37
リスボン条約………………276, 277, 284, 300
リュエフ・プラン……………………148-160
ルール国際機関（IAR）……………108, 109, 124
ルクセンブルグの妥協……………169, 185, 220
冷　戦……4, 5, 9, 13, 18, 21, 72, 96, 105, 111, 112, 119, 124, 126, 154, 158, 162, 164, 181, 200, 208, 224-226, 234-242, 253, 255, 259, 262, 285, 292
レジスタンス…………………………………45
労働総同盟（CGT）…………………………111
労働者インターナショナルフランス支部（SFIO）……………………………………210
ローマ条約（1957年）……4, 10, 12, 129, 143-149, 160, 174, 193, 194, 198, 209, 216, 219, 293
ロカルノ条約……………38, 39, 42, 47, 55, 56
「68年5月」………………………170-173, 183
ロメ協定……………………………………198

ワ 行

和平履行部隊（IFOR）……………………245
ワルシャワ条約……………………………294
　――機構…………………………………170

アルファベット（略語）

- BIS → 国際決済銀行
- CAP → 共通農業政策
- CFSP → 共通外交・安全保障政策
- CSCE → 全欧安全保障協力会議
- EC → 共同体
- ECB → 欧州中央銀行
- ECJ → 欧州司法裁判所
- ECOFIN → 欧州（経済）財政相会議
- ECSC → 欧州石炭鉄鋼共同体
- EDC → 欧州防衛共同体
- EEC → 欧州経済共同体
- EFTA → 欧州自由貿易連合
- EMS → 欧州通貨制度
- EMU → 経済通貨同盟
- ESDP → 欧州安全保障・防衛政策
- ESM → 欧州安定メカニズム
- FECOM → 欧州通貨協力基金
- GATT → 関税及び貿易に関する一般協定
- IGC → 政府間会議
- ILO → 国際労働機関
- NATO → 北大西洋条約機構
- OEEC → 欧州経済協力機構
- SEA → 単一欧州議定書
- TEU → 欧州連合条約，マーストリヒト条約
- UDE → 欧州関税同盟
- UEF → 欧州連邦主義同盟
- WEU → 西欧同盟

Horitsu Bunka Sha

ヨーロッパ統合とフランス
——偉大さを求めた1世紀

2012年7月5日　初版第1刷発行

編　者	吉田　徹（よしだ　とおる）	
発行者	田靡　純子	
発行所	株式会社　法律文化社	

〒603-8053
京都市北区上賀茂岩ヶ垣内町71
電話 075(791)7131　FAX 075(721)8400
http://www.hou-bun.com/

＊乱丁など不良本がありましたら、ご連絡ください。
　お取り替えいたします。

印刷：中村印刷㈱／製本：㈱藤沢製本
装幀：仁井谷伴子
ISBN 978-4-589-03433-5

Ⓒ2012　Toru Yoshida　Printed in Japan

JCOPY　＜(社)出版者著作権管理機構　委託出版物＞

本書の無断複写は著作権法上での例外を除き禁じられています。複写される場合は、そのつど事前に、(社)出版者著作権管理機構（電話 03-3513-6969、FAX 03-3513-6979、e-mail: info@jcopy.or.jp）の許諾を得てください。

安江則子編著
EUとフランス
―統合欧州のなかで揺れる三色旗―
A5判・230頁・2940円

EUによるガバナンスと加盟国による法の受容と政策の実施過程についてフランスを事例に多角的・包括的に分析する。憲法的アイデンティティ，移民政策，農業政策，メディア政策および仏独関係等アクチュアルな争点を考察する。

加藤哲郎・國廣敏文編
グローバル化時代の政治学
A5判・270頁・6510円

グローバル化時代の政治学に課せられた課題である新たな民主主義的パースペクティヴを権力関係の変容や新たな主体形成など最新の政治動向や理論を踏まえ追究する。民主主義やガヴァナンス，協働や連帯などこれからのあり方を模索する。

畑山敏夫・丸山仁編著
現代政治のパースペクティブ
―欧州の経験に学ぶ―
A5判・242頁・2835円

戦後社会が突きつける課題に挑戦し，新しい政治の方向性を切り開いてきた欧州政治を素材に，政治学の可能性を探る。福祉国家や民主主義，脱産業主義の政治などをテーマに複雑な政治の力学を整理し，21世紀のオルタナティブを示す。

中谷猛著
近代フランスの自由とナショナリズム
A5判・364頁・3570円

フランスの自由主義の特徴とは何か。大革命以降の多様な自由主義の実相に迫り，それと相即不離なナショナリズム（「祖国愛」という政治的情熱）の変容の考察を試みる。国民感情を思想史のレベルから照射する。

F.ギャスパール，C.S.シュレーベル著／林信弘監訳
外国人労働者のフランス
―排除と参加―
四六判・342頁・2940円

移民受け入れの長い歴史をもつフランス。経済の低成長化にともない，外国人排斥の現象が進んでいる。市長としてこの波と闘った著者らの手によるドキュメントと分析をまじえた報告書。異邦人との政治経済，文化の共存の道をさぐる。

――― 法律文化社 ―――

表示価格は定価(税込価格)です